フランツ・ローゼンツヴァイク
Franz Rosenzweig

生と啓示の哲学

丸山空大 Takao Maruyama

慶應義塾大学出版会

フランツ・ローゼンツヴァイク——生と啓示の哲学　目次

第Ⅲ部　日常的生の聖化と恩寵　一九二〇―一九二九

凡例

一、以下は本書で用いられる略号の一覧である。複数巻あるものは、略号の後に巻号をローマ数字で記し、そののちにページ数を記す。また、書簡や日記の日付は、国際標準表記にしたがい年月日の順に記す。

AA: Immanuel Kant, *Gesammelte Schriften*, hrsg. v. Königlich Preußische Akademie der Wissenschaften, Berlin: Reimer, ab 1922 de Gruyter, 1900ff.

BT: Franz Rosenzweig, *Der Mensch und sein Werk. Gesammelte Schriften I. Briefe und Tagebücher*, 2 Bände, hrsg. v. R. Rosenzweig und E. Rosenzweig-Scheinmann unter Mitwirkung von B. Casper, Haag: Martinus Nijhof, 1979.

DJH: Wilhelm Dilthey, *Die Jugendgeschichte Hegels*, Berlin, 1905. 邦訳は、『ヘーゲルの青年時代』（久野昭・水野建雄訳、以文社、一九七六）。本書からの引用は邦訳を参照しつつ適宜本文にあわせて訳し変えたが、その際原文は全集版 *Wilhelm Diltheys Gesammelte Schriften*, Bd. 4（Teubner: Leipzig, 1921）を参照した。参照箇所では（DJH S. 42/59）のように、ドイツ語版の頁数を先に記し、日本語版の頁数を続けて併記した。

FPB: Franz Rosenzweig, *Feldpostbriefe. Die Korrespondenz mit den Eltern*（*1914-1917*）, hrsg. v. W. Herzfeld, Freiburg: Karl Alber, 2013.

Gritli-Briefe: Franz Rosenzweig. *Die „Gritli"-Briefe. Briefe an Margrit Rosenstock-Huessy*, hrsg. v. I. Rühle und R. Mayer, Tübingen: Bilam Verlag, 2002. なお、本書簡集にはより包括的なインターネット版が存在する。校訂はインターネット版のほうが優れているとされる。本書では、どちらの版にも収録されている書簡については書籍版の頁数に書簡の日付を添える。インターネット版にのみ収録される書簡については、Gritli-Briefe, Internet Ausgabe とし、当該書簡の宛名と日付を添えた。なお、インターネット版が公開されているウェブページのURLは以下の通りである。http://www.erhfund.org/the-gritli-letters-gritli-briefe/（二〇一八年四月一六日アクセス確認）

HuS: Franz Rosenzweig, *Hegel und der Staat*, hrsg. v. F. Lachmann mit einem Nachwort von A. Honneth, Frankfurt am Main: Suhrkamp, 2010.

HW: Georg Wilhelm Friedrich Hegel, *G. W. F. Hegel Werke*, Auf der Grundlage der Werke von 1832-1845 neu editierte Ausgabe, hrsg. v. E. Moldenhauer und K. M. Michel, Frankfurt am Main: Suhrkamp, 1970.

JH: ローゼンツヴァイクによるイェフダ・ハレヴィの翻訳詩集。版により収録されている詩の数や編集方針が異なるため、参照に際してはそれぞれ刊行年を略号に添えることとする。Franz Rosenzweig, *Sechzig Hymnen und Gedichte des Jehuda Halevi. Deutsch. Mit einem Nachwort und mit Anmerkungen*, Konstanz: Oskar Wöhrle, 1924（＝JH1924）, Franz Rosenzweig, *Jehuda Halevi. Zwei-*

undneunzig Hymnen und Gedichte. Deutsch. Mit einem Nachwort und mit Anmerkungen, Berlin: Lambert Schneider, 1926（= JH1926）, Franz Rosenzweig, *Jehuda Halevi. Fünfundneunzig Hymnen und Gedichte. Deutsch und Hebräisch mit einem Vorwort und mit Anmerkungen*, hrsg v. Rafael N. Rosenzweig, 1983（= JH1983）.

JS:　Hermann Cohen, *Hermann Cohens Jüdische Schriften*, hrsg. v. B. Strauß, Berlin: Schwetschke, 1924.

Kassel, 2o. Ms. Philos. 39:　カッセル大学図書館に所蔵されたローゼンツヴァイクの遺稿を参照する際には、この記号に、史料が収められた箱（英字）とフォルダ（アラビア数字）の記号を添えて用いる。Teilnachlass Franz Rosenzweig, Universitätsbibliothek Kassel, Landesbibliothek und Murhardsche Bibliothek der Stadt Kassel, Signatur: 2o. Ms. Philos. 39.

SE:　Franz Rosenzweig, *Der Stern der Erlösung*, Frankfurt am Main: Suhrkamp, 1988.（Seiten- und textidentsich mit: *Der Mensch und sein Werk. Gesammelte Schriften II. Der Stern der Erlösung*, Haag: Martinus NiJhof, 1979, *Der Stern der Erlösung*, Digitale Ausgabe, hrsg. v. A. Raffelt, Freiburg Universitätbibliothek, 2002.）

Tagebuch:　Franz Rosenzweig, *Diaries*, in: Franz Rosenzweig Collection, AR3001, Series II: Writings, Subseries I: Diaries, 1905-1922, Box 1, Folder 17-22, Leo Baeck Institute at the Center for Jewish History.　BTにも収録された一部の日記については、BTとして参照し、未公刊の部分をTagebuchとして参照する。下記ホームページから閲覧できる。http : //findingaids.cjh.org/?pID=121441#subserII-1（二〇一八年五月一日アクセス確認）

Zweistromland:　Franz Rosenzweig, *Der Mensch und sein Werk. Gesammelte Schriften III. Zweistromland. Kleinere Schriften zu Glauben und Denken*, Dordrecht: Martinus Nijhoff, 1984.

一、ローゼンツヴァイクの著作をはじめ、さまざまな外国語文献に関して、邦訳がある場合それを参照した。引用に際しては特に言及しない場合は私訳を用いている。

一、引用文中の強調は特に表記していない場合、原文による。また、引用文中の〔　〕は丸山による補足である。

一、聖書からの引用は原則的に日本聖書協会による新共同訳を用いたが、*Jewish Study Bible* など、他の翻訳も適宜参照した。また、書名の後に章と節の番号を記した。

一、タルムードからの引用はソンチーノ版の英訳を主に参照した。

序　ローゼンツヴァイクと二〇世紀のドイツ・ユダヤ人社会

ローゼンツヴァイクの思想の全体像の理解に向けて

　フランツ・ローゼンツヴァイク（一八八六―一九二九）は、二〇世紀初頭に生きたドイツのユダヤ人思想家である。本書は、彼がのこしたさまざまなテクストに依拠しながら、その思想の変遷や発展を晩年の円熟にいたるまでたどってゆく。公刊された著作だけでなく日記や書簡、その他さまざまな草稿類を、彼が置かれた社会的・個人的状況の中に置きいれて経時的に読み解いてゆくことで、彼が人生や社会のさまざまな転機において何を考えたのか、そして、その時々、彼にとって何が重要な問題であったのかを明らかにする。このような方法を採ることで、本書は個々の著作の内容の解明に終わらない、ローゼンツヴァイクの思想の全体像を得ることを目指す。同時に本書は、この人物が直面した社会や時代のありようもまた、明らかにするだろう。というのも、ここでは彼の目を通して眺められた世界もまた問題になってくるからだ。彼が何を見て何を考えたのか。出来事や他者との出会いを経験して、その思想がどのように展開していったのか。本書では、ローゼンツヴァイクという個人と時代や社会との相互関係こそが主題となる。

　本書がこのような方法を採用する最大の理由は、多くの研究者が指摘するように彼の生と思想が不可分であるからだ(1)。ローゼンツヴァイクは、「思惟と存在の同一性」に基づく全体性の哲学を根本的に批判した主著『救済の星』（Der Stern der Erlösung, 1921）を、読者を「生へ」と誘う言葉で結んだ（SE S. 13, 472）。彼は生と思想を不可分のものとみなして思索を進めたのであり、このことは彼自身の生についてもあてはまる。してみれば、彼自身の思想をその生の中から理解しようとする試み——こうした試みはしばしば普遍的な思想を、いたずらに個人的なライフヒストリーに還元し、矮小化するものとして批判されるが——は、彼の思想の正確な理解を目指すという観点からも正当なものとみなしうるだろう。

さて、本書では、ローゼンツヴァイクの思想をその形成段階（第Ⅰ部）、主著『救済の星』までの前期（第Ⅱ部）、そしてその後の晩年における思想の発展（後期・第Ⅲ部）の三つの時期に区切り、その展開を跡づけていく。彼は、本書で後期と呼ぶ時期に、ユダヤ教教育への取り組みやユダヤ教の律法の実践を通して、自身と伝統的なユダヤ教との関係を明確にしていった。そして、それにともない『救済の星』では論じることのできなかった問題を、新たな方法で論じたのだ。しかし、こうした時期区分を設けることは先行する研究において決して一般的ではなかった。(2)そのため、まずはこれについて説明する必要があるだろう。

これまでローゼンツヴァイクの思想は、『救済の星』を中心に理解されることがほとんどであった。極端な場合には、『救済の星』の内容がローゼンツヴァイクの思想そのものであるとされ、彼がのこした他のテクストには目が配られないということすらあった。しかし、ある人物の思想の全体が一冊の書物のなかに遺漏なく収まるということはありえない。ローゼンツヴァイク自身の言葉がこのことを裏書きしている。次に引用するのは、『救済の星』を出版した後、自身の三七歳の誕生日に母親に宛てて書いた書簡の一節である。彼はこのとき全身が麻痺してゆく不治の病におかされ、体を動かすことはおろか、話すことも困難になっていた。

今年、僕の長引いてきた状態のいくつかの帰結が明らかになってきた〔……〕。わずかの例外を除いて、僕の近くにいたすべての人間が、僕がまだなかなか死のうとしないものだから、僕を死んだものとみなしたのだ。あらゆる形式の敬虔さにおいて、彼らは、僕の好ましい思い出を携え、僕の墓を訪ねさえする。しかし、こうしたことはすべて、当人がまだ生きているうちは彼を満足させはしない。もちろん僕は誰のことも悪くいうつもりはない。口のきけない者は、まさに死んでいるのだ。というのも話しかけられても答えないということこそ死者の特性なのからだ。あるいは、これまでに話したことがあることだけしか答えないこと〔もその特性に含めてよいだろう〕。けれど馬鹿げたことに、僕は喋れないわけじゃないし、僕を死んだものとはみなさない人々に対しては〔……〕力の限り答えているんだ。（一九二三年一二月二五日付アーデレ・ローゼンツヴァイク宛書簡、BT S. 935）

ここでローゼンツヴァイクは何をいっているのだろうか。病が進行し、動くことはおろか、話すことすら困難になると、それまでの友人たちは彼を生きた人間とはみなさなくなった。彼の思い出話や、彼がすでにおこなったことだけを話題にし、ろくに話しかけることもなくなったというのだ。このような状況に対し彼は苛立ちをこめて反論している。自分は、話すことができる。しかも、新しいことを話すことができる、というのだ。つまり、自分は自分がそれまでになしたことだけに汲みつくされるわけではない。新たに知識を増し、思索を深め、新しい思想をもっている。そして、聞く者に忍耐さえあれば、自分はそれを表現することができる、と。一九二三年の終わりのことであった。

『救済の星』はローゼンツヴァイクの思想の終着点ではない。ローゼンツヴァイク自身によるこのような証言は、彼の思想の未知なる部分への興味を掻き立てる。確かに彼は生前、『救済の星』と、大学での学位論文をもとにした『ヘーゲルと国家』（Hegel und der Staat, 1920）以外には、大きな著作を出版しなかった。後者はアカデミックな歴史学の枠組みのなかで書かれた哲学研究、ないしはドイツ近代史研究であるから、このうち前者を主著とするのは妥当である。しかし、彼がこれらの書に並ぶような著書をのこすことがなかったのは、ひとえに彼を襲った早すぎる死のためであった。一九二二年、病を自覚したローゼンツヴァイクは、すぐに自らの余命が長くないことを知った。彼は当初、日記に自らの墓碑や葬儀への要望を書き残すなど、近く訪れる死を待望するかのような態度を取った[3]。現実には、彼はこの後七年間にわたって生き続けることになるのだが、『救済の星』を公刊した直後には、もはや自分には次の大著に取り掛かるための時間がないことを強く意識していたのだ。もし彼に十分な時間があったならば、あるいは、もし自分がなお数年生きるということを知っていたならば、彼は別の書物を著わし、それが彼の主著となっていたかもしれないのである。

『救済の星』と思想の時期区分

それでは、具体的に彼の生涯と思想のどの時点に切断点を定めることができるのだろうか。彼の生涯を簡単に紹介しながら、そこにいくつかの分節点を設定してみたい。詳しい生い立ちについては次章に譲り、ここでは彼が著述をはじめる大学時代からたどろう。ローゼンツヴァイクは一八八六年に生まれた。彼は当初、両親の希望もあって医学部に進学したのだが、一年後、自らの希望で歴史学へと移る。この学科の変更は些細な出来事ではあるが、はじめて自らの精神的欲求に向き合ったという点で大きな意味をもつ出来事だったといえる。大学ではヘーゲル（一七七〇―一八三一）の研究をおこなうが、一九一三年に大きな人生の転機を迎える。彼はこの年の七月、キリスト教への改宗を決意するのだが、そのわずか数か月後にこの決断を撤回し、今度はユダヤ人として生きる決意をしたのだ。この、改宗に関わる二重の決断――改宗への決断とそれを取りやめる決断――をきっかけとして、彼は宗教や啓示の問題を自らの生に関わる問題として主体的に引き受けるようになった。

一九一四年に勃発した第一次世界大戦には、当初赤十字の一員として、後には志願兵として従軍した。そして、従軍中に構想を固め、一九一八年秋から一九一九年初頭にかけて『救済の星』を執筆した。出版社探しは難航するが一九二一年にようやくその出版にこぎつける。『救済の星』を書きあげた後、彼は、一九二〇年にエディト・ハーン（一八九五―一九七九）というユダヤ人女性と結婚し、フランクフルトで家庭をもった。同年には、自由ユダヤ学院というユダヤ教の成人教育のための施設を開設し、同時代のさまざまなユダヤ系知識人を講師として集め、フランクフルトの世俗化したユダヤ人がユダヤ教に再び親しむ機会を作った。学院設立直後の一九二二年、不治の病に冒されていたことが発覚する。筋萎縮性側索硬化症であった。同年九月には息子ラファエル（一九二二―二〇〇一）が誕生した。最晩年には、病床で中世の詩人イェフダ・ハレヴィ（一〇七五（?）―一一四一）の宗教詩やヘブライ語聖書の翻訳を行い、一九二九年四三歳の誕生日の直前に没した。

　このような生涯のうち、本書は、一九一三年の改宗をめぐる一連の出来事と、一九一九年初頭の『救済の星』の完成の時点にとりわけ重大な転機を見出す。改宗をめぐる出来事は、ローゼンツヴァイクにそれ以前とは異なる仕方で宗教哲学的な問いに向き合うことを迫った。ここに、彼の思想の形成期が終わり、独自の思想の展開がはじまる。この出来事に続く数年の間に、彼は、宗教と人間の関係やユダヤ教とキリスト教の世界史的意義について考察を深めていった。『救済の星』はこうした思索の成果であり、前期思想の到達点を徴づける著作だといえる。

　しかし、ローゼンツヴァイクの思想の発展は、ここで終わることはなかった。すなわち、一九一九年以降、ローゼンツヴァイクの思想は、教育活動や律法の実践を通して、さらに深まっていったのだ。思想の深化は漸次的に起こった。その過程を詳しく跡づけることは、本書の主要な目的の一つであるが、議論の見通しをえるためにもそこで起こった変化の内容について簡単に説明しておこう。端的に述べるなら、それは歴史哲学的、体系的な理論を構築する試みから、人間にとっての宗教の意味を個人的経験という水準で考察し、記述する試みへの変化であった。そしてこのような変化は、『救済の星』に対する自己批判や新たな思想的挑戦を反映するものだったのだ。[4]

　とはいえ、こうした批判や挑戦は、『救済の星』の完全な否定を目指すものではなかった。同書の初稿を書き上げた直後、彼はそれを読み返して「端的に素晴らしい」と書いている（一九一九年二月一七日付マルグリット・ローゼンシュトック宛書簡、Gritli-Briefe S. 240）。さらに、執筆直後の昂揚と出版社が決まらない焦燥のなかではあるが、彼は『救済の星』について、「私は、ここに自分の精神的存在のすべてを移しこんだ、そして、後に書くであろうすべてのものはただそれの補遺となるだろう〔……〕という逃れ難い感情をもっている[5]」とまでいうことができた。このような書物は尋常ならざるものであり、決して単なる通過点ではない。それまでの思想生活、つまり、ドイツの古典文学に薫陶され、大学で哲学を学び、友人からの影響で宗教的な事柄の重要性を確信し、ユダヤ人として生きることを決意した、彼のこのときまでの精神生活の総決算なのだ。それ以降の彼の思想は、いかにそこから歩みを進めていようとも、この書物との対比なしには考えられない。『救済の星』はこのような一つの基準となる地点を標している。

それでは、彼は『救済の星』の何を退けたのか。もっともはっきりしていることは、同書を境にローゼンツヴァイクが歴史哲学の方法を用いなくなることだ。それがどのような意味で歴史哲学的な著作といえるのかについては、第八章であらためて論じるが、歴史哲学的方法は『救済の星』の理論的な核であった。しかし彼はこの方法を放棄し、以後は全体を俯瞰するような位置から体系的に論じるということをしなくなる。代わりに彼は、個人としてのパースペクティヴから個人が経験する現実について論じるという方法を採るようになるのだ。彼は後に書簡のなかで『救済の星』ではユダヤ教について「外側から論じなければならなかった」と書いている（一九二四年三月二八日付イザーク・ブロイアー宛書簡、BT S. 951）。後期になると彼は、「外側から論じる」ことをやめ、一人の人間として、とりわけ一人のユダヤ人として、いわば内側から啓示や神について論じるようになるのだ。ローゼンツヴァイクはそうした内側からみられた内容を「現実性の経験」と呼んでいる。このような変化は方法論的、形式的な水準にとどまらない。というのも、同じ書簡で述懐しているように、彼は『救済の星』を執筆したころにはまだ、十分にユダヤ教について、ユダヤ人の生について理解していなかったからだ[6]。内側から論じることができるようになるためには、学びと認識の深まり、そして何よりユダヤ人としての主体的な生が必要だった。そして実際に、彼の思想の変化には、自らの生を通したユダヤ教に関する知の深まりがともなっていたのである。

宗教の探求者としてのローゼンツヴァイク——研究史と本書の視角

ローゼンツヴァイクの思想の発展は決して単線的なものではなかった。むしろそれは、彼が苦悩や希望とともに切り開いていった道のりだった。限られた史料からその道のりをたどりなおすにあたって[7]、本書では、彼の宗教についての理解や実践の変遷に着目する。彼が人生のさまざまな段階で、宗教についてどのように考え、どのように実践したのか。またそうした理解や実践はどのように変化したのか。こうした問題を切り口とすることで、彼の生と思想の全体を読み解いてゆく。本節ではまず、先行研究を参照しながら本書の視角の特徴を明らかにする[8]。

ローゼンツヴァイク研究の歴史はそれほど長いものではない。研究が盛り上がりをみせはじめた二〇世紀の後半、彼の思想には「長く忘れられていた」という形容がしばしば用いられた[9]。一九八二年にステファン・モーゼス（一九三一—二〇〇七）が『体系と啓示』の序文で簡潔に纏めた概略が、このような語りの範型となっている。

フランツ・ローゼンツヴァイクは、彼が生きている間、同時代人に無視されました。ごく少数の者が彼の本を読み、さらに少数の者しかそれを理解することはありませんでした。彼の死後四年たつと、ナチズムの政権掌握がドイツのユダヤ教に終焉をもたらし〔……〕この終わりがローゼンツヴァイクの著作、とくにその主著『救済の星』を長きにわたり人目のつかないところへ追いやりました。ごく少数の秘伝をさずけられた者たちだけが〔……〕この著作がわれわれの時代にあってもっとも重要でもっとも独創的なものの一つであることを知っていました。〔……〕今日、ローゼンツヴァイクの死から五〇年たって、沈黙を余儀なくされていた彼の声は再びわれわれに届こうとしています。〔……〕この作品は依然、われわれの時代にとっても真の問いを問いかけているのです[10]。

このような叙述は、確かに一面において事実に即している。周知の通り、ドイツのユダヤ人はナチス政権のために、強制収容所へと送られるか海外への移住を余儀なくされた。共同体は壊滅し、ドイツのユダヤ教なるものの歴史は、一度、終焉を迎えた。また、ローゼンツヴァイクの思想が「内輪のグループを超えて外部に影響をもつことはおろか、ユダヤ思想においてであれ、哲学思想一般においてであれ、なんらの地歩を固める前にナチズムの支配が世界に広がった」[11]。このため、彼の思想は広く知られることなく、その著作も手に入りにくい状況が続いた。

しかし、その他の点、たとえば「同時代人に無視された」ということは事実に反するし[12]、「沈黙を余儀なくされていた」というのもやや過剰な表現である。多くはないものの彼に関する研究は行われていたし、彼がマルティン・ブーバー（一八七八―一九六五）とともに新たにドイツ語に翻訳した聖書も、版を重ねていた[13]。このことは、一九九〇年にルーク・アンケルトとベルンハルト・カスパーがまとめた文献目録を見るとき明らかである[14]。したがって、このようなモーゼスによる評価は、一九八〇年代以降広く受け入れられはしたものの、決して自明なものではない。こうした評価の意味するところは何なのか、どのような状況下でこのような評価が可能になったのか、簡単にみていきたい。

戦後のローゼンツヴァイク研究は、一九五〇年代にアメリカではじまったとされることが多い[15]。一九五三年、晩年のローゼンツヴァイクと直接親交のあったナフム・グラッツァー（一九〇三―一九九〇）は、アメリカの読者に「常識とユーモアを失うことなしになされた、信仰の探求の真正さ」[16]を伝えるべく、ローゼンツヴァイクの著作や書簡を年代順に抜粋して翻訳し、簡単な解説を付して出版した。この著作『フランツ・ローゼンツヴァイク――その生涯と思想』は、ローゼンツヴァイクの劇的な信仰回帰体験を中心として構成されている。すなわち、キリスト教徒の友人オイゲン・ローゼンシュトック（一八八八―一九七三）との対話のすえに、キリスト教へと改宗することを決意したが、直前にベルリンのシナゴグでヨム・キプール（ユダヤ教の重要な祭日）の礼拝に参加し、心を動かされ、改宗の決断を撤回し、ユダヤ教にとどまった、というものだ。この逸話は、重要な点で裏付けを欠いており、すべてを真実とみなすことはできない。しかしともかく、ここではグラッツァーがこの劇的なエピソードを中心に、いわば聖人伝のような仕方でローゼンツヴァイクの生涯と思想をつづったということを指摘しておきたい。同書は、アメリカのユダヤ人を中心に広く読まれ、一九六一年には第二版が出版され、現在も版を重ねている。

グラッツァーの著作以降、ローゼンツヴァイクに関する論文は飛躍的に増える。当時のアメリカには彼のほかにも、晩年のローゼンツヴァイクと直接面識があったり、その名声を聞いたりしていたユダヤ人が多く住んでいた。[17] 多くの論文がこうしたドイツ系のユダヤ人の手によって書かれた。また、フーゴ・ベルクマン(一八八三—一九七五)ら、ヨーロッパからイスラエルに亡命した幾人かの思想家は、第二次世界大戦中からヘブライ語でローゼンツヴァイクへの言及を続けていたが、一九六〇年ころからはヨーロッパ言語でも論文を発表した。この他に、ドイツでは、ベルンハルト・カスパーを中心に、ローゼンツヴァイクを対話の哲学として研究する試みがあった。また、後で別に触れるがエマニュエル・レヴィナス(一九〇六—一九九五)もまた、一九六〇年代にローゼンツヴァイクに関するいくつかの論文を書いている。こうした人々がローゼンツヴァイク研究の第一世代を形成した。

これら第一世代の研究者には、ローゼンツヴァイクと直接面識があったり、彼が生きた時代のドイツ・ユダヤ人社会の様子を直接知っていたりする者も多く、この点で、後の世代の研究者に対して優位に立っていたといえる。しかしながら、史料の面では彼らは恵まれていたとはいえない。このころまでに公刊されていたローゼンツヴァイクの著作は、一九三〇年代までにドイツで出版されたものだけだったのだ(死後編集の『小品集』『書簡集』を含む)。第一世代の研究者たちは、限られた史料状況のなかで、場合によっては未公刊の史料を使いながら研究を発表した。グラッツァーの著書の出版を受け、一九五四年には『救済の星』が戦後はじめてドイツで復刊され、また、一九六二年には『ヘーゲルと国家』がおよそ四〇年ぶりに復刊された。しかし、一九七六年に著作集が編集され出版されるまで、史料状況は悪いままであった。

こうした状況を大きく変えたのが著作集の出版と、ステファン・モーゼスによる『体系と啓示』の刊行であった。著作集の刊行により、史料の状況が劇的に改善された。そして、モーゼスの研究がこうした資料の使用の方向性を決定づけたのだ。この一連の出版が第一世代の研究から、第二世代の研究を分かつ。モーゼスはレヴィナスの影響下でローゼンツヴァイク研究を開始した。レヴィナスによる序文が付された『体系と啓示』は、全体性に対する批判として『救済の星』はなおアクチュアリティをもっているという基本的洞察に導かれている。同書はまず、『救済の星』の成立過程を振り返りながら、そこにシェリングやコーエンの影響を指摘し、ヨーロッパの哲学史のなかにローゼンツヴァイクを位置づけた。さらに、『救済の星』全体を冒頭から丁寧に解釈していくことで、同書が、現代の問題状況でもなお意義をもった哲学書であることを示した。これらの出版がきっかけとなり、ローゼンツヴァイクや彼が生きた時代を直接は知らない世代の研究者が、彼の著作を研究するようになった。そして、それまでの研究に代わって『救済の星』の読解と解釈がローゼンツヴァイク研究の中心となった。これらの研究では、新たに著作集におさめられた数多くの書簡や日記、そして、小論やそれまで未公刊だった手稿の類は、主に『救済の星』を理解するための手掛かりとして用いられた。

この世代の研究の特徴は、『救済の星』を研究の中心に据えつつ、ローゼンツヴァイクを「われわれの時代にあってもっとも重要でもっとも独創的な」[18]思想家の一人と評価する点にある。すなわち、ローゼンツヴァイクが同書で表現した思想が、ユダヤ教の枠を超え、哲学として問題たりえるとみるのだ。おりしも、レヴィナスの哲学が大きな反響を呼び起こしつつある時代であった。現代ユダヤ教の聖人、ないしはユダヤ教の宗教哲学者として細々と研究されてきたローゼンツヴァイクを、レヴィナス等が開拓した新しい時代の哲学に直接連なるものとして理解しようとする機運が生じたのである。

彼ら第二世代の研究者は第一世代の研究を批判し、新たにローゼンツヴァイクを哲学者として捉え直そうとしたといえる。[19]このような研究は、彼の思想の中心にある宗教的、神学的概念を無視することはない。しかし、宗教的な内容を含む議論を、一人ひとりの人間の生や実践から引き離し、新しい時代の宗教的な哲学として純粋に思弁のなかに追いやってしまう傾向をもっていた。具体的には、これらの研究においては、ローゼンツヴァイクが哲学的思索と並行して行っていたその他の活動、たとえば教育活動や宗教的なテクストの翻訳は軽視された。

これら、ローゼンツヴァイクの思想を哲学（宗教哲学）の一例として解釈する研究者たちは、その解釈の根拠を次の事実に求めてきた。すなわち、「『救済の星』の補足的コメント」として発表された「新しい思考」という小論のなかで、ローゼンツヴァイク自身が『救済の星』は「ユダヤ教の本」として読まれてしまったが、本来は「哲学の体系」なのだと書いているのだ。[20] しかしながら、この「新しい思考」は、本書において後期と区分される時期に、つまり『救済の星』への自己批判を経て書かれたものである。論文「新しい思考」でのローゼンツヴァイクのこの言葉を額面通りに受け取ることは――少なくとも『救済の星』執筆時の意図に即して同書を理解しようとするのであれば――誤りである。[21] この点については、本論であらためて論じたい。

このような研究状況は、『救済の星』に捧げられた解釈がうずたかく積み上げられて、飽和状態になったときに打開された。二〇〇〇年を過ぎるころから、ローゼンツヴァイクとユダヤ教との関係を再検討する研究[22]や、初期のヘーゲル研究――彼の『ヘーゲルと国家』は驚くべきことに著作集にはおさめられなかったのだが――と『救済の星』との関係を再考する研究[23]など、アプローチの多様化がみられるようになる。そして、それに呼応するかのように、二一世紀に入ると、それまで未公刊だった新たな史料が次々と公刊された。この史料状況のさらなる変化によって、ローゼンツヴァイク研究は新たな段階に入り、現在にいたる。

近年公刊された新たな史料のうちもっとも重要なものは、ローゼンツヴァイクがマルグリット・ローゼンシュトック（一八九三―一九五九）、つまりオイゲン・ローゼンシュトック夫人に宛てて書いた夥しい量の書簡である。[24] このうち、ほとんどはローゼンツヴァイクとマルグリットが不倫関係にあった期間に書かれたもので、その存在は知られていたものの関係者への配慮から公刊されることはなかった。これらの書簡は彼の知られざる人間関係を明るみに出すばかりでなく、ローゼンツヴァイクの思想を理解するうえでもきわめて重要なものである。また、ドイツのローゼンツヴァイク研究者ヴォルフガング・ヘルツフェルトは、ローゼンツヴァイクの青年期の手稿や書簡を精力的に翻刻し、公刊している。本書もその成果の多くを利用した[25]。

このような史料状況の改善の結果、ローゼンツヴァイクの思想のより私的な部分への関心が高まってきた。そして、それまで重視されなかった、(思想家としては無名な) 友人たちとの影響関係を精査したり[26]、『救済の星』における愛や啓示といった概念を、マルグリットに宛てたラブレターからより私的なコンテクストで解釈したりする試みが生じた[27]。また、とりわけローゼンツヴァイクの青年期の史料が充実したことで、『救済の星』以前の思想に関する詳しい研究が可能となった。とりわけ重要なのは、上記のヘルツフェルトが青年ローゼンツヴァイクの政治思想を詳細に論じた研究[28]と、ベンジャミン・ポロックによるローゼンツヴァイクの回心譚を再考する研究である[29]。とりわけポロックの研究はそれまで流通してきた伝説的回心譚を覆す刺激的な内容であり、本書の第I部でも重要な点で参照している。

本書は、これら新たに刊行された史料をふまえ、ローゼンツヴァイクの思想の全体像を明らかにするという目的のもとに構想された[30]。そのため、彼を哲学者として理解し、その思想の今日的、普遍的意義を直接問う方法は採らなかった。というのも、この方法では彼のユダヤ教教育への熱心な取り組みや、宗教的テクストの翻訳活動、また、伝統的生活への再接近を評価することができないからである。ローゼンツヴァイクは、生と思索を分けることをしなかった。そのことは『救済の星』の執筆以降、とりわけ顕著になる。彼は戦争から復員した際、恩師フリードリヒ・マイネッケ (一八六二―一九五四) から大学で歴史学を講じるよう勧められたのを次のように断っている[31]。

学問的な好奇心や美的なものに対する飢え――わたしはかつて特に後者に囚われていましたが――は、もはやわたしを満たすことはありません。わたしはこれからは、わたしが尋ね求められるところでだけ、問い求めます。問われているのは人間に関してであり、知識人や「学問」に関してではありません。このときもちろん、知識人のうちにもまた人間が、つまり問いかけ、答えを必要とする人間が存してはいるのですが。

（一九二〇年八月三〇日付フリードリヒ・マイネッケ宛書簡、BT S. 681）

彼は、歴史家や学者として、対象から距離をとり客観的に論じることにもはや関心を抱いていないと述べる。むしろ、彼は一人の「人間」として、他者とのかかわりのなかで、問い、思索し、対話し、行為することを望んでいたのだ。

このとき、一人の人間としてのローゼンツヴァイクを深く規定し、苛んだのはドイツ・ユダヤ人という不明確で不安定なアイデンティティであった。彼は、伝統が希薄になった家庭に育ちドイツ的教養を積んだが、社会からはドイツ人として扱われずユダヤ人であるという事実を突き付けられ続けたのである。次節においてさらに詳しく見るが、当時のドイツ社会のなかでユダヤ人であるということは、単に宗教的な少数派であるということを意味するだけではなかった。というのも、ドイツを含むヨーロッパ社会を道徳的に支えてきたキリスト教はユダヤ教の超克として成立した。また、啓蒙主義や近代技術文明はそもそも宗教を時代遅れのものとみなした。このような状況のもと、伝統的に宗教と民族性が密接に結びついていたユダヤ人は、ヨーロッパ的、ドイツ的、近代的価値と対立するものとみなされたのである。ローゼンツヴァイクや彼の時代のドイツ・ユダヤ人は、ドイツ的教養を積む過程でこうした近代ドイツ社会からの視点を内在化させていった。その結果、自らのうちにユダヤ性とドイツ性という解消することのできない矛盾を抱えこむことになった。

本書が、ローゼンツヴァイクと宗教の関係に着目するのもこのためである。彼は徐々に、ドイツ・ユダヤ人としての自己に向き合うようになっていった。その際彼は、同時代に流行していたユダヤ民族主義や社会主義には向かわなかった。第一章でみるように、彼はヨーロッパやドイツの文学や芸術を幼少期から愛好していた。また、ユダヤ人であることを強く自覚する前に、キリスト教への接近を通して宗教的なもの一般の重要性を認識した。この認識は、世俗的で物質主義的な近代文明のなかで、人間の意味をどのように回復するかという問題の認識にほかならなかった。宗教的なものは、民族的自覚に先立って、それ自体で重要な問題として認識されており、彼はその上でユダヤ人であることについて思索したのだ。この宗教的な事柄の重視、そしてその理解の仕方こそ、彼を同時代の他のユダヤ人から区別する大きな特徴だといえる。彼は、宗教がもはや問題とされなくなった時代に、宗教がなお人間の生に対して有意味であると考え、そこから自身とユダヤ教との関係、そして同時代のユダヤ人とユダヤ教との関係について考察したのだ。

彼は人間にとっての宗教の意味を論じる過程で「啓示」という概念を重視するようになる。青年期には、宗教という語を用いてこうした問題を論じることもあったが[32]、次第に啓示についての考察が彼の思想の中心を占めるようになるのだ。それは、彼が宗教について考察するようになった時、まずはユダヤ教とキリスト教という二つの啓示宗教が問題となったからにほかならない。とりわけ、改宗をめぐる一連の出来事が、それら二つの啓示宗教の違いや人類史的意義について考察するきっかけとなった。そのときに、両者の根本にある啓示ということが問題となったのである。

啓示宗教の啓示とは、基本的には神が人間や世界に対して自らを顕わす（啓示する）ことを言う。ユダヤ教の場合、旧約聖書に描かれたさまざまな神と人間の出会いの場面のなかでも、とりわけシナイ山におけるモーセへの律法の授与が啓示の核心とみなされてきた。これに対し、キリスト教においては、もっぱらキリストにおける神の顕現、つまりその受肉と贖罪の死が啓示の核心であるとされた。いずれの場合も神的な真理が人間に決定的な仕方でもたらされることを啓示と呼ぶのである。しかし、近代合理主義はこうした啓示の歴史的事実性を否定することで、神的なものと人間的なものの関係を否定した。ローゼンツヴァイクが啓示宗教の意義を探求するのは、まさにこのような地点においてである。形而上学的な存在の実在性が決定的に疑われ、神と人間との関係を思い描くことが困難になった時代に、人間一般ならびに一人ひとりの人間にとっての啓示の意味を考察したのだ。言い換えるならば、人間と神との関係の可能性、その様態を探求したといえる。

それは神学的な問いではあるのだが、実定的宗教に属する人間だけにかかわる問題ではない。というのも、彼が宗教に意義を見出すのは、いわば、近代における人間の自己疎外というより普遍的な経験に基づいているからだ。確かに、人間の生の意味を回復しようとする彼が到達した結論は有神論的なものであった。しかしそのことは必ずしも彼が父祖の宗教に盲目的に囚われ続けたということを意味しない。彼は実証的学問やキリスト教への改宗も含めたさまざまな可能性のなかで、真摯に考え、決断し、生きた。してみれば、父祖の宗教を再発見していった彼の生の道程のなかで、ヨーロッパ的な人間像の根底にある宗教性が明るみに出たとみることもできるのではないだろうか。人間についての真摯な問いが、神や宗教に逢着する。このような過程は、宗教の存在感が薄らいでゆくどころか、局所的にはますますあらわになりつつある現代社会に生きるわれわれにとっても興味深いものであろう。ローゼンツヴァイクは、一人のドイツ・ユダヤ人として啓示の可能性やユダヤ人として生きるということの意義について考察したわけだが、彼の知的遍歴は、現代世界に生きる人間に対して宗教がもつ意味の一端を明らかにするものでもあるだろう。

二〇世紀初頭のドイツ・ユダヤ人社会——ブーバーとコーエン

ローゼンツヴァイクが生きたドイツ・ユダヤ人社会とは、どのようなものであったのか。ここではその精神的風景を概観し、彼にとってのドイツ性とユダヤ性という問題について考えてみたい[33]。まずは、二〇世紀の初頭、第一次世界大戦前夜、彼が自己自身とユダヤ教との関係をあらためて捉え返そうとしたころ、その周りにはどのような風景が広がっていたのだろうか。歴史を少しさかのぼりながらみてみたい。

一八世紀に啓蒙主義の時代が訪れたとき、ドイツ諸邦のユダヤ人はいまだ法制的にも社会的にも他の市民からはっきりと隔てられていた[34]。各地で職業や税に関するユダヤ人のための特別な法規があり、また、フランクフルトのように法的に強制された場合でなくとも、多くの場合ユダヤ人たちは特定の街区に集住した。ユダヤ人とキリスト教徒の市民は、隣り合って暮らしていながらまったく異なる生活を送っていたのである。一八世紀が終わるころ、モーゼス・メンデルスゾーン（一七二九―一七八六）が同時代の知識人やプロイセン政府に積極的な働きかけをおこなうと、ユダヤ人の処遇をめぐる問題は次第にドイツ社会の側からも重大な社会・政治問題とみなされるようになる。開明的な啓蒙主義者はこのような生の不平等を看過することはできなかったし、また、為政者は彼らを解放することで可能となる資本の流動化に大いに関心を抱いた。おりしも隣国のフランスでは革命が起こり、ドイツ諸邦はナポレオン戦争によって蹂躙された。ドイツにおいても近代国家を形成してゆくことが急務となっていた。このとき、ユダヤ人の解放――これがヨーロッパではじめて実現したのもまさにフランス革命においてであった――という問題は、イデオロギー的にも国家経済的にも無視できない問題となったのである。

他方でユダヤ人共同体の側でも、平等な市民権の獲得を自らの目標と考えるようになり、ドイツへの同化が共同体の政治的目標とされた。爾来、共同体内部ではドイツ人の目からみて悪癖とうつるような習慣を廃止したり、生活習慣を近代市民社会に適合させたりしてゆくためのさまざまな議論が交わされ、いわゆる改革運動が進展した。しかし、このような解放と同化は、政治的には共同体が成員に対して保持してきた裁判権などさまざまな自治権を切り売りしてゆくことを、また文化的には近代ヨーロッパ的な価値観でもって伝統を一方的に指弾し改変してゆくことを意味した。その結果、共同体は一人ひとりのユダヤ人に対してもっていた力を急速に失っていく。

このような変化は一九世紀を通して徐々にドイツ・ユダヤ人のアイデンティティの基盤を揺るがしていった。改革運動の進展を通して、ドイツのユダヤ人共同体の指導部は、改革の推進派――改革派、あるいは一八七〇年代からはリベラル派を名乗った――と正統派とに分裂した。一部の正統派のラビの中には、改革派のラビとともに礼拝や儀礼をおこなうことを拒み、独自の共同体を組織するものもあった。とはいえ、こうした宗教上の分裂は、必ずしも一人ひとりの共同体の成員を巻き込むものではなかった。というのも一般のドイツ・ユダヤ人の多くは、どちらの立場をとる場合にも宗教を生活の一部分にすぎないと考えるようになっていたのだ。[35] たとえば、あるものは改革派式の典礼を行うシナゴグに属しながら、家庭では伝統に忠実に、厳格に律法を守った。また、あるものは正統派が率いるシナゴグに属しながら、生業のために安息日を守ることはできなかった。このような齟齬はいたるところにみることができた[36]。また、この論争の当事者であったラビたちにあっても、多くの場合、両派の対立は宗教に関わる（一見すると）こまごまとした事柄に限定されていた。ドイツのラビたちは、多くの場合、宗教的な立場の違いにかかわらず近代的大学教育の経験を共有していた。こうした共通の学識や学位を背景に、彼らは、正統派であれ改革派であれ、共同体の運営に関してほぼ同等の発言権をもっていたし、問題によっては協力して解決にあたるようなこともあった[37]。

一九世紀のドイツ・ユダヤ人社会を特徴づけるのは、宗教の分裂というよりは、宗教に対する関心の低下であった。実際、ラビたちは、人々の宗教への関心の低下を食い止めたいという願いを共有していたのだ。つまり、改革派は宗教を近代化し、合理化することでこの低下を食い止めようとし、正統派はそのような近代社会への迎合は人々の敬虔さを弱め、かえって宗教に対する尊敬を低減させると考えたのだ。彼らは、いわばこのような共通の目的をもって共同体を精神的に率いようとしたが、他方で、政治的、実際的な活動は政教分離の原則のもと慎む傾向にあった[38]。一般のユダヤ人の関心の中心は、つねに解放と同権の実現にあったが、ラビたちはそれをドイツの政治の問題であるとみなした。その結果、彼らの影響力は低下し、宗教はドイツ・ユダヤ人社会のなかでますます周縁的なものとなっていったのである。

一九世紀の最後の二〇年の間にこの状況は変化する。反ユダヤ主義が盛り上がりをみせたこと、伝統的信仰に対する関心がますます低下したこと、さらに東欧諸国から多くのユダヤ人が流入したことがその原因である[39]。それまで、ドイツのユダヤ人たちはユダヤ教（Judentum）を、宗教として、あるいはカトリックやプロテスタントと並ぶ一つの宗派（Konfession）として理解しようとしてきた。ユダヤの宗教を信仰するドイツ市民として、プロテスタントのドイツ人やカトリックのドイツ人と等しい市民権を獲得しよう、というのが彼らの政治的戦略であった。しかし、反ユダヤ主義者たちはユダヤ人が西洋的な衣服を身に纏い、国民自由党を支持するような場合に[40]も、彼らをドイツ国民とは認めなかったのである。

他方で、ドイツのユダヤ人たちは、東方から移住してくるユダヤ人たちを自らと「同じ」ユダヤ人であるとみなすことを拒んだ。彼らは「東方ユダヤ人（Ostjude）」というカテゴリーを用いて、自分たちと彼らを区別しようとしたのだ。東ヨーロッパからの移住者は、同じユダヤ人ではあったが、近代市民社会にさらされておらず、イディッシュを話し、貧しかった。彼らはまさに、ドイツのユダヤ人たちが抜け出したと信じていたゲットーを体現していたのだ。ここに、ドイツ・ユダヤ人がおかれたアイデンティティをめぐる困難な状況の根をみることができる。彼らは熱心にドイツ人になろうとし、実際に外面も内面もドイツ市民とかわるところがなくなったにもかかわらず、ドイツ社会の側からはドイツ人として認められなかった。そして、伝統と信仰の喪失は自らのアイデンティティを宗教に求めることも難しくした。

こうして、一九世紀の終わりに、ドイツ・ユダヤ人たちは自己のアイデンティティや政治戦略を問い直すようになる。はたして、同化は可能なのか。ドイツ語をおぼえ、伝統を放棄し、ドイツへの愛国心をも抱いているというのになぜドイツ人として認められないのか。政府に頼る受動的な姿勢では反ユダヤ主義を抑えることができないのではないか。しかし、それでは具体的に何ができるのか。

ユダヤ民族主義、そしてその政治的運動体の一亜種であるシオニズムが起こったのもまさにこの時期であった。[41]彼らはユダヤ教を宗教ではなく、民族、あるいは人種として自己規定した。このシオニズムの出現は、それまで「宗教改革と正統主義との間の議論が中心を占めていた、［ユダヤ人の］内面的な生の政治化」を招いた。[42]つまりシオニズムは、宗教的路線をめぐる対立を超えたところで、そもそもユダヤ人は反ユダヤ主義の温床であるヨーロッパにとどまるべきなのか、という政治的な問いを投げかけることで、共同体をこれまでとは違う角度から分断したのだ。

自己のアイデンティティの問い直しが盛んにおこなわれ、政治への関心も高まった結果、二〇世紀初頭のドイツ・ユダヤ人社会には、いくつかの特徴的な思想的・政治的派閥が並び立つこととなった。大多数を占めたのは、依然として、自らをドイツ国民と認識しドイツ社会への同化を目指す人々であった。彼らは政治的には自由主義者であり、経済的に裕福な者も多くいた。同化への行き詰まりはこうした人々のあいだでも感じられており、ドイツ社会への政治的働きかけが試みられる一方で、ユダヤ人の文化に対する誇りのような感情も生じていた。その結果、街並みの中で人目をひくような東洋的な外観のシナゴグが新築されたり、ユダヤ教学(Wissenschaft des Judentums)が支援されたりした。[43]とはいえ、このような文化への自負心は、必ずしも宗教への関心には結びつかなかった。彼らの多くは世俗的で、主要な祝日を除けばシナゴグを訪れることも稀であった。

このような多数派の周囲に、反動的に保守化した宗教的正統派や、反対に宗教的事柄に関する改革をさらに徹底的に推し進めようとする急進的改革派を信奉する人々が存在した。また、ユダヤ・ナショナリズムやシオニズムが、もはや同化は不可能と考えるようになった若者を中心に大きな影響力をもつようになっていた。多数派のユダヤ人は、ユダヤ人の特異性と民族的独立を声高に主張するシオニズムを、反ユダヤ主義を誘発し同化を阻害するスキャンダラスな運動とみなし、しばしばはげしく批判した。さらに、ローゼンツヴァイクの友人たちのように、キリスト教へと改宗する者も無視できない数おり、ユダヤ人共同体の指導部はこの改宗という問題とも向き合わなければならなかった。

ローゼンツヴァイクの思想を理解するために重要なのは、改革派を理論的に支えたリベラル派の宗教理解——同時代のキリスト教におけるリベラル神学のユダヤ教版といえる——とシオニズムの思想である。ここではこれらの考え方を、リベラル派最後の重鎮ともいうべきヘルマン・コーエン(一八四二—一九一八)と、文化的シオニズムの立場から民族主義的論陣を張り、若い世代のユダヤ人に絶大な影響力をふるったマルティン・ブーバーの思想を中心にみてみたい。彼らは当時のドイツ・ユダヤ人の論壇を代表する人物であり、ローゼンツヴァイクもまた、両者を意識しながら自らの思想を練り上げていったのだ。

ブーバーは、現在でこそ「我と汝の対話の哲学」で知られているが、二〇世紀初頭のドイツでは、ユダヤ民族主義を代表する論客として知られていた。彼ら民族主義者たちは一九世紀末から「ユダヤ教の精神」について論じてきた。これは当時ヨーロッパを席巻していた民族主義の議論をユダヤ人に当てはめたもので、歴史を通して民族精神(この場合はユダヤ教の精神)を文化的に開花させてゆかなければならない、とするものであった。ブーバーとともに同じ立場を代表したアハド・ハアム（一八五六―一九二七）が、「ユダヤ教の本質」をめぐる他派閥との論争に際して発表した議論には彼らの考え方がよく示されている。[44] すなわちハアムによれば、ユダヤ教の結束の基盤は民族にある。この民族は、他の諸民族とはまったく異なった独自の存在である。もし、キリスト教世界やその他の地域の諸民族とユダヤ民族との差異を表層的なものとみなし、妥協的協調の道を探るのであれば、ユダヤ教の本質を見失うことになる。そして、まさに現在、いたずらに同化を求める道を歩むことで、この本質は失われつつある。いまこそ、一人ひとりのユダヤ人がユダヤ民族の独自性を自覚しなければならない。その際、律法を厳密に守るかどうかといった区別は重要ではない、とハアムは――そしてブーバーも――いう。民族の一員としての自覚は正統派の人々のように伝統的生活を送ることとは無関係であり、民族精神の実現も過去への回帰とは無関係なのである。ハアムによれば、このような自覚を保持しつつ、ラディカルな改革派であることすら可能だという。というのも民族の精神は未来において実現されるものであり、その内容を予め定式化することはできないからだ。一人ひとりの成員の自覚を通してこのような精神はおのずから発現してゆくのである。

　ここには彼らの議論の特徴がよくあらわれている。すなわち、ユダヤ人であることの自覚を、伝統や過去から切り離して、意識の問題へと還元したのだ。伝統を捨てて近代社会に同化するか、伝統を堅持するか、という二者択一、つまり、ユダヤ性を捨ててドイツ性をとるか、ドイツ性をあきらめユダヤ性に回帰するかの二者択一と思われた状況のなかで、過去に回帰することなしにユダヤ性を獲得するという第三の道を示したのだ。

　一九一〇年代のマルティン・ブーバーはハアムのこのような議論を引き継いでいくことになる。彼は一九〇〇年代の中頃からハシディズムを論じる著作を通して、実定的なユダヤ教とは異なる、「本来のユダヤ的宗教性」を、民族概念を基盤としながらさらに具体的に描き出そうとしていた。当時、ハシディズムは、東欧ユダヤ人の異端的な民衆宗教運動として、ユダヤ人のあいだでも蔑視されていた。しかしブーバーは、ハシディズムの賢者が示す素朴な敬虔さのなかにこそ、本来のユダヤ教の宗教性があると主張した。こうすることで彼は、伝統を重視する正統派からは距離をおきつつ、同時に、宗教がもつ精神性それ自体をも破壊しかねない過激な改革運動や近代的合理主義をもまた退けたのだ。彼はその後、さまざまな講演や出版物を通して、伝統や形式ではなく精神性を強調した宗教性を「ユダヤ教の精神」として称揚した。そして、とりわけ若い世代に対して、ユダヤ人としての自己意識の覚醒を通して、このような精神性を獲得していこうと呼びかけたのだ。こうした呼びかけは、若者を中心に大きな反響をよんだ。そして、この成功はブーバーを、ドイツ・ユダヤ教を代表する人物へと押し上げていった。

これに対してリベラル派はどのように考えていたのだろうか。コーエンについてみてみよう。コーエンは、ユダヤ人でありながらキリスト教に改宗することなく、ドイツの大学で哲学科の正教授になった。こうした経歴から、ドイツのユダヤ人社会のなかでは同化の象徴とみられていた。コーエン自身にとっても、ユダヤ人であることとドイツ人であることは分かちがたく結びついていた。彼は、熱心なドイツ・ナショナリストであり、たとえば、第一次世界大戦にあたっては他の多くのユダヤ人と同様、ドイツの戦争を熱心に支持した。自らの著作でそれを「正義の戦争（der gerechte Krieg）」と呼ぶことすら憚らなかったほどである。[45] このようなドイツへの愛情の奔出は、単なる一時的な感情の昂揚ではなかった。彼は、ドイツ精神とユダヤ教のあいだに単なる類似や親近性以上の関係を見出していたのである。コーエンは――同様に多くのリベラル派のユダヤ人も――、ユダヤ教の本質はそれが道徳的一神教であるということのうちにあると考えた。そして彼の観念論哲学においては、ドイツ文化の精髄であるカント（一七二四―一八〇四）の道徳哲学と道徳的一神教としてのユダヤ教は矛盾することなく一致した。カントのいう目的の王国は、道徳的一神教が想定する神の国と実質的には同じものであり、人間がみな理性的に道徳的存在者として生きるようになるならば、宗教は不要になるとすら考えていたのだ。さらに晩年になるとコーエンは、歴史的なユダヤ教を理性の宗教と同一視し、聖書の詩篇や預言者の言葉から、道徳性の内容を規定していくようになる。つまり、最晩年に至りコーエンは、カントに象徴される哲学をユダヤ教と完全に癒合させてしまうのだ。

衰えることを知らない反ユダヤ主義の暴発や、ブーバーらユダヤ民族主義の台頭の結果、二〇世紀初頭には、リベラル派はイデオロギー的な求心力を失っていた。しかし、そのような状況のなかでもコーエンは、その社会的地位と特異な思想的背景によって、ユダヤ人社会のなかでなお一定の影響力を保持していた。ローゼンツヴァイクは、一九一〇年代の後半、まさに、リベラル派コーエンとユダヤ民族主義者ブーバーがその両極を規定するような論壇で、ユダヤ教について論じはじめたのだった。[46]

ドイツ性とユダヤ性

リベラル派とシオニズムは、文化政策や政治方針などさまざまな点で対立したが、こうした対立の根底には、ユダヤ人であることとドイツ人であることというドイツ・ユダヤ人が抱えた二重性の理解をめぐる対立があったといえる。ブーバーは、ユダヤ人が抱えるアイデンティティの不安を、根源的な「両極性」として主題化した。そして、ユダヤ人はこのようなアイデンティティの二重性を――ドイツ性とユダヤ性という相容れない二つの要素を――自らの存在の本質として肯定的に受け止めなければならない、と主張した。これに対し、コーエンにとっては、このような二重性はそもそも存在していなかったし、するべきではなかった。「ドイツ性とユダヤ性」という論文で論じたように、彼にとってはドイツ性とユダヤ性は本源的には同質であり、なんら矛盾するものではなかったのだ。

それでは、ローゼンツヴァイクは、どのような立場をとったのか。彼はシオニズムからは距離をおき、終生自らをリベラルと称していた（一九二四年七月付書簡、BT S. 980）。このように述べることで彼は、ブーバー流の民族主義から一定の距離をおこうとしていたといえる。本論でも触れるが、ブーバーの所説はローゼンツヴァイクにとっても魅力的であった。また、彼や彼の少し下の世代の若者に対してブーバーがもった影響力は絶大で、到底無視できるものでもなかった。実際に、多くのユダヤ人にとってもはや旧世代の遺物としか映らなかったユダヤ教を、再び生き生きとしたものとして蘇らせたのはブーバーにほかならなかった。

しかし、ブーバーを無条件に受け入れることもできなかった。というのも、ブーバーは、ユダヤ人としてのアイデンティティの核を、民族性や血縁の同一性に求めたからだ。このことは、ブーバーが示したユダヤ教像が精神的で実体を欠くものであったことと密接に関係している。すでに述べたように彼の議論の特徴は、同時代の正統派が体現したような時代遅れの伝統や、貧しく不潔な暮らしを強いられた数世代前の直接的過去を、ユダヤ教の本質とは無関係とした点にあった。たとえば、彼が本来的なユダヤ教として紹介した初期ハシディズムの宗教性も、少なからず彼がロマン主義的に再構成したものであった。つまり彼のいう本来的なユダヤ教は、実在するさまざまな形態のユダヤ教の否定として描かれるものであったといえる。ブーバーは民族性や血統をユダヤ人の統合の実在的な基盤とすることで、こうした非実在的で精神的なユダヤ教像を描くことができたのだ。

ローゼンツヴァイクは、ブーバーらが示した新しい道――ユダヤ人であることとドイツ人であることの矛盾をうけとめて、現代社会においてユダヤ人として生きる――を評価するのだが、彼らのいう本来的なユダヤ教像や、ドイツ性の理解に同意することができなかった。ローゼンツヴァイクは、誰でも勝手な内容を投影できてしまうような純粋に精神的な内容が、ユダヤ教の本質であるとは考えなかった。本論にみていくように、彼にとって、啓示宗教の啓示は、人間がそれを真摯に受け止めたならば、この人物の生に対して実質的で決定的な意味をもつはずであった。そして、ユダヤ教もまた、そのような啓示宗教の一つとして、歴史的で具体的な全体として個々のユダヤ人に対して意味をもつのでなければならなかった。また、ドイツ人であるという現実も、ローゼンツヴァイクにとって本質的で否定することのできない事態だった。ブーバーらにとっては、ドイツ社会への同化は、近代ユダヤ教が陥った非本来的形態にほかならないわけだが、ローゼンツヴァイクにとってはドイツ人として育ち、ドイツ語で思考するということもまた、大きな意味をもった。このドイツ性に対する愛がローゼンツヴァイクをブーバーから引き離し、コーエンへと近づけるのだ。

とはいえローゼンツヴァイクは、コーエンのような同化主義の立場をとることもできなかった。彼は、コーエンが論文「ドイツ性とユダヤ性」のなかでドイツ性とユダヤ性の「内的な類縁性」を論じる仕方を厳しく批判している。[47] ローゼンツヴァイクによれば、ドイツ性とユダヤ性とはそもそも内容的にも質的にも異なっており、比較したり類似性を語ったりすることができるようなものではない。「ドイツ性とユダヤ性」というとき、この両者を結ぶ「と（und）」は抹消されることができない。ドイツにおいてユダヤ人であることとは「現実的にその両方」であることを意味する（一九一八年一月一六日付ヘレネ・ゾマー書簡、BT S. 508）。どちらかだけであることはできないし、両者が本質的に同一であるとすることもできないのだ。ローゼンツヴァイクは自らのなかのドイツ性とユダヤ性という問題について次のように書いている。

　もし人生が僕を拷問にかけ、僕を二つの部分に引き裂こうとするなら、もちろん、どちらの半身に心臓が行くか――それは真ん中にはついていないから――僕にはわかっている。けれど、僕はこの外科手術を生きたまま終えることができないだろうということも知っている。（一九二三年一月末日付ルドルフ・ハロー宛書簡、BT S. 888）

　彼は、自らの心臓がどちらの半身にあると考えていたのかここでは明言していない。[48] しかし、ドイツ性とユダヤ性は切り離すことができないし、両者の間の「対立」を自らの生を通して生き抜かねばならない、と考えていたことは明らかだ（BT S. 508）。ローゼンツヴァイクはこのように、コーエンとブーバーという両極からの距離を測りながら、時代の精神的状況のなかでの自らの立ち位置を探っていった。
　ローゼンツヴァイクにとって、ドイツ性とユダヤ性の問題、すなわち自分はどのような意味でドイツ人であり、どのような意味でユダヤ人であるのかという問題は晩年に至るまで重大な問題であり続けた。ある意味で、ローゼンツヴァイクや同時代のドイツのユダヤ人は、完全にドイツ人であった。ドイツ語で教育を受け、ドイツ文化の教養を積み、ユダヤの伝統や宗教からは離れてしまっていた。しかしながら彼らは、もはや両親の世代のように――その代表がコーエンであったわけだが――、ユダヤ教を信じるドイツ人としてキリスト教徒のドイツ人と変わらぬドイツ市民であることができると夢想することはできなかった。彼らは、ユダヤ人であることから逃れることはできないにもかかわらず、ユダヤ人であることが何を意味するのか、何をなせばよいのかまったくわからなくなっていたのだ。本書を通してみていくように、ローゼンツヴァイクの思索や実践の少なくない部分はこの問題をめぐっている。彼の生の行路は、彼自身がきわめて強い意味においてドイツ人であり、なおかつ同時にユダヤ人でもあるということを自覚し、この二重性を自らの生のうちで先鋭化していく過程だったといえよう。したがって、一つひとつの出来事に際して、ローゼンツヴァイクがこの問題をどのように考えたのかに着目するとき、彼がこの道程のどのあたりにいるか、おおよその位置取りを知ることができる。

本書が最初に取り上げる大学入学直後のローゼンツヴァイクは、いまだ自らのユダヤ性と正面から向き合う必要を感じていなかった。もちろん、キリスト教徒のドイツ人と変わるところがないと考えていたわけではないが、当時の裕福なユダヤ人の子弟の多くがそうしたように医学部に進み医者になることを考えていた。歴史学や哲学、文学への抑えがたい衝動から学部を変えた際にも、当初はドイツ近代史を研究対象とした。彼を突き動かしたのは、ゲーテへの愛であり、あるいは新興の国民国家であるドイツ帝国の行く末だった。ここにはユダヤ人として引き受けざるをえない制限は受け入れつつ、ドイツ人として生きていこうとする若きローゼンツヴァイクをみてとることができる。キリスト教への改宗も、当時のドイツ・ユダヤ人がとりうる有力な選択肢の一つであった。実際、彼に改宗を決意するきっかけを与えたオイゲン・ローゼンシュトックもまた、改宗したユダヤ人だったのだ。

キリスト教への改宗の決断を撤回し、ユダヤ人として生きることを決意したとき、ローゼンツヴァイクと自身のユダヤ性との格闘がはじまったといえる。それ以降彼は、キリスト教への改宗を迫る友人と、伝統として形骸化するか、あるいはまたロマン主義的に仮構されるかした同時代のユダヤ教との狭間で、ドイツ・ユダヤ人としてのあるべき生の形を追い求めていく。

また、ローゼンツヴァイクはこのような探求を、単に個人的なものとしてはおこなわなかった。宗教教育の問題に深くかかわっていくことで、ドイツ・ユダヤ人全体の問題としたのだ。最晩年のローゼンツヴァイクは、律法の問題を考察することを通して、そして生活のなかで律法を守ることを通して伝統をより身近なものとしていく。しかし、ローゼンツヴァイクのなかでドイツ的なものが背景に退いてしまうことはなかった。ユダヤ教の古典のドイツ語への翻訳という最晩年の彼のライフワークが端的に示すように、彼はあくまでドイツ性とユダヤ性の二重性のうちにとどまったのだ。

第I部

生の問題としての宗教

——改宗をめぐる決断　一九〇五—一九一四

第一章　青年ローゼンツヴァイクの思想

一　哲学への衝動

ローゼンツヴァイク家

フランツ・ローゼンツヴァイクは一八八六年一二月二五日、ドイツの都市カッセルに生まれた。ローゼンツヴァイク家は、彼の曽祖父イザーク（一七七八―一八三五）の代からここで薬品業を営んでいた。父ゲオルク（一八五七―一九一八）は事業を拡大し、塗料の製造、販売をおこなった。ゲオルクはまた、カッセルにおけるさまざまな団体の役員を勤めるなど地域社会の顔役であったほか、帝国ドイツを代表する自由主義政党である国民自由党（Nationalliberale Partei）にも加わっていた。ゲオルクの母は、ユダヤ教教育を啓蒙主義の立場から改革した高名な啓蒙主義者ザムエル・マイアー・エーレンベルクの孫にあたる。後にフランツに大きな影響を与えることになる、ハンス・エーレンベルク（一八八三―一九五八）とルドルフ・エーレンベルク（一八八四―一九六九）はこのザムエルの後裔であり、フランツの同年代の遠戚にあたる。実業家であったカッセルのローゼンツヴァイク家も、学者や法律家を輩出したヴォルフェンビュッテルのエーレンベルク家もともにリベラルな家風であり、程度の違いはあれドイツ社会への同化を体現していた。[1]

このようなローゼンツヴァイク家にあって、フランツの大叔父アダム・ローゼンツヴァイク（一八二六―一九〇八）の存在は特異であった。彼は、独身の木版画家で、フランツの一家がカッセルにある別の邸宅に引っ越すまで同じ建物に住んでいた。彼は敬虔な信仰者であり、シナゴグに通ったほか、家庭内の儀礼も欠かさず執りおこなった。幼いフランツも、ペサハのセデル（過ぎ越しの祭りの儀礼的晩餐）をこの大叔父とともに執りおこなったという。[2]

フランツの母アーデレ（一八六七―一九三三）は、ヴェストファーレンの小都市アーレンに生まれた。幼少時にカッセルに移り、一七歳のとき一〇歳年上のゲオルクと知り合い、結婚。一九歳でフランツを産んだ。後に彼女は難産であったとふりかえっている。彼女は同じ回想のなかで、生家におけるユダヤ教の実践についても書いている。曰く、彼女が六歳の頃、ペサハの晩餐で彼女の父が祭式文であるハガダーの一節を朗読したところ、同席した親戚が笑った。すると、彼女の父は読み上げていた本を投げ捨ててしまい、それ以来、家庭では宗教的儀礼のほとんどをおこなわなくなってしまったという。

このようにアーデレもまた、リベラルでドイツ社会への同化が進んだ家庭で育った。とはいえこのような両親が築いた家庭の中で、ユダヤ教の伝統がどの程度保たれていたのか、あるいは忘れられていたのかを具体的に知ることは難しい。序において概観したように、当時、同化の程度や宗教的事柄への態度は同じリベラル派の人々の間でも一様ではなかった。また、日常生活の中で伝統的な戒律をまもらなくなること、もしくは、まもることができなくなったということは、必ずしも彼らが、心情においても完全に宗教的伝統に対して冷淡になったことを意味するわけではなかった。たとえば、シナゴグへはまったく行かず、聖書も読まないが、安息日と食物規定だけは生活習慣として変えずにいるという場合がありえた。というのも、生活におけるいくつかのもっとも基本的な習慣を保持することは、共同体のなかで伝統に対してさまざまな見解をもつ人々が互いに交際する上で、望ましいことだったからだ。このように社交上の理由から、あるいは単に惰性からいくつかの習慣がまもられる場合でも、食事や家事などの日常生活を通して、掟のある部分は一人ひとりのユダヤ人の内部にとりこまれるだろう。

実際、ゲオルクは、重要な祝日にはシナゴグを訪れていた。フランツが生まれてからは、そこに息子を連れていった。アーデレも、結婚前にライプツィヒの知人の下で花嫁修業をおこない簡単な家政を学んでいる。ローゼンツヴァイクの幼馴染で、ラビの息子であるヨーゼフ・プラーガー（一八八五―一九八三）の回想によれば、ヴェストファーレン出身のアーデレに比べれば、ゲオルクのなかには、「意識的、ないし無意識的なユダヤ教の内実」がまだ保たれていたという(3)。とはいえ、アーデレも地域のユダヤ人社会の顔役でもあったゲオルクの妻として家庭を一定程度ユダヤ的に保つよう努めたようだ。また回想では、先にふれた「アダム叔父さん」と知り合えたことを、婚約期間におこった出来事のなかでもっともすばらしかったことの一つに数えいれている。このように、彼女にしても伝統やユダヤ的な宗教生活の全般に対する感受性を完全に欠いていたわけではなかったといえよう。少なくとも彼らは、一人息子に洗礼を受けさせることはしなかったのだ。

フランツはこのような両親のもとに生まれた。アーデレの回想にみられるエピソードはどれも、聡明で、彼女の言葉によれば「頑固な」少年が母の愛を一身に受けて成長した様子を伝えている。ここでは、本論と関係する範囲で少年期のフランツについていくつかのことを記しておきたい。少年は大叔父アダムに非常になついていたらしい。そして、一一歳のときには、学校でよい成績をあげた褒美にヘブライ語の家庭教師をつけてくれるよう望んだ。また、小学校に上がる直前から彼はヴァイオリンを習いはじめた。ヘブライ語のレッスンは何度か中断したが、ヴァイオリンのレッスンは継続して熱心におこない、大学にはいっても続けた。結局、大学入学後しばらくしてヴァイオリンをやめるのだが、その理由は、ヴァイオリンに情熱を傾けすぎてしまうことを恐れたためだったという(4)。続く節でみるように、フランツは早くから文化史に関心を抱いており、ノートのなかで自分なりにヨーロッパ文化史をまとめようと試みた。これらのノートを眺めると、絵画や建築などさまざまな芸術の批評を試みつつも、たえず音楽の批評に立ち戻っていることがわかる。彼が、音楽に対する自らの感性を信頼していたこと、そして、彼の終生にわたる音楽への愛好は、幼少期から培われていたことにはここで言及しておく価値があるだろう。

一度目の「回心」——歴史哲学への傾斜

はじめることへの恐れ！　ただはじめてしまったことにするためだけに、僕はこの言葉を書く。(5)

一九〇五年一二月一四日午前二時頃、このような書き出しをもってフランツ・ローゼンツヴァイクは日記をつけはじめた。大学に入学し初めて迎える冬、一九歳の誕生日を迎える直前。小さな黒い日記帳は、ミュンヘンの——彼は当時医学を専攻し、第二学期からはミュンヘン大学に在籍していた——文具店で買い求めた。日記はすぐに思索の断片を書きとめるためのノートとなった。三か月ほど書きつけた後、この日記について彼は次のように記している。

この種の書きつけの主要な利点は、物事が片づけられ、さらなる思考のための場所が作られることだろう。問題を書きつけるのは間違い。疑問符をつけた問いよりもむしろ最大級に大胆な仮説を。（一九〇六年三月一五日付日記、BT S. 33）

自らの未成熟な思考をあえて疑問としてではなく、仮説として形にしてゆくことで、自分がこれまでに考えてきたこと、そしてこれから考えてゆくことをはっきりさせようとしている。本章の課題は、この日記をもとに、ローゼンツヴァイクの思想の揺籃期を描き出すことにある。彼は何を求めて哲学や歴史学の世界に身を投じ、文筆活動をおこなうようになったのか。ここではその端緒を明らかにしたい。

信仰をめぐる一九一三年の一連の出来事に比べれば小さな、しかしやはり重要な転機をローゼンツヴァイクは一九〇七年に経験している。彼は大学での専攻を医学から歴史学へと変更したのだ。この転向は何を意味するのだろうか。そもそも、思索ノートをつけはじめたことからもわかるように、一九〇五年に大学に入学した直後から、彼の人文学への関心は抑えがたいものであった。彼はすでに一九〇六年二月の段階で「医学部前期課程試験のあと歴史学の学生に」なることを思いついている（一九〇六年二月一二日付日記、BT S. 27）。そして、実際に一九〇七年にこの試験に合格した後、歴史学に転籍した。すぐに転籍せずに、試験を終了するまで待った理由について彼は後に母親に次のように説明している。すなわち、当時、彼は実際に自然科学に興味をもっており、「逃亡の汚点」を残すことなく自然科学と決別したかった。さらに彼は、この前期試験合格をもって父に対して自分の能力を証明することができると考えていた。つまり、この試験は、彼が医師としての適正を欠いているわけではないことを示し、さらには、このまま医学部に在籍し続ければ医者として働くことができるだろうという将来的な就業能力の証明にもなると考えていたのだ。そして、このような証明によって、実業家の父もこの転籍に納得するだろうと期待したのだった（一九〇八年三月四日付日記、BT S. 76f.）。

父ゲオルクは、息子のこうした思いを理解することはなく、ローゼンツヴァイクの試験勉強は無駄に終わってしまった。とはいえ、本論の視点から興味深いのは、彼が哲学や歴史学の専門的な教育をうける前に、ほぼ二年にわたって自力で思考している点だ。このなかで、彼は決して明晰な概念や理論に到達したわけではない。しかし、医学をやめて何を研究するのか、どのように研究するのか、それは自然科学ではできないことなのか、といった自問自答の記録は、彼の学問への根本的な動機付けを明かしている。

ローゼンツヴァイクが、思索ノートをつけ、歴史的、哲学的な分析の真似事をはじめようとしたとき、彼が自由に取り扱うことのできた素材は多くなかった。真っ先に彼の分析の対象となったのはゲーテと、モーツァルト、ベートーベン、ワーグナーなどの歌劇作品であった。[6] 彼は、個々の作品の意味を解釈する一方で、初期ゲーテと後期ゲーテ、あるいはモーツァルトとベートーベン、ワーグナーを比較することで、芸術史に統合的な見通しをえようとした。また、自分にふさわしい方法論をみつけるため、当時仲のよかったハンス・エーレンベルク――

ハンスは当時国家学を専攻していたが、他の精神諸科学も旺盛に学んでいた[7]──と対話を重ねつつ、美学や芸術哲学の本を渉猟した。その結果、彼は自らのうちに、「万事を即座に歴史的にながめ、個物を普遍的なものの比喩としてとらえる癖」、「個物、〝特異なもの〟、〝謎めいたもの〟への偏愛」を自覚した。そして、「文化史」という研究テーマを設定したのだった（一九〇六年二月一二日付日記、BT S. 27）。

ローゼンツヴァイクは自らが考える文化史について次にように述べている。

「文化史」ということで僕は、創作者の歴史ではなく、創作物──もはや創作者からは独立した──の歴史を考えている。文化史家にとっては、孤独な斥候ではなく後からくる軍勢の大集団こそが観察の目的である。──一人ひとりの天才的な人間は、それぞれの天才的な思想を着想するだろう。民族全体はそれをできない。民族は文化的な層のなかに、ある文化圏のなかに存する。民族は、そのような圏のなかから瞬間的ではないものとしてあらわれる。これに対して、天才は〔そのような圏から〕飛び出している。「民族の天才性」なるものも、天才的人間にとっては、成長した大人にとっての学校教育のようなものでしかない。天才の天才的な力は、彼が民族の制約を逃れ出たところではじめてあらわれる。〔……〕（一九〇六年二月二八日付日記、Tagebuch I S. 53ff.）

メモ書きはやや混乱しているためすこし敷衍してみよう。文化史の目的は、民族全体がそこに属するような文化段階をとらえることであり、文化史家はそのために芸術作品の分析をおこなう。しかし、多くの場合文化史家が分析の対象とする作品は、天才によって作られたものばかりである。このとき天才の天才性は、彼が育った文化段階を超えでている点にある。天才は彼が属する文化段階をある程度反映しつつも、そこから抜け出し、次の文化段階を予示しているのだ。このため、一人ひとりの芸術家を探求しても文化段階の全体の様相をとらえることはできない。むしろ文化史家は、作品の分析を通してそのなかに反映された、あるいは予示された文化段階を明るみに出さなくてはいけない。

ローゼンツヴァイクが、歴史学のさまざまな部門のなかでも特に美術史や文化史に関心をもったということは注目に値する。彼にとっては作品の解釈とそれを通した時代の意味づけこそが重要であり、実証主義的な方法による過去の事実の確定的記述ということにはまったく関心を抱いていなかった。さきに述べた通り、彼は、医者になることを断念する決断をした後、さらに少なくない労力と年月を医学に費やした。掛け金は多くなればなるほど、期待するみかえりも大きくなる。日記帳には、彼が歴史学や哲学に期待するところが、日々より大きくなる様子をみてとることができる。

しかし、何をどのようになすべきか。ローゼンツヴァイクは当時医学部の学生であり、何の方法論的な道具立てももっていなかった。ローゼンツヴァイクはまず、進化論に目を向けた。ダーウィン（一八〇九―一八八二）が一八五九年に『種の起源』を刊行すると、進化論は、すぐに専門家の枠を超えてヨーロッパで広く知れ渡った。ドイツではとりわけエルンスト・ヘッケル（一八三四―一九一九）のモニスムス〔一元論〕運動を通して自然科学的な社会理論として大きな注目を集めることとなった。ヘッケルはこの運動のなかで、外部をもたない一つの全体として自然をとらえ、進化論をいわば自然科学的な歴史記述の方法的原理として用いた。この運動はディレッタントのみならず多くの科学者の共感もよび、一九〇六年には一元論同盟なる組織が立ち上げられた。ローゼンツヴァイクも当時ヘッケルの著作をよく読んでおり、文化史のプロジェクトもそれとの関連で考察していた(8)。

あらかじめ述べておけば、ローゼンツヴァイクは決してヘッケルを受け入れたわけではなかった。彼が進化論に興味を抱いたのは、第一に、それが自然科学でありながら文化や歴史をも論じる射程をもっているようにみえたためである。ヘッケルのモニスムスについては、早い段階からもはやそれは自然科学ではないと看破していた。すなわち、ヘッケルの目論んだ自然科学と精神科学の統合は、結局は従来の理神論をモデルにした形而上学にほかならず、その自然科学的な装いにもかかわらずもはや自然科学の範疇をこえている。ローゼンツヴァイクの目には、結局ヘッケルも「自然学者であることをやめ、決定的な点において形而上学者となることで、彼の事物のとらえ方の帰結から逃れている」にすぎなかった（一九〇六年三月一六日付日記、BT S. 34）。
それでもヘッケル（やそのほかの進化論者）にこの時期注意を払っていたのは、ローゼンツヴァイク自身、近代人として受け入れていた自然科学的な自然観を保持しつつ、文化や歴史の意味を論じる方法を模索していたためである。ヘッケルのような自然科学に擬装した形而上学は克服されなければならなかったが、その方途はいまだ明らかではなかった。ローゼンツヴァイクは、外部をもたない一つの全体として自然を眺める見方についてこの時期次のように記している。

自然は、目的に応じて働くようないかなる外的な力〔……〕にも内在的な原理〔……〕にも従わない。ただ、内的な必然性に従うのみである。生成するものは、そうあるべきだから生成するのでも、何者かがそうあるよう意志するから生成するのでもなく、ただ、そうであるほかないから生成するのである。「それでは自然は、どのようであるほかないというのか？」――「自然はそれがなることのできるものになるのだ」。「それでは自然は何になることができるのか？」――「自然をながめればそれがわかるだろう」。〔……〕「それでは君自身の信念は？〔個人の信念も必然的に生成したものにすぎないのか？〕」――「もし、進化なるものの一般を思い描くとすれば、もちろん「そうであるほかない」ものとして思い描くだろう。しかし、絶対にそのように思い描かれないといけないというわけではないのだ」。（一九〇六年八月六日付日記、BT S. 53）

自然は外部をもたない、内的な必然性に支配された一つの全体である、という想定はいかにももっともらしい。しかし、このような自然観を前提した上で、どのように文化や歴史を論じることができるのか。それらにどのような意味を見出すことができるのか。もし、すべてが必然性によって説明されるなら、文化や歴史や創造性もまた、決定論的に理解されることになるのか。むしろ文化や歴史の意味を論じるためには、全体としての自然の外側に、目的因のようなものとして形而上学的な参照項を前提しなければならないのか。あるいはまた、このような自然の観察者、歴史の記述者はどのような立場に立つのか。彼らもまた自然の外部の参照項なのか。このような問題にローゼンツヴァイクは自力でけりをつけるべく悪戦苦闘している。

ローゼンツヴァイクは、まずは進化論的思考と美学的思考を遺伝学的方法と形態学的方法として対比させている。

理神論者は世界の原因を世界の外に、汎神論者は内に求める。両者はそれぞれ、ある現象に際して「どこから来たのか」、「それは何か」と問うような観察方法を窮極まで推し進めた理論である。前者は遺伝学的な、後者は形態学的な観察であり、また〔観察をおこなう者についていえば〕、前者は歴史的に知覚する人間であり、後者は直観する者、「美学的」人間である。発生史的に思考する自然学者は、本来必然的に理神論者でなければならない。というのも彼は、最終原因を仮定しなければならないはずだからだ。(9)

また、次のようにも書いている。

プラトン的に考える進化論者は、「目的」を「ゴール」、進化の終わりととらえる〔……〕。彼が進化してゆくもののゴールと呼ぶのは、彼のプラトン主義的な理想にほかならない。〔……〕ダーウィン主義的、機械論的に考える進化論者は、新たに生起したことよりも、それが生起したところの基の事実を強調する。ここに、すでに彼の歴史学的な方法論があらわれている。ゴールは、彼にはさし当たって存在しない。〔……〕ここでは、目的の原理は諸事実の編成において働く。もっとも合目的的なものを産出する、つまり存在をめぐる闘争にもっとも適合的なものを産出する「淘汰」の原則がそれである。〔……〕これら二つの進化論の方向性は、〔……〕互いに排他的ではなく、一方が「わたしはどこから来たのか」と問い、他方が「わたしはどこへ行くのか」と問うことで補いあう。〔……〕そして、進化論者は「わたしは森の小鳥であるのかはたまた妖精であるのか」と問うことはない。それは、形態学者、美学者の問いなのだ。[10]

ローゼンツヴァイクはこのように定式化しながら、自らが——先述した「歴史的にものを考える傾向性」にもかかわらず——むしろ美学的人間、直観する者であることを自覚してゆく。このような自覚は、自然科学的な方法では生や歴史を論じることができないという見通しと表裏一体をなしていた。自然科学は、自然に因果律を適用しそこから法則性を導く。これらの法則は、同一の事実からは同一の帰結が生起することを主張し、自然のなかに同一のものの反復を読み取る。しかし、そのようにして導かれる自然科学の法則は、時間と空間による制約を捨象することを通してはじめて可能となる。現実的な歴史に因果律を適用していえることは「ある状況の下である出来事が起こるとき、似たような状況の下では似たようなことが起こるだろう」という程度のことだ（一九〇六年四月二九日付日記、BT S.41）。

これに対してローゼンツヴァイクは自らの美学的観察法を「細部から全体の統握へいたること」と規定している。まずは細部に耽溺すること。「たとえば、美しい前腕や跪く者の衣服のシルエットに」。そしてそこから、多様で複数のものからなる全体の理解へといたるのだ（一九〇六年五月二五日付日記、BT S.45）。このような美学的観察法は、先の対比に従うなら、美学的、直観的方法であり、非常に主観的な方法論だといえる。しかし、ローゼンツヴァイクはそのようには考えていなかったようだ。というのも、この数日前の日記からは、彼が友人から客観性の欠如に関する批判を受けていたことがうかがえるのだ（一九〇六年五月二二日付日記、BT S.44）。ローゼンツヴァイクは、友人から彼の方法は主観的に過ぎるという批判を受け、その応答として、上記の細部への耽溺という構想をえた。つまり彼は、対象と距離をとるという仕方ではなく、対象にさらに接近することで客観性に到達しようと考えていたらしい。

ここで表明されているのは、友人からの批判にもかかわらず自らの方法論を貫徹するという強い意志であり、また自らの美的直観への信頼である。対象から時間や空間による制限を捨象することなく、また対象の本質を認識しようとする際に観察者の視点も消さない。しかもそこから客観的な知をえようというのである。このような方法論を裏付けているのは次のような人間観である。

人間は、世界のなかで人間であることへと定められている。――ラハイ・ロイ、生へと、見ることへと。思考は彼にとって、たくさんの幻からの護りであるにすぎない。(一九〇六年九月六日付日記、BT S. 56)

ラハイ・ロイは創世記第一六章に登場する地名からとられ、「生きて見る者」を意味するとされる。生きることと見ることは不可分で、それは思考することに先立つ。見ることを通した対象認識は、必然的に生きること(Leben)に、体験すること(Erleben)に関係づけられる。人間と世界がそれぞれ独立して存在しているわけではなく、人間は世界のなかにあり、生きて見ることを通して「世界は人間のなかにはいり、人は世界のなかにはいる」のだ(一九〇六年九月四日付日記、BT S. 56)。

こうして、自らの関心の所在とそれにふさわしい方法が徐々にはっきりしてくる。ローゼンツヴァイクの関心は、自らの生や人間一般の生と関係する限りでの世界、自然、歴史、文化なのだ。人間は世界のなかで生きているから、人間と世界は不可分である。そうであるなら対象の観察を通して、自己や人間の生もまた理解されるはずだ。

ローゼンツヴァイクはいまや、自らの学問への動機をはっきり自覚するにいたる。自然科学的に文化や歴史を考察する道は断念される。精神科学の方法と自然科学の方法は峻別され、その折衷としてのヘッケル的な一元論は明確に退けられる[11]。他方で、彼自身の生と彼の美学的方法に基づく研究活動とは一体化し、不可分となる[12]。「僕にとって哲学とは、ただ、パーソナリティの表現「だけ」を意味する」(一九〇六年三月一日付日記、BT S. 30)。つまり、彼にとって哲学的に思索することとは彼自身の人格の表現であり、同時に、そのような思索を通して獲得された認識は彼の生に資するものでなければならなかった。ローゼンツヴァイクはそのようなものとして、哲学的な歴史研究をおこなおうとしていたのだ。

さまざまな学的方法論の射程や限界を見通したローゼンツヴァイクは、自らの研究の方法について次のように述べている。「僕は、目的論的な事柄を機械論的に説明しようとは思わない。むしろ、あるときは目的論的に、あるときは機械論的に所与〔の事物や出来事〕を説明したい」（一九〇七年一二月四日付日記、BT S. 74）。機械論的な進化論は、歴史においても因果律を重視し、ちょうど方程式のように、ある要素と条件が整えば必然的に次の事象が生じるという説明を与える。しかし、このような説明では進化の本質、すなわち、ある事象のなかに生じた新しい要素の新奇さ、すなわちその異質性を取り出し、評価することはできないとローゼンツヴァイクは考える。歴史のなかにおける新奇さを取り扱うためには、目的論的な説明方法が必要である。そして、機械論的な説明であれ、目的論的な説明であれ、どちらか一方を絶対視すべきではなく、対象に応じて分析方法を選択しなければならない。そして、このような学的分析は自己目的的であってはならず、最終的には人間の生の理解に資するものでなくてはならない。ここにローゼンツヴァイクの思想の根本気分が定まったということができる。一九〇七年秋のことであった。

二　探究の針路の自覚――ドイツの大学にて

文化史とヘーゲルの歴史哲学

歴史学部に転籍したローゼンツヴァイクはさまざまな講義やゼミを聴講し、哲学史や方法論に関する基本的な事柄を学んでいったが、前節でみたようにこのとき彼の関心の方向性はすでに定まっていた。彼は、観察の結果を絶対視し、出来事の連なりのなかに普遍的法則や人間の生に関する本質的な事柄を見出そうとはしない歴史実証主義にも、逆に理論的法則性に絶対的な真理を認め、具体的な事象の観察には相対的な真理性しか認めようとしない合理主義にも惹きつけられることはなかった（一九〇七年一二月二六日付日記、Tagebuch III S. 78f.）。また、テクストの内容に踏み込んでゆくことのない文献学や、無意識や社会といった個人の意識の及ばない審級に出来事や思想の原因を求める心理学や社会学にも批判的であった。彼は次第に、具体的な芸術作品を分析することを通して、歴史の意味を探究するようになる。ある講義で一八世紀後半のドイツ語自伝文学についてのレポートを課されたローゼンツヴァイクは、それに取り組むにあたって次のように書いた。

文学史家がこの課題に取り組むなら、この時代にどのような自伝文学が書かれたのかに興味をもつだろう。〔これに対し〕僕は、何ゆえにこのエポックの人々が彼らの自己の生の歴史を書くにいたったのかを問いたい。〔……〕だから僕は、この時代のドイツ文化圏において、ある人間が自己の生を叙述するにいたるような気分を何らかの仕方で明るみに出すものであればすべて、〔考察に〕引き入れなければならない。さらにいくつかの文献については、出版年や成立年が、指定の時代の外にあっても、もしそれを書いた人物が当該の時代の人間であったならば、考察に含めなければいけない。というのも――文学史的な観察とはまたも異なるが――、心性史的な観察にとっては作品の成立年は作者の生年よりずっと小さな意味しかもたないからだ。〔……もちろんここでいう作者の生年とは、〕彼の魂の生年をさす。（一九〇七年一一月七日付日記、BT S. 71）

続けて彼はこう書いている。

僕は取り扱われるべき時代を二つの年号によって外的な仕方で区切ることをやめようと思うが、このことを僕は、内部に由来する有機的な区分をみること、つまり時代ではなく「エポック」を取り扱うことによってのみ正当化できるだろう。「エポック」は決して絶対的に確固とした仕方で存在するというわけではない。そうではなく、歴史上の特殊な対象を、それぞれ、それ自体で取り扱おうとするとき、時代をそれぞれの対象に固有のエポックに区分することが要請されるのだ。

かつて歴史家ランプレヒト（一八五六―一九一五）は普遍史を描くことを構想した。しかしその際、多くの特殊な対象や問題をその一元的な普遍史構想の下で抑圧してしまった。これに対しローゼンツヴァイクは、それらの抑圧された問題のためにふさわしいエポックを見出すことを――今回の自伝文学というレポートのテーマでは「一八世紀後半という時代のなかに、〔……〕一つの全体としての自身の生の観察者としての自己〔すなわち自伝の作者〕が体験したエポックを見出すこと」を――目指すとしている。[13]

彼が実際に書いた課題レポートは散逸してしまったが、上述のことからローゼンツヴァイクの問題設定の特徴を知ることができる。彼は、それぞれの作者がどのような作品を製作したかではなく、なぜその時代の人々がある共通するスタイルをもつ作品群を製作したのかを問題とする。つまり、作品そのものではなく、作者を共通した様式へと導くような一定の文化状況や時代的気分を問題にする。そして、文化様式と結びついた、特殊な時代的気分をエポックとしてとらえ考察しようとするのだ。ある作品があるエポックに属するのかどうかは、作品の成立年代や作者の生年ではなく、作品自体の内容に即して――作品内容の理解は細部の観察を通してえられる――判定される。また、エポックは政治史や経済史が扱う時代概念とは異なり、そのはじまりや終わりを画する具体的な年号をもたない。

このような文化史の見方に関して、彼はハインリヒ・ヴェルフリン（一八六四―一九四五）の様式史の影響を強く受けている。ヴェルフリンの所論については註に譲るとして、[14] ここでは、ローゼンツヴァイクが文化史、とりわけ美術史というコンテクストから歴史をいくつかの小段階に区分して分析する方法に親しんでいたことを強調しておきたい。

ローゼンツヴァイクは、このような方法をヨーロッパ近代文化史の全体に適用しようとした。つまり、音楽や文学、哲学といったさまざまな文化の総体に関してエポックを区画し、継起する諸エポックの関係性を論じようとしたのだ。当時の彼の日記には、ルネサンス、バロック、啓蒙主義、古典主義、ロココ、ロマン主義といった文化史上の様式の変遷を、エポックの変遷として念頭におきながら、「一六世紀」、「一七世紀」、「一八世紀」という各世紀の流れをエポックの継起として捉え、分析しようとする思索の断片が収められている。たとえば、「〔ゲーテの〕ファウストにはまだ一八世紀が潜んでいる」（一九〇八年五月一九日付日記、Tagebuch IV S. 16）、あるいは「シラーはゲーテより早く一八世紀を克服した」（一九〇八年五月二〇日付日記、Tagebuch IV S. 26）といったメモは、彼がそれぞれの「世紀」を文化様式を指定するエポックとして捉えようとしていたことを示しているだろう。

ローゼンツヴァイクはこのような文化史に関する考察をまとめ、一九〇八年六月に「バロック」というタイトルを付して日記帳に記した。[15] このテクストは一遍の論文といえるほどの分量をもつが、いわば習作であり内容の是非を問うことに意味があるものではない。ここでは彼の思想の展開を追う上で必要と思われる点をいくつか指摘する。このテクストのなかで彼は、先行するルネサンスや後続するロココに比してこれまで明確な概念が与えられてこなかったバロックという文化様式を取り上げ、これを概念化するという課題を掲げる。彼はバロック的なものとして、後期ミケランジェロ（一四七五―一五六四）、レンブラント（一六〇六―一六六九）、ニュートン（一六四二―一七二七）、スピノザ（一六三二―一六七七）、シェイクスピア（一五六四―一六一六）、バッハ（一六八五―一七五〇）などを挙げている。実際に生きた時間や場所に関してきわめて多様な人名が挙げられていることがわかるだろう。先にみたように彼のいうエポックに、実際の年号は関係ないのだ。ローゼンツヴァイクはすぐにこのバロックというエポックを「一七世紀」と呼び替え、その様式的特徴を多様性の強権的統合として規定する。

一六世紀〔ルネサンス〕は建設的な造物神〔デミウルゴス〕たちを生み出し、一七世紀は専制君主たちを生み出した。一六世紀は創造した。あるいはより正確には探し出し、発見した。一六世紀の芸術は自然や比例の発見であり、その宗教は真のキリスト教の発見であり、そこで何かが形成される場合それは「改革」とし

て生じた。〔……〕一七世紀は暴力的に押さえつけ、強圧し、徹底し、統合した。(Tagebuch IV S. 63)

つまり、ルネサンスの文化様式のもとで育まれた多様性の、強権的な統合、専制君主的な統一と徹底化がバロックないしは「一七世紀」というエポックを特徴づけるとされる。そして、このような特徴をもつものとして、諸命題を幾何学的に体系化したスピノザ哲学や、一つの主題から曲の全体を展開するバッハの音楽といった雑多な事例がひとしなみに取り扱われている。もちろんこのような乱暴な図式化は、単純には同一視できないはずの事柄を、専制君主という表象のもとに一緒くたにする、まさに専制君主のようなローゼンツヴァイクの振る舞いによってはじめて可能となるのだが。

ローゼンツヴァイクはこうして、バロックあるいは「一七世紀」を、現実と格闘することなく、すでに見出された対象を整除し統合する様式であるとした。これに、ルネサンスすなわち「一六世紀」とロココならびにロマン主義の「一八世紀」が対置される。ルネサンスは現実的なものと向き合う一方で、必然的なものの現実化という困難な課題を自らに課した。他方、バロックに続くロココは現実性の再獲得、人間性への回帰を目指し、ルネサンスへと接近した。そしてバロックの方法論を高貴な落ち着きをもって我が物としつつ、経験や現実、人間性のなかに普遍妥当的なものを探ろうとした。すなわちこれが「啓蒙主義の高慢」である。また、ローゼンツヴァイクは結びにおいて、このテクストではバロックをルネサンスに対する反定立として描いたが、バロックを定立としロココを反定立とする論考においてはさらに「一九世紀」を論じることができるだろうという展望を描いている。

このテクストを校訂して公刊したローゼンツヴァイク研究者のヘルツフェルトは、校訂版に寄せた解説のなかで、ローゼンツヴァイクに対するヴェルフリンと、同じくベルリン大学で歴史を講じていたクルト・ブライジヒ(一八六六―一九四〇)の影響を指摘しているが、ここにはむしろ彼らからの離反こそみるべきであろう。確かに、ローゼンツヴァイクもこのテクストのなかで、ヴェルフリンの「視」[16]に倣って「身振り(Gebärde)」という概念を導入している。しかし、ヴェルフリンの「視」が内容的な規定をもたない形式的なものであるのに対し、ローゼンツヴァイクのいうバロックの身振りは「多様性の統一」という内容によって定義されている。ローゼンツヴァイクにおいてはむしろ、多産の一六世紀と啓蒙主義の一八世紀に対置される、専制君主的様式としての一七世紀という観念図式が先行しており、細部への関心という一九〇六年の自己観察に反して具体的な史実は軽視されている。

クルト・ブライジヒについてはどうか。ブライジヒは、ランプレヒトがなした歴史学への科学的方法論の導入と普遍史の構想を、批判的にではあるが継承した文化史家である。彼は特に、古代、中世、現代という発展段階を普遍的な形式として世界史のさまざまな局面にあてはめることで世界史を一元的に構造化して捉えようとした。このような構想は、同時代の歴史家からはほとんど無視され、また、ブライジヒ自身も学会とほとんどかかわることがなかったため現在では彼の業績が参照される機会はほとんどない。しかし当時、ベルリンの学生の一部は彼を熱狂的に支持した。また、彼がシュペングラー（一八八〇―一九三六）の形態論的な歴史把握を内容的に先取している点も注目に値するだろう。

このとき、ローゼンツヴァイクはベルリンで確かにブライジヒの講義を受講し、彼の学生とも親しく交わっていた。「バロック」論文にみられるエポック同士の関係を発展段階として捉える構想のなかに、ブライジヒの影響をみることも不可能ではない。しかし、両者の間の決定的な違いは、ブライジヒは個々の対象の分析において、決して歴史学の実証主義的な方法をないがしろにすることがなかったという点にある。今みたようにローゼンツヴァイクのテクストには、このような契機はみることができない。当初彼が自称した「細部へのこだわり」は、歴史的事実に対する注意深い観察という形式は取らず、むしろ、さまざまな個別の対象にローゼツヴァイクが本質を直観していくという操作で置き換えられた。このような操作は、自らの美的直観へのナイーヴな信頼と、特殊から即、普遍が導かれるというロマン主義的な見方を基礎としているとみることができるだろう。

つまり、ローゼンツヴァイクがこの「バロック」という習作でなしたことは、彼自身の直観に基づいていくつかのエポックを特徴づけ、それらのエポックに定立＝反定立＝綜合というヘーゲルの歴史哲学的図式を適用することであった。このような適用は、ランケ（一七九五―一八八六）以降の歴史学がとってきたヘーゲルに対する複雑な態度に比して、きわめて素朴である。一九世紀におけるいわゆる歴史主義は、その多様性にもかかわらず、歴史的認識の可能性に関する問題、あるいは、徹底した実証主義や唯物論的な決定論から帰結する、価値相対化の問題といった課題に取り組んでいた。これに対しローゼンツヴァイクは、こうした問題の存在を知りながら、結局それを回避し、ヘーゲルへと遡行しているようにみえる。

自己認識としての歴史学――バーデン・バーデンでの挫折

この後、ローゼンツヴァイクは「バロック」論文の構想をさらに推し進めた。一九一〇年一月、彼はハンス・エーレンベルクとともにバーデン・バーデンで行われた若い歴史家の研究会に出席し、その席で上記の「バロック」の続きともいうべき発表をおこなった[17]。本節では、この発表原稿から、ローゼンツヴァイクの歴史主義とのかかわりとヘーゲルに対する態度をみてゆく。

さて、このテクストに入ってゆく前に、この間の大学生活について簡単に振り返ってみたい。そもそも、彼が医学部生として大学生活を開始したのは一九〇五年の夏学期ゲッティンゲンにおいてであった。続く冬学期にはミュンヘンに移り、このときに歴史学への転籍を思いつく。一九〇六年の秋からは、依然として医学部に籍を置いたままフライブルクに移った。当時、フライブルクでは、自然科学は哲学科の下に配属されており、リッケルト（一八六三―一九三六）や生理学者ヨハネス・フォン・クリース（一八五三―一九二八）らが、自然科学と哲学とを統合しようと苦闘していた[18]。この後、医学部前期試験を終えると、一九〇七年秋に一度ベルリンに移り、ヴェルフリンやブライジヒのもとで学んだ。そして、一九〇八年秋、フライブルクに戻りマイネッケのもとで研究をおこなうことを決めたのだった。

一九一〇年一月のバーデン・バーデンでの会合は、ジークフリート・ケーラー（一八八五―一九六三）らフライブルクにおけるマイネッケの学生と、ハンス・エーレンベルクらハイデルベルクでヴィンデルバント（一八四八―一九一五）の周辺に集まっていた学生を中心に企画された。[19] この研究会における発表で、ローゼンツヴァイクは友人たちから徹底的な批判を受けた。後にもらしたところによれば、ここで受けた批判が人格や人種に関する事柄を含んでいたために、彼はある種の人間不信にまで陥ってしまったという。この出来事は、一面では、自らの未熟な研究を学問の先達でもある友人たちに批判され、自尊心をくじかれたという、よくある青春の一コマとしても解釈できよう。しかし以下で検討していくように、彼の言い分に耳を傾けてみるとき、ローゼンツヴァイクも彼なりに方法論について熟慮を重ねており、この発表は単に彼の未熟を示すものではなかったということがわかる。以下、バーデン・バーデンでの発表原稿をもとに、ローゼンツヴァイクと歴史学の方法にかかわる問題を検討してみよう。

端的にいえば、彼はこの発表で、「バロック」論文において採用したヘーゲル的図式をさらに徹底して歴史に適用したといえる。この原稿に添えられた「導入のための討論演説の草稿」と題されたメモ書きにはこうある。

われわれは、いかに一八世紀が一七世紀の問いに答えを与えたのか、いかにこの答え自体が疑わしく思われるようになったのか、そしていかに一九世紀がこれらの新しい疑問に応対し、解決する世紀となったのかをみた。われわれは、いま再び嵐のなかに踏みこむ。一八世紀、つまり、かつては対他的に存在し、われわれに答えとして妥当した世紀が、いまやわれわれにとっての根本問題となる。そして、一九世紀はわれわれにとって〔一八世紀に対する〕答えの世紀となる。二〇世紀、われわれの時代がはじめて救済を、問いと答えの彼岸を、現在性の真理をもたらすだろう。[20]

「バロック」論文で予示された、一八世紀を定立、一九世紀を反定立として、それらの綜合としての二〇世紀を分析するという課題が引き受けられていることがわかるだろう。しかもここでローゼンツヴァイクは二〇世紀を単なる前二項の綜合としてではなく、救済として、現在的な事柄の真実相の開示として表象している。ここにあらわれている歴史理解はどのようなものであるか、もう少し立ち入って検討したい。

この発表原稿のなかで、ローゼンツヴァイク自身の立ち位置、そして彼とともに一人称複数形で呼びかけられるバーデン・バーデンに集った若い歴史家の仲間の立ち位置は、「一九〇〇年」として表示される。つまり、エポックとしての一九世紀と二〇世紀との転換期だ。この「一九〇〇年」に立つ彼らにとって、二〇世紀はそのなかで彼らが生きる「生き生きとした現在」として、一九世紀はすでに「克服された過去」として、一八世紀は彼らの「憧憬が向かう故郷」のようなものとしてそれぞれあらわれる。また、一九世紀は一八世紀に敵対的に対峙したが、一九〇〇年の立場からは一八世紀はもはや敵対的なものとしてはあらわれない。一八世紀、ローゼンツヴァイクの別の術語でいうならロココは、「一九世紀の馬鹿騒ぎの喧騒」や「音楽の充溢」の前の「覚醒」である。一九〇〇年に立つ「われわれ」つまりローゼンツヴァイクたちは、一九世紀の喧騒を惜しみつつ再び静寂のなかにある自らを見出し、「大人になって過日を振り返るように」親愛の情をもって一八世紀を振り返るとされる。[21]

定立ないし根本問題としての一八世紀についてはこの原稿では詳しく規定されていない。[22]「〔一七世紀の〕バロックにおいてみえない帯紐として内容を束ね、みえるものの総体を保持した形式から、ロココにおいては、形式だけが取り出され、内容は装飾的な付属物としてただ形式のまわりをただよう、というようなことをいうべきか」というメモ書きが挿入されているだけである。[23]発表の中心はむしろ、一九世紀から二〇世紀への転換に置かれる。この転換をローゼンツヴァイクは、理念と歴史的現実との関係の捉え方の変化であるとした。彼によれば一九世紀においては、たとえば人格性の理念ないし形相（形式）が、その表現として文化の型や人々の生の型を生み出したのに対して、二〇世紀にあってはこれらの理念と現実の間の直接的な関係が断ち切られた。というのも、此岸的なものや個人的なものが、もはや形式的なものによって支配されたり歴史のなかにはめ込まれたりすることに満足できなくなったのだ。「一九世紀においては、ちょうど文章のなかに意味があるように、現象している文化のなかに超越的なものすべてが収まっていた。いまや文化は自閉した此岸となり、もはやいかなる内実も表現することがない。文化はいまやそれ自体〔内実をもたない〕外面的なものであり、他なるものを暗示するだけである。文化はもはや「表現」ではなく、「記号（Symbol）」である」[24]。

ローゼンツヴァイクはここで「記号」という術語をベルクソン（一八五九―一九四一）に負っている[25]。よく知られるようにベルクソンは『形而上学入門』において、内的な生の持続を捉える形而上学的直観と、対象を概念や記号に還元して再合成する経験論的認識を対置した。記号や概念はいわば連続写真のようなもので、それによって対象をどんなに細かく分析しても生の持続、連続した運動を完全に捉えることはできない。また、分析に際して使用される記号や概念は分析者にとって既知のものである。分析者は自らと対象とが分離していることを前提しつつ、対象のいくつかの側面を恣意的に取り出し、既知の記号や概念を与えてゆくことで対象の認識に到達してゆく。ローゼンツヴァイクはベルクソンの所説を厳密に受け入れるわけではないが、これに触発されて、文化や歴史を持続的な全体として直観した一九世紀に、もはやそれを分析的にしか論じることのできなくなった二〇世紀を対置するのだ。歴史やそれを構成する諸文化を絶対精神の自己展開としてみることのできたヘーゲル、あるいは、歴史記述における理念の先行を批判しつつも「すべての時代は神に直接する」とすることで、神と諸文化との直接的な関係をなお主張することができたランケにとって、歴史は一つの持続、一つの生であった。これに対し、一九〇〇年を生きるローゼンツヴァイクにとって歴史はエポック、すなわち文化様式の継起、転変としてあらわれる。そして、これらのエポックは確かに弁証法的に、先行するエポックに自らを対置するが、その進行の全体に理念や神の直接の表現をみることはできない。

この変化は、国家と個人の生との関係にもあらわれる。一九世紀には、国家と個人の間には直接的なつながりがあり、人は政治的な事柄に関心をもたないわけにはいかなかった。人格性といった理念もこのような枠組みのなかで定められ、世界のなかでの人の活動は国家の理念の実現に向けられた。しかし、二〇世紀に個人は、国家と並ぶほどの権利を要求し、政治的な事柄を気にかけなくなった。このような個人の生は人格性の理念からも引き離されている。もはや、人は世界のなかでの活動を通して人格性の理念に到達できるとは考えず、単に経験的な自我と経験的な世界のなかに生きるのみだ。「かつてカントからヘーゲルまでのドイツ哲学において、文化は哲学にとって地上に実現されてゆく神の国であった〔……〕。いまや文化はかの神の国(絶対的な価値)にただ関係づけられているにすぎない。文化は神の国にとってその必然的な実現ではなく、単に偶然的な実現であるにすぎないのだ[26]」。

ローゼンツヴァイクの論述はここでも非常に主観的な歴史認識に基づいている。彼はここで、一九世紀と二〇世紀の違いを普遍と個物の関係性の違いとして捉える。一九世紀の特徴——つまり、ローゼンツヴァイクが恣意的に選び出したいくつかの対象から読み取る特徴——は、普遍と個物の無媒介の結合であった。個物は普遍を表現する。文化は理想的な世界の実現である。そして、個人の生は彼を包摂する国家の命運と直接かかわり、個人は国政をつねに気にかける。これに対し、二〇世紀においては個別的なものと普遍的なものの密接な関係が失われた。ここでは、一つひとつの文化であれ、一人ひとりの人間であれ、個物が個物で固有の意味を主張するようになる、というのだ。

このような論述は通常の歴史記述ではない。バーデン・バーデンの会合に参加した人々も、基本的には実証主義の薫陶を受けていたから、このような議論が厳しい批判を受けるのは自明であった。それではローゼンツヴァイクは結局この発表で何をしたかったのか。そしてこの会合に何を期待したのか。これを知るために、ローゼンツヴァイクが会合の直前に他の参加者と交わした何通かの手紙を参照したい。近しい友人、ハンス・エーレンベルクに宛てた手紙には次のようにある。

〔会合から女性と外国人を排除することは〕愚かとさえいえるのかもしれない。というのも、ロシア人はドイツの現在について僕たちと同様に、あるいはそれ以上によく認識することができる。けれど僕たちは、自分の認識が、自己認識の対象となったところの僕たち自身のためになることを望む。だからこそ、僕たちは自己認識という形式を選ぶし、だからこそ外国人はお断りなのだ。女性たちは、男性によって作られた僕たちの文化にとっては外国人のようなものだ。〔……〕僕たちが望む事柄は、細部にいたるまで、これまでの男性的な文化と歴史的にかかわっている。というのも僕たちは革命したいわけではなく、ただ、今踏み出すべき一歩を踏み出したいだけなのだから。（一九〇九年一二月二一日付ハンス・エーレンベルク宛書簡、BT S. 97）

ここでいわれているようにローゼンツヴァイクは、会合においてメンバーが自国ドイツの歴史を分析し意見交換することで自己認識を深め、そこから次に彼ら自身がなすべきことを知るにいたる、という期待をもっていた。課題は「客観性を通して主観性へ」つまり、客観的な歴史学を通して自己理解へといたることであり、それはローゼンツヴァイクにとっては「客観性から時代精神へ」といたることにほかならなかった（同書簡）。また、マイネッケのもとでともに学んでいた同僚、ヴァルター・ゾーム（一八八六―一九一四）にはつぎのように書いている。[27]

あなたが〔会合での発表に〕望むこと、つまり成熟、批判の余地のないこと、「手堅さ」、私はまだこれらのことをもちあわせていないと思います。むろんそれに向けて努力しますし、われわれはこのような努力をみなに要求したいと思います。われわれがこの目標にいまだ達していないということ、このことこそわれわれが集う前提なのです。〔……〕われわれは、バーデン・バーデンで述べ立てられることが内容的な手堅さをもつかどうか、内容的な「認識価値」をもつかどうかに今かかずらうわけにはいきません。われわれがバーデン・バーデンにもちこむべき手堅さとは、形式に関する手堅さ、つまりわれわれの意志の誠実さなのです。

さらにゾームが、ローゼンツヴァイクとハンス・エーレンベルクの構想を、歴史学の研究であるというよりは理論的構築物であると批判したことに対して次のようにのべる。「原史料の参照に関して完璧を期そうという、われわれの穢れなき心根にもかかわらず、われわれはそのような構築なしに済ますことはできないし、済まそうとも思わない」。「われわれバーデン・バーデン同盟は〔……〕、緻密で繊細な綜合を構築することをもくろむ」が、各人はそのような綜合をすでに沈黙のうちに描き出しているはずで、バーデン・バーデンではこのような各自の理論的構築をこそ戦わせるべきだ。そしてその際問題とされるべきは、その構築の正誤ではなく、それが「深いか皮相か」である、と。

また、ハイデルベルクでハンスとともにヴィンデルバントの下で学んでいたエーリヒ・フランク（一八八三—一九四九）宛の書簡には次のようにある。(28) ローゼンツヴァイクは、フランクとの会話の中で一八〇〇年のロマン主義者のようだといわれたことについて、ロマン主義者というのはともかく一八〇〇年はおかしい、と書いている。というのもローゼンツヴァイクが「望むのは「一九〇〇年」であって、この一九〇〇年は一八〇〇年に対する自らの対立を自覚している」からだ。少し詳しくみてみよう。一八〇〇年の人間は啓蒙の一八世紀に対して鋭く対立した。一九〇〇年の人間も一九世紀に対して同程度に激しく対立するが、この対立の仕方は両者では異なる。一八〇〇年の人間は一八世紀を嫌悪し、それと対立する仕方で歴史の舞台に現れた。これに対し、一九〇〇年の人間は一九世紀について醒めた態度をとりつつ、社会理念、歴史的世界観、ナショナリズムといった一九世紀の成果は保存し利用する。一九〇〇年の人間にとってそれらは、「新たな文化の意義を創造する」ための前提となっている。

このように一九世紀の遺産を前提に新たな文化価値を創造することこそ、一九〇〇年の人間の使命である。ローゼンツヴァイクによれば彼らは、「自分自身を自らの個人的な神として崇拝するかわりに、——これが僕たちの反主観主義的側面なのだが——自らを多かれ少なかれ時代のなかに客観的に見出そうとする衝動、そしてその時代のなかに偉大なるものを、ある意味では今日、今ここに自らを啓示する神ともいえるものを崇めようという衝動」をもっている。彼らはその思想の多様性にもかかわらず、このような衝動を「時代＝精神における共通性」としてすでにもっている。このような共通性を「統一へと深めてゆくこと」ことこそ肝要であり、バーデン・バーデンの会合の意義も、さまざまな考えをもつ若者が集まり、彼らの間の思想の差異を超えて根本的な統一、連帯を確認することにある。ローゼンツヴァイクはこのように主張したのだった。

以上の三つの書簡から以下のことが明らかであろう。まず、ローゼンツヴァイクはドイツの近代史を振り返ることで、そこから「いま踏み出すべき一歩」の方向を見出し「新しい文化の意義」を創造してゆこうとしている。彼の関心は、歴史研究であるよりは、結局のところ自己認識に向いているといえるだろう。問題となっているのはドイツ人（男性）としての、そして一九世紀から二〇世紀への転換点を生きる者としての自己の現在と未来を認識することであり、そのために重要なのは研究の質的手堅さではなく、むしろ歴史研究の主題を自らの現在、そして未来と関連づけるための理論構築である。バーデン・バーデンに集まる意義もそこに求められる。彼が会合に期待したことは、各人が歴史学の方法論にのっとった手堅い個別研究を発表しあうというようなことではなかった。むしろ、各人がそれぞれの歴史観、歴史哲学を闘わせ、そこから何か新しい一歩を踏み出す、という共通事項を公に確認することであった。このような確認を通して、それまではただそれぞれの個人のなかで漠然と感じられているにすぎなかったこれからの「時代精神」の衝動を、つまり、個人主義的、相対主義的な気分――二〇世紀はまさにそこに陥りかけている――を捨て「歴史精神」という大きな全体との関係で自己を捉え返し、自らの行動を規定していくという衝動を、客観化することができると期待したのだった。

ここから、ローゼンツヴァイクのねらいが明らかになる。彼の意図は、本質的には主観的で時代にとらわれたものであるそのような衝動を、そのままぶつけ合うことを通して客観化することにあった。確かに、実証的な方法は見かけ上の客観性を与える。しかし、それが自己目的となるなら、その背後にある衝動、つまり、研究する主体の動機づけに関する問題は隠ぺいされる。それは自己欺瞞にも等しい。彼は歴史研究から主観性や主観的な哲学的構築を取り除くことはできないと考えたし、それを取り除いてしまえば、歴史研究を通した自己認識という最終的な課題に到達することができないと考えた。だからこそ、会合では、討議すなわち対話のプロセスが重視されたのだ。人が集まるときそこに公共性が生じ、そのような公共性のなかで討議されることで主観的なものは客観化されるのである。

このことを踏まえるとき、ヘーゲルへの接近は何を意味するだろうか。ローゼンツヴァイクは、少なくとも彼自身の意識の上では、ヘーゲルの方法を単に反復したわけではなかった。彼は次のように述べている。二〇世紀初頭の文化理解は、文化や国家をヘーゲルと対立する仕方で理解する。つまり、「もはや神を歴史のなかにみるのではなく、歴史を神の記号として、つまり、絶対的に経験論的で「美学的」な構築として」理解する。[29]そしてこのことを踏まえて、ローゼンツヴァイクは「ヘーゲル以降、ドイツの精神がショーペンハウアー（一七八八―一八六〇）やニーチェ（一八四四―一九〇〇）を、唯物論や実証主義を、ロッツェ（一八一七―一八八一）や新カント主義を体験したということを忘れ」ずに、なお「ヘーゲルを保持」するという。[30]「神を歴史のなかにみる」、というのはまさにヘーゲルの歴史哲学の方法論を指す。しかし、ローゼンツヴァイクは、一九〇〇年を生きる人間として、ヘーゲルのように普遍と個物を直接結び付けることができない。個物は個物で自らの固有の存在を主張する。個物は、普遍的なものの「記号」であり、普遍は個物を通してかろうじて透かしみることができるにすぎない。このとき、一つひとつの個物が普遍とのかかわりを断ち、ただ自存することに満足するならば、それは相対主義になる。彼は、このような状態を「自分自身を自らの個人的な神として崇拝する」こととして嫌ったのだった。むしろ、このような状況から普遍を再び見通さなくてはならない。そこで彼は、「今日、今ここに自らを啓示する神ともいえるものを崇めようという衝動」に訴える。そうすることで、普遍との関係を再び回復し、「自らを時代のなかに客観的に見出」すことができるのではないかと考えたのだ。そのため彼は、ショーペンハウアーやニーチェを踏まえつつ、なおヘーゲルに依拠するというのである。

確かに、ヘーゲルの方法は、ローゼンツヴァイクのこのような意図にある程度適合的であった。彼は、歴史研究を通して現在の自己を、より普遍的な全体のなかで理解しようとした。彼にとって歴史研究とは、対象の理解を通して自己の理解へと至る再帰的な認識活動なのだ。よく知られているようにヘーゲルの弁証法も徹底的に再帰的、自己反照的である。それは、「主観と客観の絶対的統合」をスローガンに、即自―対自、対自―対他、あるいは定立―反定立といった図式を用いて、自同的なものを矛盾の形式のうちに展開し、その展開の全体を概念として把握する。ヘーゲルは歴史についても次のように書いている。「わたしたちにとって精神の理念こそが重要であり、世界史上の一切がもっぱら精神のあらわれとみなされるべきだとすれば、過去の事実をたどるに際しても、その過去がどんなに偉大であろうと、私たちは現在にかかわるものだけを問題としなければならない」[31]。このように、ヘーゲルにおいても過去の事実の理解は現在の理解を目的とする。歴史の理解を通した自己認識を目指したローゼンツヴァイクとヘーゲルの自己反照的な方法論の親近性は明らかである[32]。

それでは、両者の相違点はどこにあるのか。それは、ローゼンツヴァイクは、歴史の終わりを見通していないという点にある。ヘーゲルは、ゲルマン国家を中心とするゲルマン世界の成立に世界史の終わり、成熟と完成をみることができた。これに対してローゼンツヴァイクは、互いに対立して継起する諸エポックが世界をどこに導くのかいまだ知らない。一九〇〇年という立場に立ちながら、彼は一八世紀の問いと一九世紀がそれに与えた答えの綜合――彼が用いる別の表現では「現在の真理」――を求めるというが、はじまったばかりの二〇世紀という「現在」は彼にとって同時に未来でもあり、その行く末はまったく知られていないのである。しかし、このような見通しの悪さにもかかわらず、ローゼンツヴァイクは自らが「救済をもたらす」世紀に生きる、すなわち、ヘーゲルと同様歴史の終わりに立つと自己規定したのだった。

恐らくここに、この時点でのローゼンツヴァイクの議論の限界がある。彼は、一八世紀と一九世紀の対置を通して、二〇世紀を預言しようとしたが、具体的には、そこに相対主義が蔓延していることを示すことしかできなかった。彼はここで「救済をもたらす」時代や、「自らを啓示する神」に言及するが、こうした概念が詳しく説明されることもない。つまり、ここにおいて何らか神のようなものへの憧憬が表明されるとき、絶対精神のような先取された普遍概念なしにヘーゲルの手法を用いることの限界があらわれているといえるだろう。

さて、このような彼の意図は、同僚に理解されなかった。彼が採用したヘーゲル的図式の単純さに比して、彼の狙いはあまりに複雑であった。また、彼の発表は会合全体に対して挑発的ですらあった。バーデン・バーデンの会合の取り決めには次のようにある。

> 発表の方法については、その対象に応じて、あるいはその問題設定に応じて、歴史学において是認されるすべての種類の歴史学的方法、たとえば記述的、比較、進化といった方法が認められる。自身の方法に関する哲学的な基礎付けや批判は、可能な限り押しとどめられるべきである。そのかわりに、方法に関する説明が求められるところでは、個々のケースに応用された方法論や問題設定、基準の歴史学的考察と導入が試みられるべきである。バーデン・バーデンの集いの関心のなかでは、およそ、自身の発表とその方法論についての歴史学的反省は、哲学的論理学的方法論の対極にある。そのような反省がそれぞれのケースでどの程度実施されるべきかはしかし、各発表者の意向にゆだねられる[33]。

バーデン・バーデンの参加者のうち、だれがこの基本原則を起草したのかは知られていないが、ここには哲学への傾向や理論の偏重への警告が明文化されている。発表は、原則的には、事象の分析を内容とすべきというのである。ローゼンツヴァイクの発表はこれに公然と反抗するものであった。彼の発表の草稿には次のような文章がみえる。歴史主義とは、「哲学に対する経験的な方法の高慢、存在をめぐる思惟に与えられた過剰な価値の世紀末における最後の帰結」である。そして、一九〇〇年という転機に立つわれわれは、「歴史主義をもはや最終目標とはみなさないと決断した」と[34]。これは、会合の取り決めに対する明確な異議の表明であった。

ローゼンツヴァイクはこの後、バーデン・バーデンの会合に集った友人たちと決別し、ヘーゲルの国家論についての博士論文を執筆する。この決別に関して、ローゼンツヴァイクが会合で受けた批判が、人種的偏見に基づくものであったためであるともいわれている。しかし、ローゼンツヴァイクが「あまりにヘーゲル的な仕方で」物事を捉えることは、そもそも会合以前から批判的に受け止められており、彼が――そしてエーレンベルクも

――若い歴史家のグループから離れていくということは、たとえばヴァルター・ゾームなどは早くから予見していた[35]。また、彼が受けた批判が単に人種主義的で理不尽なものだったわけではないということは、会合において彼に厳しい批判を与えたケーラーとの友情からも推測することができる。会合のあと親称で呼び合うことをやめ、関係を一度リセットしたローゼンツヴァイクとケーラーであったが、その後も後者は父の蔵書から幾冊かのヘーゲルの初版本をローゼンツヴァイクにプレゼントすることを申し出ている。ローゼンツヴァイクもまた、ケーラーとの関係が「人種的なもの」をきっかけに終わってしまってよいはずがないと考えていた[36]。二人は一九一八年一〇月に、偶然補充兵としてフライブルクに集められた際に再会し、和解している。

第二章　キリスト教への改宗の前夜——神、歴史、ヘーゲル

一　回心譚の再考

前章ではバーデン・バーデンにいたるまでのローゼンツヴァイクの思索の道程をたどった。そこで彼はヘーゲルの歴史哲学の図式を用いつつ、エポックの弁証法的な関係から現在を理解し、また未来を見据えようとしていた。具体的には、彼が求めたのは、個別的なものの意味を、とりわけローゼンツヴァイクたち自身の生の意味を普遍的なもののなかで定めることにあった。一見、時代錯誤的なヘーゲルへの回帰も——それが成功したかはともかく——、このような目的のもとでなされた。ところで、彼がヘーゲルを研究対象としたのもまさにこの時期であった。一方では、ヘーゲルを研究対象としつつ、他方では批判を加えながら自らの思索の方法としたのだ。本章は、さらにローゼンツヴァイクとヘーゲルの関係をみてゆく。ここには、回心前夜の彼の思想をみることができる。啓示を自らの問題として受け入れる直前、彼は何を考え、問題としていたのか。このことは、一九一三年の改宗をめぐる一連の出来事がもつ意味を知るうえで重要な手掛かりとなるはずだ。

テクストの分析に進む前に、ある重要な先行研究に言及しておきたい。それは、ローゼンツヴァイクの回心体験を再考した、ベンジャミン・ポロックの研究だ。ポロックはそれまで当たり前のものとして研究者たちに受け入れられてきたローゼンツヴァイクの回心にまつわる物語の信憑性をその根本から問い直し、新たにこの一連の

出来事がもった意味を明らかにしようとした。

序ですこし言及したように、この改宗をめぐる出来事は二つの決断からなる。一つ目の決断は、一九一三年七月七日夜に交わされた友人オイゲン・ローゼンシュトックとの会話（以下本書では「夜の対話」と呼ぶ）をきっかけとする、キリスト教への改宗の決意だ。そして、この当初の決意を撤回し、ユダヤ人として生きることを決めたのが二つ目の決断である。改宗への決断とその撤回までの間はわずか三か月ほどであるが、この最初の決断は確固としたものであった。事実、ローゼンツヴァイクが回想するところによれば、ローゼンシュトックとの会話は「［彼を、宗教に関する］相対主義的な立場から追い出し、非相対主義的な立場へと強い」（一九一三年一〇月三一日付ルドルフ・エーレンベルク宛書簡、BT S.133）るもので、その衝撃はきわめて大きく、ローゼンツヴァイクはこの会話の直後、自殺を考えピストルをもってしばらく自室に立ち尽くしたほどであったという（一九一七年八月一三日付オイゲン・ローゼンシュトック宛書簡、Gritli-Briefe S.22）。いくつかの先行する研究は、この事件が「一人のアカデミックなブルジョア階級のメンバーにして科学的方法論の信奉者が宗教的な思想家になる」[1]きっかけを与えたとみなした。

このエピソードは、近代的相対主義から啓示宗教への劇的な回心譚として、ローゼンツヴァイクの生涯を一種の聖人伝として描くようなときにとりわけ重視されてきた。彼を現代の聖人とみなすような見解は彼の存命中からすでに存在した。また彼自身も、こうした伝説が出来上がっていくことをある程度許容していたようだ（一九二七年三月一六日付ハンス・トリューブ宛書簡、BT S.1127f.）。彼は、自らが設立にかかわったフランクフルトの自由ユダヤ学院の経営状況や、翻訳した聖書の売り上げをつねに案じており、自らの存在がそれらの広告となればよいと考えていたのである。病気が発覚し、体を自由に動かすことができなくなってから、彼はおよそ七年生きた。その間に伝説は増し加わり、彼がついに死亡したときには、ユダヤ系新聞には聖人や奇蹟といった言葉が並んだ。

ローゼンツヴァイクの生涯が伝説的なものとなった背景には、ユダヤ教において、悔い改め信仰に立ち返った者が宗教的に高く評価されるという背景がある。このような者は、バル・テシュヴァとよばれ、宗教的に偉大なことを成し遂げたとみなされるのだ。ローゼンツヴァイクはその死の直後からバル・テシュヴァと呼ばれた[2]。一九三五年に書簡集が出版され、キリスト教への改宗にまつわる逸話が知られるようになると、これが回心譚の中核となった。また、一九五三年のナフム・グラッツァーの著書[3]は、ローゼンツヴァイクの母親の証言――ベルリンでヨム・キプールの礼拝に出席したことをきっかけにユダヤ教にとどまることを決めた――によってこの逸話の内容をより豊かなものにし、バル・テシュヴァとしてのローゼンツヴァイク像の流布に大きく寄与した。

しかしながら、この改宗をめぐる出来事についてのローゼンツヴァイク自身の証言は思いのほかすくなく、実のところ出来事の真相は判然としない。このため、この出来事の次第を問い直す議論がしばしば出されてきたが、史料上の制約から深く追究されることはなかった[4]。ところが、二〇一二年、アメリカの研究者ベンジャミン・ポロックは、この問題をこれまでにないほど根本的な仕方で問い直した[5]。本書が、これまで顧みられることの稀だったローゼンツヴァイクの青年期の思想にこだわるのも、このポロックの問題提起に触発されたことによる。ポロックの立論は明確だ。彼はそれまで通用していた理解――ローゼンツヴァイクは相対主義的立場から宗教の重要性に気づき、信仰の立場をとるようになり、そこから、ユダヤ教への帰還を果たした――に対し次のように反論した。すなわち、ローゼンツヴァイクはローゼンシュトックとの会話に臨んだ時点ですでに相対主義の立場は捨てて「信仰の立場」に入っていた、と。さきに引用したように、相対主義から非相対主義へ移行したと述べているのがローゼンツヴァイク自身であるだけに、この立論はきわめて大胆なものだといえる。このことを論証するために、ポロックはローゼンツヴァイクとルドルフ・エーレンベルクの手になる未公刊の史料を分析する。そして、一九一〇年ころからローゼンツヴァイクがグノーシス的な二元論的世界観に基づく厭世的な神学思想を信奉していたと結論づけた。

ここでポロックがはじめて明るみに出した重要な事実を整理してみたい。彼の論文の何よりの功績は、若いローゼンツヴァイクがキリスト教への改宗を決断する直前、すなわち「夜の対話」に入る前に、次のような想念を抱いていたという事実を指摘したことである。すなわち、大衆は真なる神とかかわりをもつことはできない。個人の魂の救済は、彼と神との一対一の関係においてのみ可能である。彼が救済に与るためには、世界を捨てる、あるいは世界との関係を断ち切ることが必要であり、つまり自死しなくてはならない。このことによって彼は自らの魂を救うだけでなく、神を世界の汚辱から救う。また、神のために自死を選ぶことは神の要請でもある。ポロックは、ローゼンツヴァイクが何度か、かつての自分を振り返って「マルキオン主義者」と名指していることを踏まえて、このような想念をグノーシス的な世界否定の神学であると総括した。このような想念を弄んでいたことをもって、すでに彼が相対主義を捨て「信仰の立場」にいたと断定することができるかどうかはなお議論の余地があるが[6]、少なくともローゼンツヴァイクと当時強い影響関係にあったルドルフ・エーレンベルクとの間でこのようなイメージが頻繁に主題化されていたということは間違いない。ポロックは、このようなイメージを描くようになるのが一九一〇年ころだったと推定している。

この事実は、これまで指摘されたことはなかった。ポロックは未公刊の史料からこれを明らかにしたが、公刊された書簡集や著作集には、このような思想傾向を示唆するテクストは収録されていなかったのだ。ポロックが明るみに出した事実をどのように解釈し、評価するかはこれからのローゼンツヴァイク研究の重要な課題となったといえる。本書も、この研究をふまえつつ、回心以前のローゼンツヴァイクの思想を検討していく。

二　罪の問題の発見

若きヘーゲルからのメッセージ――同時代の宗教状況についての認識

まずは、ポロックがローゼンツヴァイクの「マルキオン主義」を考察する際に用いたテクストの一つ、ルドルフ・エーレンベルク宛の書簡を参照したい。この書簡はカッセルの史料館に収蔵されているが、封筒や日付はない。筆跡はローゼンツヴァイクのものであるが、ほかの書簡と比べて丁寧で読みやすく書かれており、ポロックはこれをローゼンツヴァイク自身が回覧用に筆写したものと推定している。さらに、いくつかの根拠を挙げながらポロックはこの書簡はそもそも一九一〇年九月に書かれたものであろうと推定するが、この推定にも説得力がある。少なくとも冒頭に「やっと若いヘーゲルに声の届く距離まで近づいた[7]」とあることから、この書簡が博士論文『ヘーゲルと国家』の冒頭部を執筆していたころに書かれたこと、そして、この書簡はルドルフ・エーレンベルクとの思想上の緊密な影響関係を示すものであるから、バーデン・バーデンの会合の直後に書かれたものであることは間違いないだろう。

この書簡は特殊な構成をとる。それはローゼンツヴァイクがルドルフ・エーレンベルクに宛てた書簡ではあるのだが、その内容の大部分は、青年ヘーゲルからルドルフに伝えるよう託された言葉を伝言するという形をとる。曰く「君〔ルドルフ〕が今になってこの手紙を受け取るのは、僕〔ローゼンツヴァイク〕がたった今、やっと若いヘーゲルに声の届く距離まで近づいて、君からの友情の挨拶を伝えることができたからなんだ。〔……〕彼〔ヘーゲル〕は君に感謝していて、そして僕が彼を正しく理解していたら、次に書くことを君に伝言している[8]」と。書簡は、この若きヘーゲルが、ヘルダー（一七四四―一八〇三）やレッシング（一七二九―一七八一）、そしてカントにおける神と歴史の関係を批判的に検討し、さらにそれが歴史主義、ニーチェを経てローゼンツヴァイクとルドルフの時代の相対主義的な状況へと至る流れを、驚きつつ概観するという内容だ。

この書簡は、テーマこそローゼンツヴァイクの当時の問題関心と連続しているが、スタイルにおいて大きく異なる。まず、内容の大部分が、若いヘーゲルの体験、そしてその体験についての所感という形で一人称を用いて書かれている。また、ここでは、エポックの弁証法的な連関という図式がとられていない。若きヘーゲルはむしろ、「われわれは、われわれが離れ去ろうとした世紀〔一八世紀〕にひどい仕打ちをしてしまった。水と一緒に赤子まで、つまり「啓蒙」と一緒にカントとレッシングまで流して捨ててしまった[9]」という反省のもと、啓蒙主義の神、ヘーゲル自身が描いた歴史のなかの神、一九世紀における神の退去と文化の興隆、神の死、相対主義的な状況を、神と歴史との関係の変化として順番に跡づけてゆく。

ほとんど知られていない未公刊のテクストなので、さらに詳しくみてみたい。ローゼンツヴァイクが伝言するヘーゲルの言葉——もちろんローゼンツヴァイクの想像／創作なのだが——によれば、啓蒙主義の神は偉大で完全な神であった。この神は「その六五〇〇年の生においてはじめて、そして今日に至るまでこのただ一度きり〔……〕すべての歴史の外に[10]」存立した。この神は、あまりに完全であったため、世界や歴史とのつながりをまったく欠いていた。神は超越的な父として天の背後に引き下がり、世界はそれゆえ一見神をもたないかのように振る舞うことができた。世界のがわでも、神なしで自足していることは好都合であった。この啓蒙主義時代の人間の性質は、ちょうど子どもに似ている。子どもは、たとえば「大人になったら……」というとき、現実の大人の多様性を考慮に入れず、漠然と単一のものとして大人について語る。ちょうどこのように、啓蒙主義時代の人間は偉大で唯一の神と相対したのだ。啓蒙時代の人間は、このような子どもの状態にとどまり続けるために、あえて神や絶対的な真理を不可知のものと措定し、すべてを知ることができない状態に甘んじたのだった。

カントはこのような神に「世界の玉座から降りることを強要した[11]」。カントによって神は天上から引きおろされ、意志のなかに宿るとされた。意志はその際、神とともに罪も受け入れることになった。しかし、意志自体が神に対して罪を犯したわけではない。神が下ってきたために、それまで自足的であった自然が自らを罪ありと感じるようになるのだ。ところで、この神は自然が呼んだわけではなく、勝手に自然へと下ってきた。自然にとって神は相変わらず疎遠であり、他方で、神は意志のなかには下ったものの、その外の事物には相変わらず関心をもたなかった。神はこうしてたくさんの意志のなかに下り、多数になった。神は、かつての自らの統一性をいまだに信じてはいたが、それは帝位要求者の不誠実な信のようなもので、かつての絶対的な玉座を要求することはやめないものの、実際に玉座を取り戻そうとはしない。そして「彼は〔意志という地上の〕流刑地にて死んだ[12]」。

ローゼンツヴァイクの若きヘーゲルはいう。「われわれ〔ヘーゲルとその友人たち〕はその神の復活の証人であり、喜ばしい便りを世界に伝えたのだ[13]」と。すべての意志から再び神が揮発し、「歴史のなかの神」という新しい名とともに復活するのに彼らは立会ったのだ。若きヘーゲルはそもそも、神はもはや死んだと思っていたし、カントのいうような道徳的な意志を真剣に取り合うこともできなかった。徳目は教えられるものではないし、人間はそれを学ぶこともできない。「神なく目標もなし、意志なく目的もなし——ただ運命あるのみ！」[14]。若きヘーゲルの目には、すべての意志は罪あるものとなったが、同時にすべての生は運命のもとにあるとき罪の償いであった。「いまや歴史は大きな水桶であった。この水桶は、人間と人間の罪なしには空っぽであったろう」。歴史は罪ある人間のおこないで満たされ、しかし同時にその罪は運命の進行の過程で償われて、解消してゆく。若きヘーゲルは彼が認識したこの全体が神であると知った。

しかし、このような運命の支配を認識したすべての者が、この神を受け入れたわけではなかった。「この新しい神は嫉み深い神であった。彼は罪ある意志を要求しながら、そのような意志が存在し生きることを許さず、ただ、彼のうちで燃え尽き、神の焔の薪となることを許しただけだった。したがって、この神は、預言者の神とは違って、罪あるものの死を喜び、決して罪あるものが向き直り〔自ら〕生きようとすることを望まなかった」[15]。「生きようと欲した者、つまり僕の不幸な友人〔ヘルダーリン（一七七〇—一八四三）〕が描いたエンペドクレスのような死を恐れる者、そして飲み込まれ燃やし尽くされることなしに大きな焔を燃え立たせると自負した者、このような者は新しい神にとって最大の敵であり、神からもっとも激しい制裁を受けた」。こうして、運命や歴史の全体に飲み込まれ埋没することに耐えられない自我に対しては、罰として深い孤独が課された。このような孤独のなかでヘルダーリンのエンペドクレスは、神のうちに焼尽するためにではなく、むしろ神と一体になるために自ら死を選んだのだった。

ローゼンツヴァイクの若きヘーゲルはここから時間的に自分自身を追い越し、その後一九世紀を通して、歴史のなかの神がたどった末路へと赴く。すべての個別性を自らのうちで燃やし尽くす歴史のなかの神は、しかし、自らの僕（しもべ）の僕（しもべ）となってしまった。神のために身をささげる罪ある意志なしには、神の炎は消えてしまい、歴史は空虚なものとなってしまう。また、あらゆるものが歴史に加わり、神は歴史のなかで完結することがない。このため、何者も、神自身すら、歴史のなかで神に到達することはできない。また、世界のなかの事物、自然は運命を受け入れさえすれば、その意志や振る舞いにかかわらず最終的には神と宥和することが決定している。このため、世界は神に依存してはいたが、これを信仰する必要はなかった。「信仰を失った神はみずからの大きさと孤独を恥じ、〔……〕歴史の背後に隠れ、文化と称するのを好むようになった[16]」。神は歴史の背後に退き、過去は文化とよばれるようになる。歴史の全体や歴史のなかの神は忘れられ、文化の名のもとに不活性で永遠に続く現在があるのみとなった。

ニーチェが「神は死んだ」と叫んだとき、神はまったく驚かなかった。神は自分のことがいわれているとわからなかったのだ。ニーチェは神を求めて歴史の戸をたたき、神を呼んだが、神は応えなかった。誰かが神を信じようとするということが、神にとってあまりに疎遠になっていた。孤独なニーチェは神を打ち殺してしまったことに頭を抱えた。彼は誰かを信じたかったが彼自身以外にはだれもいなかった。彼ははじめ自分自身を信仰しようとしたが、自らが弱く神のようでないことを知ると「私は未来を信じよう」といった。辺りには、歴史の背後の神に依存していた有象無象の文化的価値が、瓦礫のように転がっていた。もはや人間は、価値として自分自身を信じることもできなくなっていたのだ[17]。

そうして、若きヘーゲルはローゼンツヴァイクとルドルフが生きる時代に至る。瓦礫の荒野に詩人があらわれる[18]。すると、打ち殺された神の傷から血が滴って死んだ事物の上に落ち、事物の血管をめぐりはじめる。詩人は笑って尋ねた。「君たち事物よ、君たちのうち、なにが神様になったんだい?」すると、小さな声ではあったが、多くのものが「私が!」といった。こうして神はかつて歴史と呼ばれた瓦礫の下に分散した。一つひとつの事物が自らの足で立ち、自らのよさをもち、孤独を喜んだ。しかし、意志が活動をはじめるとすぐに、多数の事物は互いに出会うことになった。かつては、さまざまな事物が一堂に会する場、すなわち歴史はそれ自体で神的な全体であった。しかし、いまや「歴史は君たち〔ローゼンツヴァイクとルドルフ〕にとって万物のなかでもっとも神的でないものと[19]」なり、一つひとつの事物が、それぞれに自らの価値の源泉として自らに下った神をもつようになった。それらは、ほかの多数の事物もまた、それぞれ神をもつことを知るが、互いにほかの神を認めることができないし、自らの神を歴史の場に引き出してくることもできない。歴史はもはや神的ではないため、そこに出れば神は「脱聖化」されてしまうのだ。そして事物は当惑しつつともに叫ぶ。「われわれの神々の神はどこにいるのか？」と。[20]しかし答えはどこからも返ってこない。

ヘーゲルはここで、現在の相対主義的な状況のなかで唯一の神を要求する者たち、つまりルドルフやローゼンツヴァイクに向かって問いかける。「君たちは、すべての現在的なものにとっての未来を、すべての父にとっての一人の跡取り息子を望む。なぜ君たちは、各自のうちの神に満足しないのか？　この信仰で十分でないというのは、どういうわけか？」と。ローゼンツヴァイクのヘーゲルはこの問いに次のように自答する。「そうか、この信仰には、信仰に対する信仰が欠けているのだ。信仰される神々は罪の小川深くからあらわれ出てきたのだが、この神々の世界においては一つの神、罪の小川に発しないような神が欠けている。〔……〕すべての信仰された神々はあるが、純粋な信仰の神が欠けていた。かつて、私が若いころ、エンペドクレスが死んだ。自分自身を信じていたからではなく、神を信じていたために。彼は自分自身のために死んだし、死にながら自分自身を生んだ。しかし、今日神のために死ぬ者、それは父の殺害を通して子への信仰を、つまり、信仰された神の否定を通して信仰の神を真ならしめようとすることだが、このような者は死にながら、自分自身への信仰と〔唯一の〕神への不信仰のさなかで、――死にながら、彼は信仰されていない唯一の神を生むだろう」。[21]書簡はこのように結ばれている。

詳しい検討は、後の節に譲るとして、前章で扱ったテクストとの共通点と相違点を確認したい。まず、基本的な共通点を挙げていきたい。ここでもローゼンツヴァイクは、一九世紀から二〇世紀にかけての時代分析をおこなっている。すなわち、個物と普遍とが切り離されて、相対主義と個物の自己神化が起こった。二〇世紀がはじまる今、問題となっているのは、この普遍と個物との関係の回復なのだ。また、世紀を区分とするエポックの継起という着想も――ここでは定立＝反定立＝綜合という弁証法的なモデルでは考えられていないが――みられる。

また、重要な相違点として、かつては仄めかされていたにすぎない、神や救済といったモチーフがこのテクストでは前面に出てきている。普遍との関係性の回復は、明確に救済として論じられている。そして、救済概念が詳しく論じられるのにあわせて、罪という概念が考察の中心に入ってくる。というのも、ここで救済とは罪からの救済であるとされているからだ。つまり、ローゼンツヴァイクは、バーデン・バーデンでの会合の後、ルドルフ・エーレンベルクと対話を重ねるなかで、人間の罪とそれを救済する神という枠組みで、歴史とそのなかでの人間の意味という問題を考察するようになった。この時期に、彼は宗教的な事柄に関する考察を本格的に開始したのだ。

宗教に関する最初期の言及

それではこの時期ローゼンツヴァイクは宗教についてどのように考えたのか。利用できる史料は多くないが、改宗の決断のきっかけとなった一九一三年の対話に至るまでに、彼が神や宗教についてどのように書いているか丁寧に追いかけてみる。そのうえで、前節でみた特異な書簡に戻ることにしよう。まずは、一九〇六年の日記をみてみたい。内容的に突き詰められて考察されているわけではないが、いくつかの特徴を取り出すことはできる。

一九〇六年三月二七日、ローゼンツヴァイクは日記に次のように書いている。

エレン・ケイ〔一八四九―一九二六〕は『現在』誌のなかで、イエスのうちに、かつて実際に生きていた絶対的な人間の理想をみようとする現代のリベラル妥協神学を攻撃している。〔……〕現代のプロテスタント神学が助かろうとしてすがるこの妥協の岩礁は、ハルナック〔一八五一―一九三〇〕がその上に立つ「キリスト教の精神」、すなわちキリスト教倫理学という岩礁と同様もろい。あたかも、純粋な倫理学はいつか宗教を生み出し養うことができる、とでもいうようなものだ。

⑴形而上学的な思考（「ドグマ」もここからすぐに成立する）、⑵ａ幸福主義的な、あるいは、ｂ破滅主義的な気分、⑶神話学的な素材、⑷ナショナリズム――これら四つの原因が諸宗教を作り出す（そしてこれらがさらに子どもを涵養していくことによって、維持する）。多くの場合一つの原因が支配的であるが、ほかの原因もともに働いている。時間の経過とともに、宗教の中心点はある柱から別の柱へと移ることもある。しかし、宗教が倫理学に依拠するということはありえない。というのも、倫理学は宗教の外部に成立するからだ（人間同士のやりとりを通して）。そして倫理学は、ただ宗教によってその圏域に引き入れられるからこそ、宗教を下支えすることができる。

それでは、僕のユダヤ教は何に依拠するのか？

Ⅰ．「それは僕の父祖の宗教である」――上に挙げたうち⑷の原因。

Ⅱ．「僕はいくつかの旧習を喜んで守る――なんら実のある根拠はないけれど」――これは⑴にあたる。というのも、われわれのドグマとは確かに儀礼に関する法規なのだから。

Ⅲ．「僕はプラトンを信仰する」――⑵ａ。

Ⅳ．「僕は聖書の物語のイメージにおいて考えるのが好きだ」――⑶。

これらの柱のうちⅠがもっとも強く中心的。Ⅱは神殿の屋根の周縁部を支える細い環状柱。ⅢとⅣは単なる装飾のための支柱で、確かにそれら自身で強度はあるが装飾にすぎない。（一九〇六年三月二七日付日記、BT S.37）

ここではハルナックの『キリスト教の本質』――ローゼンツヴァイクはこれを、宗教を倫理に還元することでキリスト教を救おうとした試みとして理解している――が、イエスのうちに神性をみず理想的な人間像をみる一九世紀的なプロテスタント神学とともに批判されている。そして、このような神学に対して、若きローゼンツヴァイクは宗教を四つの根本的な要因――形而上学的、心理学的、神話的、民族的要因――から理解しようとしている。哲学的、精神的な要因と、歴史的、社会的要因がともに考慮されていることがわかる。つまりローゼンツヴァイクは、宗教を倫理に還元しないだけでなく、より多様な要素の複合体であると考えていた。啓示や神の概念、神学や複雑な教義といった観念的な事柄は宗教を構成する一つの要因ではあるが、同時に、神話やナショナリズムといった歴史的、社会的要因も等しく重要だと考えていたことがわかる。

この書き込みの直後、ローゼンツヴァイクはユダヤ教とギリシア的なものの比較を試みて、次のように書いている。「ギリシア性（Griechentum）とユダヤ教（Judentum）をめぐる問いに答えるためには、僕はまだ十分に成熟していないように思う。というのも、僕はどちらの文化のこともその完全な姿においては知らないから、問いは恐らくこのように一般的な仕方で立てられてはならないだろう」（一九〇六年四月一日付日記、BT S.39）。彼はこの前後の日記で、ユダヤ教を一つの文化として語っており、しかもそれについて十分には知らないと率直に告白している。先にあげた宗教理解が観念的要因と歴史的要因の両者に目を配るものであったことを考え合わせるとき、ローゼンツヴァイクは宗教を国民文化のようなものとして捉えようとしていたといえるだろう。

つまり、この時期のローゼンツヴァイクにとって、ユダヤ教はさまざまな国民文化＝宗教の一つであり、彼はそれを、形而上学的な動機からというよりは、ある種の「ナショナリズム」として実践し、信仰していた。また、この前後の日記においてローゼンツヴァイクは、一人称複数の代名詞を主にドイツ人を指示する文脈で用いている。ここから、この当時、彼は父祖の宗教であるという理由でユダヤ教を自らの宗教ととらえてはいたが、自身のアイデンティティとしてはドイツ人であったとみることができるだろう。

この時期、人間と神との関係については次のようなことも書いている。

> われわれが神と呼ぶものは何か。われわれによってつくり出されたもの。そしてまさにそのことによってわれわれを支配するもの。（一九〇六年七月二三日付日記、BT S.52）

また、次のような言葉もみえる。

僕は今、人が神の恩寵というときに何を考えているのか理解する。神は、自然が神の責任に帰する大きな不幸と縁を切るわけではない。神は悪を世界のうちにそのまま放っておき、被造物が彼に投げつける非難を気にとめない。しかし、ある点で、神の恩寵は「無限」である。被造物は、神に対してさらに罪を犯すだろう。そして、神は意に介さず同じ善行を彼らに施し続けるだろう。なぜか？　神は別様になすことができないから。神は被造物すべてを「愛している」からである。情熱の愛ではなく、創造者と被造物とのあいだ、たとえば親子のあいだにおけるような近しい関係の愛によって。〔人が恩寵について〕考えるところとは凡そこんなものだ。そして、その根底には――他の一般的な表象と同じように――心理学的な経験がある。（一九〇六年八月二三日付日記、BT S. 54）

これら一九〇六年の日記からは、神や信仰についての近代人らしい、幾分シニカルな態度をみてとることができる。彼は宗教を人間的な現象として捉えようとしていた。そして、その上で、人間生活における宗教というものを多角的に理解しようとしていた。このことを彼は、「僕は神をすべての形式のもとで崇める。子供っぽく、ヘブライ語で、聖書的に、ホメロス的に、自然的に、汎神論的に、プラトン的に、キリスト教的に、そして無神論的に」と表現している（一九〇六年九月六日付日記、BT S. 56）。

友人の改宗とユダヤ教に対する評価

次に宗教についてまとまった言及がみられるのは、一九〇九年のハンス・エーレンベルクの改宗に際してである。ハンスはローゼンツヴァイクの父方の遠戚であった。両者の親戚であるルドルフ・エーレンベルクが、すでに幼少のころ洗礼を受けていたのに対し、ハンスはそれまでユダヤ人として生きてきたのだった。ローゼンツヴァイクの両親は、このハンスの決断を恥とした。これに対してローゼンツヴァイクはハンスの決断を支持している。この件に関して彼が両親に書き送った手紙には、同時代のユダヤ教に対する厳しい批判が含まれている。

僕は出来事全体のなかに不面目を見出すことはできない。むしろ、人が早い時期の逸機のために宗教を与えられなかったとき、後から、少なくとも彼の子どもたちのために宗教へとたどり着く可能性があるというのはすばらしいことではないか。もちろん、叔父さんと叔母さんが彼らの子どもたちが産まれたあと直ちに、洗礼させていたり割礼したりしていたならもっとよかったのだろうけれど、それをし忘れたのだから、隙間をいつまでもそのままにしておくよりはあとからでも埋め合わせたほうがましだ。〔……〕絶対的に無内容でまるで役場のような「モーセ教」の申し立てに、宗教的欲求を満足させることができるだろうか？　もし僕が、空っぽの財布と一握りのお金を選んでよいとしたら、どうして財布をえらぶだろう？（一九〇九年一一月二日付両親宛書簡、BT S. 94）

ハンスについて、僕たちは異なった考えをもっている。ユダヤ教の神学者を三度訪問することについて、あなたがたが書いてきたことは正しくない。[22]三度では十分でないだろうし、三百回たずねてもまだ十分ではないだろう。僕たちはすべての事柄においてキリスト教徒なのだ。僕たちはキリスト教国家に生き、キリスト教の学校に通い、キリスト教の本を読み、端的にいえば僕たちのすべての「文化」はキリスト教の基礎の上に成り立っている。だから、自らのうちに妨げる契機をもたないものにとっては、キリスト教を受け容れるためには、まったく簡単な決断――「三度の訪問」――だけで事足りるのだ。今日のドイツではユダヤ教を「受け容れる」ということはできない。それは、人に割礼という仕方で、食物規定という仕方で、あるいはバルミツヴァという仕方で刻みつけられるものなのだ。この点で、キリスト教は大いに有利だ。ハンスがユダヤ人になったかもしれない、などということはそもそも考えられない。これに対して彼はキリスト教徒にはなることができるのだ。ここまで書けばもうあなたがたにも、僕がまじめにハンスに改宗をすすめたし、今後も何度でもすすめるだろう、ということがわかるだろう。（一九〇九年一一月六日付両親宛書簡、BT S. 94f.）

ユダヤ教についての彼の評価は厳しい。それはもはや、宗教を求める若者の要求を満足させることはできない。それは現在、儀礼や生活習慣にのみかかわっており、宗教を欠いた現代人を満たすような宗教的内実をもたないのだ。しかし、このような厳しい批判にもかかわらず、ローゼンツヴァイク自身は、この時点で自身の改宗を考えていないことにも注意する必要がある。彼は決して、人々の生活が完全にキリスト教化しているのだから、ユダヤ人はみなキリスト教に改宗すればよいと述べているわけではない。以前から彼は、父祖の宗教であるからユダヤ教を信じる、ユダヤ人として生きるというようなことを述べていた。ここでもローゼンツヴァイクは、子供の頃に割礼を施され、食物規定を遵守し、人生の節目をその儀礼に参加しながら過ごすなら、ユダヤ教はなお何事かを意味しうるというのである。だからこそ、続く手紙でローゼンツヴァイクは両親にユダヤ教の宗教教育の改革について書いているのだ（一九〇九年一二月五日付両親宛書簡、BT S. 96）。つまり、友人の改宗には賛成していたとはいえ、この時点では、彼自身とユダヤ教の関係は安定していたと考えられる。なお、ユダヤ教の宗教教育の改革というテーマはローゼンツヴァイクにとって終生大切なテーマであり続ける。その背後にあるのは、世俗化やドイツ社会への同化が進んでも、人が宗教的な共同体のなかで生まれ教育を受け、そこで成長するなら、ユダヤ教はなおユダヤ人のために固有の意義をもつという確信、実感であった。

ローゼンツヴァイクは、このようにしてキリスト教社会におけるユダヤ教の意義という問題に送り返された。同年代の友人ハンス・エーレンベルクが洗礼を受けたこと、また、バーデン・バーデンの会合で大学の友人たちから反ユダヤ主義的扱いを受けたこと、さらには、当時彼が懸命に取り組んでいた若きヘーゲルのテクストもユダヤ教に対する偏見と辛辣な批判に満ちたものであったこと。これらの出来事は、ドイツにおいてユダヤ人であることという問題をローゼンツヴァイクに突きつけたに違いない。このようななか、彼は一九一〇年九月に宗教の本質としての寛容について日記に記している。

> 宗教においては真偽ではなく、正当化されるかどうかが問題になる。だからこそ、寛容な宗教性というものが可能であるし、さらにいえば必然的ですらある。仮に、すべての宗教が個人的な宗教であったなら、寛容は自明のことであったろう。しかし実際には、個人的な宗教においてさえ、象徴は少なくとも相対的には、瞬間を超えたものであるべきだという要求が存在するし、それとともに信仰の共同体が与えられ、ただちに真理という契機が到来する。というのも、多くの人々が一致する事柄は、ただ救済するだけではなく、真でもあるに違いないのだから。そして、それとともに宗教は排他的になる。もちろん、その最深部、もっとも宗教的なものである心情においてはそうならないが。ここでは、宗教は永遠に寛容であり続ける。
>
> 　僕のユダヤ教は、ドグマの面でいえば決定的に今日のユダヤ教と疎遠である。僕は罪を信じているし、仲保者の必然性（「イスラエルの民」の必然性）を信じる。しかしたとえば、罪人がイスラエルの民の合唱において「神がこの民を、全人類とその民の成員を救済するためにお選びになった」と神に呼びかけるとき、神が実際に、一人ひとりの罪人を赦すということ、このようなことはドグマであり、あまりにもひどく、また

理性を超えており、キリスト教のドグマと等しく「馬鹿げている」。（一九一〇年九月一日付日記、BT S. 107）

重要と思われる点を二つ指摘したい。まず、ここには実定的な教団の形をとった宗教や、その教義に対する厳しい批判がみられる。すなわち、固定化したドグマや象徴は、その真理性要求を通して排他的なものとなるが、宗教的な心性、宗教の最深部は本来寛容であるはずだ、とローゼンツヴァイクはいう。宗教の本質は、固定化したドグマが規定する真理にはない。むしろ、個人の心根において、問題に向き合い、正当化できるか、できないかと問うことこそが宗教の核心にはある。だからこそ、完全に個人的な宗教性のようなものを想定できるとしたら、それは決定論には縛られない、寛容なものとなるはずだというわけだ。自身と実定的なユダヤ教との距離についてもこのような視座から言及されており、固定化した教義を受け入れていないということが書かれている。

宗教の本質を個人の心性の問題としてみるこうした見方を、ローゼンツヴァイクは同じ時期のいくつかの日記に書きとめている。宗教は個人の感情のなかで、ある種の確信を形成する。「宗教的確信。確信という語は、それが事態を論理化してしまうために、つまり非寛容で排他的であるがゆえに悪い語だ。むしろこれは宗教的な生というべきであろう」（一九一〇年九月一三日付日記、BT S. 108）。というのも、生は、他の生に対して自らを閉ざすことはあっても、他の生を排除して否定することはない。このように、彼は宗教が定める寛容な人間性を宗教的な生と名付けることを提案している。啓示を中核とする後の宗教理解とは大きく異なるものの、ここで宗教が人間の生を決定するものとして考察されている点は重要である。

第二に、ここで人間の罪と救済の問題が論じられていることにも注目したい。ローゼンツヴァイクは、罪の赦し、すなわち、人間の救済は、神と人間一人ひとりとの直接的な関係によるのではなく、仲保者による媒介を必要とすることを強調している。とはいえ、仲保者にたよりきり、実定的な宗教のドグマによりかかって生きていればよいというわけではない。ユダヤ教の贖罪日に皆で祈りを唱えれば自動的に罪から救われるなどというのは、馬鹿げているというわけだ。後にローゼンツヴァイクは、ここでは形式的なものとして軽視されている伝統的な祈りや儀礼に、重要な意味を見出すようになる。その変化の背景に、啓示についての思想の深まりがあるのだ。
さて、宗教を心性の問題としてみるこれらの書き込みには、シュライアマハー（一七六八―一八三四）の影響を明白にみてとることができる。この時期、ローゼンツヴァイクはヘーゲルの初期思想を読み解いてゆく過程で、この初期ロマン派の著者に親しんだ。宗教についての上記の書き込みも、シュライアマハーの『宗教論』からの引用や読書ノートにはさまれて登場する。よく知られているようにシュライアマハーは『宗教論』において、道徳と哲学に対して宗教の自立性を擁護しようとした。宗教は、啓蒙主義の時代を通して、非合理的なものとして軽視され、あるいは形而上学に、あるいは道徳論へと還元、解体されていった。彼はこれに対して、宗教を理論哲学とも実践哲学とも切り離して、無限なるものの直観と感情であるとし、それに知性とも行為とも異なる別の領域を割り当てた。このようにして宗教を救い出すさい、シュライアマハーは普遍者に対する個物の意義をもまた救い出した。彼によれば、無限なるものは世界の多様性のなかに自らを啓示し、宗教的直観はこの多様性のなかにこそ無限なるものを見出すのだ。

無限なるもののうちでは、すべての有限なる物は制限されることなく並び立ち、すべては一つでありすべては真である。(23)

善いものも悪いものも、あらゆる存在者は自らのうちに無限性を啓示する。それらはすべて必然的で不可欠な断片であり、それらなしには無限性は知られえない。また、人間は宗教的直観によって断片のなかに無限なるものを見出すのだが、それをどのように直観するか、どのように感じるかは個人によって異なる。敬虔である点においては同一であっても、その表現、実質は異なるのだから、宗教は本質的に寛容であらざるをえない。さらに、宗教的感情の本質は同一であっても、純粋で唯一の真の宗教を地上に見出すことはできない。世界ないし歴史においては敬虔な人々の共同体は純粋な形では存在せず、それはさまざまな実定宗教の形をとって出現する。実定宗教はそれぞれ優れた側面も堕落した側面も備えるが、これらもまた、それぞれの仕方で地上において真の宗教を指し示す。

このように、シュライアマハーにおいては、普遍的なものは地上にはあらわれない。それは不完全な個物の先に直観される。その結果、個物は普遍的なものを指し示すとして多様で不完全なままで承認される。なぜならそれなしには無限性も高次の統一も人間に知られることはないからだ。シュライアマハーの『宗教論』は、個人主義的な宗教理解だけでなく、普遍と個物に関する思想という意味でもローゼンツヴァイクに影響を与えた。

個人と普遍の断絶としての罪と宗教による救済

ここでローゼンツヴァイク自身がシュライアマハーに言及している書簡を引用してみたい。この書簡でローゼンツヴァイクは、歴史と宗教との関係を考察している。重要な書簡で部分的にはよく取り上げられるが、ここではその前後を含めて長く引用してみたい。

一九世紀と今日における宗教と歴史との関係が〔シュライアマハーの『宗教論』を読んで〕はっきりした。黒い本〔日記帳〕[24]から君に少し文章を書き送ろう。一八世紀は、宗教の実践的な契機を独自の仕方で眺めた。カントがもっとも深く（レッシングもそうだが）。一九世紀はそれを否定した。このことをシュライアマハーにもっともよくみることができる。彼は道徳に抗して論じただけではなかった。彼は、宗教を実践的なものと理論的なものの綜合として構成したとき、前者を彼自身が実際に考えたよりもずっとひどくなおざりにしたのだ。彼は、理論と実践の中間として「感情」を打ちたてようとしたが、それは彼をより理論のほうへと近づけた。ヘーゲルの宗教的な「主知主義」もまたここに属する。われわれは今日、実践的なものを、堕罪を、歴史を強調する。歴史については、シュライアマハーが考えたように時間のなかに互い違いに並べられた存在としてではなく、行為者の行為として。ここからわれわれもまた、「神を歴史のなかにみる」ことを拒む。なぜならわれわれは歴史を（その宗教的な関係において）イメージや存在としてみようとはしないからだ。そうではなくわれわれは、それを通して歴史が生成するような過程のなかに神を再興するために、歴史のなかの神を否定する。われわれは神を一つひとつの倫理的出来事のなかにみるが、決して完結した全体のなかに、歴史のなかにみることはしない。——というのも、もし歴史が神的であって、すべての行為がこの水桶にながれこみ、たちまち神的なものとして正当化されるのだとしたら、われわれは何のために神を必要とするというのか。そうではない。それぞれの行為は、歴史のなかに歩みいるとき（行為者が起こったことを望んでいなかった場合でも）、罪あるものとなり、したがって神は人間を歴史を通してではなく、実際に——そうなると「宗教の神」としてする以外の仕方はないのだが——救済しなければならない。ヘーゲルにとって歴史は神的なもの、「神義論」であった。行為は——歴史以前の道徳的で主体的な行為としては——、端的に非＝神的で、「情熱」、「個人」、「よい思惑」、「徳の騎士」である。——一九世紀的な意味における歴史に対する戦いは、したがってわれわれにとっては二〇世紀的な意味での宗教のための戦いである。（一九一〇年九月二六日付ハンス・エーレンベルク宛書簡、BT S. 112f.）

バーデン・バーデンの会合のおよそ半年後の書簡である。内容的に先に取り上げた若きヘーゲルからの書簡と関連をもつことも明白である。まずは、この書簡の内容をみてみたい。かつて一九〇六年の日記では、宗教は形而上学的思考、人間心理の傾向性、神話、ナショナリズムの混淆物として理解されていたが、ここではそのような理解はもはやとられていない。宗教は理念的に捉えられ、それと人間との関係が考察されている。また、ここで宗教の問題は予てからの課題であった、一九世紀の克服と二〇世紀にむけての新たな展望の獲得という枠組みのなかで論じられている。さらに、彼はこの宗教をめぐる考察において、歴史における個別性、個人の行為こそ重要であるということをはっきりと表明している。宗教は、歴史における一人ひとりの人間の行為との関係において問題となるのだ。歴史のなかで起こる出来事や行為は、その意義や正しさについて、行為者である人間にはまったく知られていない。それは未決定であり、未規定なのである。ローゼンツヴァイクはそれを罪と呼ぶ。人間は、あらかじめ何らかの意味を保証されることなく、個別的なものとして存在する。そして、あらかじめ正しさを保証されることなく、行為することを余儀なくされている。そしてこのようにして個人が自らの生のなかで抱えこむことになる罪は――ローゼンツヴァイクによれば――、救済されなくてはならない。

個別的なものの救済が問題となっている。しかし、この問題はまさしく、万物を理性の光で照らし普遍性の下へと回収してしまった啓蒙主義に対するロマン主義の争点ではなかったか。だからこそ、一八〇〇年における啓蒙主義の二つの超克の試み、すなわちヘーゲルとシュライアマハーが、ここでは問題となっているのである。すでにみたようにシュライアマハーは啓蒙主義に対して宗教の独自の権利を擁護するとともに、無限と有限の関係に関する考察のなかで、特殊な個物の意義を指摘した。しかし、彼の宗教論は人間の行為について論じるものではなかった。彼は宗教を論じる際、それを道徳論や実践哲学と峻別し、それに人間の行為とは無関係な領域を割り当てたのだ。個別性や多様性を直観することや無限なるものを感受することは、人間に反省的に己の有限性や矮小さを認識させるが、それは決して彼の行為の原則とはならないし、行為の正当化にもならない。というのも、「人間が心を揺さぶる激しい宗教の感情によって行動へと駆り立てられるがままにするならば、平静と思慮は失われてしまう。〔……〕敬虔な感情が人間に行為を起こさせてしまう前に、彼はまず自らと自らの敬虔な感情とを制御しなければならない」[25]のだ。したがって、「歴史」における個人の行為の問題、つまり、一つひとつの行為に際して、人間がいだく不安や恐れ、罪の意識といった問題は、『宗教論』の射程の外にあった。

ヘーゲルについてはどうか。ヘーゲルが個別性をどのように扱ったのか、そしてそれをローゼンツヴァイクがどのように理解したのかについては、ローゼンツヴァイクの『ヘーゲルと国家』をみるとよい。ヘーゲルの思想は、愛による大いなる生への合一という思想から、運命論へ、そして個別的なものの意義が歴史の全体によって与えられるという歴史哲学へと展開していった。初期ヘーゲルは、世界において一人ひとりの人間が不可避的に出会う、運命や歴史といった概念を問題としていた。しかし、彼の成熟した歴史哲学では、個人は歴史全体（ないしは歴史と個人を媒介するものとしての国家）のなかに漏れなく回収され、個人の行為や決断の意義やそれにかかわる苦悩は問題とされなくなった。ローゼンツヴァイクは、ヘーゲルの歴史哲学の発展を、普遍による個物の抑圧として理解したのだった。

これに対し、この書簡に表明されたローゼンツヴァイクの問題関心は、歴史における個人の行為の意義、行為する人間の罪、そしてそこからの救済であった。ヘーゲルのように歴史全体が神的なものとみなされるとき、歴史のなかでの一つひとつの行為は窮極的にはすべて正当化される。しかし他面では、どのような選択や決断、固有性も等価であり、歴史にとっては等しく無価値である。個別性、特殊性、あるいは多様性が、ありのままで無条件に承認されるということは、それらから等しく意義が剝奪されるという事態と表裏一体をなすのだ。これは、シュライアマハーが宗教を擁護した際に用いた図式にも当てはまる。個別的なものは、無限なるものの啓示として無条件に承認される。しかし、それらは歴史のなかでは無限性そのもの、普遍的なもの、絶対的なものからははっきりと隔てられているのだ。

ここにおいてローゼンツヴァイクは「一九世紀的な意味における歴史に対する戦いは、したがってわれわれにとっては二〇世紀的意味での宗教のための戦いである」という。一九世紀的な歴史概念に抗して、そこから二〇世紀的意味での宗教を求める戦い。あらゆる個別的なものを鯨呑する巨怪な歴史を退け、宗教に新たな意味を吹き込むこの戦いが求めるものは、歴史における個人の行為、個人の意義の救済にほかならない。

神は、このような地点から呼び求められる。彼がここで要請するのはどのような神か。ここでは「それを通して歴史が生成するような過程のなかに神を再興するために、われわれは歴史のなかの神を否定する（Wir leugnen Gott in ihr［=Geschichte］, um ihn in dem Prozeß, durch den sie wird, zu *restaurieren.*）」といわれている。歴史の全体が神なのではなく、また歴史の内部にあるような神でもない。そうではなく神は、歴史そのものが生起するようなプロセスにおいて再び立てられるという。世界の歴史がはじまり、それが生成するプロセスとはどのようなものだろうか。

また、このような神はどのように個物に意味を与え、人間を救済するのか。もしかしたらローゼンツヴァイクはここで、創造と救済にまつわる聖書の物語に言及することもできたかもしれない。というのも、神による天地創造こそ、このような時間や歴史の創始と、神が被造物を救済する必然性とにかかわるからである。しかし、ローゼンツヴァイクはこのハンス・エーレンベルク宛の書簡では、聖書の宗教のドグマにかかわる内容には立ち入らずに、普遍的な神とそれを中心とする「二〇世紀的意味での宗教」を暗示するにとどめている。

ここで、本章の冒頭で紹介した、同じ時期に書かれたと推定されるルドルフ・エーレンベルク宛の書簡を想起したい。そこでは若きヘーゲルからのメッセージとして、現代における神について論じられていた。この書簡では、現代人が相対主義を克服し普遍的な神を信仰しようと思うなら、現に信仰している個人的な神や価値を否定し捨て去ることによって、唯一の神を産みだすという仕方になるだろうといわれていた。どちらの書簡でも、歴史主義と相対主義の一九世紀を通して一度は人々の間から失われてしまった普遍的な神を、現代の人間が再び立てる（restaurieren）、あるいは産みだす（gebären）ことがいわれている。しかし、ルドルフ・エーレンベルク宛の書簡ではこれに加えて、新しく生み出される神は、現代の人々がいまだ信仰したことのない神である、つまり信仰の対象としては彼らの手元にないということがいわれていた。このような神を人間は過去に確かに信仰の対象としてもっていたが、啓蒙主義が不可知論的な態度のもと神を人間から遠ざけて以来、人間はそれを信仰するすべを失ってしまった。キリスト教やユダヤ教といった実定宗教は、そのような過去の時代から続いてきてはいるが、近代においては並び立つ諸価値のうちの一つになってしまい、もはやこのような普遍的な神と人間とを媒介することができない。しかしながらローゼンツヴァイクは、神と人間との間を仲保する存在が不可欠であるとも考えていた。だからこそ、今後神と人間との関係をとりもつ宗教は、これまでとは異なる二〇世紀的意味で新たに理解されなければならないのだ。彼自身を含めた現代の人々が再び立てようとしている新しい神は、実のところ古い神である。しかし、古い神と人間とを仲介してきた伝統的な宗教やその教義的な道具立てはもはや使い物にならない。このような神こそ、歴史のなかで個人を罪から救い出すはずなのだが、しかし、人間はそれとの関係の結び方を知らない。ただ、まだ自らの信仰の対象とはなっていないこの神のために、それまで奉じていた価値を捨てすべてをなげうつ、いわば自死を敢行することができるのみなのだ。

管見ではローゼンツヴァイクは一九一三年のローゼンシュトックとの対話までの時期に、新しい意味での神や宗教の復興についてこれ以上深めて論じてはいない。ローゼンツヴァイクはここで実定宗教の批判と普遍的な神との関係の回復への希望との間で理論的に立ち往生しているようにみえる。とはいえ、先に引用した書簡で「一九世紀と今日における宗教と歴史との関係が〔シュライアマハーの『宗教論』を読んで〕はっきりした」としていることからもわかる通り、この時点では彼は宗教と神との問題について、一応の解決をみたと考えていたようだ。実際、どのようにして新たに神との関係を回復するのかということについては具体的には論じられないものの、失われた特殊と普遍の関係を回復するものとしての救済する神という問題がはっきりと主題化されたことは重要だ。一九一〇年前後のローゼンツヴァイクの宗教理解は、一九〇六年前後の立場とは明らかに異なるといえるだろう。また、この時期は彼自身とユダヤ教との関係が安定したものであったこともあらためて付記しておきたい。彼は、ハンス・エーレンベルクが改宗した時にも、特に動揺することはなかったのである。

さて、本章の導入で紹介したポロックの研究は、まさにこの時期のローゼンツヴァイクの宗教観をグノーシス的な世界否定の神学であると比定したのだった。バーデン・バーデンでの会合以前は、ローゼンツヴァイクの思索の中心は歴史研究とヘーゲル研究にあった。宗教についての言及もハンス・エーレンベルクの改宗にかかわる一件を除き、この研究から大きく外れることはない。彼が宗教について考察するようになるのには、バーデン・バーデン以降、深い交友関係を結んだルドルフ・エーレンベルクが大きく影響している。ポロックも指摘するように、ルドルフはこの時期、宗教を主題とした戯曲を執筆しており、ローゼンツヴァイクは彼との書簡の往復のなかで、この戯曲を熱心に講評していた。また、ローゼンツヴァイク自身も、この時期、リルケの作品やブーバーが紹介するハシディズムの説話を読み、詩作をおこなった[26]。バーデン・バーデンである種の挫折を味わい、そこに参加していた歴史家のグループを遠ざけるようになったローゼンツヴァイクにとって、ルドルフとの交際は思想的にも新たなステップを踏み出していくことを意味していたといえる。宗教や神といった問題はその際、新たなキーワードとなったのである。

三　『ヘーゲルと国家』

ヘーゲルにおける個物と普遍

さて、この時期のローゼンツヴァイクの主要な仕事は、なんといっても博士論文の執筆であった。このヘーゲル論についても、彼の宗教についての思索との関係で言及しておきたい。彼は一九〇九年から『ヘーゲルと国家』の執筆をはじめ一九一一年には第一部を脱稿、博士論文として提出し、翌年には博士号を獲得した。そして、一九一三年から翌年にかけて第二部を執筆し、世界大戦がはじまる前にほとんどの部分を書き上げたという。第一部は「生の停泊地一七七〇―一八〇六」と題され、シュトゥットガルトのギムナジウム時代からイエナで『精神現象学』を執筆するまでのヘーゲルの思想の発展を跡付けてゆく。第二部はこれに対し「世界のエポック」と題され、ヘーゲルの体系、特にその国家論がナポレオン戦争、ウィーン会議、七月革命という出来事に際してどう変化したかが論じられる。ここでは、このうち第一部を取り上げ、ローゼンツヴァイクのヘーゲル研究が、前節までにみた彼のこの時期の問題関心とどのように合致するのかをみてゆく。

ローゼンツヴァイクが『ヘーゲルと国家』を出版したのは一九二〇年になってからのことであった。彼は出版に際して添えた序文で次のように述べている。

今日であればわたしはこの本を書きはじめることはできないであろう。わたしには今日、ドイツの歴史を書く勇気をどこから取ってくることができるのかわからない。この本が成立したときには、内的、外的両面での息を詰まらせるようなビスマルク国家の狭隘さが、自由な世界の空気を吸いこめる帝国へと広がってゆくだろうという希望があった。この本は、一冊の本にできる限りではあるが、自らの持ち分でそれを準備するはずであった。生硬で偏狭なヘーゲルの国家思想――それは先の世紀にますます支配的になり、まさにそこから一八七一年一月一八日、「雲間からの稲妻のように」世界史的な行為が発現したのだが――、本書のなかでこの思想は、思想家の生に沿ってその生成を跡づけていくとき、いわば読者の眼前で自壊する。そして、そこから内的にも外的にも広々としたドイツの未来を見通す視座が開かれるはずであった。現実は別様であった。かつて帝国があった場所は、瓦礫の山と呼ばれるのがふさわしいありさまであった。わたしには、この、今日であればもはや書かなかったであろう本を、書き直すこともできなかった。もはやのこされているのは、これをかつてのまま、つまりその成立と意図に関して一九一九年の「精神」ではなく戦前の精神の証言として、出版することだけである。二つ目のモットー[27]の追加とはっきりそれとわかるいくつかの加筆においてだけ、わたしは刊行時の悲劇的な瞬間を徴づけようと考えた。(HuS S. 17f.)

ローゼンツヴァイクは出版に際して、かつて仕上げたテクストを全面的に読み直している。その際、彼がどれほどの変更を加えたのかについてはわかっていない。しかし、同書の内容や構成が彼の一九一〇年ころの問題関心と深く結びついていることを踏まえるとき、この序文はおおむね真実を述べているとみることができる。同書のヘーゲル研究としての意義やローゼンツヴァイクのヘーゲル理解の妥当性を問題にすることは本書の主旨から外れるため、ここではいくつかの特徴とそこに見出せるローゼンツヴァイクの問題関心を簡単に明らかにしていきたい。

ローゼンツヴァイクのヘーゲル研究は、二〇世紀初頭のいわゆる新ヘーゲル主義のなかに位置づけられる。当時すでに、そのような「主義」が存在するのかについての議論はあったが、この時代にヘーゲル研究がある種の盛り上がりを見せたことは確かである。特に、ローゼンツヴァイクの研究の第一部をなす青年ヘーゲル研究は、一九〇五年のディルタイ（一八三三—一九一一）による研究と一九〇七年ヘルマン・ノール（一八七九—一九六〇）による未公刊テクストの刊行によって開かれた新しい研究テーマであった。[28] ローゼンツヴァイクも先に引用した序文の中で、ローゼンクランツ（一八〇五—一八七九）、ハイム（一八二一—一九〇一）らの古典的なヘーゲル研究[29]だけでなく、ディルタイの研究にも言及している。

また、ローゼンツヴァイクは一八世紀的な啓蒙主義の薫陶を受けて育ったヘーゲルが、いかにして一九世紀プロイセンの御用哲学とまでいわれるような思想をもつに至ったのか、そしてその思想は彼に後続した世代の国家哲学、つまりナショナリズムの刻印を帯びた国家哲学とどの程度まで同じで、またどの程度異なっているのかという問題関心からヘーゲルの生涯にわたる思想の発展を追った。[30] これは、ローゼンツヴァイクの指導教授であったマイネッケが『世界市民主義と国民国家』のなかで自らに課した課題、すなわち「近代的なドイツ国民国家思想の発生にあたっての普遍的理想と国民的理想との真の関係をはっきり示す」[31]という課題をローゼンツヴァイクもまた引き受けたものとみることができる。ローゼンツヴァイクの『ヘーゲルと国家』は、しばしばヘーゲル研究の文脈のなかで、「ルドルフ・ハイムの呪縛」すなわち一八四八年革命以降の反動プロイセンの精神を体現する国家哲学としてのヘーゲル像にとらわれたものと評価されてきた。[32] しかし、むしろローゼンツヴァイクは次のことを示そうとした。すなわち、ヘーゲルは結果的に立憲君主制を主張し一八二〇年当時のプロイセン国家を称揚するに至ったものの、一八世紀的な啓蒙主義の影響のために、彼の思想には、それ以降の国民国家の哲学の枠に収めることのできない部分があるのだ。このことを示すために、彼はヘーゲルの思想の展開をその青年期から詳細に跡づけたのである。[33]

とはいえ、彼がヘーゲルの国家論を研究テーマに選んだ動機は、マイネッケの影響だけに還元されるべきではない。ローゼンツヴァイクの問題設定は、これまでに論じたローゼンツヴァイク自身の歴史、哲学への関心に深く規定されているし、後の彼の思想の展開とも連続している。ここでは、彼のヘーゲル論をその思想の展開のなかに位置づけてみたい。

『ヘーゲルと国家』の叙述においてとりわけ特徴的なのは、ヘーゲルの国家論の発展を論じるにあたって、つねにヘーゲルの歴史哲学の成立との関係が留意されている点である。[34] このような方針は、啓蒙主義から歴史主義への転換期にたつ哲学者としてヘーゲルを読むというローゼンツヴァイクの問題意識に基づいている。ヘーゲルの国家論を論じる際にはいつでも個人と国家との関係が問題となる。ヘーゲル研究者の加藤尚武による簡略な定式化を借りれば、ヘーゲルの体系哲学における国家論は、「諸個人は実体として存在しないが、国家は実体として存在する」という「個人唯名・国家実在論」である。[35] 国家こそが主体として世界史を構成する。個人は、国家によって存在や意味が与えられ、個人の自由は国家によって制限を受ける。これに対して、若きヘーゲルは、フランス革命によって達成された個人の無制約の自由をたたえ、また、ギリシアの市民社会を理想とした。チュービンゲンで神学校を卒業した直後、ベルンで家庭教師を勤めていた時代のヘーゲルにとっては「国家に対する個人の自由に関する無制約の権利があまりにも自明であった」(HuS S. 61)。このような啓蒙主義的な国家観から、フランクフルト時代を経て、自身の哲学体系を構想しはじめるイエナ滞在期の「個人唯名・国家実在論」へといたる過程、つまり、「部分と全体の闘争において、〔……〕全体が最終的な勝利を収める」(HuS S. 122) 過程を描くことが、『ヘーゲルと国家』の大きなテーマとなっている。

しかし、ヘーゲルの成熟した国家概念は確かに歴史哲学と密接なつながりをもつが、個人の自由を無条件に承認する啓蒙主義的な人間観がどのように全体性を絶対視する歴史哲学へと収斂していくのか。ここでローゼンツヴァイクが着目したのが、フランクフルト期のヘーゲルの手稿にみられる運命という概念であった。[36] ローゼンツヴァイクの解釈の特徴を知るために、フランクフルト期のヘーゲルの思想を簡単に概観する。その際、ディルタイの解釈を併せて取り上げたい。というのも、先に述べたように体系哲学を構想する以前の青年ヘーゲルの思想をはじめて包括的に研究したのは、ディルタイであったからだ。彼の青年ヘーゲル研究は、旧来のヘーゲル像——プロイセンの御用哲学者、あるいは、巨大な体系を打ちたてたがその後の歴史的現実に打ち負かされ、没落した過去の哲学者——とは根本的に異なる新しいヘーゲル像を描きだし、当時きわめて大きなインパクトをもった。彼の所説は、ローゼンツヴァイクのそれと興味深い対照をなす。

愛と生の哲学者ヘーゲル／運命論者ヘーゲル

青年ヘーゲルがのこした手稿は主に神学や宗教史をめぐるものであった。ディルタイによれば、ヘーゲルはフランクフルト期に、カント的な理性の宗教の立場を抜けだし、イエスの宗教の本質を「愛」のうちに見定めるにいたる[37]。この転換の後には、カントの道徳的厳格主義はユダヤ教の律法主義とともに愛の立場から痛烈に批判される。このイエスの宗教の新しい理解こそ、この転換の本質であり、ここからヘーゲルは形而上学的体系へと歩みを進めてゆくことになる。ディルタイは、後にノールが『キリスト教の精神とその運命』という表題をつけて編集した一群の手稿から引用しつつ論を進める。「真の「道徳とは、生における分裂の止揚である」」。すなわち、この生という表現で示される総体性における分裂を止揚することである。「道徳の原理は愛である[38]」」。ディルタイによれば、ヘーゲルはこのような道徳性を「〔カント的な〕道徳意識から愛と美しい魂へ、さらにそこから宗教へ」(DJH S. 80/109) と連なる発展の相において捉えている。ディルタイはこれらの手稿におけるヘーゲルのキリスト教理解を総括して次のように述べた。「愛は、分離せられたもののうちで統合として、対立物を統一において解消するものとしてある。かくて、愛の宗教としてのイエスの宗教は、人間精神と神的精神との統一の体験でもある。〔……〕キリスト教の教義は〔このヘーゲルの解釈によれば〕、神的なものと人間的なものとの統一の象徴的表現である。この宗教哲学では、キリスト教の絶対者は、それが自己を自己自身から区別し、そしてこの区別を廃棄する過程として解釈され、また、神におけるこの内在的な関係が、愛として」(DJH S. 81/110) 規定されるのだ。

神授の律法や道徳的格律として人間に対置され、人間の生の外部から彼を拘束するような道徳意識の水準を脱し、愛によって自らと自らに対立する他者のうちにともに生を見出すこと。そして生においては、神であれほかの存在者であれ、他者の生と自らの生との間に区別が存在せず、すべてが総体として一つの生であり、自らも他者もそこに属すると感得すること。これらのことを通して生の分裂は解消される。このような過程はユダヤ教の中からキリスト教が出現したという宗教史的事実に対応する一方で、ディルタイによれば、ルター（一四八三―一五四六）以来のドイツにおけるプロテスタント教義学を批判的に超克してゆこうとする同時代的史な意義ももっていた（DJH S. 86f./117）。

また、宗教史と道徳についての人間の内的意識とが二重写しにされた、この愛と生のモチーフは、後に体系的、組織的に展開されてゆくことになる弁証法の原型となっている。ヘーゲルが形而上学的体系を構想してゆくのは、フランクフルトからイエナに移った後のことであるが、ディルタイは考察の範囲をフランクフルト期までに限定することで、後年のヘーゲルの思想的核がすでにこの時期に形成されていたことを示すとともに、ヘーゲルの哲学がその発端においてはギリシア的古典文化やフランス革命への瑞々しい共感にその源泉をもつ、愛と生の宗教哲学であったことを示した。これは、個物の価値や意味は全体との関係において、全体の側から与えられる、あるいは、立憲君主制の国家への献身的自己犠牲こそ個人の美徳とされるような後年の重苦しい全体主義の哲学となんと極端な対比を構成することだろう。

これに対して、ローゼンツヴァイクのヘーゲル論は、ディルタイの著作をきっかけとしながらもその強調点において大いに異なる。彼はヘーゲルのフランクフルト期を総括して次のように書いている。

このフランクフルト時代に、ヘーゲルの観念連関の一般的な基礎構造は、二度目の、そして今回は決定的な動揺をこうむった。この時期に、彼の最終決定的な体系が出来上がったというわけではまだないが、しかし彼の思想は、後の彼の体系を支配することになる観念構成〔コンステラツィオン〕に入っていったのだ。すべての生の統一という観念が力を勝ちえた。ベルンのカント主義者のひたむきで道徳的な自由を求める意志は、独自の運命信仰に席を譲った。（Hus S. 97）

ローゼンツヴァイクは、ディルタイと同様、フランクフルト期においてヘーゲルの思想が決定的に変化し、それが後の体系の基礎となっていることは認めているが、その本質を運命への信仰にみているのだ。

両者の解釈の違いが現れるテクストは「愛による運命の和解」とディルタイが自ら題した手稿である（HW I S. 336f.）。まずはこのテクストについて見ていく。なお、このテクストは今後の章で重要となってくる罪の問題を扱っているので、やや詳しく内容を検討していく。ヘーゲルは、この手稿のなかで犯罪と刑罰、そして運命と和解の問題を取り上げている。「律法はその内容に即してではなく、その形式に即して愛に対置された。だから、それは愛のうちに受容されることができたのだが、この受容においては、律法はその形態を失うこととなった。これに対し、律法は犯罪〔律法の侵犯〕に対して、内容に即して対置される」（HW I S. 338）。律法が普遍的である以上、犯罪がひとたび起こったならそれは刑罰をともなわないわけにはいかない。犯罪をなした者と律法とは和解しえず、一見、正義の運用者を欺き恩赦をえようとするような「不誠実な物乞いによるほかは、刑罰、脅しかける法律、良心の痛みを止揚する方途はないかのようだ」。しかし「律法と刑罰は和解されることはないが、しかし運命という和解のなかで止揚されることができる」（HW I S. 341）。

というのも、そもそも律法なり刑罰なりということが生ずるのは、犯罪行為が起こったためである。犯罪行為が起こる前は、ただ、全的で単一の生があるのみである。犯罪者は犯罪によって他者の生を侵害したと考える。しかし実際には、彼は自分自身を生から疎外し律法との対立状況におくことで「彼はほかでもない彼自身の生を破壊」するのだ（HW I S. 343）。律法も犯罪者も犯罪をきっかけとした生の分裂として生じたために、ともに生から疎外されている。しかしこのとき、「生は自らの傷を癒すことができる。すなわち、分離された敵対的な生を再び自らのうちに帰還させることができる。〔……〕犯罪者が、自らの生が破壊されるのを（刑罰を受けることで）感じるとき、あるいは、自分自身が（良心の呵責のなかで）破壊されるのを知るとき、運命は作用しはじめる。そして、生命が破壊されたというこの感情は、失われたもの〔生の統一〕への憧憬とならずにはいない」（HW I S.

344)。

つまり、犯罪者は罰を受けたり、良心の呵責を感じたりするとき、自らが本来あるべき姿から逸脱してしまっていたことを知り、そこに運命を見出す。罰や良心の呵責を運命として甘受するとき、そこに、かつての全的な生への憧憬が生じる。そしてこの憧憬は、より良きものへの憧憬であるから、それ自体で悪しき現状からの回復でありうる。つまり、それだけですでに罪と法とに分裂してしまった犯罪者が、再びこの分裂を克服し生へと回帰する可能性を表している。犯罪者が「負い目の意識と再び眼前に見出された生の抗弁を受け入れ、〔あえて〕自ら生への回帰を踏みとどまり、痛みの感情を長引かせるなら〔……〕この憧憬は良心的なものと」なる。そしてその場合、生への再統合はより深く確固としたものとなる（HW I S. 345）。

このように全的な生は、犯罪者を生から疎外されたままにはしない。彼が、罰や良心の呵責を自らが担うべき過酷な運命として捉えるとき、生はこのことを通して犯罪者を再び自らのうちへと取り戻すための準備をしているのだ。この「自らを再発見する生の感情こそ愛であり、愛において運命は鎮まる」、つまり、犯罪者に対して過酷なものとして対立的にあらわれていた運命は愛のなかで解消される（HW I S. 346）。

ヘーゲルはここからさらに運命についての考察を深めてゆく。運命は、一度は生から分断され敵対的なものとなった個人が、生へと復帰するための契機として理解された。運命はここから、犯罪者の罪の意識と悔悛という事例を超えて、より大きな射程を獲得していく。すなわち、ヘーゲルは、生における受苦一般を生の分裂として自覚し、それに対する負い目を意識的に引き受けることが運命の自覚であると考えるようになったのだ。そしてこのような運命の自覚を契機として、世界における不正が生の全体性のなかへと止揚されるといわれる。議論は、イエスの贖罪をそのもっとも極端な事例として見越しつつ進められる。運命のもとで苦難を自ら引き受けること。つまり、侵害された権利を主張し闘争するのではなく、苦痛に屈従するのでもない。自らの意志で、直接自分から出た罪であるかないかにかかわらず、苦しみや負い目を担うこと。他者に侵害された権利を自ら放棄し、もはやそこに自らの権利を主張しないこと。このような「魂の美しさ」、「高貴な本性」において闘争と屈従という対立は統一される（HW I S. 349)。

しかしその際、魂が受け容れる苦難に限りはない。人は、さまざまな権利を放棄し、きわめつけには自らの生をも放棄するということが起こる。「自らを救うために、人は自らを殺す。彼のものが他なる権力のもとにあるのをみないために、彼はそれをもはや彼のものとは呼ばない。〔……〕最高の自由とは魂の美しさの否定的な属性、つまり、自らを保持するためにすべてを放棄する可能性である。しかし自らの生を救おうとするものは、それを失うだろう〔「マルコによる福音書」第八章第三五節〕。ここで、もっとも負い目のない状態に最大の負い目が〔結び付く。つまり、〕すべての運命を超えて高められていることに、最高の、そしてもっとも不幸な運命が結びつく」（HW I S. 351)。このようなすべてを放棄する準備ができた人間は、他者に侵害されるようないかなる権利をもたないから何者にも侵害されないし、侵害しようと敵対してくるものとも対立することがない。彼は敵対的に近づいてくるものに対してもすでに和解する準備ができており、このようにして自分に敵対的な運命と和解するのだ。

続く手稿でヘーゲルは、すべてを放棄し受苦することで、もっとも不幸な運命と和解する者と、運命の一部として彼に敵対する侵害者の関係を考察している（HW I S. 350f.)。すでにみたように、美しき魂が運命のもとで自己の権利を放棄するとき、もはやそれは侵害者と対立しておらず、和解している。しかし、他方で侵害者はこのような美しき魂によって赦されているわけではない。実際、美しき魂は、主張すべき権利をすでに放棄しているわけだから、赦す資格や権利をそもそもたないのだ。侵害者は赦されておらず、引き続き罪ある状態にある。だから彼は彼自身で、他者の生の侵害が自らの生の侵害であることを理解し、その負い目を自ら運命として受け入れ、生と和解しなければならない。イエスはしばしば「汝の罪は赦されたり」という赦しの宣告を行っている。これはイエスが超越的な権威でもって罪人の罪を消去しているわけではない。彼が赦しを宣告するのは、イエスが清い魂として、他者のうちにも自分と同じ心を見出したときである。イエスは、愛に満たされた浄化された魂のみが彼を信仰することができると知っており、また、そのような魂の赦しを確信していたのだ（HW I S. 353f.)。

ディルタイは以上のようなテクストを、それまでに論じた愛による生の統一という議論との関連のなかで捉え、次のように総括する。「「生は愛の中に再び生を見出した」イエスもまたこの意味において、罪と赦しの関係を理解した。〔……〕彼は和解を愛と生の充実の中においた。〔……〕かくて思考の行程ははじめに戻ってくる。問題は和解であったのだ[39]」。ここで和解とは「生のなかに定立された個体の諸関係」の回復のことである（DJH S. 86/117）。ディルタイは、このテクストの主題は、人間の内面の道徳性とそれを通した人間同士の和解であると理解したのだ。

これに対してローゼンツヴァイクは、フランクフルト期にヘーゲルが到達した思想のうち、愛による人間同士の和解という部分よりも、個がすべからく運命へと包摂されるという部分を強調する。そして、ヘーゲルがここで到達した運命概念が、一方では時間的にすべてを包括する概念として後の歴史哲学を準備し、また他方ではそれに国家概念が結びつくことで、続くイエナ期に展開する個人の自由を制限する国家権力を承認する国家論の基礎となったと論じていくのだ。

彼は、犯罪者と運命とを論じたヘーゲルの手稿を次のように解釈する。

傷つけられた生は自我に運命として対立する。この運命は和解されうる。なぜなら自我が〔生との〕分離を作り出したのであり、自我はそれを無化できるからだ。罪人とは、やや後の定式化にひきつけていうなら、罪人以上のものである。それは人間なのだ。〔……〕ヘーゲルはここで個人的な運命という概念を打ち立てる。この個人的な運命は人間の行為と一つである。人間はそれから離れ、そしてそれと再び和解する。

(HuS S. 114f.)

ヘーゲルは美しい魂を論じたときに、世界におけるあらゆる苦難に対して負い目を感じることを、運命の受容として理解した。いまや罪を犯す犯さぬにかかわらず、運命は、世界におけるあらゆる苦難や不正を通して一人ひとりの人間をとらえる。

世界とのつながりだけが運命〔による支配〕の可能性を生むのではない。このような世界とのつながりを背後に追いやる者、すべての運命を超えて高められた者にもまた、運命は降りかかる。〔……〕自らの生を救おうとするものは、それを失う。この運命は不可避なものであり、個人はそこから身を引き離すことができない〔……〕。運命は非常に大きくそこにあり、国家はそのような運命の一部をなす。(HuS S. 119f.)

このようにして、ヘーゲルの思想においては「運命としての国家の体験から国家が権力であるという認識が生じる」のだ(HuS S. 139)。ローゼンツヴァイクによれば、ヘーゲルはいくつかの段階を踏んでこのような運命概念に到達したという。ヘーゲルはまず、シラーの美学書簡の影響を受けて生の統一という全体性概念を獲得する。シラーはヘーゲルにとって、カントの道徳的厳格主義批判という文脈においてのみ重要だったわけではない。むしろ、ギリシア世界の人間性と近代的自我とを、来るべき未来の世界「第三の王国」において宥和するというシラーの歴史哲学的着想こそが重要だった。「シラーの美学書簡はヘーゲルに新しい理想概念、生の統一という「全体性」をもたらした」のだ[40]。ヘーゲルはこの生の統一という全体性概念に、世界に対する個人の決定的孤立という着想を加え、愛による生の自覚と生の全体性への回帰という思想に到達する。ディルタイが強調した青年ヘーゲルの思想は、まさにこの部分であった。ローゼンツヴァイクは、ヘーゲルがフランクフルト期にさらにここから進んだ立場にいたことを強調する。彼によればヘーゲルは、個人に対立し、しかし究極的には個人がそこに否応なしに服することになるものとして、運命概念をかの全体性概念に重ねていったのだ。

ローゼンツヴァイクはこのような重苦しい運命概念をこの時期のヘーゲルの思想の特徴と解釈する。彼によれば、かの手稿で述べられている犯罪者とは人間一般のことにほかならず、いまや、どのような個人もこのような運命から逃れることはできない。これは、イエスのような特別に高められた人間、もっとも負い目のない者においても変わらない。人間はこのような運命に自ら対立し、しかし、究極的にはここに飲み込まれてしまうのだ。ローゼンツヴァイクはさらにこの運命概念の発展を丹念に追ってゆく。ヘルダーリンのエンペドクレスのような、世界から英雄的に孤立する自我は、初期ロマン派の好んだモチーフであったが、ヘーゲルにとってはいまや歴史のなかの要素にすぎない。愛による生の再発見という当初の着想においては、全体性と個人との和解は個人的になされた。しかし、運命との和解は、世界との和解であり、世界のなかでの他者との和解が求められる。はたして、運命と個人とは和解できるのか。ローゼンツヴァイクによればヘーゲルが出した答えは次のようなものであった。

運命はもはや自我によっても、また愛によっても和解されない。そうではなく、運命は自らのうちで自らを通して和解するのだ。運命は歴史となった。歴史はヘーゲルにとってこの瞬間道徳的な、ほとんど宗教的な意義を獲得した〔……〕。これが、ヘーゲルの新たな、そして彼にとっては最終的な解決だったのである！（HuS S. 128）

ローゼンツヴァイクによれば、愛による総体的な生への再統合という思想は、運命の、すなわち歴史の自己展開という思想によってすでにフランクフルト時代に克服されていた。個よりも全体が重視され、さらには国家への個人の無制限の献身が美徳とされるようなヘーゲルの全体主義的な国家哲学がここにすでに準備されているのだ。

さらにヘーゲルの思想の展開を追うことは本稿の目的から逸脱するだろう。以下、簡単にローゼンツヴァイクの思想の展開におけるヘーゲル研究の位置づけをまとめてみたい。

ヘーゲルにおいて国家の問題は、個人と全体性の関係、すなわち個人と普遍の関係をめぐる問題であった。そして、その際、全体性概念はヘーゲルにおいて、生、運命、歴史と変化し、個人との関係性もそれにともなって変化した。ローゼンツヴァイクは『ヘーゲルと国家』のなかで、このような変化を、ヘーゲルに降りかかった内的、あるいは外的事件に対する反応の過程として丁寧に跡づけた。その際、ローゼンツヴァイクは批判的な距離をとりつつも、ヘーゲルがフランス革命、カント、フィヒテ（一七六二—一八一四）、シェリング（一七七五—一八五四）、ヘルダーリンといった相手と対峙し、それを彼なりの仕方で超克していく様子を追体験したといえる。『ヘーゲルと国家』における彼の議論は、確かに綿密なテクスト解釈の末に出てきたもので、彼の思想が自由に表現されているわけではない。しかし、このなかで論じられている、個物と普遍の関係、運命と歴史、罪とそこからの救済といったテーマは、ローゼンツヴァイクの一九一〇年頃の思想的テーマと完全に一致している。つまり、ヘーゲル研究は、彼自身の当時の思想的関心の枠内でおこなわれているのであり、したがって、このヘーゲルの思想の遍歴の追体験は、形を変えつつ彼のテクストに影響を与えているとみることができる。実際に、若きヘーゲルからの伝言という形式をまとったルドルフ・エーレンベルク宛の書簡は、まさにこのようなヘーゲル研究から彼の思想への直接のフィードバックといえるだろう。

第三章　宗教との対峙

一　護教的宗教論と実存的問題としての罪

新しい出発——改宗をめぐる出来事の後で

親愛なるルディ、僕は君に伝えなければならないことがあるんだが、それは君を心配させるだろうし、少なくともすぐには理解できないだろう。僕は長い間、僕なりに根本的に考えて、僕の決断を取り下げることにした。それは僕にはもはや必然的ではないし、したがって僕の場合にはもはや可能ではないようにみえる。僕は、つまりユダヤ人であり続ける。（一九一三年一〇月三一日付ルドルフ・エーレンベルク宛書簡、BT S. 133）

キリスト教への改宗を取りやめたローゼンツヴァイクは、ルドルフ・エーレンベルクにこのような手紙を書き送った。ローゼンツヴァイクは翌一九一四年の初夏に、遠縁のユダヤ人女性ウィニー・レーゲンスブルクに婚約を申し込んでいる。この申し込みはにべなく断られてしまうのだが、ここにはユダヤ的な家庭を築こうというローゼンツヴァイクの強い意思表示をみてとることができる[1]。

しかしそれにしても、いったい彼は何を求めて、キリスト教への改宗を心に決め、また、何を思ってその決断を撤回したのだろうか。この出来事は、ローゼンツヴァイクの前半生でもっとも重大な出来事であったといえる。しかし、史料上の制約から、いかなる経緯で改宗とその撤回という二重の決断がなされたのかを具体的に知ることはできない。[(2)] いくつか残されている事後的な回想――これまでの研究はこうした回想に基づいてこの出来事を評価してきた――は、過去に意味を与えなおすという、まさに回想という行為がもつ本質的な性格のために、当時の考えをそのまま伝えるものとみなすことはできない。そして、この出来事が起こった時期に関していえば、ローゼンツヴァイク本人はこの出来事について完全に沈黙している。そもそも、一九一一年から一九一三年の秋までの間に書かれたテクスト自体が、ほとんどのこされていないのだ。そこで、本章では、改宗をめぐる一連の出来事の直後に、彼が宗教について考察したことに注目する。そして、前章でみた、それ以前の宗教理解と比較することで、この出来事がもった意味を明らかにする。

本章で取り上げる一九一三年秋から一九一四年にかけてのローゼンツヴァイクのテクストを読むとき、そこにはそれ以前の思想との明らかな違いをみることができる。この変化はもっとも表面的には、宗教、とりわけ啓示宗教についての理解の変化としてあらわれる。しかし実際には、変化は宗教理解だけにかかわるのではなく、啓示についての理解の深まりを通して彼の思想全体にまで及ぶ。はっきりと、彼の思想はこの時期に新しい段階に入った、ということができるだろう。

一九一三年冬から、一年あまりの間に書かれたテクストをみるとき、ユダヤ教についての記述が格段に増えることに気がつく。日記には、タルムードの一節を原語で抜き出した箇所もみられるようになる。これはローゼンツヴァイクが、かの「夜の対話」の後、ユダヤ教に関する事柄について積極的に学びはじめたことに対応している。一九一三年の冬学期から、彼はベルリンのユダヤ教学高等学院でヘルマン・コーエンやイスマル・エルボーゲン（一八七四―一九四三）らの講義を聴講した。また、ヘブライ語などの学習も熱心におこない、翻訳を参照しながらタルムードを自ら読んだりもした。こういった学習をおこなった理由についてローゼンツヴァイクはルドルフに次のように説明していた。「ただユダヤ人としてのみキリスト教徒になることができる」。つまり、「異教というどっちつかずの段階をぬけ」、ユダヤ人としての自己にたどりついたのち、はじめてキリスト教徒に改宗することができる、と（BT S. 134）。

つまり、この学習はキリスト教への改宗を決めた段階で、いわばローゼンツヴァイクがユダヤ人になるためにはじめられたものであった。このことは、彼のユダヤ教理解が変化していることを示している。というのも、それまで宗教は、自らの実践を伴うものとしては考察の対象とはなっていなかったのだ。ユダヤ教はいまや、「ユダヤ人として」生きること、存在することとして問題になっている[3]。

ここで注意しなければならないのは、こうしたユダヤ教理解の変化／深化が、当初からキリスト教徒の友人に対する弁明、キリスト教に対するユダヤ教の擁護の必要と表裏一体をなしていたことである。そもそも歴史的にキリスト教はユダヤ教の自己超克として生じた。キリスト教のドグマに従えば、キリストの福音はイスラエルの民の救済を説くユダヤ教より普遍的かつ完全である。したがって、一度改宗を決意し、キリスト教の真理性を認めたのであれば、ユダヤ教に回帰するのは不合理であり、そもそも不可能なはずだ。ローゼンツヴァイクは、友人からのこのような批判を見越して、キリスト教に対してユダヤ教を擁護することを企てた。彼は、ルドルフ・エーレンベルクに改宗を取りやめる旨を伝えた手紙のなかで、自らの新しい立場を補強するために、ユダヤ教とキリスト教との関係を理論的に考察し開陳したのだった。この考察はいくつかの重要な着想を含み、後の『救済の星』における宗教論を準備するものであった。宗教論については、次節で詳しくみていくとして、その前に、ここでは両者のやり取りにもう少し注目してみたい。そこには、一連の出来事のもつ重要な側面、生と宗教の意味をめぐる問題が可視化されている。

ルドルフはローゼンツヴァイクの報告――宗教論で自己弁護しつつ改宗をとりやめる決断を告げる書簡――に対して、鋭く真摯な問いかけをもって応答した。すなわち、理論的な意味づけはさし当たって重要ではない。むしろ、ローゼンツヴァイク自身が神の召命を受けユダヤ人として生きるのか、本当の意味でユダヤ人の共同体の一員となるのか、という点こそが問題である。ローゼンツヴァイクの宗教論に描かれるような神の選民としてのイスラエルなるものが実在し、彼自身が実際に主体的に属するというのでなければ、彼が主張する新しい立場は一九一三年夏以前の立場——一連の出来事以前の立場——となんら変わるところがないだろうし、理論的考察も無意味であるだろう。ルドルフはこのように問い返したのだった(一九一三年一一月三日ルドルフ・エーレンベルク宛書簡、BT S. 138f.)。

これに対し、ローゼンツヴァイクは一九一三年一一月四日付の手紙で、ともかく「夏前とは別のどこかにいる、ということについては確かだ」(BT S. 143)と強調しつつ、ルドルフの疑念を正当なものとして受けとめている。

> 君が僕に主体に関する問いについて書いてきたことのすべてに、僕は読んだそばから、そうだ、そうだ、まったくそうだということができた。僕が、一人ひとりの個人のイスラエルへの帰属について「問題含み」としたとき、まさにそういう風に考えていた。つまり、ただ実践的な問題としてのみ問題含みであると。理論ではこれを捉えることができない。僕にとってこのことは、客観的な必然性を認識したと思った後にはじめて、決定的な事柄になった。そこから何が生じるかについては、僕はまだわからない。僕はこの新しいことを経験したところから、つまりこの認識から出発する。そして、僕の新しい道をゆきながら、この認識のなかにいると感じることができるうちは、そこにとどまる。もちろん、我慢強さをもたなければいけない。というのも、僕は簡単な道具立てすらもっていないのだから。(一九一三年一一月四日付ルドルフ・エーレンベルク宛書簡、BT S. 141)

キリスト教への改宗を決意する以前の立場と現在の立場は明らかに違う。もはやキリスト教に改宗する余地はないし、自分がユダヤ人であるという事態が揺らぐこともない。また、理論的考察によって、ユダヤ人であり続けることがいわば必然的であることも認識した。このことはローゼンツヴァイクにとってはっきりしていた。しかし、そこから何が起こるのかはまだわかっていない。とりわけ実践的な問題、つまり、一度キリスト教へと改宗することに決めたローゼンツヴァイクという個人が、いかにしてなおイスラエルの民に帰属するのかという問題についてはまだわかっていなかった。だから彼は、新しく生をはじめるための道具立てを欠いた状態で、新しい道をゆく。というのも今の彼には、そうすることしかできないからだ。すでにみたように、ローゼンツヴァイクはかつて、既存の実定的なユダヤ教に関して、現在の若者の宗教的な欲求を満たすことができないと厳しく批判していた。したがって、ユダヤ人になるとはいってもそれは単純に既存のユダヤ教へと回帰することではありえなかった。ユダヤ人になる、そしてその後にはユダヤ人としてあり続けることを決意したローゼンツヴァイクにとって、この時点ではまだユダヤ教の内容は未規定だったのだ。

またそこからおよそ半年後の日記には自らのユダヤ教の実践——ここでは儀礼への参加——について次のように書いている。

たとえ僕が儀礼的に生きるとしても、そのことは核心的な意味において「正統派」であることを示すわけではない。僕は、今僕がユダヤ人であるということを成り立たせている心持ち以外のものからそうすることはないだろう。(一九一四年六月二二日付日記、BT S.161)

かつてローゼンツヴァイクが宗教を構成する四つの要因について、そして自身とユダヤ教との関係について論じていた箇所を思い出したい。そこでは、父祖の宗教であるという事実が、彼のユダヤ教へのコミットメントのもっとも強固な基盤であるとされた。また、彼は喜んで儀礼的な実践をおこなうが、それに関してなにか実質的な根拠があるわけではないとも述べていた。つまり、父祖の宗教であり、なぜだかわからないけれども儀礼をおこなっているということが、彼とユダヤ教とを結びつけているとされた。いうなれば、伝統や習慣が彼のユダヤ人としての生を規定していたのだ。しかしいまや、動機づけは大きく変化している。伝統や習慣ではなく、ある「心持ち」こそが彼をユダヤ人たらしめ、また、この同じ心持ちが彼を儀礼の実践へと向かわせるのだ。ここでいわれる心持ちは、一九一三年一一月四日付のルドルフ・エーレンベルク宛の手紙の末尾に記された次のような記述に対応するだろう。

アブラハムは〔神から息子を犠牲に捧げることを求められる前に〕彼の息子を犠牲に捧げる準備ができていたにちがいないということ、これがユダヤ人の内的な生の原像なのだ。（一九一三年一一月四日付ルドルフ・エーレンベルク宛書簡 BT S. 143）

すべてを神のために捧げる準備ができていること。ローゼンツヴァイクはユダヤ人であることの心構えをこのように語っている。具体的な教義や戒律の実践ではなく、この心構えこそがユダヤ人であることの内的な核なのだ。ここには伝統、すなわち父祖の宗教とのアンビバレントな関係をみてとれる。ユダヤ人として生きる決意をしたローゼンツヴァイクは、伝統的実践をおこなうことにやぶさかではなかった。しかし、かつて伝統や旧習はそれが伝統であるというだけでローゼンツヴァイクにとって実践する価値があったのに対して――その実践は部分的なものであったが――、ユダヤ人として生きることを決意したとき、それらが伝統であるということは実践の理由とはならなくなってしまった。内的な動機づけが先行し、ふさわしい実践はそこから副次的に規定されるのだ。

ローゼンツヴァイクは、こうして父祖の宗教にあらためて意味を見出していく。あるいは、意味を与えてゆく。それは実践への内的な動機づけのためであると同時に、先に触れたように友人への弁明のためでもあった。彼は自らが実践し、生きていくと決めたユダヤ教の内実の空虚を埋めるべく、ユダヤ教についての学びを深めていく。彼はこうすることでユダヤ人としての自己意識を強固なものにしつつ、同時に、伝統を新たに解釈しなおしてゆきながら、あるべきユダヤ人、あるべきユダヤ教像を構成していった。そして、このような知的営みは、つねにキリスト教という他者を参照点としていた。ユダヤ人としての自己意識の深化とキリスト教に対する自己擁護は互いに強め合うように作用し、議論は最終的にユダヤ教の護教論へとまとまってゆく。この護教論は、その本質においてほとんど形を変えずに一九二一年に出版される『救済の星』まで引き継がれる。

このような仕方での宗教への接近は、一方でローゼンツヴァイクに、宗教が人間に対してもつ意味を再考するよう促した。それは、イスラエルの民への一人ひとりのユダヤ人の帰属という問題として、そして、一人ひとりの人間の罪の救済の問題として主題化される。他方で、ローゼンツヴァイクが定式化した宗教論は、次節にみるように、歴史の終わり、終末としての救済もまた主題とするものであった。その結果、このような終末がいつ、どこで、どのように訪れるのか、ということもまた問題となった。宗教が語るこの世の終わりは、実際にこの歴史の終わりを意味するのか、救済はこの歴史の末に起こるのか、こうしたことが問題となってきたのだ。

救済史的な宗教論の構想

それでは、ローゼンツヴァイクの護教的宗教論についてみてゆこう。まずはルドルフ・エーレンベルクに改宗の撤回を告げたのと同じ書簡に登場する、ユダヤ教とキリスト教の関係に関する考察からみてゆきたい。このなかで彼は、すでにキリスト教に改宗していたルドルフに対し、「キリストを通してでなければ、何者も父なる神へといたることができない(4)」という共通了解を確認する。そしてそのうえで、すでに父なる神に選ばれ、神のもとにあるユダヤ人に関しては、そのような媒介を通る必要がないと主張する。ローゼンツヴァイクは次のようにいう。

イスラエルの民は、かたくなな態度を保ちながら、世界や歴史をこえて、もっとも離れた地点を見越している。この地点においては、イスラエルの父は一なるもの、唯一なるものであり、〔……〕キリストは主であることをやめ、イスラエルは選ばれてあることをやめる。この日に神は、イスラエルがその名でもって彼を呼んだところの名を失う。つまり、神はもはやイスラエルの神であることをやめる。しかし、その日にいたるまで、イスラエルの生とは、この永遠の日を告白と日々の営みのなかで先取りすることであり、その日の生ける前徴として存在することであり、祭司の民として、律法とともに、自らの聖性を通して神の名を聖なるものとすることである。（一九一三年一一月一日付ルドルフ・エーレンベルク宛書簡、BT S. 135f.）

ここでは、キリスト教・ユダヤ教の別にとらわれない普遍主義的な終末が想定されており、イスラエルの民とキリスト教徒のみがこの救済に、すなわち最後の日に立ち会うとされている。また、イスラエルの民は地上において特権的にその日を先取りしているともいわれる。イスラエル（の民）とは、シナイ山で神の啓示を受け、聖書（トーラー）を授かった人々とその子孫、すなわちユダヤ人のことである。キリスト教徒でもユダヤ人でもない第三項、つまり救済から除外される人々は、この書簡においては「ギリシア人たち」と呼ばれる。彼らはまた、同時期のほかのテクストでは異教、異教徒ともいわれる。彼らは、伝道を通して世界を神へと導くことを使命とするキリスト教が、対峙することになる人々だ。異教徒たちは、「なぜ、ほかの者ではなく、たとえばゲーテではなくイエスなのか？」と問うことを通して、キリスト教の愛の伝道に対し、啓示宗教の外部にある理性原理を突きつける（BT S. 136）。しかし、彼らの声は、キリスト教の愛の業（わざ）を通して弱められ続け、かの最後の日にはその声は消えるとされる。つまり、この書簡で描かれる救済史的な筋書きにおいては、ギリシア人とキリスト教の対立として象徴的に描かれる合理主義と啓示宗教との争いには、後者の勝利という結末が約束されている。この闘争におけるキリスト教の勝利の根拠、すなわち、キリスト教の愛の伝道の真理性を保証するのが、世界に対して目を閉ざし、自身だけ最後の日を先取りするユダヤ教の存在だ。ユダヤ教は、その存在を通してキリスト教が目指すべきゴールを指し示す。このような意味でイスラエルの民は選ばれた民なのだ。

　重要な論点について、同時期のほかのテクストも参照しつつさらに敷衍したい。まずは、彼がここで啓示宗教とそうでない宗教を厳密に区分している点について考えてみたい。彼は、ユダヤ教とキリスト教を啓示宗教という大きな枠組みのなかで考えている。このことは、彼の次のような言葉からもわかる。

「イエス・キリスト」と「メシアの日々」、新約聖書とタルムード、それらは実際に一つの共通な預言者的啓示から出た二つの太い幹である。（一九一四年六月二〇日付日記、BT S. 158）

これら二つの宗教は、共通する啓示——預言者に対する神的真理の啓示——に依拠しており、したがって、神が定めた共通の真理・摂理に服する。また、両者の関係について、次のようにも書かれている。

啓示と理性の区別は絶対的である。これに対して、書かれたもの〔旧約聖書〕と釈義〔新約聖書〕の区別、つまり啓示の内部での区別は実に相対的である。両者は、書かれたものも釈義も、ともに啓示そのものではない。それらは、ともに啓示を取り扱うだけなのだ。（一九一四年六月二三日付日記、BT S. 162）

キリスト教とユダヤ教は同一の啓示に基づき、同一の救済に臨む。この同一の救済に向けた歴史の中で、ユダヤ教とキリスト教は異なった役割を果たし、しばしば激しく対立するが、この闘争は一つの同じ啓示をめぐっている（BT S. 158）。このとき、両者はともに啓示そのものではなく、地上における啓示の受容形態であるから、この対立においてどちらか一方が正しいということはない。他方、これら二つの啓示宗教と、異教、とりわけギリシア人に象徴される理性の立場の区別は絶対的である。キリスト教は、宣教活動をとおして非＝啓示的立場をとる者たちを、啓示が告げる真理のもとに組み入れようとするのだ。

このような啓示宗教と異教という大区分のもとで、ローゼンツヴァイクは、啓示を共有するキリスト教とユダヤ教それぞれに固有な意義を論じる。議論は主に、神的啓示が約束する救済にむけて、二つの宗教が地上の歴史において果たす役割にかかわる。彼はこのなかで、救済の経綸においてユダヤ教の存在が不可欠であることを主張する一方、キリスト教がかかげる普遍救済の主張も全面的に承認している。ユダヤ人は神との特別の契約――選び――を通して、歴史の中で神的啓示の真理を体現するが、彼らには異教徒を救済の経綸に取り込む力はない。完全な救済の成就はキリスト教の宣教活動にゆだねられているのだ。「この神の民〔ユダヤ人〕は、世界のうちにあるとき、その隔絶を通して外的な苦難（迫害）と内的な苦難（硬直）とを自らの身に引き受ける」。この苦難は「世界の否認」に由来するもので、ユダヤ人は最後の日を地上で先取りすることと引きかえに、世界への働きかけを放棄しているのだ（一九一三年一一月一日付ルドルフ・エーレンベルク宛書簡、BT S. 135）。

キリスト教とユダヤ教は救済の経綸を担う両輪であり、ともに欠かすことのできない役割を果たす。このように論じることでローゼンツヴァイクは、キリスト教への改宗を決意したかつての自分の決断をもまた正当化している。そしてその上で、ユダヤ教固有の意義を、選民概念を用いて主張することで、新たな自らの立場を正当化しようとするのだ。

啓示が約束する、終末における普遍的な救済という観点から、歴史における登場人物――ここでは神に選ばれた共同体としてのイスラエル、愛の業によって拡大する教会としてのキリスト教、そしてキリスト教を通して救済の経綸に編入される異教の三者――の意味は定められる。ユダヤ教の存在意義はこのなかで一点に集約されてゆく。イスラエルの民はこの世界にありながらすでに世の終わりの日を生きている。これこそが、ローゼンツヴァイクが自ら描いた救済史的な構図のなかでユダヤ教に割り当てた意義であった。

このような護教論、すなわち、選民としての存在論的な特権性からユダヤ教の存在意義を強調するような護教論は新しいものではない。たとえばユダヤ教の伝承（タルムードやミドラシュ）では次のようにいわれている。「イスラエルは、世界創造の以前から神の胸中にあった」（「創世記ラッバ」第一章第四節）、「聖なるほむべきお方はイスラエルに三つの贈物をなさったが、いずれも苦難を媒介としてしか賜らなかった。その三つとはトーラー、イスラエルの地、それに来たるべき世である」（バビロニア・タルムード「ベラホート篇」五a）、「この世が風なくしては存在不可能なように、この世はイスラエルなしには存在できない」（同「タアニート篇」３b）。いずれも、神とイスラエルの民との特権的な近さと世界における彼らの重要性を論じるテクストである。
また、近代キリスト教国家のなかでも、たとえばモーゼス・メンデルスゾーンは『エルサレム』(一七八三)のなかで、ユダヤ人を次のようなものとして規定している。すなわちそれは、「神とその属性に関する健全で偽造されていない概念を、その律法、行為、運命や転変を通してたえず指し示し、そして諸国民の間でいわばその端的な現存在を通してやむことなくそれを教え、呼びかけ、説き、保持しようと努める〔……〕祭司的国民[5]」なのだ、と。また、ドイツ・ユダヤ教における改革運動の理論家の一人ザムエル・ヒルシュ(一八一五―一八八九)は、その有名な『ユダヤ人の宗教哲学』(一八四二)のなかで、キリスト教の普遍救済の主張を承認した上で、救済に関するユダヤ教の特権性を次のように主張している。

ユダヤ人たちは、事柄自体の真理のために、教会の外には救いはないという原則を承認しなければならない。それも完全に承認しなければならない。しかし、教会もまた同じ真理のために次のような但し書きを承認し、直ちにそれを公言しなければならないだろう。すなわち、ただし、自らの宗教のうちにあるユダヤ人たちを除いて[6]。

ヒルシュは、この書のなかでユダヤ教を内向的な宗教性と、またキリスト教を外延的な宗教性とよび、これらが絶対的宗教性を構成すると捉えている。この点で彼の理論はローゼンツヴァイクの宗教理解にきわめて近い[7]。先に述べたように、ローゼンツヴァイクはいまだユダヤ教の全貌を理解したとは考えていなかった[8]。彼はユダヤ教について学習してゆく過程でさまざまな護教論に出会い、そこから選択的に取り入れてこのような歴史哲学的な理論を構成していったと考えられる。信仰の共同体としてのユダヤ教の実在それ自体を根拠として、その民族文化の全体が救済の経綸のなかで正当化される。そしてキリスト教は、このような啓示が告げる救済の経綸の一部であるとみなされる。人間の歴史と救済の関係を論じるこのような救済史的な理論、つまり歴史哲学的であると同時に神学的な理論によって、ローゼンツヴァイクは、自らが一度は承認したキリスト教の救済に関する主張を否定することなく、ユダヤ教の伝統と習俗の全体を啓示の名のもとに擁護したのだった。

改宗へのきっかけとしての罪の問題

しかし、ユダヤ教について十分に知るようになる前に、このような護教的な宗教論の枠組みを完成させたことは、彼の思想の展開に後々まで影響を残すこととなる。というのも、それによって、ユダヤ教についての自由な思考が部分的に阻害されてしまったからだ。このことは、これから扱う、罪の問題をみるときに明らかになるだろう。前章でみた通り、ローゼンツヴァイクの思想のなかに罪の問題が登場したのは、歴史における普遍と個物の関係を考察したときであった。すなわち、普遍と個物の関係が断ち切られた現代の相対主義的状況を克服するための、一つのアイディアとして、再び罪を救済する神を立てることということが論じられたのだった。罪とその救済の問題はもともと特定の宗教に囚われない、人間一般を問題とするような広い射程をもっていたといえる。

しかし、彼の宗教論は、理論的に次のことを要請する。ユダヤ人はキリスト教を必要としないということは、イエスによる贖罪の業(わざ)に与る必要がないということである。なぜなら、ユダヤ人は神との特権的な近さのうちにあり、堕罪を逃れているからだ。ユダヤ人はイエスを通して救われなければならないような原罪を背負っていないのである。このような意味で理論的に、ユダヤ人はその他の人間と根本的に異なるものとして規定される。このような区別が思考の枠組みとして設定されたことで、人間そのものについて、とりわけかねてからローゼンツヴァイクが問題としていた罪と救済ということについて自由に論じることが困難になった。

彼の宗教論が人類史的な規模の救済概念を核とするものであるのに対し、罪と救済の問題は、いわば啓示と救済の個人的、実存的次元をめぐる問題だといえる。この問題は個人にとっての啓示の意味を問うものであるがゆえに、まさにローゼンツヴァイクが何を求めてキリスト教に改宗しようとしたのか、そして、どういうわけでキリスト教に改宗する必要はないと考えるに至ったのか、という問題に直接かかわるはずだ。事実、上記のような宗教論を開陳した後で、ローゼンツヴァイクはルドルフ・エーレンベルクに次のように書いている。

これまでのことからもうわかるだろうが、僕はもう概念的にキリスト教に客遊することはない〔……〕。僕はもっとも重要ないくつかの点で、とりわけこれまで食い違っていた罪に関する教説について、今やユダヤ教の教えと完全に一致していると感じている。この一致は、望んで獲得されたものではなく、君にここまで述べたことからの純粋な帰結として生じた。これまで僕はこれらの問題をユダヤ教の儀礼や生のなかに見出せるとは考えていなかったのだが、いまはこれを認める。（一九一三年一一月一日付ルドルフ・エーレンベルク宛書簡、BT S. 137）

ここで罪の問題は、改宗に関わる争点のうちでも特筆すべき重要性をもつものとして言及されている。実際、彼が一九一〇年頃から罪の問題に取り組んでいたことはすでにみた通りだ。そこでは、神から隔てられた状況で、罪に囚われた個人がいかにして救済されうるのか、ということが問題となっていた。そしてこの引用では、以前は彼が罪の問題をキリスト教の概念や術語を用いて理解していた、あるいは理解しようとしていたということが示唆されている。ここから、この罪をめぐる問題は、キリスト教への改宗、および改宗の決断の撤回という二度の決断に際して、きわめて重要な位置を占めていたことがわかる。

ただし、この引用の中で、罪をめぐる問題の解決をユダヤ教の儀礼や生活のなかに見出すことができたと述べている点については、ひとまずは、額面通りに受け止めないほうがよいだろう。というのも、本章のはじめで言及したルドルフ・エーレンベルクによる問いかけ、すなわちローゼンツヴァイク個人とユダヤ教との関係に関する疑念は、まさにこの書簡に対して投げかけられたものだからだ。つまりルドルフには、ローゼンツヴァイクが突如感じたと主張しているユダヤ教とのこのような一致が、本当に彼の生の実感に基づくものなのか疑問に思われたのだ。これに対するローゼンツヴァイクの答えが「まだよくわからない」というものであったことはすでにみた通りである。

それでは、罪の問題はどのような意味でキリスト教への改宗の決断にかかわったのだろうか。このことを明らかにするために、一九一三年以前のローゼンツヴァイクの考えを整理する。すでにみたように、一九一〇年頃から罪はローゼンツヴァイクにとって人間を論じるうえで欠かすことのできない概念であった。先にも引用した一九一〇年の日記には「僕は〔人間の〕罪を信じているし、仲保者の必然性（イスラエルの民の必然性）を信じる」とある（一九〇七年九月一日付日記、BT S. 107）。また彼は、若きヘーゲルの視点を通して歴史と神との関係を考察した書簡のなかでは、次のように書いていた。すなわち、カントが近代人の自己のうちに道徳的で神的な原理を導入し、これによって人間は自らを罪あるものと感じるようになった。ヘーゲルはこのような罪ある個人は歴史によって救済されると主張したが、実証主義や個人主義の台頭によってこのような神的な歴史による救済はすぐに説得力を失った。その結果、相対主義的な状況が到来したが、ただ自分だけが信じるような神ないし価値は、結局のところ罪ある人間に救いをもたらすことはない。同時期の書簡にはこのことが次のように表現されていた。人間の一つひとつの「行為は、歴史のなかに歩みいるとき〔……〕罪あるものとなる。したがって神は人間を〔……〕「宗教の神」として〔……〕救済しなければならない」（一九一〇年九月二六日付ハンス・エーレンベルク宛書簡、BT S. 112）。現代の人間は、このような、人間の罪を救済するような神を求めるのだ。しかし、すでにそのような神は人間から遠く隔てられており、人間はそれをどこにどのように見出したらよいか知らない。ヘルダーリンの描くエンペドクレスは、神のために自ら死を選ぶことで神と自分自身を守ったが、現代の人間が同じように自死を敢行したとしてもエンペドクレスと同じ意味合いはもたないだろう。若きヘーゲルの視点を借りた書簡はこのように結ばれていた。

ここで主題となっている罪の概念は、具体的な法規に照らして裁判で確定されるような個別的な罪ではない。それは、普遍的正義、神的正義を基準とするとき、人間が不完全であるがゆえに必然的に抱えこむことになるような罪である。このような意味での罪は、人間の意図や行為の内容にかかわらず、生におけるあらゆるおこないに刻印される。それは原罪と呼んでもよいだろう。

そして、この時点では、キリスト教やユダヤ教を含めた実定宗教の神も、ヘーゲルのような歴史の神もこのような罪を負った人間を救済することができないとされていた。加えて、儀礼を通して罪が赦されるという考えも不合理でばかげているといわれていた（一九一〇年九月一日付日記、BT S. 107）。このことを整理すると次のようになろう。現在、普遍と個人との断たれた関係を回復するために、個人の罪を救済する神が必要とされるが、どのような神であるのかはいまだわからない。ただ、どういう神がどういう仕方でおこなうのかはともかく、普遍と個人の関係の回復という現代人喫緊の課題は、罪と救済の問題として宗教を通して解決されるはずだ。このとき、少なくともユダヤ教は、このような意味で人間を救うことがない。これがローゼンシュトックとの「夜の対話」に臨む前のローゼンツヴァイクの考え方であったといえる。改宗を取りやめる決意をルドルフ・エーレンベルクに告げる手紙からわかるように、この罪をめぐる問題は、ローゼンツヴァイクがキリスト教への改宗を決意した段階でもなお重要であった。ということは、彼が改宗を決意したときには、このような個人の罪を救済する神を、イエス・キリストに見出したと考えるのが自然であろう。

これが一連の出来事の後に書かれた宗教論では一変している。そこでは選民としてのユダヤ人は最後の日を先取りしているとされていた。つまり、彼らは、一つひとつの戒律違反として罪は犯すにしろ、原罪ともいうべき根源的な堕罪を逃れており、救済を先取りしているのだ。したがって、これによればユダヤ人であるローゼンツヴァイク自身も、イエス・キリストによって救われなければならないような神に対する根本的な罪を免れているということになる。一度は、自らのうちに罪を見出し、イエス・キリストを通した救済に与る決意をしながら、その三か月後にはそもそものような罪は自分にはなかったとして、罪に関するユダヤ教の教えと自らの考えが一致したと述べているのである。ルドルフ・エーレンベルクの問いは、まさにこの点を突くものであった。そこに欺瞞はないのか。本当にローゼンツヴァイクはユダヤ教を通した罪の救済——ないし、原罪の免除——を信じ、自らもイスラエルの民の一員となっているのか。ルドルフはこのような疑義を表明したのである。罪の問題は、護教的宗教論の成立とともに解消されたのだろうか。ユダヤ人であるローゼンツヴァイクにとってもはや罪は問題とはならないのだろうか。この時期の彼の日記や書簡は、この問題が決して解決済みのものとはなっていなかったということを明確に示している。以下の二つの節では、ユダヤ人と罪をめぐる問いに対するローゼンツヴァイクの自問自答を追いかける。彼は、この問いに簡単に答えを与えてはいないのだ。

ユダヤ人と原罪

前節において問題の所在は明らかになった。つまり、現代人一般の問題として、そしてローゼンツヴァイク自身の問題として主題化された罪の問題が、彼の宗教論におけるユダヤ人の規定とどのように折り合いがつくのかが問題となっている。宗教論を無条件に妥当させるなら、ユダヤ人であれば原罪を免れ、生まれながらに救済が約束されていることになる。そうだとすれば、このような罪の問題は出生によって何の葛藤もなく解消されることになり、かつて個人とその罪からの救済という問題をめぐってなされたさまざまな考察はすべて無意味になってしまうだろう。しかし、ローゼンツヴァイクは、このように理論を現実に無条件に適用することに躊躇していた。そして、人間と罪との関係について一九一三年秋から一九一四年にかけてあらためて向き合っている。

ユダヤ人として生きる決断を告げた直後、すでに彼はこの問題に関する自身の議論の問題点を自覚していたようだ。彼は、ルドルフ・エーレンベルクの問いかけに対する応答のなかで次のように書いていた。「問題はすべて、イスラエルの民がたしかに「キリストと並んで」立ちつつも、キリストのように「神のもとに」あるのではなく「世界のうちに」ある点にかかわっている」(一九一三年一一月四日付ルドルフ・エーレンベルク宛書簡、BT S. 141)。この言葉を手掛かりに問題を明らかにしてゆきたい。まずは二人のやり取りをみてみよう。これに先立つ書簡でローゼンツヴァイクは、「イスラエルは父〔神〕のもとにある」[9]と書いていた(一九一三年一一月一日付ルドルフ・エーレンベルク宛書簡、BT S. 135)。これに対し、ルドルフ・エーレンベルクが問題にしたのは、ローゼンツヴァイクが神学的に規定したイスラエルの民ははたして実在するのか、そして、そこにローゼンツヴァイク個人はどのような仕方で帰属するのかということであった。ローゼンツヴァイクは、この個人的、主体的な問題についてただちに返答することは難しいとしながらも、この個人の帰属の問題が宗教論と深く関係していることを自覚した。

なぜ、民族への帰属が問題となるのだろうか。ユダヤ人はユダヤ人であり生まれながらにそこに帰属するという議論のどこに問題があるのだろうか。それは、ローゼンツヴァイクが――以前から引き続いて――「イスラエルの民」を一般的な意味での民族とは違うものとして理解し、宗教論のなかに表現したからだ。ローゼンツヴァイクのいうイスラエルの民は、神的なものと人間的なものとを媒介する仲保者としての機能を果たす。このことは、上記の引用において彼がイスラエルの民とイエス・キリストを並列していることからもわかる。このため、「イスラエルの民」という表象は、一方で現実的なユダヤ人の集合を指しつつ、他方では、神学的な意味を担った特別な信仰の共同体を意味するという二重性を抱えることになるのだ。そして、この二つの表象が指示する二つの内実は相容れないようにみえる。というのも、神学的意味において、イスラエルの民は神のもとにある、つまり真の啓示を保持し最後の日を先取りするとされる。しかし、前者の意味におけるユダヤ人、つまり現実世界のなかでのユダヤ人は、神のもとにあるというよりは、むしろ世界のなかで翻弄されている。彼らの現況をみるとき、ある者は世俗化しある者はキリスト教へと改宗するといった具合に、世界のなかで神を見失っているのだ。仲保者としてのイスラエルの民は、複数の人間から成る共同体でありながら、神への信仰と苦難の運命によって結ばれた、いわば単数形で表象することのできる神学的理念だといえる。これに対して、序章でも述べたように、現実のユダヤ人やその共同体は決して均質ではなかったし、統一を形成してはいなかった。したがって、もし、神学的理念としてのイスラエルの民について論じるのであれば、一人ひとりの現実的なユダヤ人とその理念との関係が議論されなければならないのである。

ローゼンツヴァイクは、まずは彼自身の問題としてではなく理論的な問題として、と前置きしながら、彼の宗教論におけるユダヤ人と罪の問題の理論的背景について論じはじめる。ルドルフ・エーレンベルク宛の書簡には次のように書かれている。

> 僕たち〔ユダヤ人〕にとって、「頑なさ」は誠実さであり、「神からの離反」は、それが〔一時的な〕離反であり根源的な神の遠さ（「アダムの」堕罪）ではないから、変化し異なるものとなることによってではなく、ただ戻ることによって癒される。（一九一三年一一月四日付ルドルフ・エーレンベルク宛書簡、BT S. 142）

つまり、アダムの堕罪が神からの決定的な隔絶を意味するのに対し、アブラハムが神と契約を結んだ後は、ユダヤ人はいかに神に背こうとも根本的に神から隔てられることはない。このため、ユダヤ人の神からの離反は、神のほうへ向き直ること、改悛すること――ヘブライ語では、改悛と向き直ることとは同じ語であらわされる――によって、和解することができる。つまり、ユダヤ人には「変化し異なるものとなること」――キリスト教への改宗――が神学的に必要ないのだ。彼は、アブラハムによる神との契約以降、ユダヤ人はアダムの罪性つまり原罪をもたない、神は彼らを見放すことはないし、神とユダヤ人たちとの絆が断たれることもない、と論じているのである。

しかし、これは問題の理論的な側面にすぎない。しばらく後の日記には次のような書き込みがみえる。

> 確かに預言はそのドグマ的な到達点において、アダムの罪については何も知らない。しかしそれは、ヤコブの罪責性については知っている（このことを通して、アブラハムは本質的に歴史以前の人間となる）。「汝の最初の父は罪を犯した」〔「イザヤ書」第四三章第二七節〕。罪と救済のはじまりがここでは完全に一つにされている。ちょうど啓示の諸事例がアダムの堕罪の直後に創造されたとするミドラシュ〔「ピルケ・アヴォト」第

五章第六節〕におけるように。（一九一四年五月二四日付日記、BT S. 153）

私的なメモとして日記に書かれた断片であるため、そのなかで参照されているテクストとともに解釈していきたい。ローゼンツヴァイクはまず、ユダヤ教が伝統的に、キリスト教の原罪の教理の根拠となっているアダムの堕罪についてあまり論じてこなかったことを指摘する。実際、預言者エゼキエルは原罪を否定し、自己責任の原理を次のような仕方で明確に表明している。「「先祖が酸いぶどうを食べれば子孫の歯が浮く」〔……〕お前たちはイスラエルにおいて、このことわざを二度と口にすることはない。〔……〕罪を犯した者、その人が死ぬ」（「エゼキエル書」第一八章第二節以下）。罪とは一人ひとりの人間が行う戒律違反というわけだ。ヘルマン・コーエンら、道徳的一神教としてのユダヤ教を強調した人々もこの見解を強く支持している。しかし、ローゼンツヴァイクは、ユダヤ人と罪の別の関係に目を向けようとしている。ここで彼が参照するのはイスラエルの罪と救済を歌うイザヤ書の一節だ。

しかし、ヤコブよ、あなたはわたしを呼ばず、イスラエルよ、あなたはわたしを重荷とした。〔……〕わたし、このわたしは、わたし自身のためにあなたの背きの罪をぬぐい、あなたの罪を思い出さないことにする。〔……〕あなたの始祖は罪を犯し、あなたを導く者らもわたしに背いた。〔……〕それゆえ、わたしは聖所の司らを汚し、ヤコブを絶滅に、イスラエルを汚辱にまかせた。そして今、わたしの僕ヤコブよ、わたしの選んだイスラエルよ、聞け。あなたを助ける主はこういわれる。〔……〕あなたの子孫にわたしの霊を注ぎあなたの末にわたしの祝福を与える。（「イザヤ書」第四三章第二二節以下）

ここでいわれる「あなたの始祖」、つまり罪を犯した最初の父祖が誰を指すかについてはさまざまな解釈があるが、ユダヤ教の伝統ではヤコブと解するのが一般的である[10]。ヤコブが罪を犯し、その後の歴史のなかでもイスラエルの民は神にそむき続けた。イスラエルの民は、そのために苦難の定めを受けた。しかし、神はヤコブに向かって、そしてイスラエルの民に向かって将来の再興と救済を約束する。つまり、ヤコブの罪のためにユダヤ人が代々背負うことになった罪、そして、その罪にもかかわらず約束された将来の救済が論じられている。さらに、並べて言及されている「ピルケ・アヴォト」第五章第六節もみてみよう。

十のものが安息日の夕暮れに創造された。これらは、大地の口、泉の口、ロバの口、虹、マナ、杖、シャミル、文字を書くこと、板。あるものはモーセの墓所や我らの父アブラハムの羊や破壊の精神をあげる。また、あるものはやっとこをあげる。というのも、やっとこはやっとこを用いなくては作れないからだ。(「ピルケ・アヴォト」)

ここでの安息日とは、神による天地創造の後の最初の安息日のことである。したがって、ここであげられている十の事物は神によって万物の創造の最後に創られたものということになる。大地の口とは、「民数記」第一六章で、モーセに反逆したコラを飲み込んだ大地の裂け目。泉の口は、第二〇章に書かれた、荒れ野でイスラエルの民を潤したメリバの水。ロバの口は、第二二章でバラムが神の怒りに触れるのを救ったロバのつぶやき。このように、これらの十の事物は、それぞれ何らかの仕方で地上における神の顕現を示唆するような奇蹟(ローゼンツヴァイクの日記にいうところの「啓示の諸事例」)をあらわしている。[11] 彼はこれをアダムの堕罪と関連づけて解釈する。彼自身の説明が少ないので補う必要があるが、[12] ユダヤ教には、アダムは創造の六日目に罪を犯し、この同じ日にエデンの園を追われたという釈義がある。このような解釈は、「創世記」第一章に書かれているアダムとエバの物語を、第二章の人間の創造についての記述を詳述したものとして読むことで可能になる。アダムは創造の第六日目、はじめての安息日を迎える直前に——安息日は第六日の日没をもってはじまる——さっそく罪を犯し、園を追われた。ローゼンツヴァイクは、先にあげた十の事物は、アダムの堕罪をうけて、神が急遽創造したものと解釈するのである。神は、罪に落ちた人間を救済するために、あらかじめ奇蹟を創造しておき、適切なときにそれらが生じるようにしたというのだ。

この日記にかかれた「イザヤ書」とミドラシュの解釈が示しているのは、イスラエルの民すなわちユダヤ人も、(アブラハムを除いて)神に対してアダムと同様に根本的な罪を犯しているという思想である。それは、個人が自分自身で日々犯すような些細な違反ではなく、父祖の罪であり、最初の人間の罪である。そして、まさにこのような根源的な罪こそが神による救済の原因であり、ユダヤ人はその宗教生活を通して神によるこの罪からの救済を待つとされているのだ。この解釈は、先にみた、ユダヤ人はほかの民族と異なり神から根本的に隔てられることがないとする理解を覆すものといえるだろう。というのも、神の救済の前提が、始祖の堕罪にあるとされているからだ。ここでは、ユダヤ人もまた始原にある罪を逃れていないという見解が示されている。

それではなぜ、ローゼンツヴァイクは日記のなかで、友人に書き送った理解を再考したのだろうか。その理由は、罪と救済についての彼の思索から理解できる。かつてローゼンツヴァイクが次のようにいっていたことを思い出したい。繰り返しを恐れずにもう一度引用しよう。現代において、一人ひとりの人間の「行為は、歴史のなかに歩みいるとき罪あるものとなり、したがって神は人間を歴史を通してではなく、実際に〔……〕「宗教の神」として救済しなければならない」(一九一〇年九月二六日付ハンス・エーレンベルク宛書簡、BT S. 112f.)。つまり、ローゼンツヴァイクが、現代の人間の罪として経験し、宗教の神によって救済されなければならないと考えていたのは、一つひとつの現実的な行為や決断の寄る辺なさであった。そして、このような行為者としての個人は誰であれ神から遠く隔てられているのである。ユダヤ人であっても、このような神との隔離から逃れてはいない。ローゼンツヴァイク自身がこのような経験を基に「宗教の神」による救済の必然性を認めているのであり、また、だからこそユダヤ人の友人ハンス・エーレンベルクが一九〇九年にキリスト教に改宗する際には、ユダヤ教に現代人の宗教に対する渇望を満たす力がないことをみとめ、友人が改宗するのを後押ししたのだった。日記のなかにみられる思想、つまり、神との離隔は非ユダヤ人とユダヤ人で異なるところがないし、誰であれ、神に対する根源的な罪から逃れてはいないという思想は、二〇世紀初頭の西洋人としての彼の経験に寄り添うものだったといえる。

二　啓示に関する理論的問題と実存的問題

創造、啓蒙、救済の峻別——コーエンの論文への批判

このようにローゼンツヴァイクは、ユダヤ人は原罪ともいうべき根源的な罪を逃れているとする宗教論と、それを逃れていないとする実存的な見解との間に調停を見出せずにいた。彼は一九一四年の日記のなかでも、引き続きこの問題に取り組んでいる。そこでは彼は、ヘルマン・コーエンが当時発表した論文「現代のいくつかの宗教運動」[13]を批判的に参照しながら、今度はアブラハムの契約の法外さに言及しつつ、同様の考察を書きとめている。内容的にはこれまでにみたことと重なる部分があるが、後の章で再びコーエンについて論じる機会があるため、あえてこのテクストも取り上げたい。

〔コーエンの論文の〕第二二節。〔前の節と〕同様の思考の狭さ。コーエンは「人」といっているが、それはユダヤ人にだけあてはまる。堕罪の教えがキリスト教においてのみ広く展開したことは、このことから理解できる。理論的にはわれわれもまたこの教えを必要とする。しかし実践的には、一つの民族という形をとった選民性は、確かに歴史的ではあるのだが、「血」という自然的なものとも結びついている。そして、この自然的なもののために、選民性は意図せず創造へと送り返される（トーラー、神殿、メシアは第六日目の夕方に創造された[14]。コーエンは創造と啓示を分けて考えることを拒否する）。一つの民族〔に過ぎないイスラエルの民〕を全人類と同一視することによって、われわれは堕罪をなしで済ませることができると信じることができる。

しかしながら、このような同一視は、理解はできるものの、間違っている。人間は父から由来する。堕罪したものは父へと〔戻って〕こなければならない。〔しかし、〕ユダヤ人は父のもとで生まれ、自分がなお父のもとに存在するということ以外にはなにも知らない。ユダヤ教について哲学的に思考する者は、確かに〔一人ひとりの〕ユダヤ人は父へといたる必要がなかったが、アブラハムは〔ほかの堕罪した人間と〕同様に父へといたらなくてはならなかった、ということを知らなければならない。では、アブラハムはどのようにして父へといたったか？　彼は生まれた土地を後にし、彼の息子を〔神のために〕犠牲にすることを拒まなかったことによってである。（一九一四年六月二〇日付日記、BT S. 158）

まずは、ここで言及されている「現代のいくつかの宗教運動」の内容を確認したい。そのなかでコーエンは、人間概念は神概念との関係なくしては論じることができないとしつつ、当時の文壇、学界における宗教的言説の氾濫を、中世的形而上学の危険な回帰として批判した。コーエンにとって、歴史の目的と宗教の意味は、世界における道徳性の実現という一点に集約される。宗教は、個人の道徳的完成と隣人愛の実践を通して世界のなかで道徳性や人類理念を現実のものとしていくことを目指す。したがって、彼にとってはこのような道徳性の実現に寄与しないような宗教は宗教の名に値しない。このときキリスト教は、未来における道徳性の実現に寄与するものとして評価される一方で、イエスの人格性と歴史性のうちに囚われつづける点については「キリスト教の宗教性の誤り」として批判される（JS II S. 45）。これに対してユダヤ教は、ドグマとして人類理念を備える唯一の宗教であるとされる。それは、他の諸宗教から教えを受ける可能性に開かれつつも、その一神教としての独自性は、諸宗教のうちでも比類ない意義をもつとされる（JS II S. 65）。

ローゼンツヴァイクはまず、この日記のなかで理論的にはユダヤ人にとっても堕罪の教説が必要だということを確認している。これは、先にヤコブの罪としてみたところのものであり、神による人間の救済のきっかけであるともされていた。続いて彼はコーエンの論文を参照しつつ、ユダヤ人のある種の思い込みについて考察する。

論文の第二二節においてコーエンは、キリスト教の「誰も私〔イエス〕を通してでなければ、父へといたることはできない」という主張を、神の普遍性を毀損するものとして批判した。すなわち、「たった一人の人の子〔イエス〕が、神の子であるという〔特権的な〕存在様態を、彼の人間としての特性として占有するなら、神の本質は傷つけられるだろう。人は父へといたるのではない〔つまり、イエス・キリストを通して神へと到達するのではない〕。人は父から来るのであり、父から離されることはない」(JS II S. 53)。コーエンは別の個所で、キリスト教における原罪とイエスによる贖罪の教義も批判している。そして、プロテスタント神学が、イエスの贖罪死の教義――イエスが多数の個人を代表して死ぬことで全人類の罪を贖ったとする伝統的なドグマ――から脱し、救済のために個人の道徳的活動を重視するようになった点を進歩として高く評価した(JS II S. 49)。つまりコーエンによれば、道徳性は、一人ひとりの人間が道徳的な行為をおこなうようになって実現されるはずで、代表者一人の犠牲によって実現されることはない。そして、すべての人間は神の似姿として作られた神の子であるから、だれでも道徳的に生きることはできる、というのである。

ローゼンツヴァイクはこのようなコーエンの議論を批判した。先に引用した日記に戻るが、コーエンは上述のように論じるとき、「ユダヤ人」概念と人間一般を混同しているというのだ。彼によれば、これはユダヤ人が陥りやすい誤認であるという。というのも、ユダヤ人も本来歴史的な存在であり、堕罪を逃れていない。しかしユダヤ人は「実践的には」、つまりその信仰生活のなかでは、自らが神のもとに生まれ神のもとにあると信じている。そしてしばしば――ここでのコーエンのように――、神による人間の創造を根拠に、すべての人間は神と絆で結ばれており、人間に生まれながらに刻印された罪など存在しないと考えがちなのだ。ローゼンツヴァイクの言葉でいうなら、創造と啓示を一体のものとして理解しがちなのである。しかしローゼンツヴァイクは、ユダヤ人がこれを信じることができるのは、アブラハムが神のために自らの故郷を捨て、息子の命をも捧げることによって父なる神へといたり、契約を結んだためであるという。アブラハムのこの途方もない支出のおかげで、それ以降ユダヤ人は神のもとに生まれ、神のもとにあり続けると信じることができるのであり、この契約の事実を忘れて、すべての人間が自然に神のもとに生まれると考えるのは間違いだというのだ。彼の見方では、コーエンは、ユダヤ人の自己意識と人間一般とを同一視することにより、堕罪という契機を度外視してしまっているということになる。

以上のことから次のことが理解できる。第一に、ここでも彼はユダヤ人に原罪を認め、それを世界の普遍的救済の根拠としているということである。神による世界の救済とは、少くともその一つの主要な局面において、このような罪からの人間の救済なのだ。ユダヤ人はこのことを忘れ、自分たちと神との絆や来るべき救済を自明視してしまう。それは、人間に道徳的行為を求めるコーエンについてもいえる。この時期のコーエンは、人間には道徳的行為をおこなうことができること、人間の道徳的行為の広がりこそが神の救済の実現であること、そしてこのような人間と神との関係においてユダヤ人とキリスト教徒の区別は重要でないことを主張していた。そこには、人間が犯す罪や悪の問題はいかなる場所も占めない。

第二に、ローゼンツヴァイクはここで創造や啓示、救済についての二つの見方を対照させている。一方は、それらを静的なものとしてみる捉え方で、上記の引用中では「創造と啓示を分けない」見方とよばれる。この見方に従えば、人間が道徳性の実現という神の使命を果たしていくことは、神が人間を創造したという事実のなかにいわばあらかじめ含まれていることになる。つまり、創造のなかに、はじめから神の意図の認識としての啓示とその実現としての救済が包含されており、この意味で、創造と啓示、そして約束された救済はひとまとめに、無時間的で理念的な関係として理解される。

ローゼンツヴァイクは、このような見方をコーエン[15]に仮託し、批判することで、創造、啓示、救済についての別の見方を提案している。それは、神と人間との間に予定調和的でない、ダイナミックな物語をみる見方だといえよう。人間の堕罪やそれをみた神の救済の準備、人間の神への回帰や悪への誘惑。ここには、創造には回収されないものとして啓示や救済をとらえる見方が示されている。第三に、ローゼンツヴァイクは創造や啓示、救済についての静的な見方はユダヤ人の「信仰」にすぎない、つまり、ユダヤ人がその信仰生活のなかで身に着ける、一つの見方にすぎないとしている。全人類の救済を考えるときには、ユダヤ人の選民性、つまり彼らがすでに神のもとにあり堕罪を逃れているという存在論的な境位はユダヤ教内部のドグマにすぎなくなる。ユダヤ人は、このドグマを信じることができるし、信じてもよい。あるいは、ユダヤ人として生きる限り、彼は「父のもとで生まれ、自分がなお父のもとに存在するということしか知らない」のだから、これを信じるほかない。しかし、このような神と人との安定した関係性はユダヤ人にのみ妥当するものであるから、神と人間の関係としての啓示を一般的に記述したものではないし、加えて、このような静的な関係性を可能にしたアブラハムの法外な契約というドラマティックな出来事を度外視してしまっているのだ。

近代的人間が抱える罪

興味深いことに、ここでコーエンに仮託され、批判されたユダヤ教のドグマは、彼自身が護教的宗教論のなかで展開したユダヤ人論にほかならない。ローゼンツヴァイクはユダヤ人であれば生まれながらに罪を逃れているという定式を用いて、自らのユダヤ人として生きるという決断を友人に弁明したわけだが、ここではそれがユダヤ人の「実践的」な信仰、ないし思い込みにすぎないことを認めているのだ。このドグマが本当に罪からの救済に結びつくとすれば、それは、アブラハムの契約があったからであるはずだ。つまり、ローゼンツヴァイクはここでユダヤ教がユダヤ人に保証する救済が真に有効な救済であるかを検証するためには、その信仰の背後について考えなければならないとしている。別の言い方をするなら、ここで彼は、ユダヤ人個人の罪と救済という問題は、ユダヤ人は生まれながらに罪を逃れているというドグマを唱えることでは——つまり彼の宗教論では——解決しない、と認めているのである。

一人ひとりのユダヤ人——彼は一方で罪を逃れていると信じることができるが、他方では世界のなかで神から離れて生きる——が、救済の全体の経綸のなかでどのようにその罪性から救済されるのかという問題は、彼の護教的宗教論によっては解決されていない。ローゼンツヴァイクはこのことを自覚した。実際、神との離隔、一つひとつの行為や決断の寄る辺なさや罪深さは、現代人としてのローゼンツヴァイクの根本的な経験だった。ユダヤ人は理論的に父なる神と特別な関係にあるからそもそも罪から逃れている、と強弁することでこの問題を解決済みとしてしまうことは、彼自身にとっても納得のいくやり方ではなかったに違いない。だからこそ、彼は宗教論を構想した後、さらに罪の問題を考え続けたのである。

神から隔てられた人間にとっては、罪は個別の法規や掟に照らして定められるわけではなく、一つひとつの行為や決断のすべてが罪あるものとなる。原罪を説くキリスト教が提供する救済は、このような神と隔たった人間を対象としていた。父なる神から隔てられた人間は、イエス・キリストを通して神へといたるのである。これに対し、ユダヤ教の救済の回路はこのような神との離隔に対して開かれているのだろうか。ユダヤ教は現代のユダヤ人を救済しうるのか。回心によってか。しかし、どこに向き直ればよいのか。以前にローゼンツヴァイク自身が批判していたように、ユダヤ教の実定的な教団自体が現在ユダヤ人の若者を救済する力をもっていないとするなら、現在のユダヤ人の宗教や文化のどこにそのような力は残されているのか。

ローゼンツヴァイクはこのようにユダヤ教のなかに個々の人間が抱える罪の救済を探しはじめた。しかし、この探索は容易には進まない。なぜなら、ここでいわれる罪は、彼自身が明らかにしたように二〇世紀初頭のヨーロッパに特有の形態をとっているからだ。ヨーロッパの精神史のなかで、聖書に描かれた生きた神は、抽象的で絶対的な普遍者となり、さらには歴史そのものとなり、人間の生と切り離された。しかしこのとき、人間は普遍的なものを完全に捨て去り、自己のみを頼りに生きることもできなかった。むしろ、不完全な自己の生の寄る辺なさにおいて自らの罪性を自覚し、普遍者を憧憬したのだ。このような罪からの救済は、さしあたって普遍者との関係の回復、つまり神との関係の回復として構想される。このような状況のなかで、ユダヤ教はどのように人間と神との結びつきを回復するのか。

ローゼンツヴァイクはこのような問いを前に、明確な答えを見出せていない。一方では、彼はユダヤ人であり続けることを決意し、もはやそのことに疑問を感じていない。したがって、ユダヤ教にも現代のユダヤ人を救済する力があるという実感、ないしは期待を抱いている。しかし、彼がキリスト教徒の友人に対して与えた解答、すなわちユダヤ人の選民性、存在論的特殊性に依拠する議論は、このような実存的な罪の問題に対する解答にはなりえない。確かに、ユダヤ人の存在論的な特殊性は、単なる神学的なドグマではない。それは、血縁性という自然的な結合に基礎をもつために、ユダヤ人はその特殊な境位を自らに拒むことができない[16]。そして、この血統を通して自然的に民族へと帰属するという事実は、逆に一人ひとりのユダヤ人に世界のなかでほかの何者でもなくユダヤ人であることを、神と特別な近さにある民族の一員であることを強いる。彼らは、自らは神のもとにあると信じ、生きることもできるのだ。しかしながら、このような事態はさし当たっては現実的な行為に際して一人ひとりのユダヤ人――その多くは非ユダヤ人と同様、神から離れてしまっている――が、世界で生きる人間として感じるはずの罪深さを慰めない。民との自然的な結合、つまりユダヤ人として生まれた、生まれてしまったという事実と、このようなドグマを受け入れること、そしてそのドグマが説く内容を実感することの間にはなお隔たりがあるからだ。この隔たりは民への帰属についての問い、つまりより実存的な問いや、ドグマの内容の真実性の根拠に関わる問い――それはアブラハムの契約の意味についての問いなどを通して自覚化され、その後は人類全体の救済史と啓示の関係の探究を通して解決が目指される――を導く。この実存的な問いと理論的な問いがローゼンツヴァイクのその後の思想の展開を規定していくことになる。

　ローゼンツヴァイクがこの時期の日記でヨム・キプールの意味を考察していること（一九一四年六月二七日付日記、BT S. 165）、罪と赦しに関するタルムードの一節を引用していること（同七月六日付日記、BT S.169）、そして、次章にみるように同時代の世俗的なナショナリズムを批判しつつ伝統的な生活を肯定的に評価していることを考えあわせるとき、ローゼンツヴァイクはこの時期に、ユダヤ人個人と罪の関係を、伝統的なユダヤ教との関係から再考していたと推測できる。このことは、ルドルフ・エーレンベルクへの書簡で、罪の問題に関してユダヤ教の教えと一致したと感じた、と述べていたこととも対応するだろう。

しかしながら、この問題に対する決定的な解決はこの時点ではえられておらず、これ以上踏み込んだ考察もなされない。彼はユダヤ教について学びはじめたところであった。現実的なユダヤ教の実践、そして実定的なユダヤ教の教団——それは当時リベラル派とシオニズムの間で大きく分裂し、揺さぶられていた——に対する態度もいまだはっきりとはきまっておらず、また、そもそも宗教というものが人間の生に対して何を意味するのかという問題についての考察もいまだ不十分であった。

第四章　啓示概念への取り組み

一　啓示宗教の時間性

異教と啓示宗教の弁証法としてのヨーロッパ史

前章では、改宗をめぐる一連の出来事の直後にローゼンツヴァイクが構築した宗教論を概観し、つづいてそれが二つの問題を導いたことをみた。すなわち彼は、ユダヤ人は生まれながらに原罪を逃れており救済を約束されているという定式に到達した。しかしそれはユダヤ教のドグマであり、人間に救済が生じる可能性や機構の全体を説明したものではなかった。そこからは、第一に個人的、実存的な問題として、いかにこのようなドグマを現実的なものとして実感するか、あるいは、いかにしてローゼンツヴァイク自身も含めた一人ひとりのユダヤ人が神学的理念でもあるようなユダヤ民族に実質的に帰属するのか、という問題が生じる。また第二に、こうしたドグマが真となる理論的背景がさらに問われなければならなかった。ローゼンツヴァイクは、それに続く時期、この第二の問いについて歴史哲学的な枠組みで考察を深めていった。彼はその宗教論の真理性を、現実的な歴史に即して論証しようとしたのである。このような歴史哲学の構想は、ユダヤ教のドグマが主張する救済の妥当性を論証するだけでなく、彼の宗教論の正当性をキリスト教徒の友人に対して主張するという目的ももっていた。というのも、イエスの贖罪を中心とするキリスト教の救済史は、歴史的であると同時に普遍的であったからだ。キリスト教はイエスの刑死という歴史的で一回的な出来事を核に、キリストの再臨と最後の審判を待望するという独自の救済史をもっている。そこにユダヤ教が入る余地はない。これに対してなおユダヤ教の存続を要求するような救済史を描くのであれば、ユダヤ教に特殊な啓示が、なお現在に至るまで歴史的な意味を保持しているということを示さなければならないのだ。

しかし、救済史を実際の歴史に接合するということは簡単ではない。それは、たとえば単に、歴史のはじまりに神による万物の創造をおき、歴史の終わりに救済をおけばよいというわけではないのだ。宇宙の創成に関するいわゆるビッグバン理論がまだ登場していなかった二〇世紀初頭においては、宇宙とは恒常的に永続するものであり、はじまりも終わりももたないものであった。万物はそもそも存在し、形を変えながら存在し続ける。一九世紀の歴史主義と唯物主義の流行、そして科学の発展を通して、このような宇宙に対する見方は、一つの世界観以上の、運命とも比すべき事実性をもつにいたった。これに対して、旧約聖書の創造物語などは、批判的な学問を通して古代アジアの神話の一類型として理解されるようになっていた。(1) 歴史的啓示の実在性に対する信仰の基盤は学問によって掘り崩され、啓示そのものやそれが説く救済について、歴史的事実性を主張することは困難になっていたのである。つまり、救済史と世界史という二種の時間性は、そもそも互いに対立するような世界の見方を表現していたのだ。(2)

それでは、ローゼンツヴァイクは二つの異なる時間性をどのように撚り合わせていったのか。以下にみていくように、彼は、新たに構想した救済史と彼のそれまでの歴史哲学を統合することで、これをなそうとした。そもそも歴史哲学というもの自体、意味を欠いた時間の流れを哲学的に解釈する営みである。ローゼンツヴァイクはかつて、エポックの弁証法的な継起としての歴史哲学を構想したが、彼はいまやこれを救済史と結びつけていく。

ユダヤ人として生きる決断をした直後、つまり一九一三年秋から一九一四年にかけての時期に、ローゼンツヴァイクがもっとも集中して取り組んでいた課題は、『ヘーゲルと国家』の完成であった。著作集に収録された日記だけをみると、彼はこの時期に、宗教の問題を中心に思索していたかのような印象を受けるが、未公刊の部分もあわせてみると、日記の大部分が研究のための読書メモによって占められていることがわかる。[3] 彼はこの研究を「夜の対話」以前から行っており、研究はまさに最終段階に到達していた。バーデン・バーデンの会議での反省もあり、彼はこの時期、自身の博士論文と歴史哲学的考察とを安易にない混ぜにすることはなかった。『ヘーゲルと国家』は学位論文として書かれ、また実際にそのようなものとして受容された。しかし、彼は現実の歴史をエポックに区切ってその意味の連関を考えるという、新ヘーゲル主義的な思考法自体を放棄することはなかった。すでに第二章でみたように、『ヘーゲルと国家』という著作は、ヘーゲルの国家哲学を素材にドイツ現代史を論じるものであったが、フランス革命以降のドイツの近代の意味を問うというテーマ設定それ自体が、彼が設定したエポックの区分に依拠していた。すなわち、一八世紀と一九世紀という二つのエポックの転換期に立つ思想家としてヘーゲルを理解し、そこから一九世紀のドイツを明らかにしようとするのだ。彼が『ヘーゲルと国家』で考察した哲学史やドイツ史は、このような歴史哲学的な意味連関のなかにおかれており、一九一三年の秋以降はそこに宗教論で描かれた救済史というモチーフが重なり合ってくる。

このことを踏まえて、まずは彼が、世界史のなかでの啓示の意味を、異教の知としての学問との関係から論じたテクストからみてみたい。

学問は啓示よりも古い。〔……〕学問は創造の世界（つまり、神から〔人間に〕ゆだねられた、神に対する自由の世界）に属する。学問は異教的である。教会は、より正確にいうなら、啓示はあらためて神から直接到来する。このため、それは生じたままの状態では学問とまったく関係をもたない。〔……〕教会は学問との関係を教会史の流れのなかではじめて獲得する。〔……〕教会が成立したとき、学問はすでに完成していた。君〔ハンス・エーレンベルク〕が手紙のなかでいっていた、一六世紀における宗教改革以来の教会と学問の分離は、むしろ教会が学問を完全に我が物としたということを意味する。死んだ異教徒、アリストテレス〔三八四?――三二二B.C.E.〕はもはや片付けられたのだ。デカルト〔一五九六―一六五〇〕、スピノザ、ライプニッツ〔一六四六―一七一六〕は自らのことを教会の外部の異教徒とは考えていない〔……〕。そうではなく、生き生きとした教会内部のさわがしい異端者であると考えていたのだ。続いておこったことは、これらの異端者たちの教会の懐への回帰だ。カント、フィヒテ、シェリング、ヘーゲル。これ以降、「学問」の運命は教会の運命に結びつけられる。哲学は、その内容に関する固有性を断念した。〔……〕哲学者はそのときからもはやギリシアの学徒ではなく、いかなる留保もなしにキリスト教徒なのだ。ヘーゲルは、(彼自身知っていたように)最後の哲学者であり、同時に(彼自身は知らなかったが)最初の新しい教父のうちの一人であった。この新しい教父たちは、(最初の諸世紀の教父たちとは異なり)教会に自己意識の言葉(ドグマ)を作り出すことはせず、異教徒に向けた言葉を作り出す。〔……〕一五〇〇年頃教会にとりこまれはじめた、前教会的な学問は、一八〇〇年ころ教会によって消化された。一八〇〇年以来、ギリシア人たちはいかなる勢力でも(重荷でも)ない。(一九一三年一二月一一日付ハンス・エーレンベルク宛書簡、BT S. 145f.)

ここで学問、哲学、ギリシア人は異教的世界理解をあらわすとされ、啓示や教会と対比されている。また、啓示は、理性原理に基づく知である学問(Wissenschaft)と対比されていることからもわかるように、歴史的で一回的な出来事ではなく、ユダヤ・キリスト教的な世界理解のようなものを意味している。それではこのとき、この引用の冒頭にいわれた「学問は啓示よりも古い」は何を意味するのだろうか。ギリシアの文明は確かに古いが、啓示宗教の啓示はそれがイスラエルの民にもたらされた時点を考えるならば、なお古い。ここではなぜ、逆に学問は啓示よりも古いといわれているのだろうか。それは、ローゼンツヴァイクがここでヨーロッパの精神史として異教と啓示宗教の関係を問題にしているからである。異教的世界観としての学問や哲学は、恒常的で永続する宇宙像や時間理解とともにすでに古代ギリシアにおいて完成していた。このようなヨーロッパ世界に、啓示はキリスト教を通してもち込まれた。つまり、ヨーロッパ精神史においては実際に、古代ギリシアはキリスト教の拡大と定着に先立っていたのである。しかし、ここで注意しなくてはならないのは、ローゼンツヴァイクのいう「古さ」にはもっと別な含意があるという点である。啓示がヨーロッパ世界に、(異教的な時間軸のなかで)後からもたらされたという点が重要なのではない。そうではなく、この啓示の内容が異教的な世界理解とはまったく異なる「新奇な」ものであったということが、この新しさと古さの議論において重要なのだ。

この点をもう少し詳しくみてみたい。異教的な世界理解とは、はじまりもなく、終わりもない、因果律が全体を支配する無時間的な総体である。学問はこのような宇宙に関する知的探求であり、普遍的に妥当する法則や本質の発見を目指す。事物は自らの法則にのっとり、神とは無関係に存在することができる。学問もまた、異教的な知として、啓示された神とは独立した真理性と妥当性をもっている。それは、理性的存在者である人間によっていつでも完成されることができたし、実際にその本質的な部分においては——ローゼンツヴァイクの理解では——キリスト教会がヨーロッパ世界に成立する以前にすでに完成していた。[4] このような世界理解が永続することもまた可能であった。しかし、キリスト教がこのような安定した世界像を打ち破ったのだ。それは、ヨーロッパ世界に新たな時間性を定めたのである。

ローゼンツヴァイクはこのような理解を基に、世界史に次のようなエポックを設定する。第一のエポックはこのギリシア的=異教的な段階で、これには自然科学的な学問や古代哲学が対応する。この段階では、神々もまた世界の運命に従属している。これに、第二段階として、キリスト教教会の誕生と発展が続く。この間、二つの異なった世界理解、つまり異教的な世界知と啓示の救済史は長い時間をかけて接触し、一六世紀以降ギリシア的な学知はキリスト教神学のなかに完全に取り込まれていった。そして、一八世紀にこのプロセスが完結する。「一八〇〇年」——実際にはこの前後の十数年を含むが——、第三の段階がはじまり、キリスト教の道と学問の道が完全に一致した。ヘーゲルは、最後の哲学者にして、この第三の段階の「最初の教父」でもある。このような意味で彼は、エポックの転換を象徴する人物として理解される(一九一三年一二月一一日付ハンス・エーレンベルク宛書簡、BT S. 146)。

ローゼンツヴァイクの見方では、キリスト教によって啓示がもたらされたことで、仮にキリスト教がなかったとしたら永続したであろう異教的世界は終わりをむかえる。啓示によって、それとは異なる時代がはじまるのだ。啓示の内容は、それまでの異教的世界観の外部にあり、学問がまったく知らない事柄であった。ローゼンツヴァイクはこのような事態を指して「学問は啓示よりも古い」という。ここでは時間的な前後関係ではない、真理の階層性ともいうべき秩序が、新旧の関係として表現されている。

ここに示される学問と啓示の関係は『救済の星』の構成を理解するうえでも重要である。というのも、同書の第一部と第二部は、それぞれ異教的学問と啓示の世界像に対応しているからだ。両者の関係についてもう少し詳しくみてみたい。学問は世界を経験的、実証的、論理的に記述しようとする。こうして記述される事柄、明らかになる法則は、普遍妥当性をもった真理であり、『救済の星』では事実性の水準と呼ばれる。ローゼンツヴァイクはこの学問の真理の根源性を古さとして表現するのだ。というのも、学問的真理の探究方法は明確であり、こうした探究によって解明される真理は事物に内在的である。つまり、個々の具体的内容は歴史のなかで徐々に明らかにされていくにせよ、事物に完全に内在する学問的真理は事物の存在と同じだけ古いのだ。それは潜在的にはいつでも、もっと早くにでも明らかになりえたのである。

事物に内在的な真理。これにことさらに「古い」という形容詞をあてるのは、それに対置された啓示の異質さを「新しさ」として際立たせるためである。自然法則が支配する事物的世界に対して、啓示の内容、啓示によってもたらされる知は、それとはまったく異質な、いわば新奇なものなのだ。仮に啓示がなかったとしたらどうか。その場合も、何千年であれ時間は経過しただろう。しかし、いくら時間がたって文明が進展したとしても、世界は内在的に完結しており、世界外の何かが増し加わることはない。

これに対し、啓示宗教の啓示は、このような異教的な時間の流れや内在的で閉じた世界の外部からもたらされる何かなのだ。啓示は、自閉した異教世界にとってまったく異質で新奇なもの、端的な他者である。そして、それがもたらす新しさとは、異教的世界のなかでの知識の増進のようなものとは根本的に異なるものなのだ。

このように事物に内在的な真理との対比で論じられることで、ローゼンツヴァイクが啓示と呼ぶところのものの根本的な特徴が浮かび上がる。すなわち啓示は、単なる主観的臆見や思い込みではなく、学問的真理に対抗しうるだけの真実性をもった――最終的には、それを上書きしてしまう可能性すら秘めた――、別種の真理だというのである。それは具体的にはユダヤ教とキリスト教を通して人間の堕罪や神によるその救済の約束などを告げるわけだが、こうした内容も単なるおとぎ話ではなく、現実とかかわりをもった真理だというのだ。ヨーロッパにおけるキリスト教の定着は、事物に内在的な真理に依拠した安定的な世界が、この別種の真理によって揺り動かされ突き破られたということを意味する。その結果、歴史に新たな展開が生じた。新たなエポックが生じ、純粋に異教的な時間性は終わりをむかえる。二つの真理の間でまずは対立が起こり、つづいてその綜合が起こる。歴史に弁証法的な運動がもたらされるのだ。なお、ローゼンツヴァイクは同じ時期の日記において、この展開をとりわけ時間にかかわる認識の変化として、異教的な時間性のなかへの別種の時間性の闖入として説明している。この点については、次節で詳しく説明したい。

キリスト教によって啓示がもたらされてからのヨーロッパの歴史は、キリスト教の拡大と、啓示の時間性と異教的時間性の習合によって徴づけられる。こうして生じたこの第二のエポックも、一八〇〇年をもって終わりを迎える。このときに、異教的学問はキリスト教的神学に飲み込まれ、現代まで続く新たなエポックがはじまったのだ。それでは、この世界史にユダヤ人はどのようにかかわるのか。ローゼンツヴァイクは、啓示と異教的世界との根本的な異質性という着想を敷衍して、ユダヤ人の選民性を次のように解釈した。

ユダヤ教の排他性は世界史的にみれば次のような事情のために必然的であった。すなわち、キリスト教が、他のあらゆる民族と異質な、一つの民族から到来したという事実のために。ちょうど、啓示の山〔シナイ山〕がイスラエルの地から空間的に隔てられていることが、神概念の超越性の獲得と普遍化への契機となっているように、イスラエルの民は他の民族から絶対的に隔てられているのだ。まさにこのために、イエスをドイツ化ないしはアーリア化[5]しようとする試みは異教的試みにほかならないといえる。仮に、アーリア人がアーリア人を神格化しても、甲斐のないことなのだ。［これに対し］ドイツ人がユダヤ人を神格化することは、もはや人間崇拝ではない。このために、ユダヤ人たちが存続することは必要である。というのも、これなくしては、イエスはキリスト教徒たちにとって一人の「人間」にすぎなくなるからだ。イエスが彼らにとって異質なものではないとすれば、彼の神格化は自己を神格化することにすぎなくなるだろう。（一九一四年六月二九日付日記、BT S. 165）

啓示が異教にとって他なるものであるように、ユダヤ人はキリスト教も含めた世界全体にとっての他者なのだ。そして、啓示は他なる者から到来しなければならない。何となれば、啓示はあらゆる自己神化や自己目的化の対極にあるからだ。救いはユダヤ人から来る（「ヨハネによる福音書」第四章第二二節）。あるいは、啓示は他なるものから到来する。イエスの贖罪の業が真であるためには、イエスはユダヤ人でなければならない。

ところで、ユダヤ人をこのような意味で他のすべての人間から区別するのは、神による選びである。ローゼンツヴァイクはこのように、ユダヤ教の排他性、ないしはユダヤ人が世界のなかで迫害を受け排除されることを、世界に対する啓示の異質性にひきつけて解釈する。ユダヤ人は、世界にとって他なるものである啓示を、排他的に保持する。このことと、諸民族に排除されつつ、他方で自らも選民を自認するユダヤ人の孤立が重ねられているのだ。異教とキリスト教が弁証法的に織りなす世界史の構想——そしてその内部には純粋な啓示を保持するユダヤ人が存在する——において、彼が宗教論で展開した救済史とそれまでの歴史哲学との統合が目指される。

預言と成就

前節では、キリスト教のヨーロッパへの伝播によって、啓示の時間性が異教的時間性と接触し、そこからエポックの弁証法的運動が生じたとするローゼンツヴァイクの歴史理解をみた。啓示という別様の時間性が闖入したことで、永続するはずだった異教的な時間性は停止し、二つの時間性の習合がはじまったのだ。新しいエポックがはじまり、世界史が――ここではつねにヨーロッパ史だけが考察の対象となるが――動き出したわけである。新たな世界史は、異教と啓示の相克として生じる。それでは、啓示はここでどのような意味で時間性として理解されているのだろうか。

啓示は異教や理性的学問の他者であるということがいわれていた。それは、たとえば聖書のなかにみられる預言や奇蹟といった理性を超えた非合理な事象を指すのだろうか。ローゼンツヴァイクも、まずこの点に注目して、啓示の特徴を捉えようとした。ローゼンツヴァイクは異教との比較を通して次のように問うことからはじめる。こうした奇蹟や預言は異教のなかにも存在するのではないか。もし、啓示の本質がこのような非合理的なものに求められるのであれば、啓示は異教に対して特権性や新奇さを主張することはできないのではないか、と。彼は、異教と啓示宗教での預言の質の差異を考察していくことで、啓示の本質的特徴の一つをその独特の時間理解に見定めてゆく。一九一三年秋頃から精読していた「イザヤ書」に依拠しながら、彼は異教と啓示の内容的な違いを次のように論じた。

> それ以前の預言〔Profetismus〕に対する第二イザヤの宗教史的な新しさは、諸民族の世界を考慮に入れていることではなく――これは古い預言にも当てはまる――、異教を考慮に入れていることである。バビロニアにおいてはじめて、宗教の本質である預言、すなわち預言的な啓示を備えると主張するような競合的な宗教がイスラエルの視界にはいってきたのだ。その結果、競合宗教と決着をつける必要が出てきたのである。だからこそ、〔第二イザヤでは〕異教の予言〔Weissagung〕の証拠について何度も論及されたり、予言が神の審判に付されたりする。異教的な予言は体系として登場し、ユダヤ教の予言は歴史として生じる。（一九一四年六月二三日付日記、BT S. 162f.）

また、ローゼンツヴァイクは次のようにも書いている。

> 第二イザヤにとっては、まさに告知と成就の統一こそが神の本質である。バベルの偶像は告知はするが、成就することはできず、その告知は力ないものにとどまる。（一九一四年六月二六日付日記、BT S. 164）

ここでローゼンツヴァイクが参照する「イザヤ書」第四一章には次のように書かれている。

> 国々の民よ、力を新たにせよ。進み出て語れ、互いに近づいて裁きをおこなおう。〔……〕訴え出て、争うがよい、と主はいわれる。お前たちの論拠を示せ、とヤコブの王はいわれる。起こるべきことをわたしたちに示し、告げてみよ。はじめにあったことを告げてみよ。〔……〕あるいは、来たるべきことを聞かせてみよ。〔……〕誰か、はじめからこれ〔キュロス2世によるバビロニア侵攻〕を告げ、わたしたちに悟らせ、前もって示しその通りだといわせた者があったか。一人として告げた者はなく、聞かせた者もない。お前たちがいうのを聞いた者もない。みよ、シオンにはじめから告げられていたことはここに実現した。〔……〕彼らのなかに、助言を与えうる者はない。彼らに問いかけても、ひと言も返さない。みよ、彼らはすべて無に等しく、業（わざ）もむなしい。彼らの鋳た像はすべて、風のようにうつろだ。

ローゼンツヴァイクは、この章句にユダヤ教の啓示と異教の預言の内容的な差異を見出している。宗教の本質は預言である。そして、ユダヤ教の啓示における預言の本質は、神の言葉が告げられることにではなく、神の言葉として予め告知された事柄が実際に実現されることのうちにある。この予告と実現という構図こそ啓示の本質であり、このような意味で啓示は時間的、歴史的な構造を備える。これに対して異教には「体系」、つまり知の体系性が関連づけられる。

この予告と実現という構図は、運命による支配とも異なる。よく知られるようにオイディプス王の神話では、「いつの日か、王の息子が王を殺し、王の妻を娶るだろう」というデルフォイの神託が最終的に成就することとなる。これは、「イザヤ書」に登場するバビロニアの神官の預言とは異なり——かの神官の預言は成就することのない空しい言葉にすぎなかった——、成就された預言だといえる。しかしこの成就は、イザヤに臨んだ神の場合とは異なり、神が歴史的出来事に直接介入し、手ずから成就したものではない。むしろさまざまな登場人物の思惑にもかかわらず、事態が逃れがたく運命的な仕方で当初の神託へと向かってゆくところにこの悲劇の核心はある。世界のなかで定められた事柄は、意志の力で変更することはできず、先取りされていた結果が覆されることはないのだ。これを敷衍して考えれば、学問についても同じことが当てはまることがわかるだろう。すなわち、学問——それが異教的なものとして言及されてきたことはすでにみた——も、世界を合理的な法則によって説明し尽くすことができると考える限りで、ある種の予示ないし予告を含む。この場合も、この成就は予め法則によって想定されているわけで結果はすでに先取りされており、そこで働いている力はすべて世界に内在的である。

これに対して、啓示における預言の成就は、神の意志の実現にほかならない。神が預言者を通して予告し、自らの意志を実現させるのだ。啓示の預言は、神によって定められたときに預言者の口を通して予告され、神が定めたときに神によって成就される。未来がこのように予告されることによって、時間の流れに目的と方向性がもたらされる。いまや、現在はその目的——それは最後の審判であったり救済であったりするわけだが——との関係から、意味を与えられる。そして、預言の成就がこの意味を完成させる。

ローゼンツヴァイクは、預言によって時間の流れに終端を画し、目的を与えることで現在に意味を生じさせるところに、啓示の本質的特徴を見出した。預言は成就する。契約は果たされる。ただし、これらのことが実際に起こることを示す明確な証拠は、この世界のなかに見出すことができない。しかしそれにもかかわらず、これらのことは起こるのだ。このような時間理解は、異教的な時間理解と疎遠であるばかりか端的に対立する。というのも、異教の側からすれば、この時間に終わりが訪れることはないし、世界に内在的な物事や原理によって説明されない事柄を真理とするわけにはいかないからだ。「異教徒はつねに反駁し続けるだろう。なぜ万物が〔啓示の〕真理の所有に帰さなければならないのか、と」（一九一四年五月二六日付日記、BT S. 154）。ここでローゼンツヴァイクは、実際の歴史に目を向けさせる。そこでは異教世界のなかで、キリスト教を通して啓示が拡大しているとはいえないだろうか。この世界史の進行自体が、預言が成就することの、啓示が真理であることの大きな証拠となっているのではないだろうか。

啓示の特徴を独特な時間性のなかにみたことは、彼の思想の展開のなかで大きな意味をもった。とりわけ、ここから帰結する真理についての見方が、ローゼンツヴァイクのその後の思想を強く規定することとなる。結果は予告された時点では先取りされておらず、実際に神によって成就されるまで、不確かなままだ。預言が真であるかどうか、啓示が真であるかどうかは、実際に歴史が経過し終わって、預言が成就されるまでわからない。しかし、歴史の終わりはいまだ来ていない。このような真理を、歴史のなかで保証するものは、それが成就しつつあることを示唆するいくつかの徴のほかは、それが真であると証言するものの声だけなのである。歴史のなかにあらわれることのない真理と、それを証言する声との関係は、一九一六年頃からさらに深く考察されることになる（第六章）。また、預言と成就をその核とし、実際の歴史の展開のなかでそれ自体が真であることをあらわすような救済史の構想は、より洗練されて『救済の星』に取り入れられる。『救済の星』第二部序章であらためて論じられるこの構図こそが、同書全体を支える屋台骨となるのだ。

彼はこのように、ユダヤ教とキリスト教の啓示の真実性を歴史哲学的に基礎づけようとした。その際啓示は、個別の歴史的啓示を通して神からもたらされ、ユダヤ教とキリスト教によってそれぞれの形態で保持されてきた世界認識のようなものとして理解されている。この啓示の真理は、ギリシア的、学問的真理と相容れない。ローゼンツヴァイクは、ユダヤ教とキリスト教に共通する啓示の真理を、近代の世俗的社会の原理となっている実証主義的、学問的真理と対置し、前者の正当性を歴史哲学的に論証することで、前節にみたユダヤ教のドグマ――

ユダヤ人と罪、その救済に関するドグマ——の正しさを理論的に裏づけようとしたのだ。

これは壮大な構想である。しかし、それだけに問題も多く、にわかには理解しがたい。世界史といってもヨーロッパだけしか扱われていないし、そもそも現実の世界においてはユダヤ教とキリスト教からして、互いに他の啓示の正当性を認めてはいない。ユダヤ教にとってイエスはキリスト、すなわちメシアではないし、キリスト教にとってはイスラエルの民への旧い契約は、イエスによる新しい契約を通して更新されて、すでに無効となっている。このような状態で果たして、二つの啓示宗教が同じ神の啓示を世界史のなかで証示していくなどということがどうしていえるのだろうか。

あるいはまた、異教の立場はどうなるのだろう。ローゼンツヴァイク自身、異教や学問が啓示の真理を受け入れないことをはっきりと認めていた（BT S. 154）。啓示の真理は、それが成就されたことが確認されるまでは、異教徒に対して説得力や拘束力をもたない。つまり、歴史において、啓示の真理は異教に対して無力なのである。そうだとすると、はたして啓示の真理はいかにして、学問と同じだけの、あるいはそれ以上の真理性を要求することができるのか。あるいは、「啓示と理性の区別は絶対的」（一九一四年六月二三日付日記、BT S. 162）であるにもかかわらず、どのような地点から両者を比較することができるのか。

こうした問題はどれも重要なものだが、詳しく検討されることはない。すべての問題は、啓示の真理は歴史のただなかでは、少なくとも部分的にしか明らかにされえないということをもって、先送りされるか無視されてしまう。この後『救済の星』に至るまで、現実の世界史を舞台とする救済史という構想は保存されるのだが、彼の歴史哲学的理論には、ここに挙げたような問題がつねにつきまとうということは注意しておかなくてはならないだろう。

二　最初期の啓示概念

神の超越の強調——論文「無神論的神学」における啓示

ローゼンツヴァイクは改宗をめぐる一連の出来事の後、ユダヤ教とキリスト教が現代の人間に対してもつ役割、とりわけそれらが罪と救済について果たす役割に関して考察を深めていった。その際、理論的、救済史的な課題と実存的、個人的な課題に直面したことはこれまでにみてきた通りである。そして彼が、前者の理論的課題を歴史哲学的な仕方で解決しようとしたことも確認した。本節では少し視点をかえ、彼がユダヤ人として生きる決断をした直後、同時代のユダヤ教に対してどのような考えを抱いていたか確認したい。彼は当時到達した啓示理解に基づいて同時代のユダヤ教のいくつかの潮流を批判しているのだが、そこから彼の啓示理解の別の一面を知ることができるだろう。ただし、ここで彼が示した啓示理解——具体的には、人間と神との絶対的な離隔をその中心的内容とする——は、暫定的なものであることはあらかじめ指摘しておきたい。絶対他者としての神を啓示の本質的契機とする見方は、後に彼自身の思想や実践の深まりを通して乗り越えられていく。

さて、ローゼンツヴァイクが同時代のユダヤ教について考察していく際に手掛かりとしたのは、マルティン・ブーバーの思想であった。彼は同世代のほかのユダヤ人同様、すでに一九一〇年ころからブーバーのハシディズム関係の著作に親しんでいた。序章でみたように、ブーバーは当時、ハシディズムに関する著作を通して、当時の実定的なユダヤ教を批判し、より本源的な「ユダヤ的宗教性」[6]を提示した。ローゼンツヴァイクもまた、ブーバーのこうした思想とその思想の流行に興味を抱いていたのである[7]。

このことを踏まえ、本節ではローゼンツヴァイクが一九一四年に当時のユダヤ教の状況を批判的に論じた「無神論的神学」(Atheistische Theologie)[8]という小論をみてゆく。この論文はブーバーが企画した論文集のために書かれたが、結局この論集は出版されることがなく、ローゼンツヴァイクの死後はじめて公表された[9]。このなかでローゼンツヴァイクは、ヘルマン・コーエンにも間接的に言及しつつ、ブーバーに代表されるユダヤ民族主義の立場を鋭く批判している[10]。そこには、前年の対話の末に彼が到達した新しい立場が強く反映されているのだが、それだけでなく、かつての自分自身についての批判的総括も読み取ることができる。重要な論文なので少し詳しくみてゆきたい。

彼はまず、一九世紀ドイツのプロテスタント神学に登場したイエスの生の神学（Leben-Jesu-Theologie）と、二〇世紀初頭のその凋落に言及する。そしてこれにユダヤ教の事例を重ねてゆく。イエスの生の神学とはリベラル神学の一種である。一八世紀、啓蒙主義の時代にイエスの生涯に関する歴史批判的な研究がはじまると、ここから、聖書が伝える奇蹟ではなく、人間イエスが教えた道徳的な教説こそがキリスト教の本質であるとする立場が生じた。これがイエスの生の神学である。ローゼンツヴァイクによれば、啓蒙主義時代におこなわれた人間イエスの生涯に関する研究は、強い反教会主義的傾向をもっていた。それらは、教会の「キリスト像を通してイエスのキリスト教を隠蔽してしまった」と主張した。そして、「本来のキリスト教、すなわちイエスのキリスト教が説くことがらは啓蒙自体と異なることはない」としたのだった（Atheistische Theologie, S. 687）。つまり、これらの研究は、奇蹟的で実証不可能な伝説とともに、教会の権威やドグマをも批判することで、キリスト教を啓蒙主義に引き寄せたのだ。

しかし、この道徳的教師イエスというイメージは、ロマン主義の時代にはいるとすぐに受け入れられなくなる。教えの内容ではなく、イエス個人の個性と人格が重要視されるようになるのだ。人格とは、「かつて一度だけ存在し〔いまはもう失われ〕たもの、あるいは死した対象ではない」。それは、「ある人物が成し遂げた事績ではなく、一人の人間の生そのものに内在する、万物を死せるものとしてゆく歴史の力を逃れるような存在」、いわば一人の偉大な人間の生がもつ決して失われることのない魅力のことをいう。ロマン主義者たちはゲーテに接することで、このような人格が存在すると考えるようになった。そして、イエス・キリストについても、人格という観点からその実在をとらえることができるし、時代遅れで硬直した「ドグマを回避するならこのようにとらえなければならない」と考えるようになった（Atheistische Theologie, S. 688）。その結果、一九世紀初頭には、イエスの生の神学はリベラル派神学の流行のテーマとなった。この意味で、「ゲーテの生がイエスの生の隠れた前提となっていた」のである（Atheistische Theologie, S. 689）。

一九世紀の神学が、実証的な歴史学を自らのうちに導入することをためらわなかったのは、人格性に至上の価値が認められていたという背景があったためだ、とローゼンツヴァイクは強調する。一方で、個人の人格性を重視し、それを歴史の動因とみなす歴史観が支配的になった。また他方では、人格の神秘のなかにあらゆる超越的な偉大さを読み込むことができた。この意味でイエスの生の神学は、イエス・キリストの単純な人間化ではなかったのだ。

しかし、このような人格性に対する信仰は、すぐに受け入れることができないものとなった。

> いかなる人間も他者を理解することはできないという感情、隣人との間にはもっとも遠くにいる者と同程度の隔たりがあり、人格性もまたそれぞれの個別性の壁の内側に閉じ込められているという感情が、かの〔人格信仰の〕前提に反抗しはじめたのだ。というのも、この前提によれば、完全な人間的唯一性において理解された他者の生が、そのまま普遍的妥当性をもつし、単なる一人の人間としての人間が、まさにそのようなものとして、人類にとって、かつてドグマの神人が人類にとってそうであったところのものになるとされるからだ。（Atheistische Theologie, S. 689）

つまり、近代的な孤独感や相対主義によって、個別性が何の媒介もなく普遍性へと高められるというロマン主義的な前提は受け入れがたいものとなった。しかし、それにもかかわらずイエスの生涯についての史的研究はその後も進展した。これらの研究は普遍性へと高められることなく歴史の細部へと耽溺していき、歴史批判的な仕方で取り出された人間イエスの諸特性を、同時代の精神的土壌や彼が属した民族の状況に還元しようとするまでになっていた。その結果、ユダヤ人としてのイエス、イエスの東洋的な性格など、学問が描き出すイエスの本質は、人々にとって異質なものとなり、感情的にも受け入れがたいものとなっていった。こうして、右派ばかりでなく左派の神学者の間でも、「一人の人間が信仰の焦点の明るい光に耐えることはできない」、つまり、イエスという一人の人間に信仰の核心を見出すことは難しいという見解が強くなった（Atheistische Theologie, S. 689）。その後、プロテスタント神学では、この歴史的な神学に代わって、観念的、哲学的な神学が主張されたり、また学問のなかに歴史的ならびに超歴史的な啓示を再び導入しようとする試みがなされたり、現状は非常に混沌としている。

ローゼンツヴァイクは以上のように近代プロテスタント神学の傾向を叙述したうえで、それと密接な関係にあった近代ユダヤ教について論じはじめる。ユダヤ教においては、伝統的に人格性概念が重視されないが、近代において神学がたどった経過は非常によく似ている。啓蒙主義に対応するように、ユダヤ教では一九世紀になってから体系的宗教哲学が生じた。しかし、すぐにこれらの普遍的な体系の構築は放棄され、ユダヤ教においても歴史的な細部に耽溺するような逃避的な歴史研究が多数生じた。自立的というよりは護教的な根本思考がこれらの研究を規定していた。このような傾向に対してヘルマン・コーエンは哲学の再興をもくろみ、ユダヤ教を道徳的一神教として哲学的に再構築しようとしている。また他方で、「近年ではユダヤ教における啓示の担い手、つまり選民が体系的な考察の目立った対象となってきている」（Atheistische Theologie, S. 690）。

イエスが焦点になるか、イスラエルの民が焦点となるかという差異はあれ、ユダヤ教の現状が抱える思想的問題は、プロテスタント神学の場合と似ている、とローゼンツヴァイクはいう。啓蒙主義の時代に、イエス・キリストが理想的な人間として理解されたように、ユダヤ教の場合にも、啓蒙主義的な宗教哲学体系のなかで選民概念が理想的な共同体として理解されるようになった。しかし、理想的な人間としての性質と神としての性質が、イエスの人格性のなかで結びつきえたのに対し、ユダヤ教の場合、神に選ばれた民と理想的な人間共同体というイメージを、実際のユダヤ人において結びつけることはできなかった。一九世紀初頭のユダヤ人は、理想的な共同体というにはあまりにも惨めな有様だったのだ。

このような背景のもと、近年ユダヤ教のなかで新しい民族理解が生じてきた、とローゼンツヴァイクはいう。この新しい民族理解は、擬似自然科学的な人種理論などを巧妙に援用しつつ、「民族概念を次のように解釈しなおそうとする。つまり、民族はそれが成し遂げたこととは無関係に、単にその実在から、なお存在し続ける権利をえる」というのだ。その際、自然的な特徴が重視され、民族概念が人種概念へと、「フェルキッシュ」なものへと脱精神化された。いまや民族は、人類への固有な寄与ではなく、「血の流れのなかに」その存在の権利をもつとされる（Atheistische Theologie, S. 691）。つまり、今日、この民族の存在の権利を歴史哲学的に基礎づけるときには、かつて啓蒙主義者がなしたようにこの民族によって人類に重要な理念がもたらされたというのではなく、「この民族の「本質〔存在 Wesen〕」によって、世界は快復するだろう」[11] といわれる。いまや、神や啓示とは無関係の、民族の自然的本質から、民族が価値づけられることになるのだ。

こうして、ユダヤ教のなかにも無神論的神学が登場した、とローゼンツヴァイクはいう。

> 人間的なものが神的なものの暴力のもとにあることを——哲学的思考の永遠性においてであれ、歴史的過程の時間性においてであれ——示すかわりに、逆に、人間的なものを神話の天空に自己投影したものとして神的なものを理解しようとする。ここでは民族は人間的な現実性であり、そのようなものとして、実証主義的な面で几帳面な世代に自らを信仰の内容とするよう働きかける。（Atheistische Theologie, S. 692）

ユダヤ教の場合も、信仰の核心を純粋に人間的なものによって説明する神学があらわれた。そしてここでもまた、純粋に人間的なものが本当に信仰の対象となりうるのか、という問題が生じた。このとき、ユダヤ教の無神論的神学は、大胆な解決に出る。すなわち、神話という概念を用いて、民族そのものを啓示にもとづけることなく神格化しようとしたのだ。

ローゼンツヴァイクはここで名前こそ出していないが、ユダヤ教の無神論的神学としてマルティン・ブーバーのことを念頭におきつつ論を進めている。ブーバーは「ユダヤ人の神話」という講演[12]において、実定的な教団や煩瑣な律法――伝統にしたがえばこの律法こそモーセがシナイ山で受け取った啓示そのものなのだが――ではなく、神話こそユダヤ的宗教性の本質であるという理解を提示した。神話とは何か。ブーバーはこの講演の冒頭でプラトンによる定義を借りつつ、神話とは「感覚的な現実性としての神にかかわる事象についての報告」だとしている[13]。これに対しローゼンツヴァイクは、このような神話を宗教性の中心として提示する神学は、最終的には啓示の内容をも神話として理解しようとする、と指摘する。ブーバーの定義によれば神話とは超人間的なものを感覚的な現実性として、つまり、人間的なものとして提示することであった。神話という枠組みのなかでは、啓示や人間の敬虔な態度は純粋に人間的なものとして扱われることになる。

しかしながら、啓示が神的なものであるということを、つまり、啓示が超人間的なものに由来するということを真剣に受け止めるのならば、神と人間という二つの極の間で生じる啓示という事態を、人間の側だけにひきつけて理解することはできないはずである。ローゼンツヴァイクによれば「神と人間の区別」こそ「新しいものから古いものまですべての異教にとっての躓き」であり、啓示の根本的な特徴である。神話はあらゆる素材を人間の感覚的現実性としてとらえるため、外的な権威や価値を認めない。それは自らの外部に存在するような超越的な真理も認めないから、真理であることをそもそも放棄する。しかし、それにもかかわらず神話は、歴史を通して現実的に働いてきた力として自ら提示することで、それが信仰するにふさわしいものであると主張する。神話は歴史を媒介として、現在の現実性と直接に結びつこうとするのだ。こうして、ユダヤ教の無神論的神学は、神話に描かれた神の選民として歴史を通して存在し続けたという事実をもって、現在のユダヤ人をそのまま神的なものとみなすようになる。結果、このような無神論的神学は、「いと高き内容が、ふさわしくない器のなかに下ってくる」という「啓示の思想」を捨て去り、「異教」の神学となってしまった（Atheistische Theologie, S. 693）。

ローゼンツヴァイクの批判は、啓示理解に集約的に向けられている。啓示宗教たるユダヤ教の核心は、神と人間との絶対的な峻別である、この点を蔑ろにする神学は異教的である、というのだ。しかし、彼はさらに次のように続ける。いくら神学が異教的になっていったとしても、その核に存する啓示の思想は人間的なもののなかに押し込められるがままにはならない。「啓示の思想がひとたび歴史の現実性に触れたところでは、この歴史的現実性は、それに影響を受けていないほかの現実性のようには簡単に書き換えられることができないという性格をもつ」のだ（Atheistische Theologie, S. 693）。

彼はこのことを示すために、ブーバーが『ユダヤ教に関する三講話』（Drei Reden über das Judentum, 1911）で導入したユダヤ的人間の「両極性（Polarität）」という概念をとりあげる。ブーバーは同書のなかで、ユダヤ文化や一人ひとりのユダヤ人には根源的な二重性（Urzweiheit）、両極性が刻印されていると論じた。そして、この二重性とそこから生じる統一性への衝動がユダヤ文化やユダヤ人の本質を規定しているとした。もう少し詳しくみてみよう。ユダヤ民族の歴史のなかには、もっとも勇敢な誠実さのとなりに最悪の不誠実が同居する。また、ユダヤ民族のある人々は低劣なペテン師であるのに、この同じ民族が崇高な預言者や救済者を生み出した。あるいはまたブーバーは、原罪神話はすでに善悪という根源的な二重性を人間の内面に見出していたともいう。ユダヤ教にみられる善悪の概念は、単に客体にのみ妥当するペルシアの善悪二元論とは異なり、人間の内面に緊張関係をもたらすとされる。このように、ユダヤ民族は、二つの極の間で引き裂かれているという特徴をつねにもってきた。このとき、ユダヤ民族にあっては「民族の生の歴史は、その根本において大きなスケールに投影された、一人ひとりの成員の生の物語にほかならない」。一人ひとりのユダヤ人において「人間の魂の多様性はつねに二性として現象する」ように、ユダヤ民族の歴史も両極性を示すのだ[14]。

ブーバーはさらに続ける。このような根源的な二重性は統一性への無限の衝動を生みだす。「一人ひとりの人間における統一への、［分裂した］民の諸部分の統一への、諸民族の統一への、人類とすべての生きとし生けるものとの統一への、そして、神と世界との統一への」衝動を。そして、「人間は自らのために神を、自分自身の二性の統一として、自らの苦難の救いとして建立する[15]」。このようにブーバーは――後には自らの見解を訂正することになるが[16]——、この一九一一年に出版された『三講話』のなかでは、ユダヤ人が自らの二重性を解消するために要請するものとして神を理解していた。
ローゼンツヴァイクはこの両極性概念のなかに、神的なものを人間的なものの側へと引き入れるという無神論的神学の特徴とともに、啓示の思想の名残をもみてとる。ブーバーは確かに、この両極性と統一への努力という特徴を、伝統から切り離し、これを人間の普遍的本質のなかへと押し込めてしまった。しかし、統一への憧憬というモチーフだけをみるなら、それは日々の祈りの言葉にもみられることからわかるように、ユダヤ教の伝統的な信仰内容でもある。

両極性は、人間のなかにおかれた律法の要請と心の衝動との間の緊張、あるいはまた興奮した瞬間と日常のルーティーンの間のねじれ、あるいは「神秘主義的」なユダヤ教と「合理主義的」なユダヤ教の間のねじれ以上のものだ。それは召命された民族の選民性と、このユダヤ民族それ自体との間の緊張を意味する。〔……〕ただ対立のみが、測ることのできない形而上学的な緊張へと高まる。このもっとも高次の分裂からのみ、われわれの民族性の永遠の現存在の意味が生じる。〔この意味とは〕無条件の二性を無条件の統一へと宥和させようという、つねに新たに燃え立つ衝動〔に他ならない〕。(Atheistische Theologie, S. 694)

このようにローゼンツヴァイクは、神に選ばれた民族であることと、この民族の実際の状況との間の深い亀裂に、ユダヤ的な両極性の核心とユダヤ民族の存在の意味とをみてとる。それは、無神論的神学がいうような民族に内在的な不変の本質などではない。そうではなく、人間的なものや民族的なものを超えた、未来の神の国における統一へと向かう憧憬なのだ。統一は彼岸にあり、この統一に照らしたときにはじめて分裂は分裂として意味を与えられる。つまり、両極性が本質としてつねに民族やユダヤ人に内在するわけではなく、彼岸における神的な統一を受け入れることが、この両極性の自覚に先行するはずなのだ。そして、この統一を受け入れ、それを憧憬するとき、まさにこの統一が啓示に基づく彼岸の統一であるために、此岸における両極的な分裂自体がまず極限まで高められる。そして、人間的なものの側の分裂が極限まで高まって絶対的なものとなるときに、生の統一が神の統一性を根拠に強く要求される。このときにこそ、「人間的なものはここかしこで打ち破られ、いまや超人間的なものが無神論的神学の領域のうちに裂け目を通して侵入せんとする」(Atheistische Theologie, S. 695) のである。

伝統的なユダヤ教が重視してきた律法の遵守もこの統一の思考との関係で理解される。

> 伝統的にユダヤ教は、統一という課題を、啓示された神の統一性を根拠にユダヤ人に課してきた。また、それは未来における〔一なる〕神の国を承認することを、神の掟にのっとった生の導きを実践していくことに先行させた。これに対し、〔無神論的神学においては〕人間と彼の神とのこの相互関係は、ユダヤの民族の性格のなかにどの時代でも認められるような生の統一への憧憬の歴史的な下位事例となってしまう。(Atheistische Theologie, S. 694)

律法を守ることが自己目的なのではない。神の国の統一性を受け入れることが、神の掟を守って生きることの前提なのだ。神の統一性、そして神の国における人間や民族の生の統一という啓示の思想を受け入れてはじめて、この極限的な分裂は統一されなければならないという憧憬が切実なものとなる。一人ひとりのユダヤ人はこのような憧憬を、自らの課題として受け取る。そして、この課題を、神に与えられた掟を遵守することを通して果たしてゆくのだ。このようにして、統一への永遠の憧憬は、「教え」となり、個人の生を拘束するようになる。

以上、この「無神論的神学」という小論の内容をかなり詳しくみてきたが、ここからいくつかのことを総括的に指摘したい。まず、ローゼンツヴァイクがブーバー的な民族主義と一九世紀的なユダヤ教のリベラル神学を同時に批判する形で自らのユダヤ教理解を提示している点が重要である。ローゼンツヴァイクが彼らの所論を正しく理解していたか、あるいは誠実に読んで批判していたかについてはここでは問わない。重要なのは、彼がそれらのユダヤ教理解の誤りを啓示の喪失に見出したことである。それでは、ローゼンツヴァイクがこの論文で示した啓示理解はどのようなものであったか。その本質的な特徴は、神と人間との決定的な分離を前提とした上での両者の相互関係であった。この関係は、人間の側だけに押し込められることはできない。彼はこのような啓示理解から、民族主義的ユダヤ教理解や合理主義的ユダヤ教理解を批判する。[17]人間と神との関係にかかわることを一方的に人間的なものとして説明してしまう議論はすべて無神論的であり、異教的なのだ。

また、ローゼンツヴァイクは啓示を無神論的神学に対比させる際に、律法の意義にも言及していた。彼は、神の選民としてのあり方とユダヤ人の現況との分裂を自覚し、未来における神の王国の実現を信じながら、統一を憧憬することのうちにユダヤ人としての生き方を見出した。ユダヤ民族は、現実の生においてはみすぼらしい生を送るが、しかし同時に、神に選ばれた民であり啓示の担い手なのだ。この分裂は、神に選ばれた聖なる民と現実的な人間の集団との分裂であるがゆえに、人間側から一方的に埋められることはない。むしろ、現実においてはこの両極性は絶対的なものにまで極大化される。このような分裂の自覚を通して、統一への憧憬はますます激しいものとなる。神に選ばれたために民族に永遠に刻印されることになったこの憧憬を、一人ひとりのユダヤ人は自らに課された課題としてうけとめる。そしてこの課題を、伝承されてきた神の掟にそった生き方を通して、律法の遵守を通して果たしていくのだ。「ユダヤ民族においては、民族の本質の核心であるところのものは、同時に個人に対しては律法となる」のである（Atheistische Theologie, S. 695）。

このようにローゼンツヴァイクは、自らの啓示概念に依拠しながら同時代のユダヤ教に対して自らの立ち位置を定めようとした。それでは、彼が設定した立ち位置はどのようなものだったか。「無神論的神学」は、一見したところブーバーを批判するという構図をとっているが、その内容を詳しくみてゆくときこの論文が必ずしもブーバー批判に終始しているわけではないということがわかる。むしろ、ブーバーの両極性という概念を鍛えなおすことでユダヤ教の本質を新たに論じようとする点には、ブーバーからの強い影響をみることができるといってよい。また、ここでローゼンツヴァイクが示した律法や伝統に関する考え方も注目に値する。ここでは律法の遵守に、民族と個人とを架橋する重要な意義が与えられている。しかし、これは、必ずしも彼が正統派、ないしは伝統主義の立場をとることを意味しない。というのも、単に律法を守り、伝統的に生活すればよいといわれているわけではないからだ。律法の遵守は、啓示を受け入れるときに初めて意味をもつ。それは具体的には、神と人との絶対的な分裂、神の国の到来の確信、分裂の統一へむけた憧憬といった事柄を信仰の内容として受け入れることとされた。このような啓示理解は必ずしも伝統と無縁ではないが、すでに述べたようにブーバーからの影響、そして、より根本的には神と人間との絶対的な離隔に関する当時のローゼンツヴァイク自身の思想に基づくものであったといえる。この意味で、ここでみられる律法の重視は、単純な伝統への回帰とみるべきではなく、伝統の意味を自ら解釈しなおし、律法に自ら意義を与えたとみるべきであろう。

啓示理解へのローゼンシュトックの影響、ブーバーとの差異化

ローゼンツヴァイクは「無神論的神学」における批判を通して、それ以前の自分自身の思想をも批判的に総括し、自身の新たな立場を明確化した。とりわけ、ブーバーから距離をおいたことは、それまで彼自身シオニズムに共感的であったために——少なくともそうみなされていたために——彼にとっても重要だった。ユダヤ民族主義に対する彼のそれまでの態度は両義的であった。彼は大学に入学すると、幾人かのシオニストの友人をえた。そもそもユダヤ民族主義とシオニズムは同じ根をもつ。シオニズムを純粋な政治的運動と解する限りで両者は区別されるが、特に若い世代にとって、両者の区別はほとんどなかった。[18] これらの友人に対しローゼンツヴァイクは、当初から、自分はシオニストではないと強調していたにもかかわらず、友人からはしばしば「無意識のシオニスト」であるといわれた。[19] 彼らの世代においては、ドイツへの同化主義を拒否し、なおかつ伝統的な生活を墨守する正統派の態度も是とせず、さらにまた社会主義や唯物論の立場も取らない場合、ほとんど自動的にシオニ

スト＝ユダヤ民族主義者にカテゴライズされてしまう、という状況があった。
加えて、彼はシオニズムや民族主義に否定しがたい魅力、ないしは力強さを認めていた。一九一一年には次のように書いている。

〔ある講演会でシオニストであるラビの〕エミル・コーンが「現代ユダヤ教における宗教問題」について話すのをきいた。彼は影響力のある話し手だ。僕はこれまでラビからこれほどまで大きな印象を受けたことはない。真に偽りなく話すことができるためには（コーンは少なくとも彼自身の中途半端さには気づいていない）、シオニストでなければならないというのは残念なことだ（しかし、非常に納得がいくことでもあるが）。（一九一一年三月三日付両親宛書簡、BT S. 117）

シオニストに対する同様の肯定的な評価は一連の出来事の後の一九一四年の日記にもみられる。

ユダヤ教の力はシオニストたちのもとに存することになろうが、その魂は離散地のユダヤ人のもとにある。ちょうどこれまでその力は〔経済的に〕豊かな者たちのもとにあり、魂は貧しい者たちのもとにあったように。不幸な者たちが、真のユダヤ人であり続ける。しかし幸運な者たちもまた、ユダヤ教の外的な存続のためになお必要なのだ。（一九一四年六月二七日付日記、S. 165）

一見、シオニストを「真のユダヤ人」ならざる「偽」のユダヤ人として非難しているようではある。しかしその実、非力で外部社会には不可視な「真のユダヤ人」の存続は、世界のなかで実効的に働く世俗的な力をもったユダヤ人の存在があってはじめて可能になる。ローゼンツヴァイクはシオニストにこのような力を認めている。このことを踏まえてもう一度「無神論的神学」の議論をみてみよう。ここで、ローゼンツヴァイクは、ブーバーが神と人間との離隔を、神を参照することなしに、人間の側から安易に埋めてしまっている、そして、このような挙措によって、人間と神との峻別という啓示の本質を、ひいてはユダヤ教の本質を捉えそこなっていると批判した。この啓示概念――暫定的なものではあったが――こそ、一九一三年のローゼンシュトックとの「夜の対話」の結果、ローゼンツヴァイクにもたらされたものだったのだ。

「無神論的神学」で示された啓示理解が、少なくとも部分的にローゼンシュトックとの対話に由来するものであることは以下のことからも理解できる。すなわちローゼンツヴァイクはこの論文で、選民としての拭い去ることのできない意識に言及したうえで、次のように述べる。聖書ではアブラハムの子孫の行く末に関して、「地の砂のようになる」と「天の星のようになる」という異なった表現が用いられている。どちらもその数を増すという意味なのだが、これについてある旧い註解は、この表現がそれぞれイスラエルの民の没落と興隆に対応すると解釈した。このとき、このような解釈が可能だったのは、解釈者が、「興隆や没落というときにそれが何を意味するのかを知って」いたからである。それは、歴史を超えた、絶対的な価値や尺度を知っているということにほかならない。なぜなら「もし、それ自体上昇したり下降したりする物の外部に、絶対的な高さの尺度が設定されていなければ、興隆や没落について論じることに意味はない」からだ（Atheistische Theologie, S. 696）。ローゼンツヴァイクはここで、神と特別な関係にあることを自覚した人間は、自らの外部に絶対的な尺度をもち、天地の別を知ると述べている。つまり、人間は啓示を通して、何が望ましいのか、何が望ましくないのかについての尺度を手に入れる。そして、このことによって、ともすれば人間が万物の尺度となりうるような世界のなかに、天地や善悪といった確固とした方向づけ、秩序づけをえるのだ。

少し後の時期に書かれたテクストにも、同様の見解をみることができる。ここでは、一九一七年一一月一八日に友人ルドルフ・エーレンベルクに宛てた書簡[20]（Urzelle）を参照することで、この議論がローゼンシュトックとの対話に由来するものであることを確認したい。

〔一九一四年のハルツ山地への旅行で〕僕たちは次のような問題について話し合った。純粋に哲学的な、もしくは、何らかの明示可能な基準をもって、啓示を、人間に固有なほかのあらゆる認識から区別することができるか。できるとすればそれはいかにして可能か、と。〔……〕〔僕は当時、〕人間は、自分では自らの「衝動」に従うだけであって、神の声はつねにこの衝動と対立する方向へと人間を呼び出す、という前提〔をもっていた〕。確かに〔このような啓示理解は〕、ただちに間違いというわけではないが、あまりにも貧相だから、いずれにせよ「フリッツ・ケルン」[21]（君が「純粋に哲学的な基準で」と要求したときに考えていたのは彼だったよね）を説得することはできないだろう。せいぜい、ローゼンシュトックのいう「罪人」、つまりは純粋に哲学的な基準になんてもうまともに興味をもつことのないような人間を説得できる程度だ。実際、僕はすぐに不満を感じたのだけれど、中心概念として考察され、問い求められた啓示概念に関するすべての思索は（この概念に対する、綱領のような信仰告白が公刊されなかったのは僕のせいではないんだ。論文「無神論的神学」のことだけれど、僕は確かこれをハルツで君に読み上げたよね）、とにかくすべての思索は結局、歴史哲学的な成果をもたらしただけで、純粋に概念的な成果はえられなかったんだ。去年、僕はローゼンシュトックとの往復書簡で、彼が啓示ということで何を理解しているのか、と率直に尋ねたんだ。彼はこう答えた。啓示とは方向づけである、ってね。啓示の後では、自然のなかに、決して相対化されることのできない現実的な上と下が――「天」と「地」が――存在する〔……〕、そして、自然的な時間のなかに現実的で確固とした前と後が存在する。〔……〕〔この啓示理解は〕驚くべき単純さと豊饒さを備えた思想で、そしてまったく正しい（僕が自分自身であらためて基礎から、この思想にたどり着かなかったとしたら、僕は自分を信頼することができなかっただろう）。（Urzelle S. 125f.）

この一九一七年の書簡でローゼンツヴァイクは、一九一四年――ちょうど改宗をめぐる一連の出来事を経て、「無神論的神学」を執筆した時期――からの啓示概念をめぐる思索の展開を振り返っている。引用部の末尾にあらわれる「方向づけ」としての啓示、世界における絶対的な上下としての「天」と「地」の創設としての啓示という議論と、先に引用した「無神論的神学」の一節の類似は明白であろう。また、ローゼンツヴァイクはローゼンシュトックのいう方向づけとしての啓示が、時間のなかに確固とした前後の関係をもたらすものであるということにも言及している。これは、前章でみた、預言とその成就という独特の時間性のなかに啓示の重要な特徴をみる見方と通じるものがある。彼はこの回想のなかで、絶対的な方向づけとしての啓示理解の起源を、一九一六年のローゼンシュトックからの書簡に求めている。しかし、こうした類似をみるとき、ローゼンツヴァイクはすでに一九一四年の時点でローゼンシュトックの啓示概念を自覚することなしに大筋で受け入れていたとみることができそうだ。

さて、啓示の本質的特徴をめぐる考察では、天地という空間的方向づけと、前後という時間的方向づけが問題とされている。啓示は、時間と空間という人間の認識活動の根幹にかかわるものと捉えられているのだ。方向づけとしての啓示は、人間の認識の枠組みを、生の時空間を新たに設定する。それが設定されることで、人間の認識や行為のすべてが啓示によって意味や価値を与えられることになる。いわば、啓示は人間の生を根本から更新するのだ。ローゼンツヴァイクは、一九一四年の時点では、いまだ明確な概念には到達していなかったものの、このときすでに、時間や空間の意味を変更するものとして、人間のものの見方を根本から変えるものとして啓示を捉えようとしていた。

以上のことを踏まえるとき、「無神論的神学」で主題となっていたブーバーと自身の新しい立場との差異化の意味もはっきりしてくる。ローゼンツヴァイクはブーバーのいう両極性を、神からの召命と人間としての自己との間の葛藤として捉えなおした。このような葛藤は神と人間の関係の一つのあり方であるから、隔絶されてしまった神と個人との関係の回復、あるいは普遍と個物の関係の回復という、以前からの彼の問題意識と連続的だといえる。このとき、ローゼンツヴァイクにとっては、ブーバーの想定する近代ユダヤ人の自己の分裂やその解決法はあまりに人間的で現状肯定的であった。というのも、ブーバーによれば、本来的な宗教性は一人ひとりのユダヤ人に内在する。それを獲得するには、自らの内面へと沈潜すればよい。ハシディズムの賢者やユダヤ民族の歴史に、近代ユダヤ人として抱える葛藤を重ね、それをユダヤ民族に固有の両極性として肯定しさえすればよいのだ。これに対して、ローゼンツヴァイクは啓示というときに、このような自己肯定とは異なる、ものの見方の根本的な変容を考えていた。神と人間との離隔は簡単には架橋されることができない。それは、人間の側だけで解決できるものではない。この離隔が解消されるとすれば、そこには人間ならざるものが何らかの仕方でかかわってこなければならず、必然的に、人間の側にも大きな変化をもたらさずにはおかないのだ。

とはいえ、神との絶対的離隔と、その神との関係の回復を核とするこの啓示理解が、どの程度、ローゼンツヴァイクの実感に即したものであったのかを評価することは難しい。彼はユダヤ人としての生のなかで、すでに神と自己との和解に到達していたのだろうか。こうしたことは史料からはわからない以上、結論すべきではない。また、「無神論的神学」のなかで彼は伝統的な律法の実践に肯定的に言及しているが、このことの評価も難しい。というのも、彼が、正統派の伝統主義的な態度に完全な信を置いているわけではないということは、すでに引用した日記の一節[22]や、彼が自らのことを決して伝統主義者や正統派と名乗らないことからも明らかだからだ。加えて、先に引用した一九一七年の書簡で、ここでみた啓示概念に自己批判が加えられていることにも注意する必要がある。彼の啓示についての理解は、いまだ決定的なものではなかった。

「貧相な」啓示理解——最初期の啓示理解の問題点

前節では、ローゼンシュトックからの影響という点から、一九一四年と一九一七年時点での啓示理解の連続性を確認した。しかし、連続性ばかりでなく、先に引用した一九一七年の書簡に明確に表明されている差異を確認しておくことも重要である。ローゼンツヴァイクはそこで一九一四年時点での啓示理解を「間違い」ではないが「貧相」であったとしている。また、当時の啓示をめぐる思考は、歴史哲学的な成果はもたらしたが、概念的な成果はもたらさなかったとも述べている。ここでいわれる一九一四年の啓示概念の「貧相」さとは何を指すのだろうか。指摘されているのは、人間の衝動と神の召命の対立という構造である。確かに、「無神論的神学」で論じられた「両極性」概念にも、神人の離隔の強調のなかにこのような構図をみてとることができる。あるいは、一九一四年の日記には、預言者の自己意識という主題でまさにこの構図が論じられている。引用してみよう。

預言者の個人性においては、少なくとも預言の瞬間は預言者自身と神との区別は顧慮されない。神自身が預言者の口を通して話す。預言者は自己自身を顧みるやいなや、啓示に対して、人間としての反抗が彼のなかに目覚める。そうであるから、イエスの自己意識は絶対的に預言者の自己意識ではない。彼は、つねに自己と神との区別を顧慮し、この区別をつねに廃棄する。彼は、「主なる神はいう」とはいわない。むしろ〔……（史料欠損。福音書からの引用がはいる）〕という。（一九一四年七月九日付日記、BT S.169）

ここで、ローゼンツヴァイクは預言者の自己意識――彼らに対しても神は直接臨んだにもかかわらず、イエスの場合のように新しい宗教がそこからはじまることはなかった――と、イエスの自己意識を比較することで、啓示における預言者の役割やユダヤ教とキリスト教の相違を考察している。一部史料が欠損しているが、ここで彼がイエスの自己意識として取り出そうとしている事柄は比較的はっきりしている。いくつか福音書から引用してみよう。「あなたがたが聞いている言葉はわたしのものではなく、わたしをお遣わしになった父のものである」（「ヨハネによる福音書」第一四章第二四節）。「わたしを拒むものは、わたしを遣わされた方を拒むのである」（「ルカによる福音書」第一〇章第一六節）。このように、イエスは、つねに自己と神が異なるものであることを意識しながら、そのうえで、自らと父なる神を同一視する。それは、彼が冷静に語るときも、聖霊を受けて語るときも変わることがない[23]。イエスは神の意を受けて神の言葉を語るということをはっきりと自覚しながら、有名な山上の教訓における「わたしはいっておく」のように一人称で語ることができるのだ。

ローゼンツヴァイクによれば、これは、それ以前のユダヤ教の預言者にはなかったことだ。彼ら預言者もまた神の言葉を語るが、その際――文学的なスタイルのためであるにしても――彼ら自身の自己意識「わたしが」が生じることはきわめてまれである。彼らが自らの言葉として吐き出すのは、預言者としての自らの運命に対する嘆きであり救いを求める神への祈りである。あるいはまた、神の言葉から逃れようとするヨナや預言者としての召命にとまどうモーセ、預言を求めた王に対して「もし、わたしが率直に申し上げれば、あなたはわたしを殺そうとするのではないですか」（「エレミヤ書」第三八章第一五節）と預言を渋るエレミヤを考えてみてもよい。彼らの人間としての自己意識は神の言葉を語ることを喜んではいないし、ましてや全権を委任されたものとして振る舞うようなことはないのだ。

　このように、一九一四年頃ローゼンツヴァイクは預言の本質を、預言者個人における神の言葉と人間的本質の対立だと理解し、ここに啓示の一つのモデルケースをみていた。そして、イエスについては、このような通常の預言者性から外れた事例、神の受肉という別種の啓示であると考えた。しかし、後の彼の考察では、啓示が一人ひとりの人間を拘束するのは、神との直接的な対面や、神の言葉の直接的な襲来に限定されていない。そこでは、儀礼や宗教的な暦に沿った生の現実のなかでの、一人ひとりの人間と啓示の関係が考察されており、神の意志と人間本性の対立という単純な図式も登場しない。

　以上のことから、ここでいわれる「貧相」さとは、神と人間の分離と対立という図式が、単純で形式的にすぎることを指すと考えられる。それは、結局のところ、善なる神の召命――ダイモンの囁き、良心の呼び声としてもよいだろう――と悪しき人間の本能の葛藤という古典的な二元論的図式の焼き直しにすぎなかった。彼が啓示と人間の関係ついてこのような借り物の図式を用いて思考せざるをえなかったのは、一九一七年の書簡で彼自身が回想するように、啓示とは何かという概念的な考察が不足していたからである。

　この問題にとどまらず[24]、概してローゼンツヴァイクのこの時期の思想には、『救済の星』へと結実する重要な思想の萌芽がみられる一方で、それらはいまだ十分には考察されていない。また、彼自身にとってユダヤ教とは何なのか、あるいは、啓示とは何なのかという問題についても明確な答えを出すにはいたっていない。彼は、彼の決断の実存的根拠を問うルドルフ・エーレンベルク宛の書簡を次のような言葉で結んでいた。「アブラハムは〔神から息子を犠牲に捧げることを求められる前に〕彼の息子を犠牲に捧げる準備ができていたにちがいないということ、これがユダヤ人の内的な生の原像なのだ」（一九一三年一一月四日付ルドルフ・エーレンベルク宛書簡、S. 143）。ローゼンツヴァイクは一連の出来事の後、まずはユダヤ人であることの内実を、さまざまな具体的な実践に先立つ「準備」や心構えとして定義した。こうすることで、差し当たってこれらの問題に具体的な答えを与えることを先延ばししたのである。

神との隔たりと交わり

本章では改宗をめぐる一連の出来事の後でローゼンツヴァイクが啓示について考えたことをたどってきた。しかし結局のところ、彼がいう啓示とは何なのだろうか。これまでの分析からわかるように、彼は非常に大きな意味で啓示という語を用いながら、その意味を捉えなおそうとしている。加えて、前節でみたようにこの時期の啓示概念の内容には自身の思索の成果と借り物の思想とが同居しており、この意味でも彼の啓示理解の全容は捉えにくい。しかしこれに続く時期、彼はこの時期の思索を基礎として、啓示についての思想をさらに展開させてゆくから、彼が啓示ということで何を問題にしようとしているのか理解しておくことは大切である。そこで本節では、本章のまとめとして、これまでの議論を振り返りつつここまでの彼の啓示概念の内容を簡単に概観する。その後で、改宗をめぐる一連の出来事が彼の思想の展開のなかでもった意味を明らかにしたい。

すでに述べたように、啓示宗教における啓示とは、一般的には神が人間に対して自らを顕わすことを指す。ユダヤ教においては神がモーセに臨み律法を授与したことが、また、キリスト教においてはイエス・キリストにおいて神が人間の姿をとって世界にあらわれ福音を告げたこと、そして死をもって人類の罪を贖ったことが、それぞれ啓示の核心とみなされる。また、その他にも聖書に描かれた預言者などへの神の顕現や神の言葉の聴取も、神が人間にあらわれるという意味で啓示である。ローゼンツヴァイクも、こうした神と特定の人間との直接的なコミュニケーション――歴史的啓示――を啓示の事例として取り上げることがある。

しかしながら、ローゼンツヴァイクにとってこれらの神と人間との直接的な交わりは、啓示についての考察の中心的対象とはならない。なぜなら、彼は既存の宗教のドグマが、近代的文明の前で説得力を失い、もはや信じるに値しなくなった地点から論じはじめているからだ。神は呼びかけられることもなく忘れられ、多くの人にとって神は完全に疎遠なもの、空想上のもの、存在しないものとなってしまった。このような時代には、仮に聖書に書かれたように神の声が人間に臨んだり、神の姿が人間にあらわれたりしても、人間はそうした出来事を合理的に説明しようとし、決して神に関係するものとしては理解しないだろう。つまり、現代においては聖書の時代のようには神と人間との直接の関係は生起しないのである。ローゼンツヴァイクのこのような時代診断については本書の第二章にみた通りだ。

しかし、彼はこのような時代に生きながら、ローゼンシュトックとの対話を通して、啓示宗教が人間の生にとってなお重大な意味をもちうる――とりわけ罪からの救済という局面で――ということを確信した。してみれば、神が人間に対してもはや直接顕現することがないようなこのような時代に、啓示宗教――それはあくまで神と人間との関係を中心とする――の肯定的意味をどのように表現し、その真理性を論証することができるのか。このような問いが彼の考察の出発点だった。その際、一度はキリスト教への改宗を決意し、後にユダヤ人として生きることに決めたという彼の二重の決断が、その後の啓示の意味の探究に独特の視点と方向性を与えることになった。彼は自らの決断に誠実であるために、キリスト教とユダヤ教の救済の主張の両方を承認することになったのである。一般的には、キリスト教の救済の教義は普遍的で、その外部にユダヤ教の特殊な救済を認めない。他方、ユダヤ教の側も、通常イエスをメシアとして、つまりキリストとして承認することはない。つまり、両方の主張を承認するということは一般的には不可能なのである。そこでローゼンツヴァイクは、近代的文明が依拠する経験的、実証的学問に基づく世界理解を異教的なもの、つまり非啓示的なものとみなし、それに二つの啓示宗教を対比させることで、近代社会に生きる人間にとっての二つの宗教の意義を同時に肯定的に描き出そうとした。ここから啓示は、これら二つの宗教の共通の中心を指す概念として用いられる。

とはいえ先に述べたように、ユダヤ教とキリスト教はその具体的な教義のなかに、互いに他の宗教の正当性の否定を含むから、両者の共通項として取り出される啓示概念の内実を積極的に規定してゆくことは難しい。このためローゼンツヴァイクはそれぞれの宗教の伝統的教義に頼ることなく、近代社会やその諸前提との対比から啓示の内容を少しずつ描き出そうとする。そこでまず取り出されるのが、学問的真理に対する啓示の真理である。経験的科学や実証主義に基づく世界理解は、完全に世界に内在する仕方で世界のあり方を認識し、そこには確かな真理性がそなわる。これに対し、啓示の内容は世界の他者をも含みこんだ知であり、世界に内在的な真理とは異なる真理性をもつ。この啓示の真理のなかでは世界内的な論理は通用せず、その真理性を世界内的な仕方で実証することもできないが、ともかく啓示もまた固有の真理を有しているとされる。

ローゼンツヴァイクは次に、このような啓示に特有の真理のあらわれ方、証明のされ方として、歴史のなかでの預言と成就という関係性に注目した。啓示は、世界の外部——神——と世界との関係についての知を与える。このとき、世界の外部から到来する出来事は、ただ事後的にのみ説明することができる。これは、自然法則について知っていれば、現在や過去の情報に基づいて次に起こることを予測することができるという実証的学問の発想とは大きく異なる。世界の外部の働きを問題とするからこそ、啓示の真理性はただ事後的に確認できるだけであり、また未来の救済についての予告の真実性はただ告白され証言されることしかできないのである。ここから、啓示は時間についても、独特の見方をもつということがわかる。それは単に、何年か前の過去に神が万物を創造し、何年か先の未来に最後の審判をおこなう、ということではない。世界の他者による世界への介入や干渉を考慮に入れることで、もはや均質的で単線的な時間理解（真理との兼ね合いでは因果律）が維持できなくなるのである。この意味で、啓示は独特な時間性としても表現される。

このような啓示理解の根本には、啓示は、世界と世界の外部の関係についての知をその内容とするという理解がある。そして、ローゼンツヴァイクのこの時点での神概念にも、この考え方が強く反映されていた。それが、人間的なものに還元することのできない神、人間的な世界から隔絶された神という観念だ。神は人間や世界にとって端的に他なるものであり、そのような神と人間との関係もまた、人間的な知によって論じることができないのだ。ここには、普遍者と個別の人間の離隔に由来する罪を、宗教によって救済するという「夜の対話」以前の思想の残響を聞きとることもできるだろう。ただし、人間的なものと神的なものを端的に対立するとみなすこのような理解は、幾分図式的であり、彼自身その二年後には「貧相」な理解であったと反省している。つまり、彼がこのような神理解を最終的なものとはとらえていなかったという点は強調しておかなければならない。神と人間との関係は、より複雑でニュアンスに富んだものであることが徐々にわかってくるのだ。

また、啓示が、世界内在的な真理や認識枠組みとは異なる種類の真理や認識枠組みとして理解されるとき、それは人間が経験的に知るのとは異なる価値や真理、世界像を与えることになる。啓示は人間に、通常の時間性とは異なる時間性を与え、通常の価値とは異なる価値を示す。このことを指してローゼンツヴァイクは啓示は人間に方向づけを与えるというのだ。これが、友人ローゼンシュトックの影響を受けた啓示理解であったということは、先にみた通りである。

啓示についての思想と聖書

このとき、啓示とは結局のところ聖書のことなのではないのか、神とはヘブライ語聖書の神であって、彼は、聖書の世界観を哲学的に論じようとしたのではないのか、という疑問が起こる。この問題は単純ではない。確かに彼が論じる神は、聖書——旧約、新約——に登場する神である。二つの啓示宗教に共通する神、聖書に書かれた仕方で人間に対して自らを告知した神である。したがって、ローゼンツヴァイクがいう啓示の内容も聖書の内容と深く関連している。しかし、彼は啓示や神についてのこうした考えを聖書に依拠して説明するということはなかった。言い換えるなら、聖書の記述を自らの思考の出発点とすることはなかったのだ。

このことは、同時代の正統派に対して彼がとった距離から理解できる。伝統的に聖書は神の言葉を記した書物として理解されてきたし、その内容は人知を超えた神的な真理であるとみなされてきた。また、正統派の人々は、聖書テクストの高等批判など、近代のさまざまな学問的成果にもかかわらず、こうした伝統的見解を信仰として保持するという決断をした。これに対し、ローゼンツヴァイクはこうした伝統的理解を額面通りには受け入れない。近代ヨーロッパ人であるローゼンツヴァイクにとって、聖書のテクストが、歴史的、人間的に成立したものであることは明白であった。それは、事実の一側面として、古代アジアの神話の一つにすぎないのだ。このことを知りつつ、なお信仰として伝統的な聖書観を保持することは、それを知らずに伝統的な世界観のなかで生きることとは根本的に異なる。ローゼンツヴァイクが正統派（とりわけ彼が目にしていた近代西ヨーロッパ的正統派）を退けるのはこの点においてである。彼には、彼らのやり方が欺瞞的にみえた。彼はこの後、ユダヤ教の伝統へ学びを深め、実践的にも伝統に接近してゆくが、正統派に対するこのような批判は保持し続ける。

彼が聖書の内容に直接依拠して神と人間の関係を論じることがないのもここに理由がある。聖書は、確かに何らかの意味で神についての真理を含むにせよ、自身の思想の足場とするには、あまりに不安定であった。当時、彼のユダヤ教についての知識はわずかなものであったし、また、部分的にはこうした知識の不足のために、伝統的な啓示観——神がシナイ山でモーセに律法を授与しそれをモーセが書き記してトーラー（聖書）ができた——を正統派のように信仰することができなかったのである。

むしろ彼にとっては、歴史的啓示の真実性が決定的に疑われるようになった現在でも、なおそれを信仰している人々がいる、という事態の方がすぐれて真実であった。それは、単に事実であるばかりでなく、驚きでもあった。ユダヤ人として生きる決意を告げた書簡で、彼はローゼンシュトックから受けた衝撃について次のように書いている。

〔……〕ローゼンシュトックの単純な信仰告白によって、僕は一撃で武装解除されてしまった。ローゼンシュトックのような人間が自覚的にキリスト教徒であるという事態が〔……〕、僕がこれまでキリスト教について、そして宗教一般について、さらには自分自身の宗教について考えていたことをすべてひっくり返してしまったんだ。（一九一三年一〇月三一日付ルドルフ・エーレンベルク宛書簡、BT S. 133）

ユダヤ教にとどまる決断を弁解するために、キリスト教徒の友人に対してキリスト教からの影響を低く提示している文脈ではあるが[25]、この告白には真理が含まれている。あらゆることが疑わしくなった後にも、宗教は人間の生に対して大きな意味をもちうる。この事実は、科学に還元されることのない、近代文化にかき消されることのない宗教の実在性と自立性を証示している。ローゼンツヴァイクが自らの思索の基礎においたのは、まさにこの事実であった。ここから彼は、一方で歴史のなかでの教団や共同体の実在の意味を歴史哲学的に問うことで啓示の世界史的意義を問い、他方で、自分自身にとっての啓示の意味を問う。

以上、一九一四年頃のローゼンツヴァイクの啓示理解——とりわけその理論的側面——を簡単にまとめた。ローゼンツヴァイクはこのような着想を基礎にさらに啓示についての考察を深めていく。そしてそれが『救済の星』へと結実していくのだ。その際、啓示概念はさらに根本的にさまざまな角度から取り上げられることになる。そこでは啓示の問題は個人的、実存的な問題とも接合され、歴史的な啓示の意味や実定的宗教の役割の問題が考察される。また、啓示と言葉、真理、歴史、生との関係が、理論的、実存的両面からさらに深めて考察されることで、彼の啓示概念はさらに豊かな内実をもつようになる。このため、彼が啓示という語を用いて指示する内容も、具体的歴史的なものから抽象的理論的なものまで多岐にわたるようになり、一見するところより曖昧になるようでもある。しかし、彼の考察を導く根本的な動機は変わらない。すなわち、神と人間との直接的な交流が断たれた現在、啓示宗教はどのような意味をもつのか、また、自身が感得した現代人にとっての啓示宗教の必要性をいかに表現するか――ユダヤ人として生きる決断をキリスト教徒の友人に弁明するという動機もある――、そして、世俗化した現代人はどのようにして再び啓示宗教の重要性に気づくことができるのかといった問いが彼の思想的、実践的歩みを導いてゆくのだ。

また、ローゼンツヴァイクは、本章でみたように、啓示概念を具体的な宗教の教義から切り離し、きわめて抽象的な仕方でその意味を探求する。しかし彼は、ユダヤ教とキリスト教という具体的な啓示宗教の現実なしに、人間が啓示の真理を感得できるとは決して考えなかった。啓示は、単に世界内在的な真理や思想の他者として、否定的な仕方で描き出されるだけでなく、人間の生を根本から規定するような人間と神との関係として実体的な内実をもつ。とはいえ、神との直接的交流が断たれたいま、この内実はこれまでに起こった歴史的啓示の記録やそれについての具体的理解や伝承、告白や証言の歴史、すなわち聖書や実定的教団についての分析を通して埋められてゆくほかはない。ローゼンツヴァイクはこの後、彼のもう一方の関心、つまり個人的、実存的問題関心を追求するなかで、実定的宗教――その聖典や儀礼、戒律――の意味や役割について考察を進めてゆく。そして『救済の星』の後では、教育や伝統的律法への実践的取り組みを通して、伝統的なユダヤ教にますます接近してゆくことになる。

三　改宗をめぐる一連の出来事の意味

最後に、かの「夜の対話」や改宗をめぐる一連の出来事を境とした変化という観点から、ここまでのローゼンツヴァイクの思想を総括してみたい。これらの出来事は、彼の思想にどのような意味をもったというべきであろうか。まず、七月のキリスト教への改宗という決断に際して、罪とその救済という問題が重要な位置を占めていたことは間違いないだろう。このことは、彼がキリスト教の贖罪の教義を正当なものとして承認したことを意味する。しかし、彼が改宗を取りやめ、ユダヤ人として生き続けることを決めた直後の思想を観察するとき、そこにユダヤ人の罪と救済をめぐる実存的問題についての答えを見出すことはできない。彼は友人に対しては、このような具体的で実存的な問題に答えることをさけつつ、日記のなかで解決を見出せないままユダヤ人と堕罪の関係として考察を重ねたのだった。他方で、彼は自身のそれまでの歴史哲学的思想を救済史へと組み替えることによって、ユダヤ教の救済についての教えを理論的に裏づけようとした。このような取り組みには、ユダヤ教固有の意義をキリスト教に対して擁護するという目的もあった。そして、結果として、壮大な救済史の構想——それは少なくない問題を孕むものであったが——をこの時期に確立したのだった。

以上のように総括するとき、キリスト教への改宗という第一の決断が、彼にとって具体的な目的と必然性への確信をともなったものであったのに対し[26]、改宗を取りやめる第二の決断は、内的な確信のみをともなうものであったといえる。このとき、第二の決断にともなう内的確信が、純粋に宗教的なものであったのかどうかを評価することは難しい。書簡集の編集者によれば、ローゼンツヴァイクはキリスト教への改宗の準備を進めながら、地元カッセルでヨム・キプールの礼拝に出席しようとした。しかし、彼の母親に「共同体の醜聞」であると非難されたことから、仕方なくベルリンでヨム・キプールを迎えたという（BT S. 126）。多くの研究者も指摘する、彼と母親との間の緊密で共依存的ともいえる関係[27]を考慮するとき、彼をユダヤ教へと引き止めたのは、必ずしも宗教的な動機だけではなかったかもしれない。

むしろ、重要な点は、彼の啓示についての思索がまさにここからはじまったということである。そして、どのような理由に基づくにせよ、いまやこの思索はユダヤ教を起点とすることがはっきりとしたのだ。本章でみたように、彼の啓示概念は十分に考察されたものではなかった。彼は、民族主義的なユダヤ教理解に対して、啓示の重要性を強調することで自らのユダヤ教理解を差異化したが、そのときに用いた、神の召命と人間の衝動の対立という啓示理解は、図式的でごくありふれたものだった。彼はこの時期、啓示とは何か、そして、そもそもユダヤ教とは何であるのかというところから、既存の伝統に頼ることなく、自分で考えていこうとしたのである。一連の出来事は、このような啓示をめぐる思考のスタート地点として理解すべきであろう。

このことを踏まえて、次章以降の見通しを簡単に述べたい。新しい出発としての一九一四年ころの思想は、大きく分けて二つの異なった課題を内包していた。一つは、理論的課題ともいえるものである。彼はこの後、護教的な救済史の構想をさらに発展させ、これをより包括的なものにすることで、この課題にこたえようとする。

他方の課題は、実存的課題とでもいうべきものであった。彼が、一人ひとりの人間の罪とその救済という問題にこだわってきたことはこれまでに見た。そして、この問題について「無神論的神学」は、伝統的な生活や律法の遵守という観点からいくばくかの説明を与えていた。すなわち、シナイ山で啓示を受けて以来、興隆と没落を繰り返しながらも民族のなかには、聖なる民であることに向けた憧憬が受け継がれてきた。これを、一人ひとりのユダヤ人自らの課題として受け取り、律法に即した生活を送ることを通して、彼は普遍者にして罪を救済するものである神との関係性を回復するのである。しかし、ローゼンツヴァイクの議論では、伝統的な生活の実践——これは内的な確信によらず実行可能である——に、ある種の神学的なテーゼの引き受けが先立つことになっている。[28] 単に律法を守ればよいという解決法はとられていない。改宗をめぐる出来事の直後、神学的な理念としてのイスラエルの民への帰属の問題として言及された問いが、なお、未解決のままのこっているのだ。このような引き受けがいかにしてなされるのか、いかにして可能であるのかについては、この時点では具体的なことは論じられない。彼は引き続きこの課題に取り組んでいく。

これらの二つの課題は、互いに関連したものであった。というのも、一方は啓示の世界史的な意味や真理性の証明の探究であり、他方は同じ啓示が個人に対してもつ意味の探究であった。一九一六年ころまでローゼンツヴァイクは戦場でさまざまな本を渉猟し、啓示やその他の事柄についての知識と思索を深めていく。しかし徐々に、この二つの課題を統一的に論じることが困難になってくる。この結果、一方では理論の問題は、図式的で歴史哲学的な一般論として考察されていくのに対し、実践の問題は主にユダヤ教の宗教教育をめぐる諸論文と実際の活動のなかで主題化されていくことになるのだ。[29]

第Ⅱ部

啓示概念の探求と『救済の星』　一九一五―一九一九

第五章　ユダヤ人に「なる」こと――ユダヤ教教育への取り組み

一　ローゼンツヴァイクとユダヤ教宗教教育の問題

宗教教育とユダヤ人に「なる」こと

本章では、ローゼンツヴァイクの宗教教育論の展開を取り上げる。以下にみるように、彼は一九一七年前後から晩年まで継続的に宗教教育の問題に取り組んだ。それは、哲学的、理論的考察を補完する補助的な活動ではなく、中心的活動の一つであった。事実、彼が世に知られるようになったのは、「時はいま」(Zeit Ists)[1]というユダヤ教の教育改革を訴える論文の出版を通してであった。本節ではまず、これまでに論じてきた事柄と宗教教育への取り組みの関係を明らかにする。

ローゼンツヴァイクは、宗教教育というテーマにこの時期偶然行き当たったわけではなかった。すでに一九〇九年、ハンス・エーレンベルクがキリスト教に改宗する決断をしたとき、次のように述べていた。

目で見られ、口で味わわれ、耳で聞かれ、はっきりと目にみえるように実践された宗教なしには、宗教の授業は役に立たない。少なくともわれわれ「ユダヤ人」にはそうだ。この点についてわれわれの場合は、キリスト教徒の場合と異なる。もちろん、〔ユダヤ教に関する〕義務的な授業がおこなわれるようになればそれは大きな進歩であるから、このことは宗教政治的な要求の中心にもってこられなくてはいけない。これに比べれば、会衆の法権利上の位置づけなどはまったく重要ではない。というのも、もしそのなかで秩序づけられるユダヤ人が存在しないのであれば、もっとも麗しいユダヤ人の公安秩序が何の役に立とうか。(一九〇九年一二月五日付両親宛書簡、BT S. 96)

啓蒙主義の時代以降、ユダヤ人の子弟もドイツの公教育を受けるようになっていたが、そのなかでユダヤ教の宗教教育が一律に義務的に課されるということはなかった。そもそも宗教教育をおこなっていなかった共同体も多く、子どもにユダヤ教の宗教教育を受けさせたい場合には、家庭教師を雇うなど私的に機会を設けなければならないことも多かった。ローゼンツヴァイクは、上に引用した書簡で、若者のあいだでのユダヤ教への関心の低下を、宗教の衰退などという大雑把な説明で済ませてはならない、と述べている。そして、宗教的活動の形骸化や、宗教教育の不足といった問題に目をつぶり、法権利上の要求を掲げることに汲々としているユダヤ人共同体の姿勢を批判した。すなわち、日々実践される宗教的活動を充実させることがなにより重要であり、その上で適切な宗教教育がひろくなされるべきだ。こうしたことがおこなわれないのであれば、いずれ実質的にユダヤ人としての生を送る者がいなくなってしまうわけだから、ユダヤ人のために法権利を獲得しようとも無意味である、と。

ローゼンツヴァイクは、一九〇九年に抱いていたこの問題意識を、一九一七年にいたるまでもち続けていたといえる。リヴカ・ホルヴィッツは、ローゼンツヴァイクの思想における宗教教育の位置づけを論じた論文で次のように述べている。ローゼンツヴァイクは、「彼自身の世代を、啓蒙主義以降のドイツ・ユダヤ人社会による不全な教育の産物であるとみなしていた。多数派は、偉大なドイツ社会の成員となることをめざし、彼らのユダヤ的な過去や未来、出自や希望を無視し、完全に現在のなかにのみ生きようとする。彼〔ローゼンツヴァイク〕のプランは、仲間のユダヤ人を周縁部から中心へと連れ戻すことであった[2]。

この計画にかける彼の思いは並々ならぬものであった。彼は、「時はいま」でユダヤ教の宗教教育に関する自らの理想を公表した後、実際に、ベルリンにおけるユダヤ教学アカデミーの設立に関与した。しかし、そこで運営方針をめぐる争いがおこり敗北すると、今度はフランクフルトで成人教育のための施設、自由ユダヤ学院を立ち上げた。ローゼンツヴァイクは一九二〇年のはじめからこの学院の立ち上げに参加し、病のため学院を自ら運営することができなくなっても、その運営状況に大きな関心を寄せていた[3]。

この問題への彼のこだわりは、次のような経緯からも読み取ることができる。彼は軍隊から復員した際、就職と生活の自立について先行きの不安を抱えていた。しかしそれにもかかわらず、恩師マイネッケに大学で歴史学を講じるよう勧められたのを断ったのだ[4]。本書の序において一度引用したように、「学問的な好奇心や美的なものに対する飢え」はもはや彼を動かさない、彼の関心はいまや知識や学問ではなく「人間」そのものにある、というのがその決断の理由であった（一九二〇年八月三〇日付フリードリヒ・マイネッケ宛書簡、BT S. 681）。同じ書簡で彼は、もはや認識は自己目的たりえないとも述べている。むしろ、認識は「人間への奉仕」でなければならない。ここにおいて彼の関心は、すでに大学における高等教育から、人間同士で問いかけ学びあうことというより広い意味での教育に移っていたことがわかる。ここで示唆された人間が互いに問いかけあう場こそ、この手紙が書かれた直後にカリキュラムがスタートすることになる自由ユダヤ学院にほかならなかった。彼は、専門家としての知識を備えたアカデミアの世界ではなく、十分な知識をもつとはいえないユダヤ教の成人教育という場においてこそ自分が求められ、また同時に自分がそれを求めていると意識していた。

ローゼンツヴァイクの強い問題意識から、彼の思想全体のなかでの教育論の重要性を理解することができる。それは決して余技のようなものではなく、彼の他の仕事と深く結びついていた。彼は先に引用したマイネッケ宛の書簡で、自らの変化を「（完全に教授資格取得可能な）歴史家から（決して教授資格を得ることはできないであろう）哲学者」への変化だと述べた（同書簡、BT S. 680）。つまり、彼はアカデミアを離れて在野の一教育従事者になることを、知識のための学問に従事する歴史家であることをやめ、自ら考え哲学を練り上げる者になることと理解していたのだ。彼にとって教育は生とかかわるものであった。そして、彼の哲学もまた生の問題と不可分であった。この生の問題を媒介として、教育に関する問題は彼の哲学の重要な部分を構成することとなる。

具体的には、彼は宗教教育への取り組みを通して、これまでの章で問題になっていた、一人ひとりのユダヤ人とユダヤ教との関係に解答を与えようとした。彼が論文「時はいま」を発表したのは一九一七年、ちょうどローゼンシュトックとの往復書簡のなかで、彼自身とユダヤ教との関係という問題が再び前景化した後のことだ。彼は、「時はいま」と続いて書かれた論文「教育、限りなし」(一九二〇)においてまさにこの問題を取り扱った。そして、後者の論考で彼が到達したのが、一人ひとりのユダヤ人が教育の手助けをうけ、自覚的な「ユダヤ的人間になる」というモデルであった。これは、当時の常識的な理解に反する。というのも、宗教的にみても人種的にみても、ユダヤ人はユダヤ人であり、あらためて「なる」必要などないからだ。ローゼンツヴァイク自身の思想の発展にとっても、この課題の自覚化は、大きな意味をもった。

以下にみてゆくように、彼は人間の形成、陶冶という古典主義的な教養の理念を堅持する。教育は人間に知識を詰め込むことではなく、人間が生のなかで出会うさまざまな問題に対処することができるよう自己を作り上げてゆくことをその理想とする。また、彼によれば、現代社会においては、人間の命運は民族の命運と不可分であり、人間の形成たる教育もまた所属する民族と密接な関係をもつ。このために、ローゼンツヴァイクの宗教教育論においても、ユダヤ人としての自己を形成すること、イスラエルの民の一員としての意識をもつこと、「教育、限りなし」での言葉を用いるなら教育を通して、あらためてユダヤ人になることが大きなテーマとなってくるのだ。

教育の問題をめぐって論じられる「ユダヤ人になる」という主題のなかに、啓示と個人の関係や宗教と実存をめぐるローゼンツヴァイクの思想の核心がある。というのも、ここに、一人ひとりのユダヤ人とユダヤ教との関係が集約されてくるからだ。啓示の問題も当然無関係ではない。事実、彼の教育論においては、ドイツにおけるユダヤ教という具体的現実に即して、宗教や啓示が一人ひとりの人間に対してもつ意味が考察される。ここには、実定的なユダヤ教に関するローゼンツヴァイクの見解の進展をみることができると同時に、次章以降で論じる理論的な考察の進展を支える重要な見解が含まれている。ローゼンツヴァイクの前期思想は、本章にみられるような実践にかかわる考察と、次章以降検討していくような理論的考察が、二つの重要な柱となって成り立っているのだ。以下、ローゼンツヴァイクが教育一般について考えたこと、ユダヤ教の教育について考えたこと、そして彼がユダヤ人になることとして考察していた事柄を順にみてゆきたい。

教育と生、教育と民族——論文「民衆学校と帝国学校」

「時はいま」を発表する前年、ローゼンツヴァイクは「民衆学校と帝国学校」(Volksschule und Reichsschule)[5]という小論を執筆した。これは、友人ヴィクトル・エーレンベルク(一八九一—一九七六)[6]が戦争中にドイツの教育改革について小論を書いたのに呼応して、自らも同じテーマを論じたものだ。[7]このテクストは公刊こそされなかったが、友人たちの間で広く回覧された。ローゼンツヴァイク自身もこの小品を気に入っていたようで、一九二二年には、遺稿集が編集されるとしたら収録するようにとも書いている。[8]

彼はこのなかで、自身の体験に基づき、ドイツの公教育の具体的カリキュラム——数学や歴史、語学教育——のあるべき姿について具体的に論じる一方、教育一般の意義について次のように書いている。

> 学校は、それ自体では生ではない。学校とはむしろ生への教育〔Erziehung zum Leben 生へと教え導くこと〕である。〔……〕それは現在の生につかえなければならない。さもなければ、それは生き生きとした現在の学校であることをやめるだろう。(Volksschule und Reichsschule, S. 372f.)

教育は、現在の生に役立たなくてはならないから、社会において必要とされる技術などは教えられなければならない。とはいえ、科学技術が進歩し、生におけるその重要性が高まった時代においても、単にそれだけを教えればよいというわけではない。実用性を軽視する古典主義時代の教育は、今日では確かに実践的にはまったく時代遅れであるが、あの時代にドイツの教育に導入された理念や精神は「正しかったし、現在もなお正しい」。この精神は「人間を目の前の課題にむけてしつけるのではなく、人間をどの課題にも対処できるよう力強くする」ことを目指す（Volksschule und Reichsschule, S. 373）。つまり、目の前の課題をこなすことができるように生徒に知識や武器を与えるのではなく、むしろ人間を形づくることで将来にわたってさまざまな課題に自分の力で対処できるようにすることを目標とする。これこそが教育の本質である。ドイツにおいては伝統的に大衆の教育とエリートの教育が隔てられてきたが、どちらもこの同じ精神から発しなければならない、とローゼンツヴァイクはいう。教育は、人間の形成を通して人間を生へと導く。「生へ」。これはローゼンツヴァイクの思想の要となる概念であった。よく知られるように、死に対する旧来の哲学の無力を厳しく批判することではじまる『救済の星』はまさにこの「生へ」という言葉で結ばれている（SE S. 472）。また、すでにみたように一九〇六年、医学部から転出し歴史学を志したころには、科学的に対象を観察することと自らが生きることとを分離せずにひとつの営みとして実践しようとし、聖句「ラハイ・ロイ」（「創世記」第一六章第一四節）をモットーとして当時の日記帳の劈頭に掲げた（Tagebuch III S. 1）。つまり、ごく早い段階から、ローゼンツヴァイクの関心は自分自身も含めた人間の生の意味の探究に向けられていたのだ。彼は、一九一六年頃、戦場での読書メモ（Paralipomena）[9]に次のように書きつけている。

「生とはままならないものである［ショーペンハウアー］」（タレスからヘーゲルにいたるまでの成果は、たかだかこの命題であったといってよいかもしれないが、これはここでは哲学することの根拠である）。僕は（だからこそ！）それについてあらためて考えようと思ったのだ。（Paralipomena, S. 92）

哲学はいまや生のままならなさと不可分である。タレスからヘーゲルにいたるような「「したがって」の哲学（die Philosophie des „Also"）」、「幾何学的な方法に基づく哲学」が明らかにしたのは、この生のままならなさとそれに対する哲学自身の不能であった。今や、この生のままならなさを前にして、「哲学することの罪深い渇望」は論理的に整除する幾何学的方法ではなく、並列的に束ねてゆく百科事典的な方法、言い換えるなら「「〜と」の哲学（die Philosophie des „Und"）」へと向かっている。これが現在の哲学の趨勢であり、ローゼンツヴァイク自身の『ヘーゲル「と」国家』という問題設定もまさにこのような状況から生まれたという。

ローゼンツヴァイクはここから新しい哲学の方法についても考察を進めるのだが、これについては後の章で扱う。ここでは、生のままならなさこそが、現在哲学することの根拠であり、取り組むべき課題であるとされていることに着目したい。哲学をおこなうに際して、知と生を切り離して考えることはもはや不可能であった。だからこそ人が知を獲得する過程としての教育は彼にとって重要な哲学的な問題でありえたのだ。

このことを踏まえて、もう一度ローゼンツヴァイクの教育論に立ち戻ってみたい。「教養教育（Bildung）は生を顧慮してなされなければならない」（Volksschule und Reichsschule, S. 382）。ここでいわれる生とは、ただ漫然と生きることではない。もしそうであれば、そもそも生が人格の陶冶や教育と関わることはないからだ。また、生は一人の人間の中で完結するものでもない。それは世界のなかでの生であり、他者とともにある生である。だからこそ、教育は自己目的化した知識の獲得であってはならず、生の現実のなかでいき逢う予測不能な問題に対処するための力を涵養することを目的とするのだ。

ローゼンツヴァイクは若者の教育を論じるにあたり、彼らの生を強く規定することになる要素を三つあげている。すなわち、彼らが属す民族、人間社会を取り囲む自然、そして諸民族が闘争を繰り広げる国際社会だ。ローゼンツヴァイクによれば、現代の人間は自らを、民族と運命をともにする者として、自然を支配する者として、そして、戦争状態にある諸国民の世界のただなかに飛び出した者として見出すことになる。近代人の生は彼が属する民族や国家と不可分であり、また、技術を用いた自然の制御とその利用も彼の日常である。加えて、指導的な職業に就く者は、国際的な舞台で、民族を代表して諸民族に伍してゆかなければならない。若者は、このような現実のなかで生きることになる。したがって、教育は若者がこうした現実を生き抜くことができるよう、人間を形作っていくものでなければならない。

このような議論のうち、教育と民族の関係についてさらにみてゆきたい。彼は個人と民族の関係をどのように論じているのだろうか。ドイツの公教育を論じたこの小論のなかで、彼は大衆のための教育機関である「民衆学校（Volksschule）」に対し、ギムナジウムなどのエリート層の教育機関を「帝国学校（Reichsschule）」と呼ぶ。そして、両者は同一の基礎教育過程と教育精神を共有しなければならないとしたうえで[10]、民族とこれら教育機関の関係について次のように述べている。

帝国学校は国民の教養教育の統一に、より一段深い仕方で取り組まねばならない。民衆学校は、国民神話の統一をすべての民衆〔民族〕にもたらすことに成功し、この教養教育の統一に関する自らの役割を果たしてきた。このような神話のなかで古典文学は重要な位置を占めている。しかし今日、この統一は失われてしまっており、このことが、民衆が「二つの国民」に分裂していることの本質的な理由となっている。帝国学校は〔民衆を〕導いていく者たちのために意識の統一を増進しなければならない。このような意識の統一が、先の神話の統一のもとにもなっているのだ。（Volksschule und Reichsschule, S. 394）

民衆学校においてはドイツの国民文学――これこそが現代ドイツの国民神話にほかならないとローゼンツヴァイクはいう――の鑑賞を通して民衆の意識を統一し、帝国学校においてはより広範な歴史教育や言語教育を通して、指導層となるべき若者の間に同様の意識を醸成しなくてはならない、というわけである。二つの学校は教育課程と内容こそ異なるものの、ともに国家の教育機関として統一的な精神に基づいて運営されなければならない。

このような意味で、ローゼンツヴァイクは「一つの民族に一つの教育」と主張するのだ[11]。教育が統一的な精神に基づいてなされたなら、大衆とエリートといった階級の分断や対立は起こらない。このようにして、教育は民族の意識の統一に寄与するべきだとされる。

このとき、このような意識を身につけた指導者層――ここには、政治家や学者のみならず医師や技術者なども含まれるが――は、諸国民の世界に「ひとかけらのドイツを携えて出てゆき、植えつける」。つまり、彼らは「特別な民族の使命（Volksmission）」をもって諸国民に対する教師として世界に雄飛してゆく。自らがもつ理念や技術をドイツ的なものとして自覚し、それを用いて諸国民からなる世界と対峙し、場合によってはそれを教示する。こうすることで彼らはドイツ性を世界に宣教する役目を果たすようになるのだ（Volksschule und Reichsschule, S. 380）。

このように、教育を通してそれ自体では無国籍であるはずの技術や理念にも民族性が刻印される。そして、人間は民族に属するものとして生きるようになる。教育は、世界における人間の一つひとつの行為に民族という色合いを与える。このことは、具体的に彼の行動の内容を変えるわけではない。彼がおこなう行為自体は、教育の精神には依存しないからまったく同じでありうる。しかし、ローゼンツヴァイクによれば、このように教育がなされた場合、この同じ行為は民族との関係のうちにおかれることになる。いまや彼は単に無国籍の一般的な人間として行為するのではなく、民族の一員として行為し、生きるようになる。そして、彼によってなされた事柄もその民族の事績としての意味をもつことになるのだ。

つまり、教育は制度として運営されることで民族の統一的な意識を醸成する。また、一人ひとりの人間に対してはこの意識をはぐくむことで、民族への帰属をうながす。このような帰属により、その後、人間は自らの行為や存在を民族との関係において理解するようになる。いわば、ものの見方の枠組みが変容するのだ。

それでは宗教教育の問題はここにどのようにかかわるのか。ローゼンツヴァイクは次のように書いている。民族は、日常言語を共有するだけでなく、国民文学もまた共有しなければならない。このような文学は民族に「敬虔さと祖国への誇りの言葉」を与えるだろう。キリスト教の授業も適切になされた場合、同じような効果をもつという。「たとえ簡素な形式であっても、現実の生が揮う諸力に向き合うような〔宗教〕授業、すなわちある程度護教的な、より正確にいえば、宣教的な宗教の授業だけが後の生に影響を残しうる」(Volksschule und Reichsschule, S. 379)。ローゼンツヴァイクはここで、宗教教育を担う宗教者が唯物論や相対主義と渡り合うような授業をおこない、生徒を教会共同体へと導くのであれば、大衆のための教育機関のみならずギムナジウムのような高等な学校においてすら、宗教教育は生徒の生のために有意義でありうるだろうというのだ。

しかしながらローゼンツヴァイクは次のように続ける。

> 宗教教育の詳細を論じることについては、〔これまでの叙述で〕断念しなければならなかったし、〔今後も〕断念しなければならない。というのもプロテスタント、あるいはカトリックの宗教授業を論じるためには、ユダヤ人のわたしには適性と個人的な経験が欠けている。〔……〕また、帝国学校におけるユダヤ教の授業については、わたしはこれからそれを推進してゆこうとはおもうが、それは一般の関心を引くにはあまりに固有な条件のもとにある。(Volksschule und Reichsschule, S. 404)

このように彼は宗教教育の意義を認めながら、ユダヤ人として、キリスト教的な宗教教育については論じることができないとする。それではユダヤ教の教育ならばこの枠組みのなかで論じることができるかといえば、そこにもまた固有の困難がある。ただちに起こる疑問は、ドイツの公教育のなかでユダヤ教の宗教授業をおこなうことは、ドイツ民族の統一意識の醸成にどのような役割を果たすのか、というものであろう。むしろそれは民族意識の分裂を促進してしまうのではないか。実際、この点についてローゼンツヴァイクは家族や友人からただちに批判を受けた。しかし、彼はこの点について反論したり、宗教教育を論じた部分を追加することでこの論文を補強したりすることはなかった。

仮に、帝国主義的目標のなかにドイツ民族としての意識の統一の可能性を求めていたとしたら、あるいはコーエンがしたように普遍的な理念の統一性のなかにドイツ性とユダヤ性の一致を求めたとしたら、ドイツ民族の統一という枠内で二つの宗教教育を並存させて論じることができたかもしれない。あるいは、もし彼が宗教教育を重視しなかったとしたら、この問題に言及しないでおくこともできただろう。こうした回避策を取れば、論説はより包括的なものになり、出版も容易になったはずだ。

しかし、ローゼンツヴァイクはこのいずれの立場もとらなかった。彼は、民族意識の形成において、歴史や言語、文化といった過去からの遺産がはたす役割を重視した。過去を度外視して夢想されるような未来には信をおかなかったのだ。さらに彼は、宗教教育に関する自らの理想を教育一般の理論のために歪めたり、その価値を貶めたりしようともしなかった。彼は、自らのドイツ公教育に関する理論が、宗教教育という点において破綻することを自覚しながら、この理論的不備を修正しようとはしなかったのである。[12] 彼はこの「民衆学校と帝国学校」をこの理論的欠陥とともに放棄し、あらためてユダヤ教の宗教教育を論じてゆく。

宗教教育への実践的関心の高まり——ユダヤ教指導部の再評価

ローゼンツヴァイクはテクストの修正を拒んだ後も、しばらくの間、論文「民衆学校と帝国学校」を公刊する方法を模索した。しかし、結局ふさわしい媒体をみつけることはできなかった。彼は続く著作「時はいま」において「民衆学校と帝国学校」での問題設定を踏まえつつ、ユダヤ教の宗教教育について論じた。彼はこのテクストを一九一七年三月の中ごろに書きはじめ、およそ一週間で書き上げている。出版までにはやや曲折があったが、最終的には一九一七年末にヘルマン・コーエンが編集を勤める『新ユダヤ月報』(Neue jüdische Monatshefte) 誌に論文の冒頭を掲載し、翌年に別刷りのパンフレットとして出版するという形がとられた。

本章の冒頭で論じたように、彼は公的な教育課程におけるユダヤ教の宗教授業について、かねてから問題意識をもっていた。一九一六年の夏ごろ、「民衆学校と帝国学校」を執筆する直前からは、この問題にさらに大きな関心を寄せるようになる。きっかけは、家族からの手紙を通して、地元カッセルのユダヤ人共同体が宗教授業について議論していたこと、そして、フランクフルト大学に神学部を設置する話があることを知ったことだった。このころから、ユダヤ教の教育問題を単なる理想論としてではなく、実際的な問題として考察するようになる。

このことと関連して、一つ指摘しておくべきことがある。それは、ユダヤ人共同体についての彼の評価の変化だ。実際的な問題として、つまり、現実の共同体の問題として宗教教育をとらえることを通して、既存のユダヤ人共同体に対する彼の見方が変わったのだ。ローゼンツヴァイクがユダヤ人として生きることを決意したとき、彼はブーバーらのユダヤ民族主義的な立場を批判したが、実際には、そこから強い影響を受けていた[13]。序にみたように、ブーバーは、魅力を失っていた当時のユダヤ教の多数派に対するオルタナティブとして、若者の支持を集めた。この意味で、ブーバーに対する肯定的な評価は、同時に、リベラル派であれ穏健な正統派であれ、妥協を重ねながら宗教共同体を維持していこうとする姿勢に対する幻滅をも意味した。事実、一九一六年の夏、ローゼンツヴァイクが宗教授業の問題について考えはじめたとき、彼が共同体の指導層や多数派に抱いていた印象は、否定的なものであった。

ユダヤ教には、生産的な文化の力が完全に欠落している。これはユダヤの宗教の責任である。これに対して、人種それ自体は決して非生産的ということはない。個人が宗教的共同体から自らを引き離したところでは、あらゆるところでこのことがわかる。たとえば、(スピノザを基準にするとよいのだろうが)、カール・マルクス、シュタール〔政治学者、フリードリヒ・シュタール〕、ディズレーリ、使徒パウロ、「ヨハネによる福音書」の記者、メッセル、ハイネ〔……〕。(一九一六年九月一一日付両親宛書簡、FPB S. 233 / BT S. 224)

つまり、宗教的共同体はユダヤ人の文化的創造力にとって足かせのような存在になっていると述べているのだ。

公教育での宗教授業について関心を寄せはじめたローゼンツヴァイクは、若干の皮肉をこめて次のように述べている。

僕は一度、ドイツの反シオニスト的な多数派が、彼らのいうユダヤ教の概念（「〔民族や人種ではなく〕ただの宗派」）のために、実際に何をしているのかをはっきりとみてみたいと思う（一九一六年九月一八日付両親宛書簡、FPB S.243 / BT S.227）

つまり、ドイツへの同化を目指すユダヤ人の多数派は、自らをユダヤ教徒のドイツ人であると自認し、ユダヤ教をひとつの宗教、ないし「宗派（Konfession）」と規定するのだが、彼らがこの宗教としてのユダヤ教を維持するために何をしているのか確かめる、というのだ。現実として、宗教としてのユダヤ教の魅力は低下している。ユダヤ教を宗教であるとみなすユダヤ人の多数派が、宗教としてのユダヤ教の形骸化や陳腐化に対して無策であるならば、それは彼らの方針に誤りがあることを示すだろう。

彼は共同体の精神的指導を担ってきたラビの見解を知るために、戦地に一九一六年のドイツラビ同盟一般総会の決議報告書[14]を取り寄せた。これが彼に驚きを与えることになる。この報告書を読みながら彼は両親にあてて次のように書いた。

昨日、ラビ総会の議事録を呼んで、自分との大きな違いがはっきりとわかった。とはいえ僕は、このときはじめて誇りをもって「われわれの」ラビと考えることができたという点をおいても――このような考えはかつては僕に生じえなかった――、この議事録から多くのことをえた。このラビ集団に関して、ドイツにおいては実際何も改革されるべきことはない。そのほかの点の改革からはじめ[15]（つまり会衆から、そしてまた宗教授業を通した会衆の改革、精神的な運動を通したユダヤ教のあり方の改革から）、彼らに関してはここからさらに発展していかなければならない。このラビ集団自体は、僕がかつて考えていたように、恥ずべき汚点というわけではなかったのだ。（一九一六年一〇月一九日付両親宛書簡、FPB S. 281 / BT S. 259）

宗教教育問題へのラビたちの熱心な取り組みや議論をまのあたりにして、彼らに対する見方は一変した。かつて抱いていた不信感は消え去り、むしろ彼らの取り組みを評価するようになるのだ。より正確にいえば、ローゼンツヴァイクはこの報告書を通して、ラビたちは彼らにできる取り組みをすでにさまざまな仕方でおこなってきたということを知ったのだった。彼らの議論は、信教や教育についての自由というリベラリズムの原則を尊重しつつ、いかに宗教授業を義務的に課すことができるのかという問題を前に行き詰っていた。ローゼンツヴァイクは、ラビたちと自らの考えの違いがはっきりとした、ラビではなく平信徒の会衆の側が変わってゆかなくてはならないと書いているが、それはこのような事態を踏まえている。ローゼンツヴァイクはラビたちのこれまでの取り組みを真摯に受け止め、そのうえで彼らに対して批判を投げかけることで、建設的なやり取りをおこなうことができるという確信をえたのだ[16]。

この変化はブーバー、コーエンと並ぶ第三の参照点の獲得として、ローゼンツヴァイクの思想の展開のなかで重要な意味をもつといえる。すでにみたように、彼はブーバーらに代表されるユダヤ民族主義的な立場の勢いと若者に対する影響力の大きさを評価していた。彼自身はこの運動から距離をおこうとしたが、それ以上に、かつては共同体の多数派に同調することができなかった。ローゼンツヴァイクにとって多数派の共同体といえば地元カッセルの共同体であったし、より身近には彼自身の両親がそれを体現していた。父ゲオルクはカッセルのユダヤ人社会の顔役で、共同体の運営のために多くの資金的な援助をおこないながら、自身はほとんど宗教的な事柄に関心をもたなかった。また、近縁のエーレンベルク家は、一九世紀に啓蒙主義的なユダヤ教教育を推進したザムエル・マイヤーを祖先にもつが、二〇世紀の初頭にはハンスやルドルフなど多くのキリスト教への改宗者を出していた。共同体の多数派のなかで、宗教のもつ意味はそれほどまでに小さくなっていたのである。

彼が、ブーバーから距離をおこうとしたとき、それに対する釣り合いの錘となったのはヘルマン・コーエンへの尊敬であった。しかしそのコーエンにしても、彼の講義での威容に比して、書かれて印刷に付されたものは見所が少なかった。実際、ローゼンツヴァイクは、コーエンがブーバーの『ユダヤ人』誌に対抗して企画、出版した『新ユダヤ月報』について、その内容の悲惨さにおいて赤面を禁じえない、と述べている（一九一六年一〇月二二日付両親宛書簡、FBP S. 288 / BT S. 260f.）。コーエンとブーバー、そして既存のユダヤ教に対するこのような評価の間で、一九一四年の「無神論的神学」の段階ではローゼンツヴァイクはドイツ・ユダヤ教のなかでの自らの立ち位置をはっきりと見出すことができていなかったようにみえる。

しかし、自らの教育論「時はいま」をコーエンへの公開書簡という形式で『新ユダヤ月報』に掲載したとき、彼は次のようにいうことができた。すなわち、「ブーバーがなしたことのなかでもっとも重要なものは、コーエンとの論争である。とはいえ僕は、ブーバーに対して、コーエンに対するのと同じくらい遠く隔たっているのだが」、と（一九一七年三月一〇日付両親宛書簡、FBP S. 440 / BT S. 364f.）。このとき彼は、シオニストでありユダヤ民族主義者であるブーバーと、リベラリストでありドイツ・ナショナリストであるコーエンという、この時代のドイツ・ユダヤ教の論壇を規定した両極に対して自らの位置を見定めたといえる。彼らに対して、ローゼンツヴァイクは、ドイツにあってユダヤ人であることを重視するのだ。

どういうことか。本書の序においてみたように、ユダヤ民族主義やシオニズムは、ユダヤ人を人種や血統として定義し、世界各地に離散したユダヤ人の連帯を模索する点において、インターナショナリズムに近い性格をもっていた。それは、しばしばユダヤ・ナショナリズムとも呼ばれたが、自らの国家も領土的な基盤ももちあわせていなかった二〇世紀初頭の段階では、言語的、地理的、民族的同一性に基づく通常のナショナリズムとは多くの点で異なっていたのである。この枠組みのなかでは、たとえばドイツに生まれ、育ったという事実はいとも簡単に意味や価値を失う。これに対しコーエンの思想も、人類性という高次の普遍性のなかでユダヤ性とドイツ性の対立を解消しようとする点において、ドイツ人であることばかりでなく、ユダヤ人であることもまた特殊性として捨象してしまう。コーエンがドイツ語で、つまりカントの言葉で、聖書の預言者について語るという身振り――これこそがローゼンツヴァイクを惹きつけたのであったが――は、彼の著作の理論的枠組みのなかでは意味をもちえなかった。

つまり、ブーバーとコーエンというドイツのユダヤ教を代表するオピニオンリーダーは、ともにドイツに生きるという文化的地域的特殊性を自らの思想に反映させることがなかった。もちろんだからこそ、彼らは同時にドイツを超えヨーロッパ全体に影響力を及ぼしえたのだが[17]。

これに対しドイツのラビたち、すなわち共同体を宗教的に指導していくはずの層は、宗教や伝統への関心が低下していく状況のなかでさまざまなしがらみや時代遅れの遺物とともにそれを保持するという、勝利の見込みのない撤退戦を戦っていた。彼らは、シオニズムとも、ユダヤ教の伝統を覆し解体してしまうような急進的な改革運動とも、さらにはあらゆる種類の改革を拒絶し独自の共同体を組織しようとする新正統主義とも対決しなければならず、結果的に見栄えのするあらゆる主張から自らを遠ざけなければならなかった。このために、彼らの取り組みや思想は、もはや、共同体の宗教的実践から遠ざかってしまった一般のユダヤ人の関心を惹くものではなくなっていたのだ。

以上のことを踏まえるときに、ローゼンツヴァイクが教育問題への関心を通して、共同体のラビたちを肯定的に評価するようになったことは意義深い。というのも、ドイツという地域的特殊性においてにユダヤ教を保持してきたのはまさにこの人々だったからだ。彼らを肯定的に評価することができたことで、ローゼンツヴァイクのドイツ・ユダヤ性をめぐる考察には実践のための参照点が与えられた。これによって、ローゼンツヴァイクは単にブーバーとコーエンを理論的に批判するだけでなく、自らの思想の現実性を測るための一つの基準点をもったといえるだろう。

二　「ユダヤ的世界」の再建――論文「時はいま」「ユダヤ的世界」への参入

それでは、論文「時はいま」においてローゼンツヴァイクは何を主張したのか。彼はその冒頭で先の報告書に言及している。

一九一六年の夏にこの問題を取り扱ったラビ総会の報告書は、意図的にか意図せずにか次のような想定に依拠していた。つまり、あたかも組織に関する表面的な問題をのぞけば、基本的には、キリスト教の宗教授業にとっての本質的な困難、つまり〔……〕悟性による働きかけを通して情感を発達させることの困難しか存在しないという想定である。しかし実際には、ユダヤ教の宗教授業の問題はそれとはまったく異なる問題だ。ここでは〔……〕自分を取り囲む世界の事物に向き合うための感情の中心点を作り出すことではなく、そのほかの教養世界から本質的に独立した「ユダヤの領域」に〔子供たちを〕導きいれることが問題になっている。(Zeit Ists, S.462)

ドイツ社会はいかに世俗化したとしても本質的にはキリスト教文化に基づく社会である。だから、キリスト教の宗教教育は青少年が社会生活をおこなうにあたっての情操を育むことを目指すことでありえ、その際の困難は、学校教育における授業という形式でいかに感情に関する事柄を育むことができるのかという点に尽きる。しかし、ユダヤ教の場合はそうではない。ユダヤ教の事柄は、ドイツにおける社会生活から独立した固有の領域を形成している。ユダヤ教は一般的な社会生活の外部であり、それなしで社会生活を送ることもできるのだ。実際、ドイツのユダヤ人は「多くの場合、これまでの三世代のあいだに家庭のユダヤ的性格をほとんど喪失して」おり、子供にユダヤ教の宗教授業を受けさせることもなくなっていた（Zeit Ists, S.462）。また、多くの共同体ではそもそもユダヤ教の宗教授業がおこなわれておらず、望む望まないにかかわらず宗教教育の機会をもたないユダヤ人も多くなっていた[18]。だから、キリスト教の場合とは異なり、ユダヤ教の宗教教育は、生徒をこの領域へと導きいれることが目的となる。具体的には、現代においてユダヤ的な事柄が唯一残されている場であるシナゴグと一人ひとりのユダヤ人との間を再びとりもち、各人のなかに「「家庭からは」もはやもたらされることがなくなった感情を作り出す」ことが課題となる。

このような課題設定には、すでにローゼンツヴァイクのユダヤ教理解の独自性があらわれている。彼は次のように書いている。

われわれの礼拝に関する諸々の制度や取り決めは、われわれの三〇〇〇年の精神史において、ユダヤ的な意味において有意義で力強いと自ら証明してきたすべての事柄のための、濾過装置であると同時に貯水タンクでもある。〔……〕

文献史料に限って述べてみよう。確かに聖書に収められた古代の文書はすべての生き生きとしたユダヤ教の源泉であり根拠であるだろう。また、われわれは後代のタルムードやラビ文献のなかにその百科事典をみることができるし、哲学的著作にはそのもっとも精緻な昇華をみることができるだろう。しかしながら、祈禱書こそが、このすべての歴史的なユダヤ教の精髄にして要約、手引書にして記念碑なのだ。（Zeit Ists, S.462）

つまり、聖書やタルムードではなく、現在シナゴグで日々おこなわれる儀礼や祈りのなかにこそ、歴史的に培われたユダヤ教の精髄が現在にいたるまで保持されているというのだ。教育は生徒をここへと導いていくことを目指す。

それでは、単に礼拝に出席すればよいのか、義務的に礼拝への出席を課せばよいのかといえばそういうわけではない。なぜ、人々が礼拝に出席しないのかといえば、そこに内的な必然性が感じられないからである。内的な必然性を感じることができないのは、礼拝に参加することなしに、あるいはより根本的には、ユダヤ教なしに市民生活を送ることができるからだ。ローゼンツヴァイクがいうように、ユダヤ的な事柄はほかの世界に対して自立自存した固有領域をなしている。だから、この領域のなかにあらためて導きいれられることなしには、世俗化したドイツ・ユダヤ人にとって、ユダヤ教の全体は疎遠なものであり続けるのだ。この固有領域に入ってゆくことについては次のようにもいわれる。

> ある人にとって、これらの祈禱書が封をされた書物でないのなら、彼は「ユダヤ教の本質」を理解するばかりでなく、それを自らの内部に、自らの生の一部として所有する、言い換えるなら彼は「ユダヤ的世界」を我が物とする。(Zeit Ists, S.462)

つまり、祈禱書に親しみ、儀礼の場面におけるさまざまな祈りや朗誦される聖句の意味を味得する者は、「ユダヤ教の本質」、そして「ユダヤ的世界」を保持するといわれる。この「「ユダヤ的世界」の所有」、つまり自らを取り囲む近代市民社会に住みながら、なお別種の世界を所有すること、これがユダヤの領域に入ってゆくことなのだ。

それでは、この所有はどのようにしてなされるのか。彼はこの所有が、ドイツ人がギリシア文化に親しみそれを我が物とするようなしかたでなされてはならない、と強調する。すこし長いが引用してみよう。

> われわれは、われわれに根源的に固有なユダヤ的世界を、われわれを取り囲むほかの世界の前段階、ない

しはその要素の一つとして経験してはならない。他の人々はそうしてもよいし、そうすべきである。しかし、われわれはそうしてはならない。われわれにとってユダヤ教は過去の力や現在における特異性以上のものである。われわれにとってそれはすべての未来の目標なのだ。未来であるからこそ、しかしまた、固有なのである。それは、われわれを取り囲む世界を害することもなければ顧慮することもない。そして、それは固有な世界であるからこそ、一人ひとりの魂のなかに固有の言語とともに根づいていなければならない。ドイツ人は――一人のユダヤ人のなかのドイツ人も――聖書をドイツ的に、つまりルター的に、ヘルダー的に、メンデルスゾーン的に読むことができるし、そうするだろう。〔これに対し〕ユダヤ人は聖書をただヘブライ語でのみ理解することができる。さらにいうなら、確かにここ〔聖書の読解〕においては、まさに両者に共通の所有物が存在するから、〔ドイツ語とヘブライ語の〕並存は可能であるかもしれない。〔しかし、〕ユダヤの祈りの言葉に関しては、疑いなく一意に次のことが妥当する。すなわち、それは翻訳不能なのだ。こうなるとこの問題を、もはや文学的素材の紹介にとどめておくことはできないだろう。教室は、そこから共同体の儀式への参加へと続く道がのびる控えの間にすぎない。礼拝についての生き生きとした活動をともなう理解という糸のまわりに、ユダヤ教がその存続のためにつねに必要としてきたもの、すなわちユダヤ的世界が結晶してゆく。(Zeit Ists, S.463)

この箇所を読むと、ローゼンツヴァイクが「民衆学校と帝国学校」において宗教教育を論じることを諦めなくてはならなかった理由も理解できる。ドイツ・ユダヤ人が教育を通して獲得し維持してゆこうとする「ユダヤ的世界」は、結局のところ翻訳不能な固有性であり、ドイツ的には理解されえないということが主張されている。というのも、ユダヤ教は過去の歴史、あるいはそれが生み出して来た聖典や文学に尽きるものではない。ユダヤ教はその固有性において、周囲の他の文化とは独立に、現在のユダヤ人の生にとって重要な実践をともなう現実性である。それればかりか、礼拝においてともに神の王国の到来を信じ、祈ることは、彼らの現在の意味と未来へむけたおこないをも規定する。つまり、ドイツ・ユダヤ人はドイツ社会に安穏と没入してはならないのだ。ユダヤ教は、ドイツ世界を構成する過去の遺産の一部分——リベラル派は、ユダヤ教を道徳的一神教の起源とすることで、ユダヤ教とドイツ社会の調和を主張したことはすでにみた——ではない。ユダヤ人は、未来にわたってこの「ユダヤ的世界」という固有性に固執しなくてはならないのだ。このような洞察がはじめにあったからこそ、彼は宗教教育をドイツの国民統合を促進するようなものとして記述することができなかったのである。

ここでの彼の立場は非常に微妙なものである。ローゼンツヴァイクは、ドイツに生きるという現実や、世俗的教育を通して獲得される世界知を否定することはない。それらは覆すことのできない前提である。その上で、この「ユダヤ的世界」の獲得が目指されているのだ。つまり、ユダヤ性とドイツ性は一人の人間のなかで同居することになる。彼はこれに少し先立つ時期、コーエンの「ドイツ性とユダヤ性」という論文に対する短い書評のなかで、このような二重性について考察している[19]。すなわち、ユダヤ人は、「諸民族のすべての精神的な財に対して異質なものであることを強いられる」。ユダヤ人は、非ユダヤ的な知識や文化に参加することを許されてはいるが、ユダヤ人としてこれを受容したりこれに付け加えたりすることはできない。ユダヤ人は、他なる文化への参与を認められる代償として、「もっとも内的な魂において、自分の本質から疎外される[20]」。

つまり、ドイツにおけるユダヤ人はドイツ・ユダヤ人というあり方において、二重の意味で疎外されているのだ。すなわち、外的にはドイツ社会から疎外され、内的には自己自身から疎外される。そして、少なくともドイツに生きる限りにおいては、ユダヤ人はこのような二重の自己疎外から逃れることができない。どちらか一方に決断することは不可能なのだ。彼はドイツ性とユダヤ性とを理念的に一致させてしまったコーエンを批判した上で、次のような解決を提示する。すなわち、このような二重性は逃れられない。このことの意味と必然性は、「啓示の歴史という歴史的＝超歴史的な観点から」ドイツの歴史を眺めることで認識することができる[21]。つまり、救済史におけるユダヤ人の役割を自覚することで、このような地上における二重性を不可避なものとして認識すべきだとしたのだ。

さて、論文「時はいま」に戻りたい。「ユダヤ的世界」の獲得がどのようにして生起するかということが問題であった。先の引用部では、「ユダヤ的世界」はシナゴグで行われる礼拝への主体的な参加を通して、そのまわりに自然に結晶するようにして獲得されるといわれている。それは、固有な言語、つまりヘブライ語とともに魂に根づき、この「ユダヤ的世界」を獲得した一人ひとりのユダヤ人の未来をも規定する。したがって、「ユダヤ的世界」の獲得は、ある固有な世界が個人の魂に根づくことで、未来や現在に対する見方や意志の持ち方が変容するということを意味すると理解してよいだろう。ここでは、宗教と個人の関係という実存的な問題がはっきりと引き受けられている。「ユダヤ的世界」とは、主体の変容にともなって、彼に対して可視的になる、新たな意味をまとった世界のことなのだ。このような主体の変容は、教室で授業を通して起こるのではない。そうではなくシナゴグで起こる。授業は、この変容を助けるさまざまな道具立てを生徒に授けるにすぎない。

さらにもう少し内容に踏み込んでいきたい。この「ユダヤ的世界」は、決して個人的なものではない。それは、変容した主体が新たに獲得する新しい世界像であると同時に、過去のユダヤ人や、現在シナゴグでともに礼拝する人々、そして将来、同様にシナゴグで礼拝を捧げるユダヤ人たちがともにもつ同じ世界像でもある。このような意味でそれは世代をこえて共有され、宗教的共同体の活動を通して、世界のなかで可視的で実在的なものとなるのだ。だから、この「ユダヤ的世界」の獲得は、シナゴグの会衆のなかへと参入すること、彼らと同じように、ユダヤ教に固有な仕方で世界を眺める仕方をみにつけ、共同体の一員となることをも意味する。こうして、個人の運命と共同体の運命が、一人のユダヤ人の生と民族の生とが重なる。

以上のことを踏まえるとき、「ユダヤ的世界」がユダヤ教の本質であり、ユダヤ教が「その存続のためにつねに必要としてきた」核であるということは、次のことを意味するだろう。すなわち、ユダヤ教は歴史的実在であるが、それはユダヤ人の生き生きとした参与なしには存続しえないのだ。このような一人ひとりのユダヤ人の参与が「ユダヤ的世界」を構成する核であり、ユダヤ教の存続のためにはこれが不可欠なのである。ユダヤ教は歴史的に存続してきたが、このことは聖書が伝承されてきたとか、哲学的著作のいくつかが読み継がれてきたとか、そういうことを意味するわけではない。一人ひとりのユダヤ人のユダヤ教への主体的な参与、つまり、「ユダヤ的世界」の獲得が、現実世界のなかでも「ユダヤ的世界」という固有な領域を形作ってきたのであり、この「ユダヤ的世界」が維持されていることこそが、ユダヤ教が生き生きとしたものとして存続するための条件なのだ。つまり、引用部の最後でいわれているように、一人ひとりのユダヤ人が礼拝に関する生き生きとした理解をもち、実際にそれに参加することが、ユダヤ教が今後力をもち続けるためには必要なのである。宗教授業の具体的な目標もここから設定される。それは、生徒にシナゴグや家庭での礼拝についての生き生きとした理解を与え、彼らを主体的な参加へと導くためにおこなわれるのだ。

彼は、このように「ユダヤ的世界」の存続という観点から、儀礼や礼拝、祈りを重視した。「ユダヤ教の本質」は、人種的な固有性にあるのでも、一神教を生み出した民族の宗教的天才にあるのでも、一神教においてはじめて明確に表現された普遍的な道徳性にあるのでもない。それは、むしろ一九世紀を通した改革運動のなかで分裂し、同化主義のために形骸化し、また徐々にではあるが確実に訪れる人の少なくなっていたシナゴグでの日々の礼拝にこそあるというのだ。ローゼンツヴァイクは、この礼拝に惰性ではなく生き生きとした理解をもって主体的に参加してゆくことを求める。

彼が提案する教育カリキュラム案もこのような課題に即したものとなる。たとえば、彼の主張によれば、ヘブライ語教育は必須である。[22] なんとなれば、ユダヤ教の本質が貯蔵されている祈禱書や祈りの言葉は端的に翻訳不能だからだ。これに対して、ヘブライ語教育についての同時代のラビたちの議論はこれほど明快なものではなかった。彼が参照していたラビ同盟の報告書におけるいくつかの議論をみてみよう。たとえば、教育問題に関する基調報告をおこなったトルンのラビ、ローゼンベルクは、ヘブライ語教育を公教育の限られた時間内でおこなうのは難しいから、共同体の運営する宗教学校があるところではそれに任せるべきだとしている。また、ベルリンのラビ、ケーニヒスベルガーは、公教育の現場では、現状、宗教授業がもっぱらヘブライ語の授業となってしまっているため、実質的な宗教的情操を育むことができなくなっていると論じた。[23] 同じくベルリン、シャルロッテンブルクのラビ、ユリウス・ガリナーはこれに反対し、ヘブライ語教育は、生徒や両親がより大きな強制力を感じて取り組む公教育の場においてこそなされるべきと主張している[24]。

つまり、ヘブライ語の重要性については誰もが認めるところであったが、それをどのように、どの程度おこなうのかについては議論がわかれていたのだ。そして、そのなかにはケーニヒスベルガーのように、言語教育は言語教育で有意義であるが、宗教的な情操を育むためにはドイツ語を用いたほうがよいと考えるラビもいた。彼らの議論は、原則的に教育現場の実態や彼ら自身の経験を根拠としていた。また、その議論の多くは、教育上の効果、法制、人材、設備といった実際的な問題をめぐっていた。これに対してローゼンツヴァイクは、まず理念的にユダヤ教の本質を規定し、教育の目標を設定した上で、そこから具体的なカリキュラムを演繹する。彼はこうすることで、実際的な諸問題を前に長期的な目的や理念を見失いがちであった教育問題に関する議論に、再び理念をもたらし、この議論自体を新たに設定した理念のもとに方向づけようとしたのだ。

アカデミーの構想——諸派閥の分裂を超克するために

ローゼンツヴァイクの「時はいま」は、宗教教育の理念の提示と、それに応じたカリキュラムの提案のほかに、もう一つ重要な提言を含んでいた。それは、アカデミーの創設である。ラビの総会でも問題とされていたのが、宗教授業を担当する教員の確保であった。あるラビは、高等教育の場で授業をもつものは大学で学位を取得した者であるべきだと考えていたし、また別のラビは単に学識があるだけでなく、なにより宗教的に敬虔な人物でなければならないと考えた。しかし、条件を絞れば絞るほど人材の確保が困難になる。ラビたちの議論はこの人材の質をめぐる妥協点をめぐって戦わされた。ローゼンツヴァイクはこれに対して、安定的に教員にふさわしい人材を共同体に供給するためのシステム作りが必要だという。それが、アカデミーの構想であった。

ローゼンツヴァイクはここでも理想を説くことからはじめる。教師は卓越した人物でなければならない。かつてラビは共同体のなかで、その宗教的知識の卓越のゆえに卓越した人物とみなされた。しかし、いまや若者たちはドイツの公教育を通して世俗的な学問に大きな関心を抱いているため、宗教的知識だけに通じたラビがこれまで通り授業をおこなったとしても、彼らに侮られてしまう。このため宗教授業を担当する人物は大学で教養を積んだ者、「学問的な教養をそなえた神学者」でなければならないだろう（Zeit Ists, S. 472）。しかしながら近代ドイツ社会においては、大学での学位はもはや特別なものではない。多くのユダヤ人がさまざまな分野で学位を取得しており、博士号すら、かつてラビが体現していたような卓越性を示す指標ではありえない。元来、ラビとは教師の意味であり、このラビの卓越性を中心として公衆が組織された。しかしこのラビの権威は、一方ではユダヤ的な事柄に無関心なユダヤ人が増加してもはやこのような公衆が形成されなくなったために、また他方では、ユダヤ教学の名のもとにユダヤ的な事柄の価値が近代ヨーロッパの諸学問領域の間で相対化されてしまったために低下してしまった。宗教授業の教員についての問題は、教師を中心として形成されるべきユダヤ的公衆の再創設と、ユダヤ教学の建て直しという問題と深くかかわり、これらと併せて論じられなくてはならない。

ローゼンツヴァイクは教師をめぐる問題の現状を、以上のような諸問題の複合として分析した上で、その解決方策としてユダヤ教学アカデミーの創設を提案する。基本的な構想は次のようなものだ。すなわち、アカデミーは知識教養をそなえた人材を十分な数、安定的に輩出する。その結果、彼らが一つの社会階層を形成するようになる。このような階層が、社会に影響力をもつようになると、今度は徐々に彼らを尊敬する公衆が生じる。[25] また、アカデミーでユダヤ教学がキリスト教神学から自立して営まれるようになることで、ユダヤ的な事柄それ自体の価値を見直し再提示してゆく。アカデミーがこのように理想的に機能するならば、ユダヤ教の宗教授業をめぐる多くの問題は一挙に解決されることになるのだ。

彼は、キリスト教の事例を参考にしながらこうしたシステムを構想した。ドイツのキリスト教社会の場合、大学の神学部が「学問的教養をそなえた神学者」を養成し、彼らが宗教教師になっている。そして、彼らは論壇を形成し、社会に対して一定の役割をもつ。ユダヤ教の場合も、「ドイツの大学の枠内に神学部〔をもつこと〕は、大きな、おそらく最大の目標であり続ける」(Zeit Ists, S. 475) のだが、現状では国家からの同意をえられるかどうかは不透明であった。[26] このため彼はすでに存在する人材を組織しなおし、宗教教育の教師として活用してゆくことを提案する。これが、ローゼンツヴァイクのいうユダヤ教学アカデミーだ。このアカデミーは「単なる学問的活動のための組織であることだけを目的としない〔……〕それは同時に多くの高等教育の教員の精神的物質的結合、つまり数字を挙げるなら最低でも一五〇人以上の学問的メンバーのグループになることを目指す」(Zeit Ists, S. 476f.)。つまり、彼はアカデミーを、学者であり同時に教師でもあるような人材の連帯と育成のための組織として構想したのだった。

この構想には、当時のユダヤ人共同体の知的、組織的現状に対する厳しい批判をみてとることができる。第一の批判は、ユダヤ教学に対して向けられる。ユダヤ教学は近代的学問の手法を用いてユダヤ教の古典を研究する運動であったが、ローゼンツヴァイクによればそれは現代キリスト教の思考枠組みで聖書以降のユダヤ教を解釈してしまうという倒錯にほかならなかった。歴史批判的方法を用いるプロテスタント神学は、「詩篇」中の一篇の詩のなかから、「ユダヤ的な狂信的愛国」と「預言者的な普遍主義」とを分けて取り出してみせたり、あるいはまた、民族史および人類史に関する偉大なメシア的預言を記した「イザヤ書」から苦難の僕(しもべ)をテーマとした第二イザヤだけを取り出してみたりする。このような分析は確かに驚くべきものであり、その価値や正しさは認めるよりほかない。「しかし、少なくともプロテスタント的な学問と並んで、〔……〕この対象についての内部からの親密な見方としてのユダヤ的な学問のために場所をつくり、確保しなくてはならない」(Zeit Ists, S. 474)。

つまり、ローゼンツヴァイクの批判は次のようにまとめることができる。まずは、学問の内容に関して。プロテスタント神学の方法を用いて聖書のテクストを批判的に読むと、確かに歴史的な成立過程などの事実はみえてくるのだが、聖書のテクストを断片の集積としてではなく一つの総体としてとらえるユダヤ人の心情からはどんどん乖離してゆく。次に、学問の枠組みに関して。ローゼンツヴァイクは、このままではタルムードや宗教哲学、中世ヘブライ文学についての研究の権威もすべてキリスト教陣営に奪われてしまうという危機感を抱いていた。

彼はこのことを一九一六年秋に両親に宛てたいくつかの書簡のなかで表明している。

> もしすぐに着手しないならば、物事はキリスト教神学の陣営の手中に奪い取られ、いたるところのプロテスタント神学部に「ラビ文献」のための講師か員外教授がおかれることになるだろう。（一九一六年九月一八日付両親宛書簡、FPB S. 243 / BT S. 228）

また、およそ一月後の書簡でも次のように書いている。

> 今日「迫り来る危機」とみなされている事態は、かつて〔一九世紀初頭〕は存在しなかった。すなわち、キリスト教神学の関心が、ラビ・ユダヤ教に向けられたり〔……〕旧約聖書にキリスト教の学問的釈義がほどこされたりする〔という事態は〕。〔……〕**後者**の研究領域に関しては、すでにすべてが奪われてしまった。ユダヤ教の知識人が旧約聖書の見方に生き生きとした影響を及ぼすということは、この見方が固まっていった古典時代がもう終わってしまったために、もはや期待できない。ヴェルハウゼン〔一八四四―一九一八〕はコーエンに影響を与えたけれどその逆はない。――これは時を逸したのであり、何も起こらなければ前者もすぐに時を逸するだろう。しかし、〔……〕もし「ラビ・ユダヤ教」についてのユダヤ的な見解が学問的に可視的になれば〔……〕、つまりラビ・ユダヤ教がその「表現」を見出すなら、おのずからキリスト教的な旧約聖書釈義の一面性も消えうせるだろう〔……〕（一九一六年一〇月二九日付両親宛書簡、FPB S. 295 / BT S. 263f.）

キリスト教徒は聖書を読むとき、「**ユダヤ人のように**追って共感するということができないために、〔たとえば〕ユダヤ人の感情においては世界のメシアと一民族の王がきわめて**ナイーヴに**一つの人格として表現されうるということが理解できない」(同書簡)。つまり、キリスト教徒は、彼らのいう「旧約」聖書に対してユダヤ人がもつような感情や追体験をもたないため、このテクストをユダヤ人が読むように統一的に読むことができないのだ。このとき、もしユダヤ教学がプロテスタント神学に迎合的であり続けそれを反復的に模倣し続けるなら、一方的な関係性が覆されることはない。ユダヤ教学がなすべきことは、ラビ文学などまだキリスト教徒による研究が進んでいない分野で、はっきりとユダヤ的な方法で研究を打ち出していくことである。それによって、ユダヤ教の側が一方的にキリスト教神学の影響をうけるという、学問的偏向が是正されていくに違いない。彼はこのように考えたのだ。

共同体の現状に対する第二の批判は、その同化主義に向けられた。ローゼンツヴァイクは「時はいま」の末尾で、これまでの同化主義を柱とするリベラリズムについて次のように書いている。

〔アカデミーが供給する〕教師は、内外に向かう新たな活気を会衆の現存在のうちにもちこむだろう。われわれはこのような新たな活気を必要とする。大戦がはじまったとき、われわれの多くはドイツ・ユダヤ人に新しい時代が到来したと希望をもって言祝いだ。しかし、その喜びは消えうせた。このことは、真摯にユダヤ的な立場からみれば、むしろ幸運だといえる。大きな変革は、それをなすだけの能力がある者に対しては、外部や上部から贈物として彼の懐にもたらされてはならない。このような者に対しては、彼がそれを受けるに足るほど成熟しないうちは、時は彼に何ももたらさないはずなのだ。現在望まれている外的な権利の平等は、まさにこのような贈物であったといえる。われわれは一人ひとりの個人としては、共同体に対して拒まれ続けているもの〔つまりドイツ人としての権利の平等〕に到達したといえるかもしれない。〔……〕しかし、多数の個人、つまり一人ひとりの人間の総和というものはいまだ共同体とはいえない。〔……〕まずは、このような共同体が「権利の平等」を戦い取るということが重要である〔……〕。ユダヤ人の権利の平等が、われわれ自身によって達成されれば、その後、一人ひとりの個人、すなわちユダヤ人たちの権利の平等がおのずから続くだろう。(Zeit Ists, S. 478f.)

これまでに獲得してきた市民としての権利は、共同体への帰属に目をつぶることで、諸個人に漸次与えられてきたものだ。しかしこれらすべての権利は、物質的には共同体に益をもたらしたかもしれないが、「理念的にはむしろ益がないだけでなく、損害」だった。むしろ、「共同体自体が、みるものに感銘を与えるような統合において、内部〔の成員〕に対して影響力を揮い、また外部に対して可視的なものとならなければならない」。そうすれば、一人ひとりのユダヤ人は共同体に帰属しているのに、外部社会はそこに重要性を見出さず一人の個人としてしか扱わないという現状もなくなるだろう(Zeit Ists, S. 480)。

端的に述べるなら、ローゼンツヴァイクは市民権の漸次的獲得は共同体の破壊につながると論じたのだ。実際に、市民権の獲得に応じて共同体の自治権は失われていったし、人々の宗教への関心も低減していった。また、組織としても、改革派と正統派、そしてシオニズムの間で共同体は分裂していた。だからこそ、ドイツ・ユダヤ人はまずは宗教的共同体として充実し、外部のドイツ社会に対して統一的で可視的なものとならなければならない。というのも共同体への帰属という特性を無視しては、ユダヤ人はユダヤ人でありえないからだ。彼は、ドイツ社会のただなかで、ユダヤ人がしっかりとした内実と外観を備えた宗教的共同体として一つにまとまることが重要だと主張する。

しかし、それはどのような共同体なのだろうか。正統派、改革派、シオニズムの各派がそれぞれ独自のユダヤ教像を主張するとき、ローゼンツヴァイクはどのようなユダヤ教像や統一的な共同体のイメージを描くのだろうか。一九一七年二月、幼馴染のユダヤ人女性ゲルトルト・オッペンハイム(一八八五―一九七六)[27]に宛てた手紙のなかで、シオニズムとメシアニズムの関係を説明しながら、彼は次のように書いている。少し長いが引用してみよう。

君は知っているかどうかわからないけれど、次のようなタルムードの伝説がある。一人のラビがある洞穴の入り口で預言者エリア（「マラキ書」の最後の章句に基づいてメシアのさきがけとして知られている）に出会い、彼に「メシアはどこか？」とたずねた。「洞穴のなかだ」。そこで彼はくだっていってメシアがそこに座っているのをみた。そして彼に「主よ、あなたはいつ来るのか？」と尋ねた。メシアは「今日」と答えた。そこでラビは喜んで洞穴から出て、夕暮れまで待った。しかし、メシアはいつまでたっても来ず、ラビはエリアに「メシアはうそをついた。彼は今日来るといったのに」といった。エリアは答えた。「メシアは、もし君たちが私の声を聞くなら（「詩篇」第九一、九二、九三あるいは九四章からの引用）[28]、今日にも」といったのだ、と。さて、シオニズムは、それが熱狂的であるとき（つまり狂気的で、はっきりと不可能なものであるとき）、また、それが民族であることを意志するとき、それも、ただの民族以上の強い意味での民族（das Volk）であることを意志するとき、その限りで、この〔タルムードの伝説が伝えるような〕「今日」に属する。人はこのようなシオニズムに疑いをはさむことはできない。というのもそうしてはならないからだ。それは、すべての、「狂気的なもの」と同様に聖なるものである。しかし、シオニズムが「通常のもの」を望むなら、つまりユダヤ人の幸福やユダヤ的な文化、あるいはユダヤ的国民、ユダヤ人国家などを（「われわれを取り囲むほかのすべての民と同じように一人の王を」（「サムエル記上」第八章））望むなら、そのようなシオニズムは次のようなものと同じ意義をもつことになる。つまり、われわれにユダヤの財貨をもたらした相場師であったり〔……〕、あるいは反セム主義防止協会であったり、ユダヤ教徒ドイツ国民中央協会であったり。これらすべてが、われわれの命をつなぎとめている。このとき、これらの方向性のなかにも、メシア的な「今日」の「火花」が撒かれているということはありうる。（H・コーエン！！――彼はむかし「それではあなたは、「メシアの時代」――彼はこの語で、キリスト教を、コーエン＝カント的に理解したユダヤ教で置き換えるということを考えていた――が、この五〇年のうちにはじまるとお考えなのですか？」という僕の問いに対し、「いや。しかしこの一〇〇年のうちには」と答えたんだ。一つのエピソードにすぎないけれど、さっきの「今日」の物語と同じくらい美しい物語だとおもわないかい。）だから、明日への架け橋にすぎないような今日と、それとは異なる、永遠への跳躍板であるような今日との間のバランスから、われわれの間にみられるすべての見かけ上の矛盾は説明される。今日がどちらの今日であるのかがその額に書かれているような日は存在しない。「人はそれを知ることができない」。だから決して〔非メシア的な今日を繋いでいくような活動が〕小さい意味しかもたないということはない。それらこそが時間のなかでわれわれの生命を繋いでいるのだ。というのも、イスラエルは今日から明日へ、さらには明後日もまた存在し続けなくてはならない。このことによって、かの伝説のいう「今日」が、その気になったときに生じることができるような今日がいつでも存在するのだ。彼岸への跳躍板は、ただ生からのみ通じている。仮に生きたことのないような死者がいたとすれば、そのような者は決して不死なるものとなることはできないだろう。「生まれてこないこと」は「もっとも善きこと」ではない〔「コヘレトの言葉」第四章第三節〕。（一九一七年二月五日付ゲルトルト・オッペンハイム宛書簡、BT S. 345f.）

この書簡はローゼンツヴァイクのユダヤ教理解、そしてメシアニズム理解のエッセンスを伝えている。彼はユダヤ教のなかに、ある種の狂気を秘めたものとしてのメシアニズムと、このようなメシアニズムの存続を可能にする世界内的、世俗的な自己維持活動という、二つのタイプの運動を区別している。まずは、前者に注目したい。メシアニズムの狂気とは何なのだろうか。なぜそれは狂気などといわれるのだろうか。

彼がこの書簡で説明するメシアニズムの核心とは、メシアは今日この日にも到来するかもしれない、という信仰である。メシアが到来するとき、現在の歴史的時間、連綿と続く通常の時間は廃され、神的な時間性——ローゼンツヴァイクは通常の意味での時間の対義語を用いて「永遠」とよぶ——が到来する。その日は、歴史上にあって歴史上にない特別な日になるのだ。彼はそれを「永遠への跳躍板であるような今日」と呼ぶ。つまり、メシアニズムとは、このような特別な「今日」が、この日常の「今日」かもしれないと信じることなのだ。今日は、明日へと続く今日ではないかもしれない。明日は来ず、歴史はここで終わるかもしれない。まさに歴史のただなかに生きながら、このように真剣に考えることは尋常なことではない。メシアの到来の可能性を真剣に信じるということは、通常の生活者からすれば狂気の沙汰なのである。

だからこそ、つまり、真のメシアニズムの核心には不可能事への信仰があるからこそ、シオニズムはメシアニズムとの外形的な一致——約束の地への帰還を求めるという挙措において——にもかかわらず、必ずしもメシアニズムと関係をもつわけではないのだ。シオニズムはむしろ、それが単なる民族主義や政治運動であるうちは常識的なものであって、なんらメシアニズムとかかわりをもたない。[29] これに対しリベラル派は、一般には過激なメシアニズムとは無縁だと考えられている。彼らは、イスラエルの民を救うメシアの到来を祈願することは、寄留先の国民の感情を害して共生を阻むという理由で、伝統的な祈禱書の文言を変更することすらした。しかし、ローゼンツヴァイクは、彼らのなかにもメシアニズムの片鱗を、つまり狂気をみることができるという。その例として挙げられているのが、ヘルマン・コーエンのエピソードだ。コーエンが、今後一〇〇年以内にメシアの時代——人類の道徳的完成——が到来すると信じるとき、ここにも真正なメシアニズムの狂気が含まれている。

このようにローゼンツヴァイクは、救済を求める真のメシアニズムは、正統派やリベラル派、あるいはシオニズムといった派閥を問わず、いたるところに存在するという。他方で、こうした狂気を孕まない世俗的運動も、固有の価値をもつとされている。というのも、メシアニズムが可能であるためには、歴史のなかでユダヤ教が存続しなければならないからだ。歴史的、世界内的、世俗的運動は、ユダヤ教が昨日から今日へ、今日から明日へ存続していくための運動である。宗教共同体とそこに属する成員の歴史的実在がなければ、今日から永遠への跳躍を信じるメシアニズムも存続しえないのである。

ローゼンツヴァイクが描くこのようなユダヤ教像のなかでは、一九世紀を通して生じたユダヤ教内の派閥の違いや対立は本質的な問題とはならない。それらは常識的で現実的である限りで、どれも歴史的、世俗的な運動であり、対立や論争を通してユダヤ教の歴史的な存続に貢献しているのである。これに対し、ユダヤ教の宗教的核心の一つであるメシアニズムは、どの派閥からでも生じうる。メシア的な今日の到来を信じ、願うことは特定の派閥の専有物ではないのだ。このように論じることで、ローゼンツヴァイクは同時代の諸派の対立を相対化し、どの陣営にも与することなく、全体を包摂するようなユダヤ教像を描く。

また、こうした記述から、ローゼンツヴァイクが日々の儀礼への参加を通して保持されるべきと考えた、「ユダヤ的世界」の内実をみることができる。今日にもメシアが訪れるかもしれないということ。すべての日が二重の意味の今日であるかもしれないということ。近代社会の一市民として生活する限り、こうしたことを本気で考えることは狂気にほかならない。しかし、メシアの来訪を心から信じる者にとって、それは狂気ではない。それは、コーエンのことを考えても明らかだろう。遠くない未来における道徳性の実現を信じるというとき、彼は決して自らを狂人だとは考えていないはずなのだ。自分自身のなかに近代市民社会とは異なる「ユダヤ的世界」をもつということは、まさにこうした「狂気」を――より精確にいえば、もはや狂気が狂気とはならないような世界の見方を――自らのうちに抱え込んで生きるということである。ローゼンツヴァイクは近代市民社会を生きるユダヤ人にこのような生き方を期待したのだ。(30)

この節の最後に「時はいま」に登場したいくつかの論点を簡単にまとめてみたい。彼は、儀礼や礼拝、祈りのなかにユダヤ教の本質をみた。これらは、一九世紀を通してさまざまな場当たり的な改変を加えられた結果、宗教に対して関心を抱かなくなった人々だけでなく、新たに宗教的なものを求めた若者にとっても魅力を失っていた。彼は、それに意味を与えなおすことを通して、ドイツのユダヤ教をよみがえらせようとした。彼が現代のユダヤ人、およびユダヤ教に求めるのは「ユダヤ的世界」の発見と再活性化である。ユダヤ人はユダヤ教なしにユダヤ人であるわけではなく、またユダヤ教もユダヤ人なしに存続するものではない。ユダヤ人がユダヤ教の日々の実践に主体的に関与していくことを通してこの世界のただなかに「ユダヤ的世界」が現出する。この「ユダヤ的世界」はまったく固有のものであり、他の世界や文化に吸収されることはない。そしてこの「ユダヤ的世界」は、一人ひとりのユダヤ人がそれに継続的に参与していくことを通して維持され、つねに彼らの生き生きとした現在となり、そして彼らの未来となる。教育は、そのための重要な手段なのだ。

この固有領域としての「ユダヤ的世界」の維持という課題は、ローゼンツヴァイクの時代にそれがまさに失われつつあったために、単なる維持ではなく再発見、あるいは再構成という様相を帯びる。ここには、ブーバーがその一〇年ほど前に提唱したユダヤルネサンスの反響を明瞭に聞き取ることができるだろう。ローゼンツヴァイクはドイツに生きるという事実にはこだわりながら、同化主義のイデオロギーに対して、ユダヤ教の固有性を主張していったのだ。そして、正統派、リベラル派、シオニズムというユダヤ教観の多様性を認めた上で、教育を通して一人ひとりのユダヤ人がそれぞれの方法で「ユダヤ的世界」を獲得する可能性を模索したのだった。

三　ユダヤ人になる必要性――境界に立つユダヤ人

論文「時はいま」で描かれた「ユダヤ的世界」の現出と維持という構想は、一人ひとりのユダヤ人の側からみるとき、教育を通してドイツ世界のなかに現出するこのような別世界に参入し、それを自らのうちで保持し、ユダヤ人の一人としてそれを維持していくことを意味する。ローゼンツヴァイクはこのような教育論を通して、同時代のユダヤ人がユダヤ人であるということを積極的に引き受けて生きるようになることを求めたのだ。一九一七年九月、友人に宛てた手紙にローゼンツヴァイクは次のように書いている。

> 境界に立つユダヤ人（der Grenzer=Jude）に関しては、ユダヤ人になること、が存在する（なること、とはもちろん、再び生まれることではなく、故郷に帰ることである。あるいは自らを超え出てゆく道ではなく、自らのなかへと入ってゆく道である）（一九一七年九月四日付オイゲン・ローゼンシュトック宛書簡、Gritli-Briefe S. 28）

「境界に立つユダヤ人」とはここで、心身ともにすっかり伝統的に生きるユダヤ人と対比された、アイデンティティに不安を抱えるユダヤ人のことを指している。このようなユダヤ人に関しては、ユダヤ教との関係をあらためて築くことが必要だ、とローゼンツヴァイクは考え、これを「ユダヤ人になること（Judewerden）」と呼んだ。

この「ユダヤ人になる」というモチーフに注目しながら、ローゼンツヴァイクの教育論のさらなる展開をみてゆきたい。「時はいま」が一九一八年初頭に出版されると、公教育を論じた部分に対しては多くの批判があったが、アカデミー創設の提案には大きな賛同があった（Zeit Ists, S. 481）。その結果、コーエンの助力のもとに実際にアカデミーがベルリンに創設されることになった。アカデミーがたどった帰趨は本章の冒頭で参照したホルヴィッツの先行研究などが詳述する通りである。簡単に述べるならば、一九一八年四月にコーエンが死に、その年の秋にドイツが実質的に敗戦すると、アカデミーの設立計画に関するローゼンツヴァイクの影響力はほとんどなくなった。そして、アカデミーは大幅に規模を縮小した上で、粛々と高度な学問を遂行する団体として運営されることになったのだ。本節で取り上げる「教育、限りなし」（Bildung und Kein Ende）[31]というテクストは、アカデミー設立での挫折の後に、ローゼンツヴァイクが新たに成人教育施設「自由ユダヤ学院」の設立を呼びかけて一九二〇年に発表した論文である。

まず、当時ローゼンツヴァイクに起こったいくつかの重要な出来事を確認しておきたい。彼は一九一八年九月の終戦間際、軍がバルカン半島から退却する最中にマラリアに罹患した。これが後の死にいたる病の遠因となる。また、同年八月から『救済の星』の執筆をはじめ、翌年二月にはそれをほぼ完成させた。戦争から戻ると、『救済の星』の出版社を探してベルリン、フライブルク、そして実家のあるカッセルを行き来した。一九二〇年には旧知のユダヤ人女性エディト・ハーンと婚約し、三月に結婚。この年の六月にフランクフルトに転居した。彼の尽力により「自由ユダヤ学院」は一九二〇年この地に設立され、同年一〇月に初年度のカリキュラムがスタートした。また、私生活では、一九一七年の休暇中にローゼンシュトック夫人マルグリットと知り合うと、彼女を深く愛するようになった。この関係はエディトとの婚約、結婚以降も継続する。マルグリットは、聡明で魅力的な女性であったようで、ローゼンツヴァイクのほかに、ルドルフ・エーレンベルクも彼女を深く愛した[32]。彼女は、彼女をめぐる人々の間でグリットリというニックネームで呼ばれた。ローゼンツヴァイクとグリットリの関係については、第九章であらためてふれたい。
それでは、「教育、限りなし」をみてゆきたい。このテクストは、一九二〇年初頭に書かれ同年春に出版された。フランツ・ローゼンツヴァイク名義のものとしては、「時はいま」の次に公刊されたテクストである。[33]それは次のようにはじまる。三年前に、自分はヘルマン・コーエンに、「いまやドイツの地のユダヤ教教育のあり方のために何か根本的なことが起こらなければならない」、ユダヤ教の教育問題は「この瞬間のユダヤ教の死活にかかわる問題」であると呼びかけた。[34]しかし、この瞬間は過ぎ去ったにもかかわらず、問題は依然として残ったままだ。コーエンは、宗教授業を担当する教師たちが連帯するための中心点としてのアカデミーを創設することで、「ドイツにおける教師の状況を社会的、精神的に刷新する」というこの考えに呼応し、その創設に尽力した。しかし、現状は彼の当初の見通しから大きく逸脱してしまった。

将来のアカデミーの核としてベルリンに成立した研究機関は、現状はこれとは異なる目的に従事している。この目的の正当性は確かに納得できるものではあるが、だからといって今日的な状況でその目的の緊急性を承認することはできない。〔……〕人間を終わりない書物の生産へとうながすことが、差し迫った課題であると主張することは誰であれ難しいだろう。われわれは今日、かつてに比べて書物を必要としない。しかしかつて以上に、いやかつてと同様にというべきか、われわれは今日人間を必要とする。ユダヤ的人間を。

(Bildung und Kein Ende, S. 491f.)

今日のユダヤ教により必要なのは、ユダヤ教にまつわる書物ではなく「ユダヤ的人間」であるとローゼンツヴァイクはいうのだ。それでは、ユダヤ的人間とは何か。この論文の結論から先取りするなら、ユダヤ的人間とはユダヤ教の核となるべき、ユダヤ人としての自覚をそなえた一人ひとりのユダヤ人のことである。そして、「われわれにとってユダヤ教が意味するものとは、ユダヤ的人間のユダヤ的あり方のことだ」(Bildung und Kein Ende, S.

493）といわれるように、ユダヤ教自体がこのユダヤ的人間というあり方から理解されることになる。ユダヤ教は、国民文化の一要素としての宗教ではない。また、それは単なる人種や民族の集団でもない。そうではなくユダヤ教は、ユダヤ人としての自覚をもった一人ひとりのユダヤ人の生から規定されるのだ。

彼の診断によれば、一八世紀以降、ユダヤ人解放が進展した結果、それまでユダヤ人のユダヤ人性の基盤を構成していた、律法・家庭・シナゴグの一体性は失われてしまった。律法はもはや、ユダヤ人と非ユダヤ人を区別するのではなく、律法を守るユダヤ人と守らないユダヤ人との間に分裂をもたらすものとなった。また、家庭生活と職業生活は分断され、両者は互いに制限しあい、シナゴグはただひっそりと祈りの場として佇み、生き生きとした学びの場であることをやめてしまった。このような状況のなか、ただ解放の進展、ないしは権利獲得への戦いのみが、ユダヤ人をユダヤ教に結びつける唯一の力となってしまった（Bildung und Kein Ende, S. 496f.）。つまり、ドイツ・ユダヤ人はもはや外部との護教的な交渉のなかにしか自らの統一を見出すことができなくなっており、自身の生の内実には目を向けなくなっていたのだ。

シオニズムはこのような問題状況を正しく認識し、ユダヤ教の統一の中心となる一人ひとりのユダヤ人の自覚という問題に到達した。しかしそれは、この問題に対して、ユダヤ人国家の建設によるユダヤ人の孤立という誤った解決法を示した。この解決ではドイツ、ないしはヨーロッパに生きるという現実を受け入れることができない。シオニズムの枠組みでは、ヨーロッパにおける現実はただ将来においてのり越えられなくてはならない否定性としてとらえられる。そして、このような理解から導かれるユダヤ的人間は、ヨーロッパ的なものの否定として規定される。つまりここでも、ユダヤ的人間のユダヤ性が外的なものの側から規定されることになってしまうのだ。

以上の議論から、彼が自由ユダヤ学院を設立したときに見据えていた課題を理解することができる。ユダヤ的なものを自然に育んでいくための土壌が失われてしまった現代において、ユダヤ人のユダヤ性を内部から規定してゆくこと。そして、一人ひとりのユダヤ人を、ユダヤ教を担う「ユダヤ的人間」へと形成してゆくこと。これこそが、彼が向き合った課題だった。かつての論文「時はいま」においても、宗教授業の教員の養成やユダヤ教学に関する改革を通して、一人ひとりのユダヤ人がユダヤ的人間になってゆくような環境を整えることが重要だと提言されていた。しかし、この提言をもとに設立されたアカデミーは、結局、終わりなき書物の生産という短期的には重要でない目的に従事する機関になってしまった。ユダヤ教学がおこなう過去の探究や書物の生産も、シオニズムがおこなう到達すべき未来に関する熱のこもった演説も、現在の生の充実を欠いては空虚である。本来であればむしろ、書物はこのような現在の生のためにこそ資するものでなければならない。

生は二つの時の間に、すなわち、生の瞬間は過去と未来の間に存する。この生き生きとした瞬間自体が、書物の製作の目的なのだ。(Bildung und Kein Ende, S. 494)

このことは次のようにもいわれる。

〔ユダヤ教の場合〕すべての文学は、「なる者」のために書かれる。(S. 493f.)

ユダヤ教において書物は、ある者がユダヤ的人間になるために書かれる。そして人はユダヤ的人間になるためにこれを読む。つまり、本や教えをめぐるさまざまな問題の中心点は現在の一人ひとりのユダヤ人の意識と生の変革にあるのだ。なお、こうした書物の意義をめぐる主張が、『救済の星』の脱稿直後になされていることに注意したい。『救済の星』も、このような現在の生を目的として書かれたといえるだろう。

それでは、一人のユダヤ人はどのようにして「ユダヤ的人間」になるのか。ローゼンツヴァイクは、このような「なること」は、周到な方法論や計画によってではなく、ただ「備えること」、「決意すること」を通して実現されるという。意志といういいすぎになってしまうようなごく小さな、「ちょっとした意志の動き」。これこそが「なること」にいたる唯一の道なのだ。彼はいう。

もっとも遠いものは、もっとも近いもののなかでのみ、それぞれの瞬間の次の瞬間のなかでのみとらえられる。あらゆる「計画」はここではそもそもはじめから誤りである。というのも、もっとも高次のものは計画されるということがないからだ。そうではなく、「備えていること」だけが〔われわれにできることの〕すべてである。われわれは、われわれが想定するこの自分自身のなかのユダヤ的人間に対して、ただ「備えていること〔こころの準備をしておくこと〕」のほかは何もすることができない。〔……〕われわれが、混迷する世界のなかで静かにわれわれ自身に向かって「われらユダヤ人は」と語るとき、そして、それによってはじめて、かの「すべてのユダヤ人はすべてのユダヤ人の保証人となる」とする古諺[35]にいわれるような無限の連帯保証契約を引き受けるとき、〔「備える」という〕このかすかな〔意志の〕動きが生じる。この単純な決意、「ユダヤ的なものでわたしに疎遠なものはなにもない」という決意だけが要求される〔……〕。(Bildung und Kein Ende, S. 499)

この小さな意志の動きがもたらす帰結は絶大である。イスラエルの一員であることを決意した一人のユダヤ人、別のいい方をするならば「ユダヤ的人間」へのはじめの一歩を踏み出したユダヤ人は、彼に定められた完全性へと確実に到達する。このことはもはや必定なのだ。しかし、すべてのあらかじめ計画された方法論はこのような決意の邪魔をする。

正統派のものであれシオニストのものであれリベラル派のものであれ、すべてのレシピは、それがレシピとして順序正しく守られれば守られるほど、より滑稽な人間のカリカチュアを生みだす。そしてこの人間のカリカチュアは、同時にユダヤ的人間のカリカチュアでもある。というのもユダヤ人の場合〔ユダヤ的人間であることと人間であること」は互いに切り離すことができない。一人の人間をユダヤ的な人間にするためには、つまりこの場合、彼はユダヤ人でありユダヤ的生に向けて定められているから、この人間を真の人間にするためには、ただ一つのレシピしか存在しない。それはレシピをもたないことである〔……〕(Bildung und Kein Ende, S. 500)

また、

> 実定的なユダヤ教が、[36] 一人ひとりのユダヤ人に対して、明確に規定された「ユダヤ的義務」の教理典範として――通俗正統派――、「ユダヤ的な課題」として――通俗シオニズム――、あるいは(勘弁願いたいが)「ユダヤ的な理念」として――通俗リベラル派――押し付けてくる諸要求から一度自由になり、〔……〕出会うすべてのものに対してユダヤ的に向き合う準備ができている者は、次のような確信をもつ。すなわち、この際限のない「連帯保障」をもっとも単純な形で引き受けることによって、彼は「完全にユダヤ人に」なる、と。(Bildung und Kein Ende, S. 499)

ユダヤ的人間になるためには、既存の実定的な諸々のしがらみはすべて否定的に働く。まずは、一人ひとりのユダヤ人の一つの小さな決意によって、彼を取り囲むものすべてと彼との関係性を新たにしなくてはならない。生のなかで彼が出会う諸々の事柄、職業や結婚あるいは、実定的なユダヤ教そのもの、これらすべてとの関係が新たに、ユダヤ的にとらえなおされなければならない。

「ユダヤ的人間」に「なること」は、この決意、ないしは準備に続いて起こる。しかし、この「なること」がいつ起こるかは誰にも予見することができない。備えている者に対してその瞬間は訪れるのだが、この瞬間がいつ訪れるのかは誰にもわからないのだ。彼はいわば準備を整えて待つことしかできない。こうして、「ユダヤ的人間になること」という課題は一度、徹底的に個人の内面の問題とされる。ユダヤ人として生きる決断をした直後のローゼンツヴァイクがアブラハムに見出した「ユダヤ人の生の原像」、すなわち、「すべてを神に捧げる準備ができていること」が、形を変えてここにあらわれているとみることもできるだろう。

しかし、これで問題が個人のうちに閉じてしまうわけではない。周囲の者は、彼に環境を整えることでこの瞬間の到来を助けることができるのだ。ローゼンツヴァイクがこの「教育、限りなし」で論じるユダヤ人のための成人教育施設も、「なること」を支援するための場として構想される。すでにみたように、この「なること」のためにはあらかじめ定められた手順はない。だから、ある決まったカリキュラムをこなしたり一連の決まった内容の講義を受講したりすることによって「ユダヤ的人間」が（再）生産されてゆくということはないのだ。

むしろ、この成人教育施設は対話の場を提供することを目的とする。教師が生徒に一方的に講釈を垂れるのではなく、教師と生徒そして生徒同士が語り合うことで生じる、開かれた対話の場。このような開かれた対話のなかで、人々は「いまだ萌芽の状態で隠れている、ユダヤ的人間であるという意識」を共通のものとして見出してゆく。このように、共通の意識によって他のユダヤ人との連帯を感じることが、一人ひとりの「なること」のために刺激を与えるのだ。また、ローゼンツヴァイクは、このような対話の場――成人教育施設だけではなく、ブーバーの刊行した『ユダヤ人』誌のような雑誌、論壇もそこに含まれる――は、「われわれドイツ・ユダヤ人、そして――率直に言って――とりわけ非シオニストのドイツ・ユダヤ人に迫る死の威力」に対し、再び生の力を呼び覚ますためにも非常に重要であるとしている。

以上が、「教育、限りなし」で論じられた内容である。ところで、この内容は「時はいま」の教育論とどのように関連するのだろうか。後者で論じられた詳細なカリキュラムも、ある種の授業「計画」であるからには「なること」に対して阻害的に働くのではないのか。両者は教育というテーマは共通しながら、無関係なのか。このような疑問に対して先ず次のことを指摘しなければならない。そもそもローゼンツヴァイクは、自身が「時はいま」で提案した教育カリキュラムとアカデミーの計画が失敗に終わったと認めるところから論をはじめている。

彼は戦略を変更しており、それにあわせて論述の内容も変化した。すなわち、「時はいま」では、教育制度を立て直すことにより、かつてのように自然にユダヤ人がユダヤ人として生まれ、「ユダヤ的世界」を獲得し共同体に参入してゆくというサイクルを修復することが目指されていた。これに対し、「教育、限りなし」ではこのようなサイクルを復元することは今日では不可能だという立場がとられている。

また、一人ひとりのユダヤ人が「ユダヤ的人間になる」というプロセスについて熟考するようになるのは、この二つの論文が書かれた間の時期なのだ。先に一度引用した箇所だが、「時はいま」執筆後の書簡をもう一度引用してみたい。

> 境界に立つユダヤ人に関しては、ユダヤ人になること、が存在する（なること、とはもちろん、再び生まれることではなく、故郷に帰ることである。あるいは自らを超え出てゆく道ではなく、自らのなかへと入ってゆく道である）。（一九一七年九月四日付オイゲン・ローゼンシュトック宛書簡、S. 28）

この書簡でローゼンツヴァイクははじめて、キリスト教徒の友人に対して、ユダヤ人がユダヤ人になることの必要性を認めたのだった。ここでいわれている「境界に立つユダヤ人」とは、「一四歳で〔つまり成人してすぐに〕結婚してしまうような」生粋のユダヤ人でないユダヤ人のことだ。生粋のユダヤ人は――彼の以前からの宗教論そのままに――、生まれながらにしてユダヤ的人間であり、あらためて「なること」を必要としない。しかし、そうではないユダヤ人はまずユダヤ人に「なること」が必要だ、ということがここでは認められているのである。これに対し「時はいま」（執筆は一九一七年春）では、一人ひとりのユダヤ人が「ユダヤ的人間になる」という契機はいまだ問題化されていなかった。そこでは次のようなプロセスが想定されていたのである。すなわち、一人ひとりのユダヤ人の子どもたちは、宗教授業で学んだ事柄を通して、シナゴグでおこなわれている礼拝や儀礼を、親しみとともに理解する。そして、この儀礼への参加を通して「ユダヤ的世界」を我が物としてゆく。しかし、このプロセスの各段階において具体的に生徒の意識の形成がどのように進展するのかといった問題については論じられなかった。そこで展開された議論は、具体的、実践的であるよりは、一般的、理論的なものだったのである。

「ユダヤ人になる」という問題の発見は、ローゼンツヴァイクの思想の発展のなかで大変重要である。正確にいえば、彼はこの問題にあらためて正面から向き合ったのだ。というのもこの問題こそ、一人ひとりのユダヤ人にとって、そして彼自身にとって、ユダヤ教がなお何を意味しているのか、また、近代社会においてユダヤ教から離れてしまった個人が、いかにしてユダヤ教との関係を回復するのか、という実存的な問題にほかならないからだ。彼は自らの改宗の決断の直後から、この問題を自覚していたが、これに対する回答は先送りされていたのである。いまやローゼンツヴァイクは、友人に対してもこうした問題の存在を認め、教育問題に取り組みながら、それに答えを出そうとした。

このような思想的進展の背後で、従来から継続して取り組まれている問題も確認できる。なによりもそれは、「生」の問題だ。この問題意識は、一方で「死」に直面したリベラル派ユダヤ教に対する厳しい批判となってあらわれると同時に、他方では一人ひとりのユダヤ人のユダヤ教への主体的な、生き生きとした関わりを求めるという課題設定としてあらわれる。今後のドイツ・ユダヤ人の行く末も、ユダヤ教の存続も、現在のユダヤ人の生の充実にかかっているのだ。上記の実存的問題もまた、生についての継続的な思索のなかで避けられない問いとして浮上してきたのである。

第六章　真理はいかに自らを顕わすか——言葉、啓示、真理

一　理論と実践の交錯

教育論と『救済の星』の関係

本章と次章では、ローゼンツヴァイクの啓示についての思想のさらなる展開を追い、それがいかにして彼の主著『救済の星』へと結実してゆくかをみてゆく。その前にまず、前章で論じた教育論と、以下に論じる啓示の思想の関係について簡単に説明したい。前章では、宗教教育の問題を通して、「ユダヤ人になること」という主題があらわれてくるのをみた。この主題は、「教育、限りなし」において展開され、後年の自由ユダヤ学院での実践へと引き継がれていった。彼は自ら学院運営の指揮を取り、ユダヤ教諸派からさまざまな講師を招いて、開かれた対話の場の創設に尽力したのだった。この試みがどの程度成功したのかという点については、評価が難かしい。運営は容易ではなかったものの、フランクフルトの学院に範をとった同様の施設が、いくつかドイツに設立された。しかし結局、ヒトラーが政権を握ったために、これらの試みは、その成果を確認するまもなくすべて灰燼に帰したのだった。

教育論を通してあらわれる「ユダヤ人になること」という問題は、まさにローゼンツヴァイクがキリスト教へ

と改宗する決断を撤回し、ユダヤ人であり続けることを決意した際に、自ら経験した問題であった。繰り返しを厭わず確認するなら、彼はこの自己の決意の弁明のために護教的な宗教論を打ち出した。そのなかでは、ユダヤ人はすでに選民として直接神からの召命をうけているため、神へといたるためにキリスト教を介する必要がないとされた。これに対し友人は、理論的なことは差し当たって重要でないとしたうえで、ローゼンツヴァイク自身がユダヤ教と本当に実存的関係を結んだのか、という問いを投げかけたのだった。この問いかけには、ローゼンツヴァイク自身が一時的とはいえキリスト教への改宗を決意した以上、ユダヤ人は選民であり、生まれながらに父なる神のもとにあるとする彼の議論は説得力に欠けるという批判が込められていた。ローゼンツヴァイクの教育論は、この啓示についての個人的、実存的問いに対する一つの答えだった。

このことは一九一九年に執筆された彼の主著『救済の星』を理解するうえでも重要である。というのも、まさに『救済の星』のなかでは次のようにいわれていたからだ。

> ユダヤ人は、生まれながらに「ユダヤ人であること (Judesein)」を自分自身のうちに所有し、自らに担う。これに対し、「ユダヤ人になること (Judewerden)」は、太古の昔に民族の歴史のなかで、彼から取り除かれている。(SE S. 441)

すなわち、ユダヤ人は生まれながらにユダヤ人であり、あらためて、ユダヤ人になる必要はない。ここではかつての宗教論が反復され、「なること」が必要であるとされた教育論の思想とは逆のことがいわれているのだ。この矛盾をどのように理解したらよいだろうか。注意しなければならないのは、まさにこの『救済の星』が執筆された時期にも、教育論においては「ユダヤ人になること」の必要性が説かれていたという点だ。このことを踏まえるとき、ローゼンツヴァイクは、一人ひとりのユダヤ人とユダヤ教との関係という問いに対して、実践と理論を分けて考えていたとみることができるだろう。一方で、理論的にはユダヤ人は歴史を通して啓示の真理を保持し続けなければならない。というのも、彼らが自らの存在を通して啓示の真実性を証言し続けることこそ、キリスト教も含めた聖書的啓示の真実性の、この世における唯一のよりどころであるからだ。このため、啓示を保持するユダヤ人、すなわち神からの啓示の受け手にして担い手であるイスラエルの民は実在しなければならないし、この集団がシナイ啓示から連綿と存続してきたことこそがこの実在性の証拠となる。すべてのユダヤ人は「アブラハムの腰のなかで」神の呼びかけを聞き、アブラハムとともにこれに答えたのだ（SE S. 440）。

　これに対し、実際に一人ひとりのユダヤ人をみるとき、すべてのユダヤ人は生まれながらに神の選民に属すると主張することはあまりに現実離れしていた。特に、ローゼンツヴァイクの生きた近代にあっては、キリスト教への改宗は常態化していたし、宗教を捨て社会主義に傾倒するユダヤ人も多かった。さらに一般的なユダヤ人の間でも、世俗化は著しく進行しており、ユダヤ人であることを重荷に感じる者も多かった。このため、ローゼンツヴァイクは実践的には「ユダヤ人になる」という契機を認めざるをえなかったのである。

　実際には、彼は、かなり早い段階からこのような問題を知っていた。一九〇九年ハンス・エーレンベルクがキリスト教へと改宗した時すでに、ユダヤ教の伝統と無縁に育ったハンスが「ユダヤ人になったかもしれない」などということは考えられない、と書いていた（一九〇九年一一月六日付両親宛書簡、BT S. 95）。彼はそのころから、ある種のユダヤ人にとっては「ユダヤ人になる」ということが問題になりうるということに気づいていたのだ。彼の教育論はこれを認めるところから出発している。

　さらに後には、ローゼンツヴァイクは自身がなぜ律法を守るようになったのか[1]、という問題に答えて次のように述べている。すなわち、なぜ律法を守るのか、今日、伝統とどのような関係を結べばよいのかなどというような問いは、一九世紀的ユダヤ人に特有の「世代の問題」である。彼らにおいては、律法や伝統と自らの生が乖離しており、律法を遵守する場合であっても両者の自然な結びつきを欠いている。彼らは残念ながら「普通のユダヤ人（der normale Jude）」ではないのだ。だからこそローゼンツヴァイク自身を含めたこの世代のユダヤ人には[2]、ユダヤ教への帰還が必要となる、と（一九二四年八月二五日付オイゲン・ローゼンシュトック宛書簡、BT S. 984）。

以上のようにみるとき、『救済の星』という書物がもつ重要な性格が明らかになる。そこに描かれるユダヤ人は、「なる」必要のない規範的なユダヤ人なのだ。このようなユダヤ人は、選民として父なる神の啓示を直接担う者であり、救済に際してキリスト教を経由する必要がない。しかし、ローゼンツヴァイクの同時代のユダヤ人はこのような「普通の」状態にはなかった。教育の問題は、ユダヤ教の伝統から離れたユダヤ人が、いかにしてこの「普通のユダヤ人」になるのかという実践的な問題をめぐって展開された。また、次章で詳しくみるように、ローゼンツヴァイクは『救済の星』執筆の前後の時期に、いかにして一人ひとりのユダヤ人は啓示の担い手である理念的なユダヤ人でありうるのかという問題を、啓示と人間の関係として考察している。彼にとってこの問題は解決されなければならない重要な問題だったのだ。

しかしながら、『救済の星』にはこうした論点は登場しない。このことはただちに、次のことを意味するだろう。すなわち、ローゼンツヴァイクの前期思想には、内容的に『救済の星』に含まれなかった思想が、それも彼にとって重要だった思想が存在する。加えて、前章でみたことから次のことも理解できる。『救済の星』は内容的にはこのような個人的、実存的問題を扱わないが、しかし、形式的にはこの問題と関係している。というのも、彼はユダヤ教のあらゆる書物は「ユダヤ的人間になる者」のために書かれると述べていたからだ。(Bildung und Kein Ende, S. 493f.) 実際、『救済の星』は、死の問題を前にした伝統的哲学の不毛を説くところからはじまり、啓示の世界観の概観を経て、「生へ」という結語を通して新たな人生へと読者を誘うことをもって終わる。この書もまた、実践的目的を視野に入れて構成されたとみるべきではないか。つまり、この書を手に取った同時代のドイツ・ユダヤ人が、その読書経験を通して、ユダヤ人としての生へと送り返されるようデザインされているのではないだろうか。この点について、ここでは見通しを述べるにとどめ、後でもう一度触れることにしたい。

生と思想の相互浸透

教育問題への熱心な取り組み、そして、啓示概念についての抽象的な考察の蓄積にもかかわらず、彼の日記や書簡を読むと、一九一六年以降も、彼は依然としてユダヤ人の救済に関する理論的理解に固執していたことがわかる。たとえば一九一八年のある書簡では、彼はユダヤ人のこのような境位をキリスト教の原罪〔Erbsünde つまり世代を通して引き継がれる罪〕になぞらえて「原救済」〔Erberlösung 世代を通して引き継がれる救済〕と呼んでいる（一九一八年三月一六日付マルグリット・ローゼンシュトック宛書簡、Gritli-Briefe S. 62）。また、『救済の星』のなかでも、ユダヤ人はすでに地上の生活において「固有の救済を生きる」といわれている（SE S. 364）。このようなユダヤ人理解は、現代ユダヤ人にはあらためてユダヤ人に「なる」ことが必要だとする教育問題での彼の立場と端的に矛盾する。理論的問題と個人的、実存的問題が分裂しているかのようだ。実際、彼が生前に公刊した著作においては、理論的な問題と教育などの実践的問題は同時には論じられていない。しかし、同じ時期に書かれた書簡や日記を見るとき、二つの問題は繰り返し重ねて考察されていることがわかる。つまり、公刊された著作におけるこのような分裂の背後には、啓示概念をめぐるさまざまな考察があり、そこでは二つの問題は必ずしもはっきりと分けられてはいないのだ。

彼が二つの問題を切り離していなかったことは、『救済の星』に先立つ時期に、彼が哲学の方法論を論じたテクストからもわかる。彼は主題としての理論的問題と実践的問題だけでなく、そもそも彼自身の生の経験と思想とが不可分であるとも考えていたのだ。

> 方法論の必然性というものはヘーゲルとともに汲み尽くされてしまい、いまや哲学する人間の個人的な生に根ざした方法論のみ有効だ。ショーペンハウアーやニーチェなどのように。（一九一七年五月二八日付ルドルフ・エーレンベルク宛書簡、BT S. 410）

つまり、ヘーゲルに代表される体系哲学が説得力を失った今、哲学は哲学する者の個人的な生に根ざしたものでなければならない、というのだ。また、同じ時期の別の書簡で彼は、「哲学なんてクソくらえだ！〔ジュリエット一人作り出せないのなら！〕」（一九一七年九月二日付オイゲン・ローゼンシュトック宛書簡、Gritli-Briefe S. 27）という台詞をシェイクスピアから引用している。哲学は生に働きかける力をもたないならば無意味である、もしくは、そもそも哲学などというものはまったく無意味でありうる、という根本認識のもとで、彼は哲学的、宗教的思索を重ねていた。

実際に彼は、自らの内省、生におけるさまざまな経験と感情、そして他者との対話の間を行き来しながら思索し、自らの思想を構築していった。彼は、『救済の星』執筆に先立つ時期、おもに兵士として従軍していたバルカン半島で自らの思想を深めたのだが、それは必ずしも孤独になされたわけではなかったのだ。彼は、戦地郵便を最大限に活用し前線にさまざまな書物を取り寄せた。また、新しい着想や読書の成果は日記に書きとめるだけでなく、書簡にしたため友人や家族に書き送った。このような意味で、彼はつねに対話しながら思索していたといえる。とりわけ、一九一六年から翌年にかけての思想の発展は目覚ましかった。『救済の星』の内容の多くもここでの思考の蓄積に基づいているといってよい。彼が、この時期に考察したテーマは多岐にわたるが、その中心にはつねに啓示の問題があった。ユダヤ教とキリスト教を含めた啓示宗教の啓示とは何か、それは人間にとって、そして彼自身にとって何を意味するのか。また、啓示は真理なのか、そうだとすればそれはどのような意味において真理なのか。

啓示をめぐるこのような思索のうち、本章では、そこから導かれる真理についての考え方に、次章では人間についての考え方に着目する。分析の対象とするテクストは、主に日記や日付の入ったメモである。これらのテクストは公刊を意図して書かれたものではないため断片的でわかりにくく、既存の研究で取り上げられることはほとんどなかった。しかし、これらのテクストには、『救済の星』の重要な議論が萌芽的な形でみられるだけでなく、理論的問題と実存的問題が分けられる前の原初的な思考をつぶさにみてとることができる。

二　対話と真理――啓示と対話の言語思想

他者に向かって言葉を話すこと――対話と愛の関係

ローゼンツヴァイクの思想を対話の哲学、ないしは言語思想（Sprachdenken）と呼び、彼の哲学の核心をその宗教哲学的な言語理解に求める研究はこれまでにも多くなされてきた。[3] たとえば彼が、対話の哲学の代表者として知られるマルティン・ブーバーに先立って「我と汝」の問題を宗教哲学の枠内で考察したこと、そして、後者に強い影響を与えたことは、これまでにも指摘されている。[4] また、『救済の星』の中心章は啓示にあてられているのだが、そこでは、聖書における神と人間との原初的な対面、対話の場面に関する独自の解釈が展開されていた。すなわち、神からの愛を受けた人間が、独我論に陥った自閉した自己を解き放ち、自らの愛を他者へと向けてゆくという事態が、神からの呼びかけとそれに対する応答の場面から読みだされるのだ。あるいは、晩年の小論「新しい思考」を取り上げてみてもよい。そのなかで彼は、『救済の星』で展開した自らの思想を「新しい思考」と呼び、無時間的な真理を表現すると僭称する「古い思想」と対比させた。その際、彼は自らの方法の新しさが「時間を真剣に受けとること」にあるといい、それを「物語る哲学」とも言い換えていた。[5] これらのことはすべて、言語と啓示との関係、とりわけ、話し、呼びかけ、聞かれるものとしての言葉と啓示の関係が彼の思想の中心にあることを示している。[6]

それではなぜ、話すことが啓示と本質的に結びつくのだろうか。それは、端的にいえば、啓示の真理は、ただ、話すことによってしか伝達されえないからである。これからみていくように、啓示の内容、つまり啓示として明かされる事柄は、世界にとって本質的に隠されていること、異質なことである。この内容は、科学的、唯物論的、論理的説明を拒む。とはいえローゼンツヴァイクは、人間同士で直接こうした内容を伝達するテレパシーのような力や特別な直観を認めない。このため、人間にもたらされた啓示は、言葉という媒体を介して伝達されることになる。しかし、その内容は世界や人間にとってあまりにも異質であるために、口頭であれ書面であれ、ただ、本当にそうなのだと主張すること、つまり証言することによってしか伝達されることができないのだ。本節と次節では、ローゼンツヴァイクの言語思想、とりわけ対話についての思想が、彼の啓示概念とどのように結びつくのか明らかにする。そして、この言語と啓示の関係という、啓示に関する主要な論点において、ローゼンツヴァイクの生と思想が密接に結びついていることを確認したい。

まずは、言葉を話すことと愛との関係を論じたローゼンツヴァイクの議論を取り上げる。まずグリットリ書簡と通称される一群の書簡のなかから、二つの書簡を検討したい。ローゼンシュトック夫人であるグリットリについては、これまでにも何度か言及したが、ここでこれらの書簡についても一言いい添えておく。二〇〇二年、ローゼンツヴァイクが彼女に宛てた大量の書簡が公刊されると、筆者を含めた多くの研究者は驚きをもってこれを迎えた(7)。そこには、両者が不倫関係に入る以前に交わした書簡や、オイゲン・ローゼンシュトックとの書簡も含まれていたが、関係者への配慮からそのほとんどが公刊されていなかったのだ。研究者を驚かせたのは、友人の妻との恋愛関係という幾分醜聞めいたエピソードより、むしろ、それらの書簡の内容的な充実であった。これらの書簡のなかで彼は、当時取り組んでいた思索の課題を、友人と彼の妻に対する感情の機微のなかに展開していたのだ。そこから、彼が向き合っていた課題の少なくない部分が、それまで考えられていたよりはるかに、具体的な経験に裏打ちされたものであったということが明らかになったのである(8)。

ここで取り上げる書簡はどちらも、マルグリットとの恋愛関係がはじまる前の時期にオイゲン・ローゼンシュトックに宛てて書かれたものだ。一九一三年の「夜の対話」を背景として、他者に対して言葉を語りかけること、告白すること、人間同士の対話について考察されている。

そもそも僕は一九一三年の七月(9)についても君よりもわずかのことしか知らない。とりわけ、月末の、キルケゴールの話題で始まった破局的な会話については何も覚えていないんだ。僕の記憶は七月七日、八日の夜の破局的な会話〔「夜の対話」〕で途切れている（君、僕、ルディ〔ルドルフ・エーレンベルク〕がいて、エーレンベルク家のダイニング・ルームだったけれど、〔……〕君は君の秘密を明かし、まさにそのことによって僕を思い上がった裁判官の座からただちに引きずり落とし、自ら今度はそこに上り、地べたにいる僕を尋問した。そして、僕が自白して、自分のために編み上げたアリバイがアリバイにすぎなかったと認めざるをえなくなるまで、このアリバイを突き崩したんだ）[10]。それ以降、僕たちの間にあったことはもう何も憶えていない（あと、いつだったか、市役所前にあった僕の部屋の前の八角形のホールで話し合ったっけ。僕は君に言語についてだったか、戦争についてだったか、あるいは両方についてだったか尋ねたけど、君の答えを理解することはできなかった。だけど、そのことだけはまだかすかに頭をよぎる。ほかのことに関しては、僕はただもう何もいえなくなって、あの完全な虚無との対面の際まで近づいていた。その虚無のために、僕はあの夜の翌朝、自分の部屋に帰って、書き物机の引き出しからブローニング六・三五㎜〔二五口径の小銃〕を取り出したんだ。僕がそれを使うのをとりやめたのが、臆病のためだったのか希望のためだったのか、それはもうわからない。そして、「おののき」をともなったものであるとはいえ「喜び躍る」〔「詩篇」第二章第一一節〕[11]今となっては、もはやこのことについては知る由もないだろう）[12]。

〔……〕人間たちは、まさに星々のように、互いに昇っては沈む。だからこそ、星々はそれが可視的である限りにおいて、同時に人間の運命にとって起源（少なくとも、来歴）や過去の記録を意味する。〔これに対し〕「家」をともにする者たちだけは、もっとも厳密な意味で僕たちの運命に、星々のようにではなく、大地のような仕方で働きかけることができる。生における重要な事柄は、こうした家をともにする者の間で記憶される。残りは——天球図のようなものだ。そして、何が生にとって重要であるかといえば、〔個人としての〕僕と君との間、つまり惑星と惑星の間で繰り広げられる出来事ではなく、ちょうど手紙などで家族一同から家族一同へ挨拶を送るときのように、家族から家族への間で生起することなんだ。僕は〔いま君とのやり取りのなかでまさに〕このことをしている。君は、この手紙のはじめに僕が書いた愚かな戯言をあまり深刻に受け取る必要はない[13]。それはいっておかなくてはいけなかったし、問いただしておかなければならなかったのだけれど、もうそれも済んだ。そして〔これらのことを経た上で〕なお僕は、一つひとつの応答のなかに（応答がないときにさえ）、単に惑星がニュートンの法則にしたがって〔引き寄せられるというのでは〕なく、つまり何らかの強制力によってではなく、直接的に君に親愛の情を抱いていると感じるのだ。（一九一七年八月一三日付オイゲン・ローゼンシュトック宛書簡、Gritli-Briefe S. 21f.)

続けてもう一つ書簡を引用したい。

〔一九一三年の「夜の対話」の後で〕僕を襲った動揺は、僕は今日まで間違っていた、というものではなかった。そうではなく、僕は今日まで罪を犯していた、そして最悪なことに、まさに僕が悔い改めるというそのことを通して罪を犯していた、ということであった。というのも、僕は、ただこれからもまた罪を犯し続けることができるようにするためだけに、悔い改めたのだから。〔……〕罪を犯すという動詞には、一人称しか存在しない。それは対話（Wechselrede）（その特徴は二人称、つまり汝（〔君〕das Du）[14]だ）のなかへと入っていくことがない。しかし、対話へと入っていくことがないものはまた、愛の彼岸にある。ある者が罪を犯すとき、あるいは彼が悔悛をおこなうとき、彼は孤独なのだ。もし僕が彼に汝と呼びかけたとしても、彼は僕の呼びかけを聞くことはないだろう。僕はただ、同じように「我」ということができるだけだ。しかしそうだとすると、僕たちのこの二つの告白（Bekenntnisse）が、愛の大地で出会うことはない。それらが〔遊星が運動する〕天界において出会うとしても、両者は互いを決してなじみの〔bekannt 告白された〕汝として認識することはない。両者は、それぞれに対して、自らを鏡に映した像のようにあらわれるだろう。今日詩人がとりわけ好んで主題とする、人間相互の永遠のよそよそしさ（「ひとりの人間は他の人間について何を知るというのか」〔ゲーテ〕）とは、まさにこのことにほかならない。〔しかし、〕人は、つねに「それにもかかわらず」愛し合うのだ（ちょうど、人が互いに対して不正をなすにもかかわらず、否、むしろそのような不正ゆえにつねに愛し合うように）。本当のところ、ひとりの人間は他の人間について何を知るのだろうか？　一方が他方に対してなし、また他方が一方に対してなすこと〔しか知りえないのだ〕。だから、確かに僕が愛した人々に関する理解できない事柄というのは、僕に痛みをもたらしてきたけれど、しかしこの痛みのために、武器を手に取ろうとは思わなかったし、何か言葉を発しようとも思わなかった。僕の愛は、それに影響されることはなかったのだ。この非家庭的なよそよそしさ（unheimliche Fremdheit）が支配する場所に、ある日、それまでとは違った家庭の密やかさ（fremde Heimlichkeit des Hauses）が築かれる。人は、よそよそしさや異質性を恐れるが、この密やかさは尊重する。これが、僕とルディ〔ルドルフ・エーレンベルク〕との間で起こったことであり、いま君との間に起こっていることなんだ。（一九一七年九月四日付オイゲン・ローゼンシュトック宛書簡、28f.）

これらの書簡は直接的に啓示について論じたものではないが、人間が他者に対して言葉を話すことがもつ意味についての根本的な考察を含む。ここでは、彼が啓示宗教の意義を実感するにいたった「夜の対話」の衝撃についての考察をもとに、人間が人間に向かって語りかけることがもつ力、対話と愛や罪の関係が論じられている。対話の記憶を総括するなかでなされた自殺未遂の告白も、非常に衝撃的であるが、愛や罪、対話といった概念はローゼンツヴァイクの思想のなかでも重要な地位を占めるものであるだけに、思想的にも重要な書簡だといえる。

彼はこれらの書簡のなかで、自身のオイゲン・ローゼンシュトックとの出会いや対話の思い出を振り返りつつ、人間がいかにして互いを理解することができるか、愛によって友情を結ぶにいたるのかという問題を考察している。ゲーテがいうように、一人の人間にとって他者とはまったく不可解なものである。われわれはしばしば他者と出会い、理解したという気になるが、往々にしてそれは自己の鏡像にすぎない。そして、あらためて現実の他者に目をやるとき、それはまったく異質でよそよそしい原理に基づいて行動していて、場合によっては、自分に不正や害をなしてくるようにすらみえる。このような、孤独で自らのうちに閉じた近代的な人間像は、日常的な経験に非常によく合致する。人と人とが顔と顔を合わせて対話するようなこと、つまり、「汝〔君〕」と親称で呼びかけあうようなことはまったくありえないのではないだろうか。しかし、「それにもかかわらず」とローゼンツヴァイクはいう。それにもかかわらず、あるいは、それゆえに人は人を愛する。このような愛を基盤として、人と人とのよそよそしい関係は、異なる関係性へと移行してゆく。このような関係の変化が――それはここでは友情の成立といってもよいが――、ローゼンツヴァイクとルドルフ・エーレンベルクの間には起こり、今まさにオイゲンとの間にも起きているのだ、とローゼンツヴァイクはいうのである。

ローゼンツヴァイクとオイゲン・ローゼンシュトックが出会ったのは、バーデン・バーデンで行われた若手歴史家の会合であった。ローゼンシュトックは一九一二年からライプツィヒで私講師としてドイツ法の歴史を講じていた。一九一三年、ライプツィヒにいたローゼンツヴァイクは彼の講義を聴講し、彼と親しく交際するようになる。そこで起こったのが、「夜の対話」であった。対話の後、両者の連絡はしばらくとだえるが、一九一六年五月から頻繁な書簡のやり取りがはじまる。後に、ユダヤ教とキリスト教をめぐる往復書簡として出版されることになるこのやり取り[15]では、彼らは互いに敬称の二人称（Sie あなた）を用いていたが、一九一七年の春にはローゼンツヴァイクの側から親称の二人称（Du 汝、君）を用いることを提案している[16]。先に引用した書簡はこの後に書かれたもので、この時には両者はすでに親称で呼び合う仲になっていた。書簡のやり取りを重ね、互いに信仰や実存にかかわる踏み込んだ議論をおこない、呼びかけを敬称から親称へと切り替え、さらに書簡を通した対話を重ねていったこの過程をさして、ローゼンツヴァイクは家族的な親密さの形成と呼んだ。それは、閉じた個人同士のよそよそしい関係とはまったく異なる。というのもこのとき、他者は鏡に映した自分としてではなく、まさに他者として、「汝」としてあらわれるからだ。

ローゼンツヴァイクによれば、このような愛を基盤とする友情関係は、決して他者の完全な理解をもたらすわけではない。いくら対話を重ねても、また、愛情をもって「汝」と呼びかけても、お互いのうちに「理解できないところ」はのこる。だからこそ、どんなに対話を重ねたとしても、当事者の間で思想が均質化されることはないし、それぞれの個性はのこるのだ。このような地点においては、表面上の思想の異同は問題でなくなる。たとえば、このような書簡のやり取りのなかでローゼンシュトックがローゼンツヴァイクの思想を剽窃してしまったのではないかと危惧したとき、彼は次のように答えた。「〔君の〕「剽窃」の告白に、僕は笑ってしまったよ。もちろん僕はそんなことに気づかなかったし、その部分に関しては単に正しいと感じただけだった。僕は口頭であれ書面であれ、会話のようなものとみなしたことについては全部忘れてしまうんだ。というのも、僕はただ答えを聞きたくてそういったことをいうのだから」(一九一七年九月八日付オイゲン・ローゼンシュトック宛書簡、Gritli-Briefe S. 33f.)。つまり、対話の過程において重要なのは、だれがどのような着想に到達したのか、どこで両者の思想が異なるのかといったことではない。むしろ、他者を寄せつけないことによって、そして、自らを独立自存とみなすことによって構築される——ローゼンツヴァイクの喩えを用いるなら「天体」のような——孤独な自己性が解体し、そこに新たな自己性が生じるところに、対話の本領は存するのだ。いわば、対話を通して「汝」は「汝」として、それに対する「我」は「我」として際立つのである。

この点をもう少し詳しくみてみよう。冒頭に引用した書簡に即していうなら、人間は、自らのうちに独自の思想を宿した、自閉したものとして理解される限りで、ちょうど宇宙空間における天体のようである。人間たちは、このような存在者として、ある何らかの必然性によって——それを運命と呼んでもよいが——接近し、また離れていく。他者と心からわかり合えることなどないし、避けることのできない異常接近のようなことでもなければ、他者によって傷つけられたり自己を揺さぶられたりすることもない。天体同士は物理法則にしたがって接近と遠離を繰り返すが、互いに影響を及ぼしあうことはなく、天体自体に変化も起こらない。実際に、多くの場合に人々はそのように出会い、そして別れてゆくのだ。

しかし、人間同士の関係は、これとは別様でありうる。それは、このようなよそよそしさに尽きるものではない[17]。このことは、たとえば家族の間での人間関係をみればわかる。家族の成員は家をともにし、ローゼンツヴァイクによれば大地をともにする。その大地の上で互いに働きかけあい、時には傷つけあう。ローゼンツヴァイクは、家族でない者の間にも、つまり、自閉した自己という近代的な自己意識に基づく人間同士の間にも、何らかのきっかけで、家族的な親密性が生じうるというのだ。とはいえ、このことは簡単なことではない。ローゼンツヴァイクが「それにもかかわらず」という言葉で何度も強調するように、ここには神秘的ともいえる大転換があるのだ。この転換の末に、天体が静かに運動を続けるような空間が破られ、大地が生じ、話者はその上に置きいれられる。彼はもはや安定自足した天体ではなくなるのだ。ここでは、この転換の具体的な過程や様相は論じられない。それが、「汝」という呼びかけとその聴取、そして愛に関係していることは示唆されているが、その内実は謎のままだ。ローゼンツヴァイクは、その内実を具体的に論じる代わりに、現実的に生じた友人たちとの対話や相互理解の深まりをもって、この愛を基盤とした人間同士の関係の変化の実例としているのである。

以上のように、これらの書簡では、ある特別な対話や呼びかけの存在が示唆された。それは、自閉した近代的自我を破り、自己と他者を友愛の関係へと移しいれる力をもつ。しかし、すべての会話や言葉のやり取りがこのような意味での対話となるわけではない。遊星同士のようにかかわる人々も、互いに会話は交わすはずだからだ。それでは、どのような対話が愛と呼ぶにふさわしいのだろうか。以下、同じ時期に書かれた書簡を読み解くことで、ローゼンツヴァイクの対話の概念が啓示概念と結びついていることを確認する。その後に、ローゼンツヴァイクが真理について論じたテクストを参照することで、この問いに答えていきたい。

「汝」の呼びかけと啓示——対話と自閉した自我の破れ

先に引用した二つの書簡の少し後に書かれたオイゲン・ローゼンシュトック宛の書簡で、ローゼンツヴァイクは言語における人称と自我、そして啓示の関係について論じている。それ以前の書簡（たとえば前節で検討した書簡）では、これらの概念が登場するのは私的なコンテクストに限られていたが、ここでは一般的な自我の問題として取り扱われている。本節ではこの書簡を手掛かりに、対話と啓示の関係についてのローゼンツヴァイクの思想を明らかにする。

本当の奇蹟、すなわち自分の我（das meine Ich）〔（他者から区別される）自分の人格〕は、決して自我（das Ich）のなかでは生じない。実体としての自我（「祝祭の前」[18]）は決して自分の我（mein Ich）〔自分の人格〕ではなくて、自我というもの一般にほかならないのだ。そのような自我一般は、「彼」（das Er）を通して複数化されるけれども、しかし、それはもはや諸事物のもとでの一つの事物にすぎない。そうではなくて、自分の我〔自分の人格〕は、汝（das Du）のなかで生じる。汝と呼びかける〔親称の二人称を用いて話す〕ときに、自分は他者が「事物」ではなく、「自分と同様」（wie ich）であることを理解する。しかし、そうであるとき、まさに〔自分ではない〕他の者が自分と同じようでありうるから、自我は、祝祭の前のただ一つだけの「超越論的なもの」であることをやめる。それは、一つの我（ein Ich）に、自分の我〔自分の人格〕になるのだが、「それ」（das Es）になることはない。最初の汝によって、人間の創造は完結する。このとき、そのようにして、汝（das Du）に接して自我が人格となった後でも、自我の実体的な性質はそのまま残っている。こうなると人間は、自分自身の我が、自我一般から別れ出たから、彼自身の我の「彼岸にある」ような、ある我の実在を信じることができる。このような大いなる我は、もちろん「世界」の「彼」「彼女」「それ」だけしかその相関項として知らないし、人間とはただ「第三人称」においてのみ関係をもつ。人間はどうしてこのような我に対してあえて「汝」と呼びかけられるだろうか！　そのためには、そのような我がまず先に、人間に対して汝と呼びかけなくてはならないだろう。この第二の汝は（「創造」の終わりのかの最初の「汝」の後〔なので「第二」と呼ばれる〕）、「啓示」である。（一九一七年一〇月一九日付オイゲン・ローゼンシュトック宛書簡[19]）

一読してわかる通り、このテクストは決してわかりやすいものではない。いかにも説明が不足しているし、その前後の書簡をみても内容的に唐突な印象を受ける。まずは、この書簡の背景を簡単にみてみたい。一見するところ、このテクストは「創世記」における人間の創造の記述の註解である。人間の創造を通して神が人格的なものとなるプロセスが説明されており、この意味では「自分の我」と訳した部分は神の自己意識を表現するよりふさわしい訳語をあてるべきであろう。しかし、このテクストの射程は、単なる神人関係の説明を超え、人間同士の関係にも及ぶ。というのもこの書簡は、内容的にこれに先立つオイゲン・ローゼンシュトックからの書簡に依拠しているからだ。後年「言語についての書簡」(Sprachbrief)と呼ばれるようになったローゼンシュトックからの書簡は、まさに啓示と人称の関係や、対話と自我の成立といった問題を扱ったものだったらしい[20]。残念ながらその「言語についての書簡」は残されていないのだが、それに対する応答として書かれたローゼンツヴァイクの別の書簡が、問題の所在について若干の手掛かりを与えてくれる。

親愛なるオイゲン、君がアウグスティヌスを読んで発見したこと、つまり魂の実体を問うことの無意味さに関してだが、この無意味さが、魂が祝祭の後で生じる〔前の書簡の「祝祭の前に」はこの表現に対応している〕ことに起因するということについては、カントが「純粋理性の誤謬推理」についての長い章で論じている〔……〕。(一九一七年一〇月一八日付オイゲン・ローゼンシュトック宛書簡、BT S.470)

どうやらローゼンシュトックは、人間の魂は不変の実体をもったものではないと発見した、というようなことをローゼンツヴァイクに書き送ったらしい。ローゼンツヴァイクはこれに同意しつつ、そのことについてはカントがすでに、人間の自己意識が後から生じるということを、理を尽くして論じている、と答えたのだ。ここで言及される箇所でカントは、「我考える(Ich denke)」の統覚について考察していた[21]。彼によれば、「我考える」の「我」は、実体ではなく、あらゆる認識に付随する形式のようなものだ。デカルトがなしたように「我考える」という命題から、人間の自我の実在を論証することはできない。むしろ、このような思惟する自己としての自己意識は、認識が可能であるための一つの条件であり、ある種の論理的な機能なのだ。また、ローゼンシュトックはここでアウグスティヌスの名も出している。しかし、こちらに関しては、彼がどのテクストを読んで何を発見したのかがわからないため、その内容を類推することは難しい[22]。ともかく、これらのことからローゼンシュトックは、「言語についての書簡」のなかで、自我は哲学の出発点となりうるような実体ではない、むしろ、自我や自己意識は後から他者との関係のなかで成立するということを、言語における人称の問題との関係で論じていたと推定することができる。

ローゼンツヴァイクの書簡はこれに対する応答だった。このことから、それが単に神学的内容を論じたものでないことがわかる。すこし解釈を加えながら、このテクストの内容を人格的関係一般について論じたものとして追ってみたい。彼はまず、「ほかでもない私」という自己意識が二人称の対話関係のなかで成立するという点に注意を促している。それは、単純に実体視された「私は私である」という自我ではないというのだ。実体的な自我は、それはそれで確かに内的な確信として手もとにある（「祝祭の前」）。デカルトはこのような自我に懐疑を通して到達したと信じたのだった。しかし、それは自分自身の我としての自覚、すなわち、ほかにもたくさんの我があるなかでの「ほかでもないこの私」という自己意識とは異なる。

この書簡の記述にしたがうなら、このような「ほかでもないこの私」としての自己意識、つまり「自分の我」は、他者に対して親称の二人称で呼びかける際に生じるとされる。二人称で呼びかけることは、一人で対象を認識することとも、三人称を用いて他者や事物を名指すこととも異なる。というのも、二人称を用いた呼びかけにおいては、相手が自分ではない他者として自分の呼びかけに応えてくることを期待しているからだ。呼びかけは、単に事物を名指すこととは違い、相手との相互的な関係性を含意している。主体はこの呼びかけ、ないしはこの関係性を通して、自分とは異なる他者が、しかし、自分に応答し呼びかけを返してくる、自分と同様の存在であることに気がつく。そして、呼びかけた主体は自分が他者とは異なる自分であることを知り、また、相手もまた固有の自我をもつ者であることを知るのだ。

こうして、呼びかけ以前には絶対的で唯一だと思われた自我は失われ、主体は複数の我があるなかでの一つの我であることを知る。つまり、他者に対して呼びかけるとき、主体は独我論的な自己意識を脱し、他者を前にした一人の我に、ほかのだれでもない私になるのだ。ローゼンツヴァイクはこのような過程を、人格が成立すること、人間の創造が完了すること、と呼んでいる。すなわち、自らの外部に自らと同様の人格が存在すると認めるとき、主体の自我は大きく変容する。神もまた人格をもった人間を創造したとき、人格的なものとなるのだ。このとき、自分の自我が、絶対的な自我ではないということを知った主体は、こんどは、自分の外部に一つの実体的な自我を想定するようになる。かつて「私は私である」の自我がもっていた絶対性と実体性が、自らの外部に想定された一つの我におき入れられるのだ。

人間にとっては、自らの我の彼岸にある「大いなる我」とは、「創造」や「啓示」を狭い意味で解釈するならば、神ということになろうが、より一般的に他の人格とも読める。それは、主体の他者である実体として措定され、主体との間には距離がおかれている。それにとって人間は、事物と並ぶ彼や彼女の一つであり、二人称で呼びかけあうような関係は結ばない。主体の側からも、このような他者に二人称で呼びかけることはない。先にみたように、二人称での呼びかけは、互いの安定した自我をゆさぶり、場合によってはそれを突き崩すような相互の関係性を含意する。人間の側からは、あえてこのように遠くにとどまる者に対し、二人称で呼びかけることはしないのだ。しかし、それにもかかわらず、両者の間で、二人称で呼びかけあうような場面が存在する。それこそが、神の側からの、他者からの二人称の呼びかけであり、これが啓示なのだ。

このテクストを、「創造」ないし「啓示」といった語に留意して、神学的に解釈するとき、それは『救済の星』第二部の記述とよく一致する。しかしこのような解釈は、テクストの意味を強く限定しすぎている。むしろここでは、ローゼンツヴァイクが創造や啓示といった聖書の概念にひきつけつつも、神という語を用いていないことに着目したい。このテクストは聖書に描かれた創造神話を参照しつつ、むしろ、「我」や「汝」を語る人格的な主体相互の関係を、より一般的に論じている。このことを踏まえ、重要と思われる点を指摘したい。

まず、人間は、独我論的な自我の絶対性のなかにまどろむうちは、いまだ人間として完成されていない、つまり、いまだ十分な意味で人間ではないとされている。呼びかけをおこなう前に主体の手もとに見出される、絶対的で実体視された自我は、他者との間での親称の二人称の呼びかけをおこなうことを通して動揺し、解体される。その後で、人間は世界における自己意識を新たにし、他の人格とは異なるものとしての一人格となるのだ。（ローゼンツヴァイクはこのような人格の成立を奇蹟と呼ぶ。）

ここで示されているのは、二人称の呼びかけがもつ特別な力である。それは、閉じた自我を、「自分は自分である」という強固な自己同一性を打ち崩す。呼びかけ、語りかけには、他者と自己を関係性の地平へと連れ出す作用があり、こうして導き入れられた他者との関係性のなかで、人間は人間になる。

ローゼンツヴァイクはこの過程を聖書の「創造」の物語にひきつけている（「創世記」第三章）。聖書のエピソードにおいては、人間が楽園においてはじめて「汝」と呼びかける／呼びかけられる相手は、神であった。神の「汝はどこにいるのか」という呼びかけに対して、人は「あなたの足音が園のなかに聞こえたので、恐ろしくなり、隠れております。」「あなたがわたしとともにいるようにしてくださった女が、木から取って与えたので、食べました」と応答した。人間はここで、木の実を食べた罪に対する責任を女や神に押しつけることで、神の追及をかわそうとするが、結局、自らの罪と責任に向き合うことを余儀なくされ、楽園から追放される。他方、神は人間を楽園から追放するのだが、その際に、人間が「善悪を知る」ようになったことで「我々の一人のように」なったと洩らした、と聖書は記録している。つまり、神は自らの荷姿として人間を創造したが、こうした一連のやり取りの後で、はじめて自分と同じようになったことを認めたのだ。言い換えるなら、人間の創造はこの時にようやく完結したのである。

ローゼンツヴァイクは、この神話的な呼びかけの場面を、人間の自己意識の成立の場面に重ねている。聖書では、人間は神との対話的な関係のなかで、自らが神ではなく人間であることを知り――彼は神の前で自らを恥じ、身を隠そうとする（「創世記」同章第八節）――、神はこれを見て、人間が自身と同じようになったことを知る。

このエピソードは確かに神と人間との関係、神による人間の創造を描いたものだが、一見してわかるように、ここで示される神人関係は、決して、たとえば天上の全能の神と塵芥にすぎない地上の人間というような垂直的関係ではない。人間が神の前に自らを恥じるだけでなく、神もまた、人間を自分たちの一人のようなものとして、つまり、彼の管理を離れた自立した存在として承認しているのだ。創造の神話のなかで、とりわけこの局面に着目するとき、両者の関係は限りなく対等なものとして描き出される。

ローゼンツヴァイクはこの書簡で、このような対話における神と人との関係図式を、人間同士の水平的関係と重ねて考察している。自我の絶対性にまどろむ主体が、対話を通して他者を承認すること。このことを彼は創造のエピソードに近づけて説明しているのだ。そして、このような他者の承認――他者からの承認――は、決して当たり前のことではない。それは、奇蹟にもたとえられるほど、驚くべき出来事なのである。

したがって、上記の書簡の後半部分で言及されている啓示についても、神人関係を人間同士の関係に重ねたものとして理解することができる。他者を承認し、自他を互いに異なる人格とみなすようになった後では、自他の人格は互いに独立して安定し、互いに距離を置くようになる。「創世記」によるなら、神はアダムを楽園から追放したのち、エノクを除けばノアに至るまで、人間に二人称で呼びかけることはなかった。人間同士の場合でも、互いの人格を承認し、敬意をもって互いの独立性を認めるとき、あえて互いに干渉するようなことはしない。二人称の呼びかけ――それには安定した主体を揺るがし、打ち壊す力がある――によって、わざわざこのような安定した関係を動揺させる必要はないのだ。

しかしローゼンツヴァイクは、まさにこのような状況下でも、他者と再び「汝」と呼び合う関係に入ってゆくことがありうるという。安定した人格のなかで、他者と距離をおいて生活していても、あるとき他者から呼びかけられるということがあるのだ。神人関係であればそれは啓示の呼びかけである、とローゼンツヴァイクはいう。こうした呼びかけは安定した生活や自我を再び破壊する。ノアは正しい人であったため、神に選ばれて洪水の難を逃れた。しかし彼はすべてをなげうって箱舟づくりに従事したあげく、洪水により故郷や友人、それまでの生活をすべて失った。アブラハムもまた神の呼びかけを受けた。彼は、老齢ながら神に命じられ、生まれ故郷を離れ長く危険な旅に出た。そして、唯一の希望であった一人息子のイサクすら神に捧げるよう求められたのだ。モーセは神からの呼びかけを受け明らかに戸惑っている。「ああ主よ、どうぞ、だれかほかの人をみつけてお遣わしください」(「出エジプト記」第四章第一三節)。神からの呼びかけは、それまでの安定した生活――遠く離れた神への敬虔な信仰も含まれる――を破壊し、与えられた使命と約束を前に、新しい人間として生きることを強要するのだ。

ローゼンツヴァイクは、このような呼びかけが、人格として互いに距離をおいた人間同士のあいだでも起こると示唆しているようにみえる。前節でとり上げた書簡で、彼がよそよそしい人間同士が親称の二人称で呼び合うようになるというプロセスを丁寧に論じていたことを思い出したい。そこでは、オイゲン・ローゼンシュトックやルドルフ・エーレンベルクとの友情を題材として、惑星同士のようなつかず離れずのよそよそしい関係から、愛により家族的な親密性への移行するということが論じられていた。惑星同士の関係は、本節でいわれたところの人格同士の関係に相当するだろう。何らかのきっかけで一方から他方に呼びかけがおこなわれるとき、両者の安定した関係は崩れ、新しい、親密な関係へと移行するのだ。

まさにローゼンツヴァイク自身がこのことを経験し、それに重要な意味を見出したのだった。彼は、友人との対話を通して、動揺し、過去の自己を破壊され、新たな生を歩むことになった。そして、これらの友人たちとさらに深く交わるようになったのである。ここに、言語――とりわけ、呼びかけと対話――と愛と啓示の本質的関係をみることができる。世界のなかで自らを閉ざした人間が、他者からの呼びかけによって自己を開く。これが、愛の作用であり、啓示の本質なのだ。こうしたことは日常的に起こっているにもかかわらず、尋常なことではない。むしろ、ある種の「奇蹟」と呼ぶにふさわしいような事態なのだ。

真理とその証言――「瞬間」の到来を待つ

他者に呼びかけることと啓示のあいだには根本的な関係がある。一見すると不可解なこの命題は、ローゼンツヴァイクの真理論をみてゆくとき、よりよく理解されるだろう。すなわち、対話と啓示を結びつけるのが、真理概念なのだ。

> 僕は思う。すべての生きとし生きるものの生のなかには、それが真理をいう瞬間が、おそらくはただ一度の瞬間が存在する。だから人は、恐らく生きるものについて語る必要はない。むしろ、生きるものが、それ自身を声に出していいあらわすような瞬間を待ち受けなければならない。これらの独話（Monolog）が互いに重なり合ってできる対話（Dialog）――複数の独話が互いにおりかさなって一つの対話をなすということこそが、世界の大いなる秘密、明白で（offenbar）、啓示された（offenbart）秘密、まさに啓示の内容である。それは、あなたが最近の三通の書簡のはじめのほうでおこなったさまざまな定義と矛盾しないどころか、むしろその確証となっている。というのも、それらこそ本来的な意味における独話、つまり自己告白だからだ。このもっとも静かな小部屋の言葉が、世界史の「偉大なる日」の議会演説であることが明らかになる。その根拠は、世界の最初の日によって象徴され、世界最後の日に生じ確証されるような人類の統一性である――これらの独話からなる対話を僕はまったき真理とみなす。[23]

これは一九一六年の、オイゲン・ローゼンシュトックとの往復書簡からの一節である。ここでローゼンツヴァイクは、対話と真理を関連づけ、さらにそれを啓示との関係で論じている。まずはその内容を確認してみたい。彼は、さまざまな発話行為のなかからある特殊な発話行為を区別して取り出そうとしている。それは、彼が

「生きるものが、それ自身を声に出していいあらわす」ような発話と呼ぶものだ。それは、誰かの人生について、の話や、そのほかの通常の話とは異なる。それは、ある「瞬間」にだけその人自身に可能になるような、自分自身の生そのものを表現するような発話であるという。彼によれば、そのような発話において人間はまさに「真理」をいう。そして、真理をいうこのような一つひとつの発話（独話＝モノローク）が、重なり合うとき、対話（ディアローク）が生じる。ここで言われる対話とは、複数の人間のあいだでその場で交わされる会話のことではなく、歴史のなかで独話が蓄積してゆくことである。一人ひとりがそれぞれの真理をそれぞれのタイミングでいう、そうした独話が、歴史の流れのなかで降り積もってゆく。そのとき、一つひとつの独話が経糸や緯糸となって織物が織られていくかのようにして、対話となってゆく。ローゼンツヴァイクは、このような対話の全体こそが「真理」の全体であるとしている。

前節でみたことも併せて考えてみたい。ローゼンツヴァイクは、さまざまな発話行為のなかに、安定した自我を揺るがし、自らのうちに閉じた人格を他者へむけて開く特別な力をもったものが存在すると気づいていた。彼はとりわけ、二人称の呼びかけと対話にその典型をみたのだった。ここでも、彼は日常的な言語行為から、何らかの特別な発話行為を区別しようとしている。というのも、人格同士の距離をおいた関係のなかでも人々は出会い、そのなかでしばしば親称を用いて会話をおこなうからだ。ほとんどの場合、そのようなときにも当事者の自我は安定しており、変化や破壊的影響を蒙ることはない。人格同士の安定した関係を、家族的な親密さへと作り変える対話は、通常の会話とは質を異にするものであるはずだ。

それでは、なにが通常の会話と、このような特別な対話を区別するのだろうか。本節の冒頭に掲げた対話と真理との関係をめぐる記述も、まさにこのような問題をめぐっている。対話を構成するような、真理をいう発話。これはどのようなものなのだろうか。それを明らかにするために、まずは、ローゼンツヴァイクが真理について論じたテクストをみてみたい。

人々が、脳を少し使うだけで〔……〕容易に意見を一致させる「2×2＝4」というもっとも力のない単発の真理から、人間がそのためなら多少の苦労もいとわないような諸真理を越えて、彼が、自分の生を犠牲にすることによってのみ確証することができるような諸真理へ、そして最終的には、〔……〕すべての生き物の生を動員することによってはじめて確証することができるような真理へといたる道が通じている。(24)

ローゼンツヴァイクはこのように真理にいくつかの水準を認めている。その際、この晩年の定式化にしたがえば、論理的推論によって確証されるような真理を下等な真理とみなし、逆に、個人や集団の殉死（Blutzeuge 血の証人）によってその正当性が示されるよりほかないような真理を高次の真理とみなしている。つまり、人々が理性によってその正しさを確認し、その正しさに関して意見を一致することができるような真理――これこそ通常の真理概念なのだが――は、大した真理ではないというのだ。このような凡庸な真理とは別に、何らの客観的な根拠も存在せず、ただ、一人の人間が証言することによってのみその正しさが主張されるような真理が存在する。そして、このような真理こそが人間にとって重要なのだ。このような真理を証言する者は、提示すべき客観的証拠をもたないから、ただただ熱心に、真摯に証言し、自らの証言が真実であると主張し続けることしかできない。そして、場合によっては個人、ないし集団は自らの命をなげうつことによって、自らが奉じる真理の真理性を証示しようとするのだ。

このように、理性や論証によっては到達することのできない真理、その存在を証明するために自らの現実的な存在を放棄しなければならないような真理が存在する。そのような真理は、人々の間にあっては証言（そのもっとも激しい形態としての殉死）によってのみ指し示される。そして、その真理性は証言の真摯さ、激烈さによって測られる。これが、ローゼンツヴァイクが晩年に定式化した真理論であった。

本節の冒頭に掲げた、真理と独話、対話の関係をめぐるテクストには、このような真理論の萌芽をみることができる。真理をいう一つひとつの独話とは、いわば一人ひとりの人間による真理の証言、告白である。これらの独話は内容的にそれ自体で真理であるかどうかはわからない。というのも、ここで問題になっているのは、論理的整合性や現実との一致といった、通俗的な真理の基準をもってしては判定できないような真理だからだ。それは、もっとも個人的な自己告白であり、他者にはその真実性を検証することができない。しかし、それにもかかわらず、このような独話が真理の一片を構成するというのである。一つひとつの独話が個人的な自己告白である以上、いくつかの独話は内容的に矛盾したり、衝突したりということがありうる。それらは、一つに束ねられることはなく、むしろ互いに矛盾し、交錯しながら、歴史の流れとともに織物のように折り重なってゆく。一つひとつの独話は内容的に取捨選択されることなく、すべてこの全体としての真理のなかに沈殿し、保持されるのだ。

とはいえ、繰り返しになるが、すべての発話がこのような意味での独話になるわけではない。ヘーゲルの歴史のなかの神――ローゼンツヴァイク流に理解された――であれば、文字通り、あらゆる発話や行為を受けとめただろう。しかし、ローゼンツヴァイクがここで「瞬間」という概念を用いて差異化しているように、それはただの語りではないのだ。それでは何が、真理の一片をなす独話と、その他の語りを分けるのか。彼は母親に宛てたある書簡で次のようなことを書いている。

> 真理というのは海なんだ。そこには、ただ「真理」よりも比重の大きな心をもった者だけが潜っていくことができる。〔……〕思慮深さと愚かさというのは姉妹のようなものだが、不誠実〔Unwahrhaftigkeit：真理 Wahrheit を語根にもつ〕はそのどちらともほとんど関連をもたない。（一九一七年一月二三日付両親宛書簡、BT S. 339）

この書簡の背景も簡単に説明する必要があるだろう。この頃、ローゼンツヴァイクの母親はゲオルク・ジンメル（一八五八―一九一八）の講演を聞き大いに感銘を受けた。これに対して、ローゼンツヴァイクは当時彼が好んで読んでいたリカルダ・フーフ（一八六四―一九四七）を引き合いに出しながら、ジンメルを批判した。すなわち、ジンメルは確かに頭がよいが、それは真理とは遠いところにある賢さである。これに対し、フーフの書くことは確かに愚かであるが、より何事か重大なことを述べている。ジンメルには彼女が描く哲学的な著作の一段落すら書くことができないだろう。このような批判に上記の引用が続く。ジンメルのような知性では、真理の浅場で泳ぎ回ることしかできない。なぜならそこには、ある種の不誠実さがともなっているからだ。このような不誠実を真理は嫌う。むしろ、愚かなほどの誠実さ（Wahrhaftigkeit）や、知的な軽妙さの対極にあるような「心の重たさ」が、真理への近さの徴となるのだ。つまり、事柄の内容によって真偽が決せられるわけではない。そうではなく、何かをいったり、書いたりするときの心の状態や、誠実さの度合いが、真理との関連の有無を決するのだ。

このように、彼のいう真理にとっては、語られた事柄の内容ではなく、語る者の誠実さこそが重要だ。このことは、まさに本節にいう真理の証言としての独話にあてはまるだろう。このとき、誠実さは、必ずしも証言をおこなう者の心がけ一つで満たすことのできる要件ではないらしい。というのも、本節冒頭の引用によれば、このような真理の証言は自分が望むときにおこなうことができるわけではなく、ある「瞬間」にはじめて可能になるとされているからだ。この「瞬間」がいつ訪れるのかは、本人にも、これを聞く者にもわからない。それは、誰にでも――それどころかすべての生きとし生けるものに――到来する可能性があるが、その時期は誰にもわからないのだ。「瞬間」は、未来から、外部から到来し、人はその「瞬間」に対して「待ち受ける」という態度を取るほかはない。自分にしか証言しえないことを証言するという、もっとも個人的で能動的な行為であるにもかかわらず、ここには何らかの受動性が入り込んでくる。このような証言は、証言をおこなう者だけにかかわることでありながら、一人の人間の通常の能力を超えているのだ。真理を証言することにおいて、人間の個人性は何らかの仕方で破られ、普遍的な真理へと通じるのである。

しかしながら、そのようなことは実際に起こりえるのだろうか。ローゼンツヴァイクはどのような事態を想定していたのか。ここで、本節冒頭に引用した対話と真理に関する書簡が書かれた背景にあたってみたい。すでに述べたように、この書簡は一九一六年に交わされたローゼンシュトックとの往復書簡からとられたものだ。この往復書簡は、一九一三年の「夜の対話」以降、「あの夜の彼〔ローゼンシュトック〕の残像と対話を続けて」いたというローゼンツヴァイクにとって、自らの新しい立場をローゼンシュトックに説明する最初の機会となった（一九一六年一〇月付ルドルフ・エーレンベルク宛書簡、BT S. 240）。

ごく簡単に往復書簡の内容を振り返ってみる。このなかでローゼンシュトックは、あらためてキリスト教が説く救済の普遍性を主張した。キリスト教の救済は、ユダヤ人とその他の人間の間に区別を設けない。キリスト教の新しい契約によって、ユダヤ教の旧い契約はもはや不要になったのだ、と。これに対してローゼンツヴァイクは、かつてルドルフ・エーレンベルクに書き送った護教的宗教論を再び展開し、ユダヤ教が救済に与るためにはキリスト教を経由する必要がないこと、そして、キリスト教の啓示が真であるためにはユダヤ教の啓示も真であることが必要であることなどを主張した。議論は深まり、両者ともにそこから大きな刺激を受けるが、決定的な点に関して両者が一致することはなかった。対話と真理に関する上記の書簡はこのような過程のなかで書かれた。

ローゼンツヴァイクは、議論が平行線をたどるのを目の当たりにしながら、複数の独話からなる真理について論じた。つまりここで想定されていた独話とは、まずはローゼンツヴァイク自身によるユダヤ教の救済の真理性の主張と、ローゼンシュトックによるキリスト教の救済の真理性の主張であったと考えてよい。実際、ローゼンツヴァイクが上記の書簡のなかで、ローゼンシュトックの「自己告白」として参照している「三通の書簡」に書かれていたのも、その内容であった。したがって、ここで書かれた独話と真理の関係も、先にみた、二人称の呼びかけの場合と同様、ローゼンシュトックとの書簡を通した対話の経験に基づいているということができる。ローゼンツヴァイクは、自らの対話の経験を「すべての生きとし生きるもの」の証言が織りなす真理という、独特な真理論へと普遍化しようとしているのだ。

秘密と顕現——メシア的真理のパラドクス

本章ではこれまで、ローゼンツヴァイクがローゼンシュトックとの対話＝論争の経験から、対話や真理に関する独特な思想を展開したことをみた。本節では、これらいくつかの異なる着想がどのように関連するのかを考察してみたい。

まずは、本章で検討した愛や友情をめぐる書簡と真理をめぐる書簡に関して、内容面から簡単な比較をおこなってみたい。前者においては、対話を通して閉じた人格が、他者に対して開かれるという出来事が、聖書における創造と啓示の神話にひきつけて論じられていた。これに対して、後者では、直ちに和解には到達しないような一つひとつの独話が折り重なって真理となるという事態が、啓示の内容であるといわれている。後者では、対話を通した自己意識や他者との関係性の変容ということは述べられていない。むしろ、独話の積み重なりが真理であり、そのことが何らかの仕方で明らかになることが啓示であるといわれている。この相違に着目してみたい。

ある「瞬間」に可能になるような真理の証言と、他者に対して汝と呼びかけることとが、つねに同一の出来事のなかで実現されるとローゼンツヴァイクが考えていたのかどうかを、残されたテクストから知ることは難しい。とはいえ両者は、ローゼンシュトックとの対話＝論争という同一の経験に基づいているのだから、少なくとも、この対話＝論争においては、両方の事柄が実現されているとみることができるだろう。この出来事の中心にあるのは、誠実になされた自己主張ないし自己告白である。この独話の対決は、合意を導くことなく物別れに終わった。すなわち、往復書簡の後も両者は自分の主張を曲げることはなかった。しかし、このような対話は決して無意味ではなかった。それは、両者の人間関係を変化させ、そのことによって、近代的人間の孤独を打ち破った。少なくとも、ローゼンツヴァイクにはそのように思われたのである。

彼は、ここでの経験を一般化して論じようとした。まず、彼が独話と呼ぶある種の特別な語りがあると論じる。

それは、外部に向けておこなわれる自己の真理の誠実な主張、証言であり、対面的な状況下では、自己と他者の閉じた人格を開き、友愛の地平に呼び出す力をもつ。この力は、人格が言葉をはさんで向き合うときに発揮される。しかしこのような語りは、現在時に力を発揮するだけでなく、この世界の歴史のなかで、真理の一つのかけらとしての意味をもつ。すべてのかけらが集まるのは時間が終わるときであり、それはこの歴史のなかにはない。しかし、このようなかけらが存在することが、真理が存在するということの証となる。そして一つひとつの独話は、たとえ語り掛けた相手に聞かれることがなくとも、また、他者と意見の一致に至るということがなくとも、そのものとしてこのような真理の断片として価値をもつ。

歴史の終わりに想定される完全な真理が、歴史のなかで現出することはない。ローゼンツヴァイク自身はこの言葉を用いないが、このような真理を指してメシア的と呼んでも的外れではないだろう。このとき、このような真理が存在すること、そして、そのような真理と一人ひとりの人間がかかわりをもつということは、人間に対して本来隠されているはずの秘密である。しかし、ローゼンツヴァイクがまさにこの秘密について語りうることからもわかるように、このような世界史の外部、この世界史に外から意味を与えるような他者についての秘密は人間に対して明らかにされている。このような秘密の開示という意味で、ローゼンツヴァイクは独話と対話と真理の関係を論じた先の書簡で、啓示という語を用いている。

本章ではこれまで、ローゼンツヴァイクが、啓示と対話を、真理概念を介して結びつけて論じる様子をたどってきた。この議論の根には、ローゼンシュトックとの書簡の往復があった。彼はこの経験を、「すべての生あるもの」の独話の集積としての真理という一般的な真理論にまで拡張しようとした。この真理論のなかでは、ローゼンツヴァイクの生の経験と、人間一般の生の経験、そして普遍的な真理が、特定の教団の教義を介在させることなく接合されている。ここに、彼の生と哲学の分かちがたい結合をみることができる。

また、ここで論じられた、啓示と言葉と真理の関係という主題は、彼の思想のなかでも重要な意味をもつ。現代において、聖書の記述や伝承の真実性を盲目的に信仰するのとは別の仕方で、啓示の真理を論じることがローゼンツヴァイクの課題であった。ここで彼は、啓示はただ言葉によってのみ伝えられることができ、その真理性もただ証言や告白によってのみ指し示されることができるということを認めたうえで、このような証言を通した真理を学問的真理の上位におこうとする。そして、このような啓示の真理を媒介するものとしての言葉を、言葉を話す人間の生という場において考察した。ここに、ローゼンツヴァイク言語の思想の大きな特徴をみることができる。彼は人間の生のなかで言葉が揮う力に着目した。語られた内容ではなく、言葉を語ること、そして聞くことのうちに、人間を変える大きな力を見出したのである。このような力をもった言葉、力をもった語りという着想を蝶番として、ローゼンツヴァイクの個人的な経験と啓示や救済といった哲学的＝神学的概念が結びつく。たとえば、ローゼンツヴァイクは、愛による罪からの解放を救済と考えた。後にみるように、この罪の自覚もまた啓示と無関係ではない。彼の思想においては、罪や孤独や愛といった人間個人の問題と、人類規模の啓示や救済といった問題とが、言語の問題を介して結びつくのだ。

やや先走って解釈を進めてしまった。ここで一歩踏みとどまらなければならない。ローゼンツヴァイクは、どのようにしてこの世界史の終わりにはじめてあらわれる真理という秘密を知るにいたったのだろうか。また、彼はこのような歴史の終わりの真理を、ユダヤ教とキリスト教と異教からなる救済史の枠組みからも論じている。このような救済史的言説は、本章でみた個人的でありつつ普遍的な真理論とは異なる種類の言説であるようにみえる。歴史哲学的枠組みに準拠しながら俯瞰的にこのような真理を論じることは、本章でみた真理論とどのような関係にあるのだろうか。これらの疑問に答えていくためには、啓示と歴史、啓示と真理との関係をさらに詳しくみてゆく必要がある。

三　歴史の終わりに到来する真理

メシア的真理に参加する人間――責任と自由

これまでの議論から、ローゼンツヴァイクは、自閉したもの、内在的なもの、自己完結的なものが、その全体の外部から他者によって破られることを指して啓示と呼んでいるらしいということが明らかになってきた。独我論的な自我が解体され、他者を前にした一つの人格となること。独立した人格同士のよそよそしい関係が破られ、友愛の関係をもつこと。学問知の体系の外から、学問的真理とは別種の真理がもたらされること。延々と終わりなく続く歴史的時間に、救済という終末が設定されること。そして、神が人間に対してなんらかの仕方であらわれること。ローゼンツヴァイクはこのようなさまざまな事態を啓示と呼ぶが、これらの事態に共通するのは、自己完結した体系がその体系の他者によって破られることである。レヴィナスはローゼンツヴァイクの思想に全体性に対する根源的な批判を見出したが、これは彼の思想の中心に啓示概念があることを踏まえるとき正しい評価だといえるだろう。しかし、これら別々の事態に関して語られる啓示は、全体性の破れという形式的な共通項をもつだけなのだろうか。それとも、なんらか内容的な連関をもつのだろうか。このことを知るためにも、ローゼンツヴァイクの啓示概念についてさらに探求していきたい。

ここからは前節で予告したように、ローゼンツヴァイクの思想における啓示と歴史の関係を考察していく。すでにみたように、独話の集積としての真理は、完全な形では最後の独話が語られるまで現出しえない。つまり、すべての生きとし生けるものが独話を語る可能性をもつ以上、歴史的時間のなかでは現出しない。しかしながら、この隠されているはずのものが人間に何らかの仕方で明らかにされており、知られている。このことのうちにも、ローゼンツヴァイクは真理と啓示との関係をみたのだった。以下では、このような真理と啓示の関係に関する考察を基に、彼が歴史概念を再考したテクストをみていく。このような問い直しは、現実の歴史の意味と彼の歴史哲学的方法論の両方に及んだ。

まずは、彼が啓示と歴史の関係を論じたテクストを取り上げる。先取りするなら、これらのテクストにおいて、啓示は歴史に生きる人類に意味を与えるとされる。言い換えるなら、歴史全体の意味が啓示によって定められることで、そのなかに生きる人間の役割や存在意義が決定されるのだ。続いて、彼が歴史と真理の関係を論じたテクストを取り上げる。そこには、ローゼンツヴァイクの思想の方法論が開陳されている。予め見通しを述べておくなら、方法論に関する彼の自問自答のなかには、歴史哲学によって啓示が真理であることを客観的に示したいという理論的関心と、自らの生と深く結びついたものとして哲学を実践したいという実存的関心がどちらも存在していた。しかし、次第にこの二つの両立が困難であることが自覚されてくるのだ。ここから『救済の星』が依拠した方法論の性格も明らかになる。彼は、『救済の星』においては理論的関心を優先させ、自身の生と哲学の結合という実践的、実存的課題については放棄せざるをえなかったのである。

それでは早速、ローゼンツヴァイクが現実の歴史と啓示の関係について論じた箇所をいくつか検討する。一九一三年、宗教の重要性を真剣に受け止めるようになった後も、彼の現代史への関心が減衰することはなかった。第一次世界大戦が勃発し、ヨーロッパの諸国民が互いに生き残りをかけた闘争のなかに巻き込まれてゆくと、彼はその同時代の状況を歴史哲学的に理解しなければならないと感じた。彼は当初、軍には志願せず、医学部に在籍した経験から赤十字に参加した。しかし結局、一九一四年の夏には従軍し、兵士として戦争を経験した。彼はとりわけ、一九一六年——ローゼンシュトックとの往復書簡がはじまったころ——から、戦争の意味を問うようになり、戦況の分析を書簡にしたためたり、それを短い論考にまとめて筆名を用いて新聞に投稿したりした。この時期のローゼンツヴァイクの政治思想に関しては、ヴォルフガング・ヘルツフェルトの研究に詳しい[25]。ここでは、彼が、戦争の現実から平和と歴史の終わりについて考察したテクストを分析する。

ローゼンツヴァイクは、繰り返される諸民族の戦争の末に訪れるであろう平和は、非合理で神的なものであるという。彼によれば、世俗的な平和主義はこのような平和の本質を、そして同時に人間と戦争の本質をも誤認している。彼は、母親に宛てた書簡で次のように論じた（一九一六年九月一日付両親宛書簡、BT S.210f.）。ある種の平和主義者は、戦争は病気のようなものだと主張する。すなわち、人間が道徳的に行為するようになれば、自然に快癒し平和が訪れるだろうと。しかしながら、実際には「戦争は病気ではない。なぜなら、戦争は自然のものではないからだ。自然は戦争を知らない。〔……〕人間がはじめて戦争を発見する。いわば芸術や学問のように」。逆にいうと、「人間がまだ自然の人間である限りにおいては、人間もまた戦争を望まない。〔……〕つまり、食べることを楽しむような〔自然的な〕フランツ・ローゼンツヴァイクの彼岸で、戦争と積極的な関係を結ぶ可能性が生じる」。

戦争を自然なものと考える平和主義者は、戦争を解消されるべき一つの状態と考え、そこに道徳的問題を見出さない。彼らは、「一人ひとりの人間の特別な努力がなくとも〔戦争は〕なくなるし、すでになくなっていてもおかしくはないだろう」と考えるのだ。しかしそれは「魔女裁判も、その思想的根拠が揺らげばおのずから消えるだろうと」考えるようなものだ。実際には魔女裁判は、知識や教養の進展によって消滅したのではない。むしろそれは、魔術こそが時代の教養の先端だったころ、教会がそれを制圧しようとしたときに生じた。魔女裁判同様、戦争も人間の教養や文明が進展することによって自然になくなるということはない。これらの問題は、自然に生じ自然に解消される問題ではなく、人間が人間である以上つねにつきまとう問題なのだ。

戦争はつねに人間とともに存在する。人間が存在する以上戦争がなくなることはない。このような認識は同時に平和の概念をも揺るがさずにはおかない。ローゼンツヴァイクは続けて次のように論じる。

二種類の平和が存在する。すなわち、戦争の可能性に先立つ平和と戦争の可能性の後にくる平和が存在する（説明のために宗教を用いるのではなく宗教そのものについて語っている、というように誤解される危険をおかしてあえて付け加えるなら、楽園における平和とメシアの時代、ないしは千年王国における平和が存在する）。（同

書簡、BT S.213)

　これら二種の平和に対し、一つひとつの戦争の終結は平和を意味しない。それは次の戦争までのつかの間の中断にすぎないからだ。そうではなく、平和とは戦争の可能性がまったくない状態をいう。そしてこのような状態に、二種類あるとローゼンツヴァイクはいうのだ。すなわち、戦争をそもそも知らない状態での平和と、また、戦争を知り、戦争とともに生きる人間がなお単なる戦争の中断ではないような平和を希求するとき、そこで願われる平和である。前者は、そもそも戦争が起こる可能性のないような状態での平和、たとえば石ころや動物の間の平和、人間がいまだ罪に落ちていなかった時代、神の庭にあったときの平和である。これに対し、後者はそうした平和とは異なる、とローゼンツヴァイクはいう。

　ここには、重要な哲学的、ないしは神学的な主張が含まれている。戦争は、優れて人間的なものである。つまり、自然からは区別されるような意味での人間存在にかかわる。このような意味での人間は、楽園の比喩や魔女裁判の事例によって示唆されるように、罪や、悪をおこなう可能性によって特徴づけられる。しかし、人間はこのような終わることのない戦争の歴史のうちに囚われ続けるわけではない。たんなる戦争の中断ではないような平和が、まさにこの人間によってさまざまな仕方で構想され、希求されている。こうした平和は、戦争の歴史、すなわち優れた意味で人間的なものから本質的に区別される。ローゼンツヴァイクはこれを神の国、ないしはメシア的平和になぞらえるのだ。

　また、歴史と終末的な平和の関係に関する考察からもう一つ重要な主張をよみとることができる。始原の平和と終末の平和が異なるものであるということは、その間の人間の歴史が有意味であることを意味するだろう。終末において、すべては原初の完全な状態へと回帰するわけではない。そうではなく、まったく別の完全性へと移行するのだ。被造物、創造された世界、そしてその歴史は悪しきものとして意義が否定されてしまうことはない。むしろ、救済は日々の終わりに、人間の行為の積み重ねの先に、こういってよければ、人間が生きる世界史の後、にはじめて生じる。人間の行為がなければ、人間の歴史がなければ、終末の平和もないのだ。

ローゼンツヴァイクは、人間の行為や世界史の重要性を、啓示宗教の啓示にひきつけて理解する。そして、啓示宗教を異教から分かつ重要な神学的特徴もここにあると述べる。戦争中に書かれたメモから引用してみよう。

〔……〕異教もまた形式的には啓示概念をもつのだが、啓示宗教はまさに啓示概念を自らの概念そのものの内容とするので、「無神論的な」宗教になる〔……〕。啓示の内容とは「言葉は肉となった」あるいは「わたしの息子たちの勝ちだ」である。(一九一六年七月一六日付日記、Paralipomena, S. 85)

単に秘密が超自然的な仕方で明らかになるというようなことが啓示であるならば、似たようなものは異教にも存在するだろう。しかしローゼンツヴァイクは、啓示宗教における啓示とは、単に何らかの秘密が明かされる形式を意味するのではないという。そうではなく、啓示宗教の啓示が明らかにする内容とは、啓示そのものだというのだ。この内容としてローゼンツヴァイクは二つの例を挙げている。

「言葉が肉となった」は、神の受肉をいいあらわす、よく知られた新約聖書の言葉である(「ヨハネによる福音書」第一章第一四節)。他方で「わたしの息子たちの勝ちだ」はタルムードの有名な逸話を参照している[26]。この箇所には、ある神学的論争のなかで神の顕現を証拠として自説の正しさを証明しようとしたラビ・エリエゼルに対し、ラビ・ヨシュアがエリエゼルを擁護する神自身の言葉を「律法はもはや天上にはない」と打ち消し、両者の見解が等しく正しいとされたという出来事が記されている。そして、神はこのやり取りをみて「わたしの息子たちは私を打ち負かした」といった、とタルムードは伝える。

この二つの事例が示していることはいずれも、神的なものが歴史的啓示を通して人間の間に下ったという事態の強調である。いまや、神的なものが人間の間に啓示され、人間的なものとなった。人間はそれを自らの力で理解したり解釈したりすることができるし、しなければならない。つまり、一方で、神的なものは世界のただなかに入り、それ以降、人間の行為を規定するのだが、他方で、人間がそれをどのように受容しどのように実践するかということに関してはすべて人間に委ねられている。神的なものが人間の間に下り、人間の行為に未来が委ねられるということこそが啓示宗教の啓示の本質的内容だというのだ。このため、啓示宗教は、人間から切り離された神自体のようなものに対して冷淡ですらありうる。このことを指してローゼンツヴァイクは、啓示宗教は「無神論的」ですらありうるという。

このように彼の理解では、二つの啓示宗教は、一神教として神の唯一性と絶対性を強調するにもかかわらず、そのような神にある種の縮減を認める。神は自らの外に、自律的に行為する人間の存在——自らと同じような他なる人格——を認め、人間に自由な活動の余地を与える。そして、そのことによって人間に、終末に予定された救済の成否にかかわる責任を負わせるのだ。このように、啓示宗教の啓示は、一方では神的なものの自己限定であり、他方では、この自己限定を通した人間的なもの、歴史的なものの意義や役割の承認を意味する[27]。

啓示宗教の啓示の中心は、超越的な神そのものにも、奇蹟の業（わざ）や秘密の開示といった外形的な部分にもない。そうではなく、まさに啓示によって人間に役割や責任が与えられ、人間のおこないに意味が与えられたという事態にある。終末的な平和も単に神により一方的に与えられるわけではない。その到来は歴史における人間の行為にかかっているのだ。このことは、ローゼンツヴァイクの啓示理解を考える上で非常に重要な点だといえる。

啓示宗教と時間の歴史化

ローゼンツヴァイクは啓示宗教の啓示を通して、歴史のなかで人間に自由や役割が定められることを重視した。しかし、啓示は人間に無既定の自由を与えるわけではない。それは歴史的啓示を通して、人間の世界の見方を再規定し、自由とともに責任や使命も定める。彼はいくつかのテクストにおいて啓示が人間の時間認識に及ぼす影響を考察している。以下でみるように、彼は、人間が時間を歴史として認識するという事態そのもののなかに、啓示の影響をみる。つまり、世界と時間の全体を一つの歴程としてとらえ、そのなかから現在の人間の意味やなすべきことを理解するという態度がすでに啓示の所産であるというのだ。彼は異教と啓示宗教の時間理解を比較しながら次のようにいう。すなわち、異教的な古典古代世界は、永遠に続く天体の周回運動に象徴されるようなはじまりも終わりもない永遠概念と、瞬間の連続的継起としての時間概念はもっていたが、歴史概念はもっていなかった。これに対して、啓示宗教の時間概念は、創造にはじまり救済に終わるという絶対的な方向づけをもつ。ローゼンツヴァイクは、このような方向をもった時間という捉え方こそ、歴史的思考の核心であり、それは啓示宗教の啓示に由来すると考えるのだ。

> 永遠は、自然主義的にみた場合、すべての時間的関係の外部にある。それはもっとも長い時間より長いというわけでも、もっとも短い時間よりも短いというわけでもない。(異教の)古典古代は永遠的なものの概念をこのような意味で作り上げた。そうであるから、古典古代はいかなる歴史の概念ももたない。そうであるから、古典古代は歴史の概念をまずは黙示文学という形式で形成した。つまり永遠でありつつ、破局のように時間のなかに破り入ってくる時間の終わり。これはまだ、完全に古典的な(時間とは比較できないような)永遠概念なのだが、しかし、ここでこの概念は時間と(時間の終わり〔というしかたで〕)関係するようになる〔……〕。この関係性がさらに合理主義的に展開してゆくと、時間自体が永遠の担い手と考えられるようになる。ヘーゲル主義、進歩主義、実証主義。これによって古典古代的な歴史のなさ(Geschichtslosigkeit)は取り除かれた〔……〕(一九一六年二月頃のメモ、Paralipomena, S. 68)

第四章でみたように、ローゼンツヴァイクは、異教的ヨーロッパ世界における歴史的思考のはじまりを永遠概念と時間概念の変化と解釈する。異教的古典古代における永遠概念や時間概念は、はじまりと終わりをもたない。天上にある天体の運動は永遠であり、死すべき人間の世界とは関係をもたない。そしてすべては、宇宙全体の安定性のなかで持続する。このような異教世界に歴史概念が成立するためには、均質に存続する永遠という時間性が破られなければならなかった。そのきっかけを与えたのが啓示宗教なのだ。預言された破局としての終末、そのとき到来するであろう天上の圧倒的な力の介入と天上の秩序の実現という思想は、前述のような静的な時間理解を暴力的に打ち破り、そこに歴史概念をもたらした。それがギリシア世界で書かれた黙示文学である。ここで黙示文学と訳した（Apokalypse）という語は、ギリシア語でまさに啓示を意味する。つまり、ギリシア語で書かれたユダヤ教や初期キリスト教の黙示文学が異教世界における歴史的思考の嚆矢だったというのだ。

ローゼンツヴァイクの議論は非常に極端なものである。彼が預言とその成就としての時間性を啓示に特有のものとみなしていたことはすでにみた。しかし、ここではそこからさらに議論を進めている。異教世界が歴史概念を獲得するのに啓示宗教を必要とした。あるいはほとんど、歴史的思考は啓示宗教に固有であったとすら主張しそうなほどだ。このような精神史の解釈に対してはさまざまな反証がありえよう。とはいえ、この戦場でしたためられた私的なメモ書きに関して、事柄自体の正確さを争うのは有意義ではない。ここではむしろ、彼がこのような極端な議論を書きとめた動機に注目すべきである。彼はここで、はじまりや終わりをもつ時間性を歴史と呼んでいる。そしてそれは、はじまりと終わりを画することによって、その間に生きる人間の世界に意味を与える。ローゼンツヴァイクは、このような意味での歴史概念が、少なくとも彼がここで念頭に置いているヨーロッパ世界においては、啓示宗教によってはじめてもたらされたとするのだ。異教との対比のなかでいささか誇張しながら述べることで、彼は啓示宗教の時間理解を独特で際立ったものとして描き出そうとしている。

さらにいくつかのテクストをみてみたい。一九一六年に書かれたこれらのテクストからは、彼が啓示と歴史の根本的な相関を表現するために非常に苦心していたことが伺える。

アリストテレスにとって世界は空間において限界づけられるが、時間においては限界づけられない。これに対し啓示は、〔……〕空間の無限性を容認することはできるが、時間の無限性についてはそうはいかない。

神は、啓示にとっては生起するさまざまなものごとの主であるのに対し、異教にとっては自然（つまり、つねに空間によって象徴される、存在）の主である。（一九一六年七月二〇日付のメモ、Paralipomena, S. 82）

生起するものごとと訳出した語（Geschehen）は、歴史（Geschichte）と同じ語根をもつ。異教の神は万物の本質や存在を支配し規定するが、啓示において神は万物の生起を支配する。啓示の神は時間を限界づけることによって、そのなかで起こるさまざまな出来事に意味を与える。限定されることで、時間は延々と続くものではなく、方向性と目的をもった流れ、歴史となる。

啓示の神が時間を限定することについて、聖書の記述を参照しながらより具体的に論じたテクストをみてみよう。それは、単にはじまりと終わりを設定するだけではない。

> 啓示の根本矛盾とは次のようなものだ。人間は神によって自らの本性（Natur 自然）をなげうつよう求められるが、この本性を創造したものこそ神にほかならない。人間の堕罪と神の〔シナイ山、つまり世界への〕下降という二重の神話も、すでにこの根本矛盾のうちにある（一方は必然的に前歴史的な神話であり、他方は歴史的な神話だ）。前歴史的な神話と歴史的な神話の結合は、啓示の特徴である瞬間の熱情を生みだす。（Paralipomena, S. 82）

ここでは「主はシナイ山の頂に降り、モーセを山の頂に呼び寄せられたので、モーセは登っていった」という「出エジプト記」の章句が参照されている〔第一九章第二〇節、傍点は引用者〕。神自身が創造した人間が罪を犯し、楽園を追放されるということ。そして、罪を犯し、世界に墜ちた人間を救済するために、あえて後から人間の間に神が降るということ。啓示はこのようなしかたでただ流れるだけの時間に切断点を刻み、そこに運動と意味を与える。

このような啓示の作用は、異教の静的な存在論から眺めるとき端的な矛盾として映る。神は後になってから人間を救済するのであれば、そもそも人間を堕罪させることはなかったのではないか。また、神から離れた人間は神のもとへ戻らなくてもよいし、神もあらためて人間の世界へと降ってゆかなくてもよいのではないか。あるいは、そもそも神は人間や世界を創造する必要もなかったのではないか。啓示は異教的世界観とは完全に異質であり、後者は前者を理解することができない。啓示はすべてを不可逆な運動のなかに、方向が定められた新たな秩序のなかに置き入れるのだ。

このような考察を経て、一九一七年三月には、啓示と歴史の関係という問題について決然とした調子で次のように書いている。

> 死後の「魂」の存続という表象は、異教では一般的であり、またユダヤ人の民間信仰の一つであるから、そのようなものとしてイエスの口にのぼった[28]。〔……〕さてこのとき、啓示の本質的な内容とは、時間を絶対的な歴史として絶対化することだといえる（というのも、啓示は空間もまた絶対化し、確固とした上と下を、つまり天にある父と地にある人間とを設定する。天地は〔絶対的な〕上下の可視的な象徴にすぎない）。宗教的な関心は、すべてこの点をめぐっており、ほかの点、たとえば魂の存続のような事柄は神話の領域にとどまる。
> （一九一七年三月二日付ハンス・エーレンベルク宛書簡、S. 358）

啓示は時間と空間[29]に絶対的な方向付けを設定する。そのことによって、時空を歴史へと作り変えるのだ。前節でみたように、啓示宗教の啓示は、人間に役割や責任を定めるとされた。それだけでなく、本節でみたように、啓示宗教の啓示はそれに服する一人ひとりの人間に対して、彼らが生きる時空間を設定することを通して、その認識や行為に枠組みを設定するのだ。

本章で明らかになったように、啓示と歴史に関するローゼンツヴァイクの思想は第四章で論じた一九一四年ころと比べ、格段に深化している。この発展は、すでに示唆したように、時空間の「方向づけ」としての啓示というローゼンシュトックの啓示理解をわがものとしていくという方向で進んだ。しかし、ここで注目すべきは、友人の思想への接近という側面ではない。そうではなく、啓示が個人に対して何を意味するのか、という問題に具体的なイメージが与えられはじめたことが重要である。啓示は歴史のなかの人間に自由や責任、役割をわりあてるという思想を基礎として、一人ひとりの人間が啓示を受け入れるとき、それはこの者に世界認識や行為の地平を与える、という思想がローゼンツヴァイクのなかに定着する。それは、同時期に考察されるようになった「ユダヤ人になる」という主題に、形式的な枠組みを与えた。

ところで、ローゼンツヴァイク個人の場合、啓示のリアリティを受け入れるきっかけとなったのはキリスト教徒の友人との対話であった。ユダヤ人として生きる決意をした直後のローゼンツヴァイクはユダヤ教についてほとんど何も知らなかったわけで、したがって、個人の生の方向づけとしての啓示は、具体的内容を欠くものでもありえた。本章の前半で論じた真理と言葉との関係は、このような経験を抽象化したものである。しかし、こうした具体的内容を欠いた生の方向づけは、不安定である。彼自身、自らに起こったことについて、本章で見たような哲学的な理論化の作業を必要としたし、後にはより明確にユダヤ教の伝統へと近づいていくことになる。この方向づけとしての啓示という思想は、まさに啓示の時間性が歴史的啓示を通して聖書の物語という形で与えられているために、個人を伝統へと接続する役割を果たすことにもなる。

真理の表現方法をめぐって——証言に基づく哲学の可能性

ローゼンツヴァイクは異教との比較を通して、啓示宗教の啓示に固有の時間理解を、歴史的時間性として特徴づけた。終極、ないしは目的に向かって流れてゆく時間のなかで、人間に意味や役割が与えられる。さらに、啓示は時間だけでなく空間も秩序づけ、このような時空の設定を通して人間の生の枠組みを規定する。つまり、それは人間に対して新たな認識の地平を与える。このとき、啓示がもたらす新たな認識枠組みは、真理を明らかにするための方法、つまり伝統的にギリシア的思考法に依拠してきた哲学や学問一般の方法論をも揺るがさずにはおかない。本節では、ローゼンツヴァイクが啓示の真理から従来の哲学の方法論を批判し、新たな方法論を模索する様子を跡づける。

彼は啓示によって人間の認識枠組みが根本的に変容するという着想を、歴史について問い直すことで獲得した。すなわち、眼前でおこなわれる戦争の意味や、人間が世界を歴史的に理解すること――ローゼンツヴァイクにはそもそものような傾向があったのだが――の意味を、その当時の課題であった啓示概念との関係で捉え直したのだ。これは、自らの思索の方法論を問い直すことであり、同時に、それ自体でヘーゲル哲学の超克を目指す企てであったともいえよう。というのも、すでにみたように彼はその歴史哲学的思想の多くをヘーゲルに負っていたからだ。単純化するなら、ヘーゲルは絶対精神が自己を展開してゆく過程として世界史を理解した。最後に明らかになるものはすでにはじめから与えられていたものであり、歴史のなかで起こる有象無象の出来事に意味が与えられることはない。ローゼンツヴァイクは、歴史哲学的な思考の枠組みを保持したままで、これを批判的に乗り越える可能性を模索していた。

まずは彼が、哲学の方法論について論じたテクストを取り上げてみたい。はじめに、彼が哲学と生の不可分の関係について述べたテクストをもう一度取り上げる。

〔……〕方法論の必然性というのはヘーゲルとともに汲み尽くされてしまい、いまや哲学する人間の個人的な生に根ざした方法論のみ有効だからだ。ショーペンハウアーやニーチェなどのように。(一九一七年五月二八日付ルドルフ・エーレンベルク宛書簡、BT S. 410)

彼はこのように、哲学する者の生とこの者の哲学との抜き差しならない結合こそ、新しい哲学が満たさなければばならない要件だと考えていた。しかし、哲学は哲学者の個人的な思念や体験の叙述になるべきだ、と考えたわけではない。現実的なものと理性的なものの[30]一致を謳ったヘーゲルは、実際には理論的なもののために現実的なもの、個人的なものを犠牲にしてしまった。このような理性、ないし理論の偏重はもはや受け入れがたい。しかしながら、逆に個人的なもののために普遍的なものを犠牲にすることもローゼンツヴァイクの本意ではなかった。理論的なものと個人的なものとはいかに架橋されうるのか。このような問題の設定には、ヘーゲルのテーゼの批判的超克とともに、啓示の真理性をなんとかして客観的に証示したいという欲望が込められている。ローゼンシュトックに宛てた書簡に彼は次のように書いている。

> ヘーゲル死後におこなわれるわれわれの（すべての）思想は、一般に次の法に服している。すなわち、〔かつて体系的思想を支配した〕偉大で真摯な「今はこのことが、次はこれが、さらにはこれが起こることになっている」という定式、この暴力的で客観的な中立性はもはや存在しないのだ。そのかわりに、今やただ「わたしがなさなければならない」だけが重要とされる。しかしながら、結局のところこの「わたし」は「それ」の一部分であるから、この意味で、この「わたしがなさなければならない」は、それがそうあることはまったく望まないところのもの、すなわち「それはそうならなければならない」になってしまう。（一九一六年九月五日付オイゲン・ローゼンシュトック宛書簡、BT S. 221）

ここでヘーゲル哲学が非人称の必然性が支配する運命論として理解されていることは注目に値する。ヘーゲル以降、絶対精神の自己展開といった運命論はもはや説得力を欠くようになった。しかしながら、逆にそこからの反発として、単に自我や主体性を強調しても、このような決定論を克服することはできない。実際、ヘーゲル以降、主体性を強調するさまざまな哲学が登場したが、このような哲学も、世界と人間との関係を主観の側から一面的に描き出す限り、運命論に対する有効な批判とはなっていないのだ。というのも、結局のところ、そのような自我が何といおうとも、それは世界の一部にすぎないのだとする視点に対して無力だからだ。

運命に対して単に主観性を強調することでは、非人称的な運命論を、ヘーゲルの呪縛を逃れることができない。このような認識のもと、ローゼンツヴァイクは真理概念のなかに、ヘーゲル的な全体性の哲学からの突破口を見出した。同じ書簡に、彼は次のように書いている。「哲学は認識のために必要であるという観念論的前提」(同書簡、BT S. 222) を捨てなければならない。哲学が認識のための方法である限り、つまり唯一の真理に到達するために要請される唯一の方法とみなされる限り、その真理が方法を通して万象を一意に規定してしまうことは必然的なのだ。真理と方法との関係がこのように前提される限り、「それはそうならなければならない」という決定論から逃れることはできない。しかし、この真理と方法に関する前提を取り払うとき、「唯一の「真理」の唯一の方法のかわりに〔……〕無限の生の多数の方法が開かれる」。そして、生が無限であることに対応して、多数の哲学の方法があることが認められるとき、哲学は暴力的で客観的な運命を超えて、豊かで個別的なものを表現できるようになる。

ローゼンツヴァイクはさらに次のように続ける。極端な場合、このような多数想定されるような方法の出発点は、一人ひとりの個人的な印象のようなものであってもよい。たとえば、一人の画家が、印象をもとに技術を用いて自然に形式を与え、対象として形作り、一つの作品にするような場合も、この全体は一つの体系的な方法として成立しうる。この体系の出発点にある画家の個人的な印象は、体系、つまり完成した作品の全体においても失われることなく保持される。むしろ、「体系の第一部が端的に個人的であるからこそ、そして〔……〕この個人的性格は、この体系がそこで完結するために超克されたりはしないからこそ、むしろ、この個人性は体系のなかで一歩一歩純化されていくからこそ」、まさにこの個人性こそが体系の核心なのだ。「体系は、その起草者からみるとき、浄福への道である」(同書簡、BT S. 222)。

哲学の方法は無数に可能であり、一つひとつの哲学の体系はそれぞれの方法に基づいてまったく個人的に起草される。そしてこの個人性は、この体系が完成した後にも重要性を失うことはなく、むしろ、体系の完成を通してこの個人性は純粋なものとなってゆく。そして、このようないくつもの体系、いくつもの方法のすべてが妥当性をもつ。ローゼンツヴァイクは新しい時代の哲学についてこのように述べるのだ。

とはいえ、これらの体系はばらばらにまったく別のことを表現するのではないのだろうか。すべての個別の体系がそれぞれ別々のことを表現したら、すべてが真理になり、それによって真理の価値は失われてしまうのではないだろうか。それらはなんらかの仕方で普遍性に与るのだろうか。ここで一度断ち切られた唯一の真理との絆を再び結ぶのが、先にみた独話の集積としての真理という概念である。別の箇所でローゼンツヴァイクは、一つひとつの哲学の体系は独話であるといっていた（一九一六年一一月頃オイゲン・ローゼンシュトック宛書簡、BT S. 292）。哲学の方法論がまさに先の対話と真理に関する議論に接続するのである。

ここから結論されることは次のようなことである。一つひとつの哲学は、それ自体のうちに普遍的真理を宿しているわけではない。それぞれの哲学はそれぞれの仕方で、哲学をおこなう者の立場から、あるいは彼の生のただなかから真理について述べることができるだけだ。そして、このような語りがそれにふさわしい仕方でなされたとき――ローゼンツヴァイクはそれを判断するための指標を「瞬間」と呼んでいたが――、それは普遍的な真理にかかわることとなる。他方で、この普遍的な真理自体は、歴史のなかでは明らかにならない。それは、すべての独話が出そろった後に、すなわち、世界から生きる者がいなくなった後に、はじめて独話の集積の全体としてあらわれる。真理は、人間が生きる時間性の外部に存し、歴史や人間の営み、発話、独話は、このような歴史の外部に存する真理によって意味を与えられる。そのような真理は、論理的な推論によって知られることはできないが、しかし、非理性的な仕方によって歴史の中で人間に開示されている。それは啓示されるのだ。

歴史哲学的体系か、個人的証言か

さて、前節で論じた歴史と真理の関係、哲学の体系と真理の関係を、第三章で論じた一九一四年の救済史の構想と比較してみたい。かつての救済史の構想は、二つの啓示宗教の主張の真実性を、両者が共有する啓示の真理に基づいて主張するもので、異教や異教徒はこのような真理の埒外にあるとされた。また、ローゼンツヴァイク自身ある程度までこの点に関して自覚的で、「異教徒はすぐにこう反論するだろう。では、なぜ万象がその〔啓示の〕真理の所有に帰さなければならないのか、と」などとも書いていた（一九一四年五月二六日付日記、BT S. 154）。地上において啓示宗教の啓示の真理性を保証するものは、それらの宗教の担い手による信仰告白のほかはなく、これは、異教徒にとっては理解することのできない端的な不合理なのである。

これに対して、一九一六年ころの考察においては、歴史という時間理解に関しては啓示宗教に固有の考え方として分析されるものの、あらゆる個人的な独話や、哲学の体系に平等に真理性が認められた。彼は、啓示宗教に基づく終末観、歴史観に依拠しつつも、異教徒の独話や異教的な哲学もそのなかに含まれるような、普遍的な真理を語りはじめていることがわかる。というのも彼はここで、ユダヤ教やキリスト教が教える具体的な内容を超えて、すべての独話や哲学の体系と真理との関係を論じているからだ。

このような仕方で普遍性を志向したのは、一つにはヘーゲルの超克を目指していたからだ。ヘーゲルの歴史哲学の超克は、哲学に絶対的な個人性を導入することによってなされる。このとき、それは単に理論的に特殊なものについて取り扱うということを超えて、哲学する者の生に根ざした哲学を実現することでなければならない。これはもはや、一人の人間が、誰からみても正しいような仕方で世界全体を記述するということが不可能だと認めることに等しい。だからこそ、複数の人間がそれぞれの立場からそれぞれの仕方で真実を語るという可能性が、さらには、そこで語られた事柄が内容的には矛盾しつつもともに真実であるという可能性が保証されなければならないのだ。もちろん、誰にでも明らかな仕方で真理を語ることが誰にもできないのなら、何がそのような可能性を保証しうるのか、ということが即座に問題になるのだが。ともかく、そのような可能性が保証されていなくてはならないのだ。

ここでのローゼンツヴァイクの主張――誰もが真理を語る可能性をもつ。それは他者からは理解されない独白にすぎないかもしれないけれど、何らかの仕方で真理にかかわる——は、ある種の共感を誘うものではあるが、その妥当性を示すことは困難だ。彼のいう真理は、客観的に観察したり確認できたりするようなものではない。真理は定義上、人間が生きる歴史的な世界の外部にある。近代的な学問や、同じく近代に特徴的な相対主義の立場からみるとき、このような真理の実在は疑わしく、議論の対象とはなりえないのだ。

彼は、すべての独話の集積が真理の全体をなすということこそが、啓示の内容であると述べていた。このような主張はまさに、すべての言説は虚偽でありうる、人間は真理を認識することができないという相対主義から、すべての人は真理をいうことができるという真理論への、いわばネガからポジへの大胆な反転であるともいえる。彼はこの反転を啓示として、つまり、ある種の秘密とその非理性的な仕方での開示として説明するのだが——それは通常説明とは認められないような強弁である——、裏を返せばローゼンツヴァイクはこの反転のダイナミズムをほかの方法で説明することができないのだ。ほかの説明がない以上、啓示概念による説明は、無根拠な放言とかわるところがないし、説明されるべき事柄を所与として無条件に前提しているとの批判もかわすことができない。

以上のことを整理すると、次のようにいうことができる。ローゼンツヴァイクは、一人ひとりの哲学をおこなう者は、自らの証言として、まったく個人的で主観的な権限において自らの思想を表現するべきだし、そうすることしかできない、という思想に到達した。このとき、すべての独話、すべての哲学の体系は、人間的世界の外部にある真理をそれぞれの仕方で表現するというその理論は、一つひとつの哲学体系からその内在的な真理性を剝奪する。もはや、一つひとつの哲学体系内部の首尾一貫性や理論的整合性、現実との一致は、その体系の真理性を測るための指標とはならない。しかし、そうなると、このような真理そのものを語るローゼンツヴァイクの言説の位置づけが難しくなる。このような真理論もまた、根拠を欠いた一つの独話にすぎないのであれば、独話に意味をもたせる終末論的な真理との関係が決定的に曖昧になりかねない。しかし、これが単なる独話であることを超えて、真理であることを要求するためにはそれを証明しなければならないのだが、それはこのようなメシアニズム的ともいえる真理観のもとでは、きわめて難しい。

ローゼンツヴァイクはここで二つのやり方から選ぶことができた。すなわち、このような歴史の終わりにはじめてあらわれるような真理は、そもそも定義上先回りして到達することができないから、合理的に証明するという道はそもそも閉ざされている。そこで、その主張を補強するために、証拠となるような事実をもちだすことになるわけだが、その際、彼自身の生の経験に頼る方法と、歴史的事実に頼る方法があるのだ。ローゼンツヴァイクは『救済の星』では後者の道を選んだ。つまり、このような普遍的な真理についての主張を補強するために、人類の歴史における歴史的な啓示（とこの啓示を担う宗教的共同体の歴史的実在）に依拠することにしたのだ。というのも、前者の方法では、近代社会が好む客観性や実証性にまったく触れあうところがないからだ。

実際、彼は啓示と真理の関係について個別の宗教から切り離して一般的に思考する傍らで、終末にあらわれる普遍的な真理の真理性を、歴史的事実としての啓示宗教から証示する可能性についても考察していた。つまり、普遍的な真理があらわれる終末というのが、まさに啓示宗教の啓示が生じたこの歴史の終末でもあるとすれば、歴史的で特殊な啓示宗教の啓示が普遍的な真理に、より積極的な仕方で——つまり単なる独話の一つとしてではなく——かかわるということがあるのではないか、という方向でも考察を進めていた。あるメモには次のように書かれている。

> 確かに、啓示の内実は預言者の思想にあるが、それは単なる一つの出来事でありえた。それはユダヤ教へと具体化することによってはじめて、啓示（つまりそれは力であり、単に生起しただけでなく〔継続的に〕能産的である）となったのだ。したがって、啓示はそれ自体でモーセ的であり預言者的なのではない。（一九一六年六月四日付メモ、Paralipomena, S. 77）

啓示宗教の啓示は、確かに内容的には独特な時間理解や、あるいは預言者の思想にあらわれる倫理性のようなものに還元することができるかもしれない。しかし、啓示宗教の本質がそこに尽きるなら、現在までこのような内容は伝承されてこなかったであろう。つまり、もしこのことが歴史的啓示として古代の人々に明かされ、実在する啓示宗教を通してその正しさが連綿と証言されてこなかったとしたら、こうした事柄は一つの出来事として過ぎ去り、忘れ去られていたに違いない。そうではなく、こうした内容は、世界史のなかでユダヤ教という具体的な形をとったからこそ、その後の歴史においてユダヤ人とともにほかの人々にも影響力を及ぼしつづけた。また、そのことによって、より一般的な意味でそもそも啓示ということが起こるのだ、ということが示され続けることになった(31)。

啓示がモーセに対して起こり、それがユダヤ教となったということは、一回的で偶然的であるにもかかわらず、それが、まさに一回限りの覆すことのできない歴史的事実であるがゆえに、ほとんど必然的とまでいえるほどの確固さを備える。彼は、啓示とユダヤ教との間にみられる、偶然の必然とでもいうべき関係を、歴史的啓示を媒介した言語のうちにも見出す。すなわち、啓示の言葉はヘブライ語によって記された。ヘブライ語はコプラ（繋辞）をもたない言語である。コプラをもつギリシア語を用いた異教徒が、真理を一致として理解したのに対し、ユダヤ人の言語使用のなかでは、真理概念と目撃すること、そして証人として証言することとが密接に結びついてきた。コプラをもたないヘブライ語では、真理は、主語と述語の客観的統一としては思考されなかった。むしろそこでは、主語と述語は主観的統一として表現され、その真理性は一致によってではなく、言表した者の信頼度によって評価された（一九一七年冬メモ、Paralipomena, S. 103）。

このように論じるとき、ローゼンツヴァイクは、ヘブライ語がコプラをもたなかったことと、啓示がこのヘブライ語を用いるイスラエルの民にもたらされたこととの間に、論理的な因果関係を見出すようなことはしない。むしろ彼の考えではこのことは、内容的には普遍的でありうる啓示宗教の啓示が、しかし歴史的にはユダヤ教を通してもたらされたこと、そして、この結びつきが強固なものであることの証拠となるのだ。

ローゼンツヴァイクが一九一六年から翌年にかけて、啓示に基づく哲学の方法論の一般化――啓示宗教の歴史的啓示に依存せずに哲学の方法論を基礎づけること――の可能性を模索しつつも、最終的にその主著『救済の星』のなかでは、啓示宗教の啓示を中心とする救済史という枠組みを採用したのは、このような思索の成果をふまえている。『救済の星』第三部は、ユダヤ教とキリスト教がそれぞれの啓示を保持しながら存在し続けることによって、歴史の外にある永遠の真理を指し示すという構成をとる。このような構成の背景には、真理については純粋に個人的な証言や告白のみが可能であるという非常にラディカルな真理についての見方を『救済の星』では採用しなかったという選択があったことを特筆しておきたい。というのも、もしそのような見方を採用すれば、『救済の星』自体が、一つの独話に過ぎなくなり、それ以上の真理性を要求できなくなってしまうからだ。

第七章　啓示と人間

一　ユダヤ人にとっての啓示の内実
メシアニズムと啓示の追体験

前章までで、ローゼンツヴァイクの啓示概念のいくつかの重要な側面――とりわけ言葉と歴史、そして真理に対する関係――を明らかにしながら、彼の思想の展開を論じてきた。そこから、いくつかの彼の思想の根本的着想や、その方法論の特徴が明らかになった。とりわけ、彼の生と思想の結びつきが明らかになったことで、理論的問題と実存的問題がその根幹においてつながっていることがわかったことは重要である。真理を証言するという方法論も、実定的教団を証拠として真理を歴史哲学的に証示しようとする方法論も、客観的、実証的な仕方では示すことができない真理――それはあらゆる閉鎖系の外部にある真理、全体性の他者であるような真理だ――を、それでもなお真理として提示する方法を模索するなかで構想された。そして彼はこのような真理を、部分的には友人との対話という経験から学んだのだった。

本章では、彼が同じ時期に、一人ひとりの人間と啓示の関係を考察したテクストを分析する。啓示は一人ひとりの人間にとってどのような意味をもつのか。前章でみたように、啓示は個人に対して新たな時空間を設定すると論じられたが、それは具体的にはどのような形をとるのか。これらの問いは彼の理論的問題系と彼自身の個人的問題系をつなぐものだといえよう。まず、彼がユダヤ人にとっての啓示の意味を考察したテクストを取り上げる。ここでは、人間が啓示を通して何をえるのか、人間に対して何が起こるのかといった問題がユダヤ人に関して分析されている。こうした分析は、内容的には聖書のテクストに基づく神学的な議論として展開されるが、このような神学的内容を一人ひとりの人間がどのように獲得するのかという問題もつねに視野に収められているため、決して現実的適用を度外視した空理とはなっていない。むしろ、神学的内容を体得する方法やその可能性こそが重大な問題となっている。続いて、彼がより抽象的に人間と啓示の関係について論じたテクストを取り上げる。ここでは、再び罪の問題が焦点となる。一人ひとりの人間による罪の自覚と神的な法の受容が表裏一体の出来事であるとされ、そこから、人間が啓示を通して優れた意味での人間になるという事態が考察される。また、罪の自覚という問題が扱われるときに、彼が人間一般について論じながら、その内容としてユダヤ教とキリスト教に固有な事柄を論じていることにも注目する。ここから、ローゼンツヴァイクの人間概念と実定的な啓示宗教の関係とを分析する。最後に、本章を振り返りながらローゼンツヴァイクの啓示概念の特徴を人間の生との関係から総括する。

まずは、ユダヤ人にとっての啓示の意味を論じたテクストをみてゆきたい。ユダヤ人として生き続けることを決めた一九一三年冬の手紙において、彼は、ユダヤ的なものについてほとんど知らないということを告白せざるをえなかった。しかしそれは、一九一六年から翌年の間に着実に充実していった。この時期に書き残されたメモには、ユダヤ人であるということが何を意味するのか、ユダヤ教の啓示とは何なのかという問題をめぐる考察が記録されている。

「出エジプト記」第一九章第四節から第六節はトーラーの神学的根本だ。つまり第四節の「あなたたちはみた」もまた、永遠なのだ。神がそれぞれの者を、各人にとってのエジプトから、何度も鷲の翼にのせて自らのところへ導くのを、われわれ自身がみたということこそが、すべての時代において出発点となる。(一九一六年一〇月頃メモ、Paralipomena, S. 93)

ここで言及される「出エジプト記」第一九章第四節以下には次のようにある。

あなたたちはみた。わたしがエジプト人にしたこと、また、あなたたちを鷲の翼に乗せてわたしのもとに連れてきたことを。今、もしわたしの声に聞き従いわたしの契約を守るならばあなたたちはすべての民の間にあってわたしの宝となる。世界はすべてわたしのものである。あなたたちは、わたしにとって祭司の王国、聖なる国民となる。

ローゼンツヴァイクは神とユダヤ人の契約を簡潔に示したこの個所こそが聖書の神学の根本なのだという。そして、このなかの「あなたたちはみた」を取り上げ、これがエジプトを脱しシナイ山のもとに集った当時のユダヤ人だけではなく、すべての時代のユダヤ人にあてはまるとする。つまりすべてのユダヤ人が、出エジプトやシナイ山における啓示を、単なる象徴としてではなく自らのことと感じることこそが、別の言葉で述べるなら、自分自身そのその目撃者(証人)として立ち会うことこそが、聖書がユダヤ人に課す根本的体験なのだ。

苦境からの救済やシナイ山での啓示は、自分ではない誰かに起こった遠い過去の出来事ではない。それらは、まさに自分自身に降りかかる。このような感得によって、聖書の世界はユダヤ人にとってキリスト教徒や異教徒とまったく異なる意味をもつようになる。

このような特異な体験を説明するために、彼は「詩篇」第二章第七節(「主はわたしに告げられた「お前はわたしの子、今日、わたしはお前を生んだ」」)をとりあげる。彼はこの聖句において、神が人間を自分の子として認知している点に注意を喚起する。つまり、「神が(今日!!!)最後の人間[メシア]を認知したのだ」(一九一六年冬メモ、Paralipomena, S. 95）と。そしてここから、この詩篇を現代の会衆が読むときに、何が起こるのかということを問う。つまり、神が自分を自らの子として、メシアとして認知したとうたうこの詩を読むとき、この詩の「わたし」と読み手の主体はどのような関係にあるのか、と。

「詩篇」の朗読に際しての一人称の意味という問題については、同じ時期に書かれた別のメモでも問題化されている。

> 「詩篇の私〔一人称〕」というのは、それだけでとても複雑な問題設定である。詩人の自己？ あるいは祈る者の自己？ 祈る個人の〔自己〕？ 会衆のなかで祈る者の〔自己〕？ 会衆の〔集合的自己〕？ それを決定するためには、当該の時代のユダヤ教の礼拝についてとても詳しく知っていなくてはならないだろう。（一九一六年冬メモ、Paralipomena, S. 102）

彼は同時期のメモで、この問いに対する一般的な回答を試みている。

> 「私に敵対する者は、神に敵対する」という〔自分自身と神との〕同一視は、キリスト教では本来的にただキリストのみがおこなうことができる。しかし、われわれ〔ユダヤ人〕にあっては「詩篇」を朗読する各々がこれをおこなう。このことの理由は、どのキリスト教徒も自らがキリストではないことを知っているのに対し、自らがメシアではないということを知るユダヤ人は誰もいないためだ。（一九一六年冬メモ、Paralipomena, S. 103）

ユダヤ教においては、メシアはいまだ到来していない。ユダヤ人はその到来を待っている。それはまだ到来していないし、いつ到来するかもわからない。しかしこの到来は、今、ここで起こるかもしれない。このため、すべてのユダヤ人は、到来すべきメシアはもしかしたら自分かもしれないという可能性を否定することができない。このため、ユダヤ人は先の「詩篇」第二章の一人称についても、それが救い主であるメシアを指すと理解した上で、これに自分自身を重ねることができる、とローゼンツヴァイクはいうのである。

この、今日にもメシアが到来するかもしれない、という実感こそ、ユダヤ人にとってのメシアニズムの核心であり、ここで生起するメシアと自己の同一視は、聖書の啓示の追体験の極端な形態にほかならない。ローゼンツヴァイク自身、かつてはこのことを誤解していたという。彼は次のように書いている。

〔プロテスタントの神学者〕ハイム（一八七四―一九五八）[1]が「この」時代と「来るべき」時代として区別するところのものは、せいぜいこの世界とメシアの日々との差異にほかならない[2]。これに対し、来るべき世界（〔それを〕目にした者はない〔「イザヤ書」第六四章第三節〕）は、「コリント人への手紙」の一節、〔神が〕すべてにおいてすべてになる〔「コリントの信徒への手紙一」第一五章第二八節〕に相当する。ここにおいて、かつて僕が取り組んでいた、「終わりの日の前日」という概念がいかに無意味であったかがわかる。僕はこのような概念を用いてしまったのだが、「終わりの日の前日」は、このような言葉で表現されるような〔特別な〕状態ではない。それは、今日この日以外の何ものでもないのだ。戦争、暗く見通しのきかない行路と行く末からなる今日この日。この今日この日のどの瞬間にも、〔メシアが到来し〕明るく照らされるということが起こりうるのだ。メシアの到来はすでに「今日」でありうるが、彼はまだ来ていない。ということは、まだ正しい「今日」ではないのだ。（一九一六年九月頃メモ、Paralipomena, S. 91）

ローゼンツヴァイクはかつて、歴史の終末がどのように訪れるのかを考察しようとして、その「前日」という概念を設定した[3]。しかし彼は、そのような概念はまったく無意味だったという。いつか、この現在の時間の流れの先に、最後の日があり、したがってその前日があるだろうという想定は間違っていた、というのだ。

もう少し詳しくみてみよう。ここでローゼンツヴァイクは、ハイムが、永遠の平和が実現する来たるべき時代と、血塗られた現代とを連続的な継起として理解したことを批判している。彼によれば、ハイムは二つの時代を区別しているが、この二つの時代の質的な差異を十分に認識していないのだ。ハイムがいうような平和な来るべき世は、本来「神的な介入なしには考えられない」[4]。この世と来るべき世は、地上の時間の外部、歴史の外部からの神による介入によって、質的にまったく異なったものとなる。そして、この介入がいつどのような仕方でなされるのかを人は知らない。

しかし、このような介入——ユダヤ教の文脈ではそれはメシアの到来という事態に相当する——は、まさにこの瞬間、今日にも起こりうる。それは、日々の末にあるような最後の日に起こるのではなく、つねに、今日この日にも起こる可能性があるのだ。つまり、メシアが到来するとすれば、それは、メシアが到来した当日に、「今日」その日として認識される。だからこそ、その前日なるものは存在しないのだ。ローゼンツヴァイクはこのように、ユダヤ人の意識のなかでは、メシアニズムによって今日という日が異常な緊張のもとにおかれると論じる[5]。

儀礼と祈りを通した民との一体化

それでは、一人ひとりのユダヤ人はどのようにして、メシアを待つ緊張や歴史的啓示の出来事を自らのものとするのだろうか。どのようにして、メシアは今日にも来るかもしれない、もしかしたら自分がメシアかもしれない、などといった恐るべき「今日」を感得するのだろうか。まず、次のことを指摘しておくことは重要だと思われる。すなわち、ローゼンツヴァイクは、このように聖書の啓示の追体験というとき、決して超常的な見神体験のような場面を想定しているわけではないのだ。神自身が、聖書のなかで預言者に臨む場面に描かれるような仕方で、すべての人間に対して臨むということはないのである。彼はこのことについて次のように書いている。

B＝B、つまりこのわたしに対して、啓示そのものが起こるという可能性は、根本的には排除することができないのかもしれない（殉教者ステファノは、どうして自分がキリスト教徒であり、ステファノ教徒たちのキリスト〔メシア〕であってはならないのかわからないだろう）。しかし、そうだとすると、このことこそが啓示そのものとなってしまうだろう。これこそが啓示そのものであると主張するような現実の存在を知るなら、僕はその傍らでどっしりと構えていることはできない。その下に完全に服するか、あるいは、それに強く反発するかのどちらかである。つまり〔そのような場合には〕僕は何をなすべきかわかるはずなのだ。（一九一六年冬メモ、Paralipomena, S. 93）

ここで、ローゼンツヴァイクは純然たる個人に対して、神からの啓示が直接的に到来する可能性に言及している。B＝Bとは、普遍的絶対者A＝Aに対して自己同一的な個物、個人を指す、ドイツ観念論の哲学でしばしば用いられた記号だ。ローゼンツヴァイクは、このような自己同一的で、自閉した純然たる個人に、神的な啓示が起こるという可能性を完全に排除することはしない。というのも、たとえば、新約聖書に描かれる殉教者ステファノ[6]は、神の霊を直接身に受けて、祭司の不正を糾弾した。聖書の描写からは、彼が一人のキリスト教徒として論じたというよりは、天上の神と御子を仰ぎみながら、自らも天からの啓示を受けた預言者として語ったことが伺われる。実際にこのような例も記録されているわけで、こうしたことが人間一般に対して起こる可能性も否定することはできない。

しかしながら彼は同時に、こうした出来事が決して通常の出来事ではないということも強調している。もし万人が啓示を神から直接受ける可能性があるのだとすれば、そのこと自体、重大な神的真理の啓示である。つまり、それ自体で、ユダヤ教のシナイ啓示やイエスの受肉と同じ規模の、すべての人間を巻き込むような啓示であるはずなのだ。このような事態に人間は無関心でいることはできない。その啓示の真正性を認め自らも服属するか、あるいはそれを拒絶し迫害するかのどちらかの態度を強要されるのだ。このことは、神が特定の個人に直接顕現するような個別の事例についてもあてはまる。たとえば、ステファノに神の霊が臨んだ場合も、まさにそうであった。彼の言葉を受け入れることができない人々は、聖書にあるように「激しく怒り〔……〕歯ぎしりをして〔……〕大声で叫びながら耳を手でふさぎ、ステファノめがけて」襲い掛かり、石を投げつけた。つまり啓示が、身近な現実で起こったとすれば、周囲の人間はそれを無視していることはできず、その圧倒的な現実に巻き込まれてしまう。つまり、もし、神的啓示がどこかで起こったなら、それを完全に受け入れるか、強く反発するか、どちらかの態度をすでにとっているはずなのである。しかし、そのような態度決定を迫るような出来事は知られていない。ローゼンツヴァイクは、誰もが神の言葉を直接受けたり、神と対面したりする可能性を否定しないものの、そうした出来事はほとんど起こらないと考えていた。

このようにみると、ローゼンツヴァイクが先に論じていたユダヤ人としての意識の獲得、ユダヤ人としての個人と啓示の関係——たとえば、「詩篇」の一人称と自らの同一視や、出エジプトの追体験——は、個人に対する神の直接的霊的介入ではないということがわかる。ステファノのような激烈な場面は想定されていないのだ。むしろそれは、シナイ山で起こった歴史的啓示に、何らかの仕方で自ら服することとみることができる。そしてローゼンツヴァイクは、このような服属が宗教儀礼への参加を通して、つまり、祈り、ユダヤ教の暦に即して生きることを通して実現されると考えるようになっていた。前節でみた「詩篇」の朗読もその一例である。

彼はこの時期、ヨム・キプールの祈りを素材として、ユダヤ人に与えられた啓示に、一人ひとりのユダヤ人が服する際の具体的なありようを論じている。このテクストでは、まさに罪の赦しが主題となっていることも非常に興味深い。

ヨム・キプールの「あなた自身のために」の祈りには、キリスト教の理論にも似た〔神と人との〕和解の理論が含まれている。この「あなた自身のために」〔の祈りに表現された和解の理論〕は、さらにそこから〔父祖の〕さまざまな功徳（イサク奉献、ダビデ、メシア）への言及を通して図式化され、民全体に結びつけられる。そして、まさにこのことを通して（ただこのことを通してのみ）、この民に属する個人が、彼自身は少なくとも一介のキリスト教徒と同じように〔神に対して〕何の業も示すことができないと自覚しながら、しかも自分に対してただちに和解が訪れることを想像する、ということが可能になる。（一九一六年冬メモ、Paralipomena, S. 109）

ヨム・キプールはすべてのユダヤ人が一年に犯した罪を告白し、その赦しをえる祝日である。ローゼンツヴァイクが言及しているのはその日に唱えられる祈りだ。

慈悲深い神、それがあなたの名です。あなたの名のためにおこなってください。あなたの真理のために、あなたの契約のために、あなたの栄光のために〔……〕わたしたちのためとはいいません、あなたご自身のために、あなたご自身のためにわたしたちを救ってください。[7]

印象的な反復によって特徴づけられるこの祈りは、さらに、「父よ答えてください」、「創造主よ答えてください」という神の応答を求める執拗な請願へと展開する。そして、唯一の神に帰されたさまざまな呼び名による嘆願は、民の父祖のおこないに対して神が実際に応答したという事実を引き合いに出すことで、より激しくなってゆく。

〔息子イサクを奉献した〕モリヤ山でわたしたちの父アブラハムに答えたお方よ、わたしたちに答えてください。エルサレムでダビデと彼の息子ソロモンに答えたお方よ、わたしたちに答えてください〔……〕

ここに至ると、嘆願は罪を告白した際の謙虚な調子から一転し、神の偉大さや約束を盾に応答と救いを神に強要するような様相を呈する。

　ローゼンツヴァイクは、この祈りのなかに、ユダヤ教における個人と民族、すなわちユダヤ教における啓示の担い手であるイスラエルの民とのかかわりをみている。先にみた彼の宗教論では、ユダヤ人は原罪を逃れているという見解がとられていた。しかし、このヨム・キプールの祈りの分析では、事情が異なっていることがわかる。選民としてのユダヤ人は、確かに神を受け入れないという意味での原罪とは無縁かもしれないが、彼らは神から直接律法を与えられたがゆえに、日々、罪を犯すことを余儀なくされているのだ。ヨム・キプールにおいてユダヤ人は、一年を通して降り積もった罪の赦しをえ、新たな一年をはじめる。彼らは年ごとに罪を赦され、そしてまた罪を犯すのである。

　しかしこのとき、一人ひとりのユダヤ人は罪を犯しはするが、神のとりなしを期待することのできるような功徳をもたない。この点に関して、彼らはキリスト教徒とかわるところがない。彼らは、赦しを請うにあたって、自らのおこないに訴えることができないのだ。そこで、彼らは父祖の功徳をとりあげ、それに対する神の慈悲を請う。また、神自身の偉大さのために救済の業（わざ）が彼ら自身にも及ぶよう要求する。つまり、個人の功徳ではなく、イスラエルの民全体と神との契約を根拠に神の慈悲を請い、そして、自らはその民の一員として罪を犯しつつ救済を求めるのだ。

　ヨム・キプールはさらに続く。この一日の断食と祈りと儀礼の次第のなかで、一人ひとりのユダヤ人は自らの罪に向き合い、告白し、悔い改めると同時に、神の慈悲と赦し、そして救済への確信を深めていく。というのも、このような確信なしには自らの罪に向き合うことも、それを告白することもできないからだ。ときに哀願するように、ときに脅迫するように彼らは自らの罪に対する赦しを請う。そのなかで罪の自覚と赦しの確信は極点に達し、その極点において一人ひとりのユダヤ人は神殿での供犠や祭司なしに、つまり無媒介に神の赦しをえる。これは、キリスト教徒が十字架にかけられたイエス・キリストの贖いによって罪の赦しをえるのとはまったく異なったプロセスではある。しかし、罪を背負った、自らは何の功徳ももたない個人が、神の赦し、救済をえるという構図は共通している。しかもここでは、罪の赦しは儀礼への参加によって自動的に与えられるという見方はとられていない。祈禱文の分析を通して、祈る主体の変容や赦しのプロセスがダイナミックに描き出されている。ローゼンツヴァイクは、このように、ヨム・キプールの儀礼に主体的に参加し、祈りを追体験的に唱えることのなかに、個人としてのユダヤ人がイスラエルの民――歴史的な実在であると同時に神的啓示の担い手という神学的な理念でもあるような――に帰属する可能性を見出した。そして、そのような服属に基づく一人ひとりのユダヤ人の罪の救済の可能性を見出したのだ。

このように、儀礼やそのなかで唱えられる祈りには、一人ひとりのユダヤ人の生と聖書に示された神やその啓示とを結びつける働きがある。神学的な理念でもあるような民族への帰属や、罪の赦しもそこへの主体的参加のなかで生じるのだ。ローゼンツヴァイクは『救済の星』第三部において、ヨム・キプールだけでなく、その他の儀礼や祈りについても考察している。そこでは、儀礼は、すべての言葉がもはや不要となるような救済へとユダヤ人を導く学校のようなもので、儀礼のなかでおこなわれる祈りはそこでおこなわれる教育のようなものだといわれる(SE S. 342f.)。このような枠組みのなかで、安息日やさまざまな祝日の意味、そこでおこなわれる儀礼や祈りのもつ効果などが論じられるのだ。

たとえば、週ごとに安息日を聖別して祝うことは、神による創造の業(わざ)を記念する意味をもつ。さらに細かくみるなら、安息日の夕べには、神の創造物にして大地からの贈り物でもあるパンとワインを祝福することで、創造と生を祝い喜ぶ。そして、続く安息日の朝には、今度は安息日が神から贈られたことを喜ぶモーセの歌をともに歌うことで、創造の祝祭は啓示の祝祭へと相貌を変える。さらに、安息日の午後には、啓示の書(トーラー)の祝福を通して、ユダヤ人は自らが神に選ばれた唯一の民であることを意識する。そして、神と民との一体感のうちに、救済を予感する。こうして、安息日を祝うユダヤ人はその進行のなかで、創造、啓示、救済を祝福し体感することになるのだ。このように、宗教的な暦に即した生を送ることで、一人ひとりのユダヤ人はイスラエルの民の一員としての意識をもつようになっていく(8)。

儀礼や祈りが宗教的な意味で教育的効果をもつという発想は、第五章で論じた教育論「時はいま」にもみることができた。彼は、一人ひとりのユダヤ人にとっての啓示の意味に関する考察——その根底には罪の問題があった——から、儀礼と祈りに重要な意味を認めるようになったのだ。しかしここで、「ユダヤ人になる」という問題を思い出しておく必要がある。本節でみたようにローゼンツヴァイクは、ユダヤ教の儀礼のなかに罪の赦しの可能性をみたが、しかし、それは儀礼に参加する者全員に自動的に与えられるわけではない。彼は、どのような形での儀礼への参加を念頭においていたのだろうか。

ただ祈ればよいのか？——追体験の可能性の条件

儀礼のなかでは何が起こっているのか。『救済の星』は、その秘密を祈りにみている。というのも、儀礼のなかで唱えられる祈りや聖句は「一時だけのはかない言葉」ではない。それを唱える「一人ひとりが「天の国の頸木を自らに担う」ことで、そのなかに神と彼の民との永遠の結合が、民と人類との永遠の結合が生じる」からだ。(9) 儀礼のなかで、定められたときに定められた祈りを唱え、これを唱える一人ひとりがその祈りの主体となり、イスラエルの民の一員としての責任を身に負うならば、そこで唱えられる祈りはただの言葉ではなくなる。その言葉は、この世界のなかに時間を超えた永遠性を生じさせるのだ。

このようにいわれる祈りについて、『救済の星』執筆以前のテクストにこだわり、もう少し詳しく分析したい。一九一七年のメモには次のように書かれている。

「詩篇」第六六章の終わりの三節は祈りについての完全な理論だ。「わたしが心に悪事をみているなら主は聞いてくださらないでしょう。しかし、神はわたしの祈る声に耳を傾け聞き入れてくださいました。神をたたえよ。神はわたしの祈りをしりぞけることなく慈しみを拒まれませんでした」。「わたしの祈り」は、ちょうど「神の愛」と同じように神の贈り物なのだ。「わたしの祈り」は、わたしが祈ることができるということであり、これによってわたしが救済されるということでもある。(一九一六年冬メモ、Paralipomena, S. 95)

ローゼンツヴァイクによれば、祈りは単に人間の側から神への一方的な呼びかけではない。祈りが成立するということは、祈りが神によって聞き入れられ、叶えられるということでもある。というのも、神は全能である以上、その祈りを聞き入れたからにはそれを実現するはずだからだ。このために、人間が神に対して救済を求めて祈るなら、それが正当で神に聞き届けられる限りにおいて、すでに救済の実現を意味するのである。このような意味で、ユダヤ人において、祈ることは救済に直接する。だからこそ、ここで「私の祈り」は私のものでありながら、同時に神からの贈り物であるといわれるのだ。

ここには本書第六章でみた独話を語る「瞬間」と同型の議論をみることができる。祈ることは祈る者自身の行為でありながら、同時に神からの贈り物なのだ。ちょうど、独話を語ることが、語る者にとってもっとも固有な行為でありながら、ある「瞬間」をまってはじめて可能になるとされていたように、ここでも「祈ることができる」という状態は祈る者だけの事情では決定されないのだ。ここでは、祈ることができるための条件として、「心に悪事をみて」いないこと、そして、祈りが聞き届けられることが挙げられている。この二つの条件は実質的には同一のことを意味する。というのも、自分が本当に心に悪事をみていないかどうか、祈る者にはわからないからだ。ローゼンツヴァイクが罪の問題のなかで人間のこうした不完全性を考察していたことはすでに論じてきた通りである。

祈りの場合、祈りが叶えられたときにはじめて、祈った自分の心に悪がなかったことがわかるのだ。逆に、祈りが叶えられなかったときには、自分にはそのつもりがなくとも、心に何らかの悪があったに違いない。祈ることができるかどうかは、自分の心次第であるにもかかわらず、自分の心が本当に正しい状態にあるのかどうかを自分で知ることはできない。自分が祈るにふさわしいのか自問すればするほど、あたかも自分の心が自分のものではなくなってしまうかのようだ。

しかし、それだからといって、このような内省をやめて無暗矢鱈に、祈りが叶えられるまで祈ればよいというわけでもない。というのも、このような救済そのものであるような祈りは、少なくない掛け金を要求するからだ。同時期のテクストには次のようにも書かれている。

> モハメッド教の個人の祈りはまさにギリシアの祈り「ゼウスよ、もしそれがわたしのためになるならばわたしに与えよ。そうでないなら、与えるな」と等しい。啓示宗教における祈りは危険を冒してあえて、具体的なことを祈る。それは祈る者をむき出しにし、彼を彼の望みと一つにする。彼は、そう祈ることができるときにのみ祈る。もし彼がトルコ人や異教徒のように祈るよう強いられるなら、彼はむしろ何も祈らないだろう。(一九一六年冬メモ、Paralipomena, S. 102)

ローゼンツヴァイクによれば、啓示宗教において人は、祈る際に、神の意志の不可知を前提するようなことをしない(10)。祈る者は、自らの祈りの内容に責任をもち、その祈りと一体化する。もし、この祈りの内容が不正なものであれば、それはそのまま祈ったものが不正であることを意味する。当然、このような祈りが神に聞き届けられることはなく、祈る者には悪の烙印が押される。彼が祈ることができるのは、正しい祈りだけであり、彼は自らの全人格をかけて祈らなくてはならないのだ。

このときヨム・キプールの祈りを思い出したい。この祈りが要求する内容は法外だ。祈る者はここで、神の律法に背き、罪を犯してしまったことを赦すように、この神自身に求める。つまり、契約を破った人間が、契約を交わした相手に対して、契約違反を赦免し、しかも、さらにこの後の救済の契約を継続して果たすよう求めるのだ。このような要求が罷り通るのであれば、そもそも契約は意味をなさないだろう。しかし、ユダヤ人は、神の偉大さや過去になされた救済の約束を盾に、あえてこのような要求をおこなう。そして、まさにこのような祈りを通して、彼は神に頼みつつ、神の偉大さや真理性を証言するのだ。というのも、もし、彼がこれらのことを信じていないとすれば、このような祈りはそもそもまったく無意味であり、祈りをおこなう必要もないからだ。祈る者は自らが日々のおこないのなかで罪から逃れられないことを知っている。そして、その罪を規定する律法が彼に対してなお拘束的であることも知っている。だからこそ、罪の赦しを願って祈るのだ。

以上のことから、ローゼンツヴァイクが、一人ひとりのユダヤ人と啓示の関係について理解したことを簡単にまとめてみたい。ローゼンツヴァイクは一人ひとりが、たとえばモーセやアブラハムのように神と直接対面したり、声を交わしたりすることを想定したわけではなかった。彼はこのようなことが起こる可能性を排除するわけではないが、ごく例外的なケースであるとする。むしろ彼は、ユダヤ人にとっての啓示を、聖書的な世界像をわがこととして受け入れること、ないしは、歴史的なシナイ啓示のもとに服属することとして理解している。父祖がエジプトから救い出された体験を、自分のこととして追体験すること、「詩篇」や儀礼の祈りの一人称に自らを重ねること、イスラエルの民の一員としての意識をもつこと、これらはすべて歴史的な啓示への服属のもつ諸相といえよう。このような服属は、宗教的な暦に即して生活すること、つまり、折々の儀礼を実践し、定められた祈りや聖句を心から唱えることによって実現される。彼がその教育論「時はいま」で、「ユダヤ的世界」の獲得として論じていたことの内実もここにあるとみてよい。

このとき人は、聖書的な世界像を、たとえば衣服のように着込んだり、脱ぎ捨てたりすることはできない。このことは、罪と赦しという問題に端的にあらわれている。再びヨム・キプールの例に戻ろう。そこでは、一人ひとりのユダヤ人はそれまでの一年の間に犯した罪の赦しを請い、それを実際にえるのだった。このような請願は、真摯なものでなければ意味をなさない。真摯なものでなければ、祈りは聞き届けられることはないし、そればかりか祈ることそのものが無意味となる。このような祈りは、それ自体で神の全能と真理性についての証言であり、先に言われた真理を語る独話の一つの典型である。ところで、このような祈りをおこない罪の赦しを請うとき、彼はその世界像が罪と定めるところを罪として認識しなければならない。というのも、自らに罪を認めるときにはじめて、赦しを請うことが有意味になるからだ。彼が罪の赦しを祈るとき、彼は彼に対して罪を規定する規範を受け入れている。彼の生はいまやこのような規範のもとにある。彼の思索はそれに規制され、彼の行動はそれに限定されるのだ。歴史的啓示への服属は、このような言葉で、この者が行為したり、認識したり、思惟したりするための枠組みを新たに設定する。

また、ローゼンツヴァイクの考えでは、祈るということは簡単なことではない。祈る者は、祈ることにともなう責任を負わなくてはならない。この責任を負うために、自分は祈るに値するのか、何を祈ることが許されているのか、といった事柄についての内省が不可欠となる。つまり、ただ祈れ<ruby>ばよいというわけではないのだ</ruby>。このことを強調する必要があるのは、ローゼンツヴァイクのテクストのなかには、ユダヤ人は儀礼に参加し、祈りさえすればよいというように解釈できそうな箇所も存在するからだ。たとえば、『救済の星』では、第三部序論においては一人ひとりの人間が時宜をえて正しく祈ることの難しさが論じられているものの、具体的にユダヤ人にとっての儀礼の意味を論じた同部第一章ではこうした困難には言及されない。あたかもユダヤ教の儀礼においては、決まった祈りを決まったタイミングで唱えることで、上述のような祈りにおける困難があらかじめ取り除かれているかのようである。また、「時はいま」においても、教育を通して準備を整えた子供たちが、シナゴグにおける儀礼に参加すれば、原則的にユダヤ人としての自覚をえることができると考えられているようにみえる。ローゼンツヴァイクのテクストには確かにこのような一面がある。

しかし、まさにこの時期にローゼンツヴァイクがローゼンシュトックに対して告白した「二重の罪」とでもいうべき事柄を思い起こすとき、こうした一面がローゼンツヴァイクの最終的な結論ではなかったことがわかる。一度引用した書簡ではあるが、このローゼンツヴァイクの告白をもう一度確認しておきたい。

〔一九一三年の「夜の対話」の後で〕僕を襲った動揺は、僕は今日まで間違っていた、というものではなかった。そうではなく、僕は今日まで罪を犯していた、そして最悪なことに、まさに僕が悔い改めるというそのことを通して罪を犯していた、ということであった。というのも、僕は、ただこれからもまた罪を犯し続けることができるようにするためだけに、悔い改めたのだから。（一九一七年九月四日付オイゲン・ローゼンシュトック宛書簡、Gritli-Briefe S. 29）

彼が自覚した罪とは、それまで彼は罪を犯してきたというものであった。それが二重であるというのは、自らの罪の自覚と悔悛の仕方それ自体が罪深いものだったためだ。彼は、罪を自覚し悔い改めたが、それは、再び罪を犯し続けるためでしかなかったという。つまり彼は、罪から逃れることはできないということについては自覚していたものの、この自覚のために、かえってそのような罪から根本的に解放される可能性を信じていなかったというのだ。この告白は、必ずしもヨム・キプールについて述べたこととして狭く解釈する必要はないが、年ごとの罪の自覚と赦しの祝日であるヨム・キプールもこれに含めて考えてよいだろう。ローゼンツヴァイクはここで、一九一三年以前の罪、悔悛そして救済についての理解が、不誠実なものであったと総括しているのである。

二　啓示に基づく人間概念

人間に本質的に内属するものとしての罪

本章のここまでの叙述では、ユダヤ人が儀礼を通して歴史的啓示を自らのものとすることで、罪の赦しをえるというプロセスを確認した。罪の赦しはユダヤ人に対して、ユダヤ人として生まれたという事実、あるいは儀礼への形式的な参加を通して自動的に与えられるとはされていなかった。儀礼のなかで、各人が歴史的啓示に基づく世界観や規範を受容し、神や神による救済への信仰を証言するときはじめて、儀礼は個人と神を仲介するものとなる。主体的参加を通して、罪の赦しの儀礼は現実性をもつようになるのだ。そして、儀礼が人間に対して実質的な意味や作用をもつようになることで、それを介して一度は断たれた普遍的なものと個人との関係が再び結ばれる。かくしてローゼンツヴァイクは、ユダヤ教のなかにも現代人が抱える罪、すなわち普遍者との隔絶を救う力があると判断するにいたった。

こうした儀礼へのかかわり方やその意味づけは、決して異端的なものではないが、同時代にありふれた見解というわけでもなかった。そもそも、このような問題にはさまざまな態度がありえたのである。たとえば、祈りには必ず内面的な集中がともなっていないといけないのか、という問題に対しても——当然、心を込めて祈るにこしたことはないのだが——、ラビたちは単に形式的に祈りを唱えることに一定の意義を認めてきた。祈りの定型を記した祈禱書が編まれ、祈りの時が定められたのは、まさにこのような形式性に対する、無条件ではないにせよ肯定的な評価に基づいている。[11] 同じように、儀礼への参加や律法の実践のありかたについても、さまざまな見解がありえた。[12] してみれば、上記のようなローゼンツヴァイクの啓示理解には、やはり彼自身の思想の傾向、ないしは彼が生きた時代や思想状況の傾向が反映されているとみるべきである。

このとき、彼の啓示理解の特徴として、罪という概念へのこだわりを指摘することができる。このようなこだわりは、彼自身、いわば時代の子であったことを示している。一九一七年一〇月には、彼は幼馴染に宛てて次のように書いている。

> 僕がロシア人たち（つまり、ドストエフスキー〔……〕）を「よそよそしい」ものとは感じていないことを知っているよね？　加えて僕には彼らをやや真剣に受け取りすぎるところがある。〔……〕もう何年もの間、僕にはドストエフスキーが近く感じられ、ゲーテやホメロスは遠く感じられる。（一九一七年一〇月二四日付ゲルトルト・オッペンハイム宛書簡、BT. S. 476）

つまり、多くの同時代人と同様、ローゼンツヴァイクもまた、人間がもつ業(ごう)とでもいうべき罪の問題にとりつかれた作家、ドストエフスキーに強く惹かれるような若者であった。思想に関するこのような一般的傾向は、彼の人間概念や啓示概念にも強い影響を及ぼさずにはおかない。

事実、罪や赦しが問題になるのはユダヤ人だけではない。第三章において指摘したように、ローゼンツヴァイクはかつて、すべての人間が抱える原罪のような罪を主題化していたが、このような罪概念を彼はこの時期にもなお保持している。上述の儀礼についての考察も、ユダヤ教がなお、こうした罪性を救う可能性をもつのかどうか探るなかでえられたものだった。このように罪と救いの問題を継続して思考するなかで、彼は独特な人間理解にたどりついた。つまり、人間存在のなかに、原罪とそこからの救済の必要性を構造化することで、本質的に宗教的であるような人間概念を練り上げていったのだ。人間は普遍者との関係のなかではじめて真の意味での人間となる。あるいは、人間概念は神や啓示といった宗教的概念との関係のなかで規定される。『救済の星』の核心部にもみることができる人間についてのこのような考え方に、彼はこの時期にたどりついた。

本章ではここから、彼が人間一般と啓示の関係について考察したことを明らかにしてゆく。その際、まずは罪の問題に着目する。彼の思想にとっての罪の問題の重要性はこれまでにみてきた通りである。改宗をめぐる一連の出来事を経験する以前から、彼は個人の罪の救済を宗教に期待していた。キリスト教に惹かれたのも——それがすべてではないにしろ——、それが個人と罪の関係を明確に捉え、そこからの救済を約束するからであった。この関心は、ユダヤ人として生きることを決めたときにも失われなかった。彼は折にふれて罪の赦しの祝日であるヨム・キプールの意味を再考した。ユダヤ人として生きるという決断が、ヨム・キプールの儀礼への参加をきっかけとしたとするグラッツァーの説は、史料的根拠が薄弱だが、ヨム・キプールが重要な意味をもっていたということは確実であると考えてよいだろう(13)。個人の罪とそこからの救済という問題は、長きにわたって彼の心を捉えてきたのだ。本章で検討する一九一六年から翌年にかけての書簡やメモにおいても、啓示についての思想の深まりに、つねに罪の概念の考察が随伴している。そして、このような考察の成果は、『救済の星』の中心部において展開されることになる[14]。

彼は罪ということで、どのような事態を想定していたのだろうか。彼はこの概念についても考察を進めており、普遍者と個人の離隔というかつての単純な図式はもはや採られていない。前章で、罪を自覚し告白する者としての孤独な人間が、愛の働きによって他者との家族的な親密性へと入ってゆくということが述べられていたことをみた[15]。確認するなら、ローゼンツヴァイクは友人との対話の経験から、他者に対する呼びかけがもつ人格に作用する力と、罪や愛の問題を結びつけた。そのなかで彼は、罪を犯すという動詞が、本質的には一人称のみを主語にとることができると述べていた。つまり、ここでは「君は罪を犯した」という被害者からの糾弾や「彼は罪を犯した」という外部からの認定は問題になっていない。罪を犯すこと、そしてそれを自覚することは、徹底的に自己のなかでおこなわれ、そこに他者が介在する余地はないとされる。

一九一七年のある書簡でローゼンツヴァイクは、人間の自我における罪の根源性を、ドストエフスキーに言及しながら次のように説明している。

> 思うに、ドストエフスキーの小説のうちで、なにか犯罪をめぐって書かれたのではないような作品はひとつもないのではないか。しかしどの場合にも、彼にとって犯罪は、彼が本質的だと考えるある不可視なものを可視化するための技術的な手段にすぎない。〔その不可視なものとは、〕人間の心のなかに「幼年期から」存在する悪〔である〕。彼は犯罪といいながら、その実、罪のことを意図している。あるいはまた、ドストエフスキーは〔小説の中で〕三人称を用いる（あたかも彼自身が物語るかのように）。けれど、実際には彼は一人称を用いて、「わたしが」といっているのだ。そしてそのことによって、読者がその言葉を遮り「いやそうじゃない、わたしだ」というように強いる。老カラマーゾフ――彼を殺さないような者がいるだろうか？彼を殺すために必要な程度にすら、ミーチャのように粗野であるわけでもなく、イワンのように教養があるわけでもなく、あるいは従者のように堕落しているわけでもない、そんな人間がいるだろうか？（一九一

七年八月二六日付マルグリット・ローゼンシュトック宛書簡、Gritli-Briefe S. 25）

先に言及した、ただ自己にのみかかわるような罪とは、人間が抱える根源的な悪であり、その自覚である。このような悪は、『カラマーゾフの兄弟』の登場人物に象徴的にあらわれるように、それぞれの人間がそれぞれの様態でもつ。それは、拭い去ることができず、ある種の必然性のもとに人間を破局へと導く。しかし他方で、この悪の根は等しい。従者スメルジャコフも含め、小説のなかでこれらの悪は、すべてカラマーゾフの血に、すなわち出生に由来するものとして描かれるのだ。このとき、ローゼンツヴァイクの解釈では、読者はこれら登場人物に自己を重ね、「わたしだって老カラマーゾフを殺しただろう」、「わたしも同じ悪を抱えている」と告白することになる。このとき、読者もまた、同じ悪を抱えていることを自覚するのだ。カラマーゾフの血とは人間の血なのであり、ここでローゼンツヴァイクがいう罪とは人間が抱える根源悪のようなものに由来する罪、原罪とでもいいうるような罪にほかならない。

ローゼンツヴァイクが「夜の対話」で自覚したという「二重の罪」――すなわち罪を犯していたことの自覚と、罪を犯し続けるために不誠実な悔悛をおこなっていたという罪――もこのような根源的な罪との関係で理解することができる。『救済の星』を執筆する直前に、彼は自身の改宗をめぐる一連の出来事を振り返りつつこのような罪の救済について次のように述べた。

　アリバイ〔罪の自覚を妨げる自分に対するいいのがれ〕というのは、どんな場合にも同じ内容をもつ。「精神的なこと」はそれに自己欺瞞的な正当化を与えるだけだ。こうしたおもてにあらわれない事柄に関するこれ程までの確実な一致が、信仰におけるすべての共通性への自然的な根拠なのだ。僕の罪はただ単に僕に固有なだけでなく、僕にもっとも固有なものである。それにもかかわらず、僕の罪は君の罪とまさに同じ罪なのだ。だからこそ、僕の救済は君の救済なのだ。（一九一七年九月四日付オイゲン・ローゼンシュトック宛書簡、

Gritli-Briefe S. 28)

前後の書簡からは、ここでいわれる「アリバイ」が、一九一三年の「夜の対話」でローゼンツヴァイクが直面した自らの罪に関する、彼の自己欺瞞的な態度を指すことがわかる。[16] 彼は自らの罪に対するこの自己欺瞞的な態度——彼によればそれ自体もまた罪なのだが——は、普遍的であるという。罪は、それぞれの人間にとってもっとも固有なものでありながら、すべての人間において同じような形で存する。だからこそ、徹底的に個人的なものである人間の罪が、集団的なものである宗教への信仰を通して救済されるということがありうるのだ。ローゼンツヴァイクはこのように、すべての人間が自らの最内奥に抱える根源的な罪を想定した。それは、もっとも個人的でありながら、普遍的である。あらゆる人間が、このような罪をそれぞれのしかたで抱えているのだ。ローゼンツヴァイクは、宗教を通したこのような罪の救済の可能性を考察した。

絶対者との相関のなかで規定される人間

人間存在の根底には罪がある。しかしながら、人間はこのような罪を自らのうちに抱えながらも、しばしばこれに気づかずにいる。罪が罪として明らかになるためには、つまり、罪が罪として自覚されるためには、罪を照らし出すような正しさがなければならない。このように、罪の自覚は正義の承認と不可分なのだ。正義が絶対的であればあるほど、それによって規定される罪も絶対的で逃れ難いものとなる。この点において、罪の問題と啓示の問題は結びつく。[17] そしてここから、啓示と正義の問題、啓示と人間の自由の関係、啓示と悪の問題といった倫理学的主題が考察されることとなる。人間とは何か。人間はどのように生きるべきなのか。罪を抱えた存在である人間に、啓示はどう関係するのか。啓示は、どのように生きることを人間に求めるのか。ローゼンツヴァイクはこうした問題を、啓示宗教と異教を対比させながら考察した。

まずは、一九一六年の初頭に書かれたいくつかのメモを取り上げる。ここでは、当時探求の途上にあった人間概念と啓示概念の関係が検討されている。彼は以前と同じように、異教と啓示宗教との対比をもちいて考察を進める。私的なメモ書きであるため決してわかりやすいとはいえないが、引用してみたい。

〔ギリシアの〕古典抒情詩は人間を表舞台にすえた。「月は沈み云々、しかしわたしは……」[18]。その図式は人間と自然、人間とこの特定の感情（『アフロディーテの讃歌』）というものであり――決して人間それ自体ではない。この「人間そのもの」は人間と絶対者（これこれの特定の神ではなく、〔端的な〕神）との相関（Korrelation）を通してはじめて端的に与えられる。こういうわけで、絶対的な抒情詩は一神教を、それも啓示された一神教を前提する。というのも、ただ一神教のみが相関を可能にする、より正確には要求するからだ。〔……〕こうして、祈りの形式から抒情的な詩文を排除し、〔このようにして取り出された人間と神との相関の形式である〕祈りのなかだけで調達されうるような新しい個人主義だけを保持することが課題となった。実際、近代の抒情詩は、この新たな、漏れなくいい尽くされた個人を古典抒情詩の舞台の上に据えることで、この課題を果たしたのである――君は再び〔森と谷を〕満たし云々……胸の迷宮[19]――（一九一六年一月二八日付メモ、Paralipomena, S. 62f.)

まずは、ローゼンツヴァイクがここで、異教の人間理解と、啓示宗教の人間理解を対置させ、端的な「人間」概念を後者に割り当てていることを確認したい。ローゼンツヴァイクはそれほどに、人間と啓示の関係を密接なものと考えている。別の言い方をするなら、彼が考えるところの「人間であること」には、啓示が抜き差しならない仕方でかかわっているらしい。具体的には、彼はサッフォーとゲーテの詩にあらわれる個人の描写を比較することで、異教の人間理解と啓示宗教の人間理解の違いを説明しようとする。ここで挙げられている例だけでは明解とはいいがたいが、敷衍して彼がいわんとしているところを整理してみると次のようになるだろう。

彼は、自然から区別された端的な人間という理念は、一神教における神と人間の相関のなかではじめて主題化されたという。ここで登場する相関という概念を、ローゼンツヴァイクはヘルマン・コーエンに負っている。コーエンは一九一五年に出版した『哲学体系における宗教概念』のなかで、倫理学を中心とする自身の体系哲学の土台を危うくしてしまうかのような仕方で、人間理念が神との相関のなかで成り立つということを主張した。ローゼンツヴァイクは同書が出版されるとすぐにノートをとりながらこれを読んだ。コーエンからの影響については、後の節であらためて論じることにし、ここではローゼンツヴァイクが、異教と啓示宗教での人間理解の差異をどのように考えていたのかに注目したい。

ギリシアの詩人は自然のなかにある人間、自然的感情のなかにある人間を描いたのに対し、啓示宗教は、祈りにおける神との相関のなかで際立つものとして人間を理解する。すなわち、サッフォーは、月夜に一人孤独によこたわる自己を詠ったとき、その自己を自然から弧絶したものとしては描かなかった。また、彼女が恋愛の女神アフロディーテに頼むのは、彼女自身がかなわぬ恋に身悶えるときである。そのようなときに、彼女は、愛の女神が自らの心のうちに入り込んで、恋を成就させてくれるよう願うのだ。しかし、近代の抒情詩人ゲーテは、同じような情景を詠みながら、異なった人間像を提示する。

それでは、サッフォーの描く人間と、ゲーテの描く人間では何が異なるのか。ローゼンツヴァイクは、ゲーテの詩中に現れる「胸の迷宮」という言葉に着目する。すなわち、ゲーテは、サッフォーと同じように月夜における人間の孤独という主題を詠みながら、月の光の届かない「心」、「胸のうちの迷宮」を表現したのだ。ローゼンツヴァイクによれば、ゲーテにこのようなことができたのは、彼が啓示に基づく一神教を背景とした人間理念を踏まえていたからである。このような人間は、単に孤独を楽しむだけでなく、月の光が及ぶことのない、いかなる他者の視線も届かない、自分だけの領域をもつのだ。しかし、このように述べても、人間と啓示の関係は明らかではない。他者の干渉を受けない自分だけの秘密をもつことと啓示は、どのように関係するのだろうか。

先取りして述べるならば、ここで人間であることとは、あらゆる他者に対して、つまり世界や神に対して自立し、自由であり、その自由に対して責任を負うことを意味する。ローゼンツヴァイクはこのような人間の在り方に、啓示が決定的な仕方でかかわると考えたのだ。このことを確認するために、彼が、人間の自由と啓示の関係や、人間であることと啓示の関係について論じたテクストをさらに検討してゆく。

われわれにとって、自分が人間であるということは、一見、当たり前の事態である。しかし、自分は人間であるというときに、そこに、「ほかの動物とは違う」、あるいは「神とは違う」という含意をこめるならば、それは決して自明なこととはいえなくなる。なぜなら、そのときただちに、それでは人間とはなんなのか、自分は本当にそのような意味で人間なのか、ということが問題となるからだ。ローゼンツヴァイクによれば、「人間とは何か」という問いを、このような意味ではじめて哲学的に立てたのはカントであった。カント自身はこの問いに答えなかったが、ヘーゲルやフィヒテ、シェリングがこの問いに継続的に取り組んだ（一九一六年二月一一日付メモ、Paralipomena, S. 67）。ゲーテと同時代人であったカントにこのような問題提起が可能であったのは、彼もまたキリスト教を通して啓示を前提していたからだ。ローゼンツヴァイクにいわせれば、カントはいわば、異教的ギリシアに由来する哲学、倫理学を「キリスト教化した」のだ（一九一六年一月二八日付メモ、Paralipomena, S. 63）。

とはいえ、カントは自らの哲学のキリスト教的、啓示宗教的前提を前面に出すことはなかった。「カントにとっては神と人間との間の橋はすでに架けられている——だからこそ彼はそれがかつて歴史的に架橋されたという事実を度外視してしまうことができる」（一九一六年三月頃メモ、Paralipomena, S. 70）。しかし、カントの人間概念は啓示を知らない異教の哲学、たとえばその精華たるプラトンにおける人間理解と大きな内容的な隔たりがある。ローゼンツヴァイクはいう。

カントは、各個人が自らのうちに人間性（*Menschheit*）をもつという事実を自明なことであるかのように考えるが、実際は、個人は啓示以前には人間性の理念をもたず、個人性の理念をもつにすぎない。つまり〔異教的個人は〕、「汝自身であれ」という端的な命令と「内部から美しくなれ」[20]という命令だけをもつのだ。

『パイドロス』の末尾にあるソクラテスの祈りは、異教の最高の祈りである。「わたしが、わたし自身のなかで、わたしの内部から、調和がとれていて完全で「美しく」なるよう、お計らいください」。〔これに対して〕キリスト教は「内部から完全〔になれ〕」ではなく、共通の神にうったえて「お前たちの父が天においてそうであるように完全〔になれ〕」という。（同メモ、Paralipomena, S. 70）

つまり、異教の枠組みでは、人間は個人としてただ個人のうちから規定されるが、啓示においては、人間の人間性は、人間にとって他者であるような天上の神との関係から規定されるのだ。

それではこの二つの人間理解はどのように異なるのか。またこのような差異化を通して、ローゼンツヴァイクが取り出そうとする、啓示に基づく人間理解――この勝れた意味での「人間」と比較されるとき、異教的な人間理解は単なる「個人性」にすぎないといわれるような――とはどのようなものなのか。この点に関して、彼は別の同時期のメモに次のように書いている。

〔カントの宗教論においては〕自然ではなく人間そのもの〔が問題となっている。……〕カント（および啓示）は、人間（人間性）について論じるが、プラトンは個人性についてしか論じない。プラトンにおいては人間が彼自身の運命を選択するのだが、この点を度外視しても、プラトンは人間の性格〔自然から区別される人間の人間らしさ〕については論じない（「生か死か」ではなく可能な物事の範囲内で論じる）。（一九一六年二月一一日付メモ、Paralipomena, S. 67）

最後の括弧内の注記「生か死か」はヘブライ語で書かれている。これは、「申命記」第三〇章第一五節以下の章句を念頭に置いている。[21] この個所で、モーセは神から与えられた掟を手にイスラエルの民に言う。

みよ、わたしは今日、命と幸い、死と災いをあなたの前におく。わたしが今日命じる通り、あなたの神、主を愛し、その道に従って歩み、その戒めと掟と法を守るならば、あなたは命をえ、かつ増える。〔……〕あなたが心変わりして聞き従わず、惑わされて他の神々にひれ伏し仕えるならば、わたしは今日、あなたたちに宣言する。あなたたちは必ず滅びる。

ここで問題とされているのは、行為における人間の選択や決断である。この聖句によるなら、啓示宗教において人間は、神によって生と死の分れ道の前に連れ出され、正しくおこなうことを迫られるというのだ。ここでは、正しくおこなうこと、あるいは道徳的に生きることは、人が善悪を判断して、自由な選択によって実行されるのではない。人間は自ら何か判断する以前に、正しく行為して生を選ぶか、そうせずに死を選ぶかという、恐ろしい岐路の前に立たされるのだ。

また、聖書において、啓示が法として与えられたということも意義深い。善悪、正邪は、人間が判断する事柄ではなく神によって定められている。このような正義の法、正しい行為を命じる掟を神から受け取ったということが、ユダヤ教の歴史的啓示であり、人間はこのような法や正義の拘束を受ける。というのも、神は、神的真理を法という形で人間に啓示した。いまや法や掟は「天にあるものではな」くなった。それは、人間の「ごく近く」に、人間の「口と心にある」から、人間は今や間違いなくそれをおこなうことができる（同第一二節以下）。人間は生を望むなら、法を守らねばならず、また、能力的にも人間にはそれが可能である。そのうえで、人間は行為する瞬間、正しく生きるのか、悪に堕ちるのか、どちらにするのかということが問われるのだ。

このように、自らを啓示する神は、人間のものではないような掟を人間の眼前に置き、無条件になすことを要請する。カントの定言命法としての実践理性もまた、人間に対して同様の構造をもつ。絶対的で神的な格律が、直接、無条件の妥当性をもって人間に対して迫る。どちらの場合も絶対的な法が人間に対して唐突に啓示され、人間は自らのおこないに関してこの絶対的なものに直接的に拘束されることとなる。ローゼンツヴァイクは、これを啓示に特有の人間理解だというのだ。

これに対して、たとえばプラトンのいうような異教的な最高善は、直接には人間の行為の動機とはならない。最高善は人間のいる世界から離れており、人間はこれを目的に行為する場合にも、それによって強制的な拘束をうけることはない。ここでは、神的な正義と不完全な人間の間の緊張は問題にならないのだ。ローゼンツヴァイクによれば、異教は、人間を、人間に可能な物事の範囲内だけで問題化する。人間をその限界まで含めた全体、そのはじまりと終わり、すなわち生と死とを含みこんだ全体として問題にすることはないのだ。

このような啓示理解、そして異教理解のなかには、彼の次のような思想が開示されているといえる。すなわち、啓示は人間の生と死の意味を規定しなおすのだ。人は啓示を知らずとも、この世に生を受け、そして死んでゆく。ときにはひとり運命に立ち向かい、ときには神々に頼んで自らの生における幸運を願う。神々はあるときにはこの者を助け、あるときにはこの者を見捨てる。しかしながら、啓示に基づく人間の生はこれとはまったく異なる。啓示において、人間であることの意味そのものが、唯一で絶対的な神との相関のなかで新たに鋳なおされ、その生と死の意味もまた新たにされるのだ。人間の生は神によって、正しく行為することへと呼び出される。いまや人間の生死を決する基準は人間自身のうちにはなく、この絶対的な正義の他者へと移されるのだ。

こうした神と人との関係性、すなわち相関は決して人間の神への服従という一方的な関係ではない。また、人間の存在論的な意味や価値が、絶対的な神の存在のうちに回収されてしまうというわけでもない。むしろ人間固有性と独立性はこの相関のなかでこそ際立つ。そして、神は啓示を通して自らを縮減することを余儀なくされる。というのも、神は今や自らの外に自由な人間を認めなければならないからだ。それだけでなく神は、神の与えた法を守り、神的な秩序を地上に実現するために人間を必要とすらするのだ。これに対し、人間はこのような法の拘束をうけながらも、この法に背くことができる。それが意味することをすべて知ったうえですら、神を否むこともできる。神との相関における相互的な関係のなかで人間理念は神と同等の独立性を獲得する。ここにローゼンツヴァイクの神、人間理解、啓示理解の特徴があるといえる。

ここで鍵となるのが、人間の自由という概念である。人間は啓示において、自らの生死を決するような絶対的に正義であるような他者、すなわち具体的には律法や格率へと呼び出される。このとき、人間はこの法に従い、正しくおこなうことができるが、それだけでなく、あえて正しくおこなわないこともできる。絶対的正義によって正しくおこなうことを義務づけられるにもかかわらず――生がそう定められた以上、本当であれば生きるためにはそうせざるをえない――、人間はここで悪をおこなうことができるのだ。ここに、神へと回収されることのない、人間固有の役割が生ずる。神が人間の代わりに行為してくれることはない。人間自身が神の掟を前に行為しなければならないのだ。それは神に対する人間の権利であるとともに責任でもある。ここから、人間に罪が生じる。人間は正しくおこなうことを義務付けられているにもかかわらず、つねに正しくあることはできない。人間は人間である以上、完全な正義である神や法に比して不完全であり、このため必然的に罪を犯すことになる。つまり人間は、啓示の下で、完全に自由であり、また、同時に罪深い存在なのだ。こうして、自由、悪、罪という概念が啓示と人間という問題の枠内で結びつく。「夜の対話」以前から考察されていた罪概念の内実が、悪の概念の導入により深められていることがわかる。

ローゼンツヴァイクはこのような人間の自由に関する見方を、コーエンを踏まえつつ、カントの宗教論[22]を再読しながら――そして恐らくは、カントの自由論を批判的に乗り越え、人間の自由とは善と悪との能力であるとしたシェリングを参照しながら――啓示概念と縒(よ)り合わせていった。

よく知られるように、カントはその宗教論において根源悪について論じた。その内容を乱暴にまとめるなら次のようになろう。カントの道徳哲学は、人間には理性が備わっており、それを通して普遍的な道徳法則を認識しうるというものであった[23]。このような道徳法則を自らの行為の格率とすることが善であり、人間にはそのための動機も能力も備わっている。しかし、それならば、どうして人間はこの世で悪をおこなうのであろうか。もちろん、カントはこのように問うときに、実践理性や道徳法則は抽象的な仮構であり、多くの現実的な人間に対しては拘束力をもたないなどと答えない。とはいえ彼は、現実的には道徳法則そのものは人間がそれを自らの行為の格率とするための十分な動機を与えていないということは認めざるをえなかった。このために、『実践理性批判』においてカントは、善いおこないが現実的なものとなるためには、善と幸福の一致が必要であると考え、この善福一致を基礎づけるために神の理念を要請したのだった。[24]

その後に書かれた宗教論のなかで、カントは善行への動機づけの問題をさらに考察した。彼は、本来道徳的格率を認識できるはずの人間が、しばしば利己的な格率に自らを委ねてしまうことのうちに、人間の悪をみてとった。そして、悪への性向をもった人物が、現実的に道徳法則を自らの行為の格率として採用するようになるための手助けとなるよう、道徳法則と矛盾しないような目的概念としての神の王国について論じたのだった。ローゼンツヴァイクは、このようなカントの宗教論のなかから人間がもつ悪をおこなう自由という問題を読みだしてゆく。彼は、カントが悪を論じたこの宗教論にカントの人間理念の秘密をみようとしたのだ。

ところで、カントの道徳論の特徴は人間の行為の善悪の基準を、その行為へといたる心根に求めた点にあった。それはこの宗教論においても変わらない。つまり、道徳の問題においては、何をなしたかではなく、どのような動機で、どのような格率に従って行為したのかだけが問題となるのだ。なされた行為の善し悪しではなく、自由に、つまりいかなる外的な動機や原因なしに、行為者が自らの格率として、道徳法則を採用しているかどうかという点のみが善悪の基準となる。

ローゼンツヴァイクはこのようなカントの議論に触発されて次のような着想をえた。すなわち、善悪は、人間が普遍的な道徳法則（Gesetz 法）を引き受けなければならなくなるときにはじめて生じる。人間はこのような法を前に、悪をおこなうことができる。そして、悪をおこなうときには罪が生じる。人間はこのように自由であり、神から独立している。そしてまさにこの独立性のために、人間のおこないや意志がつねに神と一致しているということはないから、人間は悪をおこなうことから逃れられない。つまり、悪をおこなうことができることのうちに、すでに罪が胚胎しているのだ。罪はこのようにして人間存在から切り離すことのできないものとして理解される。

ローゼンツヴァイクはカントを通して、罪が人間存在に本質的に食い込んでいること、そして、それは人間が自由であることと表裏一体をなすことを確認した(25)。そして、彼は人間がこのような意味で自由であることのうちに、啓示の反照をみたのだ。というのも、ここでいわれる人間の自由とは、自らを絶対的な仕方で拘束してくる正義の他者に対して、なお自由であるということを意味するからだ。この法は、人間同士の間で協議されて定められた法でも、自分で自分に定めたルールのようなものでもない。何が比較的望ましく、逆に何が望ましくないかといった相対性の彼岸にある、正義そのものであるような法だ。このような法が与えられており、それに否応なく拘束される。

翻って、シナイ山における啓示で、ユダヤ人に起こったこともまさにこのような事態にほかならなかった。神から法がもたらされ、それを守らないことは死や滅びを意味するとされた。しかし、それにもかかわらず、イスラエルの民はしばしばこの法を犯した。こうした事態にあって神は、自ら即座に介入して民を直接善行へと導いたり、自らの法の侵犯を阻止したりすることはなかった。地上での行為に関してはすべて人間に委ねたのである。ローゼンツヴァイクは人間の人間たるゆえんは、このような啓示された神的な法を前にして、なお善だけでなく悪を選ぶことができるという自由に存するとみた。人間は、啓示を通してはじめて人間になる。ローゼンツヴァイクはカントの宗教論を読みながら、次のようなメモを取っている。

> 善く、あるいは悪く行為する自由を、キリスト教徒は洗礼を通してはじめて手にする。ユダヤ人は誕生を通して〔同じ自由を手にする〕。(一九一六年二月一一日付メモ、Paralipomena, S. 67)

彼が啓示宗教への帰属と、道徳法則に服するという義務の発生を並行する事象とみていることがわかるだろう。ところで、このような理解はカントの意図するところではない。カントが悪は自由の結果であるというとき、[26]彼がいいたかったのは、人間はあえて神聖な道徳律を犯し悪をおこなうことができるといったことではなかった。カントにとって重要だったのは、人間が自らの行為に対して責任を負うことができるためには、その行為を導いた行動原則（格率）の選択は外的な要因や自然的な傾向性から自由におこなわれなければならない、という点に尽きる。つまり、現実的に悪がおこなわれている（あるいは善いおこないであっても動機が不純である）ということは、主体が悪しき格率を選択したということである。この悪しき格率の採択は行為に先立っておこなわれているはずであるが、人間がこの行為に対して責任を負うことができるためにはこの採択は自由になされたのでなくてはならない。このとき自由とは、自分以外の外的な原因をもたないということであるから、この格率の採択の経緯や素性に関してさらに問うことはできないし、する必要もない。もし、そのようなことをすれば、外的な要因によって格率の採択がなされたことになり、行為主体が自らの行為に対して責任を負うことができなくなってしまう。このため、カントは悪しき格率を採択させた原因をそれ以上遡及せず、このような採択の背後に「生得的な根源悪」とよぶものを想定したのだった。[27]カントは、悪を決断する自由といったことは、論じていなかったのだ。

しかしながら、ローゼンツヴァイクはこうした議論の相違を度外視して、カントを強引に啓示宗教の陣営へとひきいれる。

カントは、哲学史のなかで最初の本当の二元論者である。彼ははじめて、「物自体」のうちに、理性的に解明されることのできない抵抗力を承認した。〔……〕カントにおいては、二元性は〔哲学と非哲学との間ではなく〕哲学の内部に存する。彼の後継者においてもそうだ（弁証法的方法!）。つまり、ここにおいて哲学は自らを宗教の立場の上に打ち立てたのだ。いかなる哲学者も承認しようとはしなかった「根源悪」が、カント哲学の根本概念である。根源的というのは、つまり自立的な、不可知な仕方で現象に対して原因となりうるということであり、つまり「物自体」ということを意味する。（一九一六年三月頃メモ、Paralipomena, S. 69f.）

カントは人間の認識のおよばない理性の他者を、哲学の内部にもちこんだ。このような他者とはたとえば現象の背後の物自体であり、あるいはまた、人間の自由の背景に控える根源悪であった。これらは人間の理性的な認識が及ぶことのない、いわば理性の他者なのである。ローゼンツヴァイクはこれもってカントの思想を、哲学史上初めての真正な二元論であるとし、「宗教の立場」に立つ哲学だとしている。これら理性の及ばないなにものかが、隠れた根拠となって現象界を構成しているとするとき——ローゼンツヴァイクはまさにこのようなものとしてカント哲学を理解するのだが——、このような見方はすべてを単一な原理で説明しつくそうとするギリシア以来の哲学の動機と手を切っている。このような意味で、彼はカントを「宗教の立場」に立つ哲学と称し、また、このような自立したものとしての人間をはじめて哲学的に問題としたと評したのだ。

コーエンの相関概念の衝撃

ローゼンツヴァイクはこのように、自由な主体としての人間と啓示との関係を不可分なものと捉えた。ここでいう自由とは悪への自由であり、悪が悪であるのは、絶対的な正義を自覚するときである。人間はこのような絶対的な正義を自らの手で案出することはできない。啓示によって正義の前に呼び出されるのである。だからこそ、自由な人間という概念は、啓示宗教なしには成立しえないのだ。このような理解をもとに、人間概念は啓示宗教に結び付けられ、啓示を知らない異教には個人概念が割り当てられた。

このとき、われわれは引き続き次のように問わなければならないだろう。ローゼンツヴァイクはここで、人間と自由というきわめて普遍的な問題を論じながら、それを啓示宗教と直接結びつけている。これまでの章でみたように彼は、特に真理について、証言と対話からなる普遍的な見方ももっていた。しかしここでローゼンツヴァイクは、哲学者カントまで持ち出しておきながら、特殊な宗教の立場をそのまま普遍的な議論に入れ込むことを憚らない。前節で引用した「善く、あるいは悪く行為する自由を、キリスト教徒は洗礼を通してはじめて手にする。ユダヤ人は誕生を通して〔同じ自由を手にする〕」という言葉からも明らかなように、実定的な宗教への加入がこのような自由の、すなわち、人間であるための条件であるかのように語られているのだ。ここでみられる普遍的問題と実定的宗教との直接をどのように理解したらよいのだろうか。

議論の見通しをえるためにあらかじめ問題の所在を示しておくならば、実定的な宗教が問題となるのは、神的な律法ないし格率の受け入れの瞬間について論じようとするときである。ローゼンツヴァイクに倣って、このような格率の受容と罪の自覚が人間概念の欠かすことのできない要件を構成すると考えるなら、この瞬間はまさに「人間になる」瞬間ということになるだろう。というのも、われわれは漫然と生きているだけでは、このような意味での人間ではないからだ。つまり、このような人間概念と一人ひとりの人間との間には、ちょうどローゼンツヴァイクが教育論でユダヤ人が「ユダヤ人になること」を問題としたときのように間隙がある。このため、現実的な一人ひとりの人間を問題にしようとすれば、理念と現実とを結ぶ架け橋となるような議論が必要になってくる。この架橋が、実定宗教抜きにおこなえるのか、それともおこなえないのかが焦点となる。

前節で確認したように、啓示と罪、そして悪の問題は、ローゼンツヴァイクの思想のなかで結びついた。罪の自覚と正義の他者の受容が、ローゼンツヴァイクがいう意味での人間の条件となっている以上、「人間になること」はまさに、この自覚と受容の瞬間に関する問題であるといえる。この点を追跡するために、さらに罪の問題に着目する。このとき、カントとコーエンは引き続き重要な参照点であり続ける。とりわけ、コーエンの『哲学体系における宗教概念』という著作は、彼がはじめて罪を自覚する個人という主題を論じた著作であった。コーエンがこの著作のなかで、罪と結びついた個人概念を論じたこと、しかも彼がこれを神と人間の相関という概念を用いて主題化したことは、ちょうど同じ時期、同様の問題をめぐって思索を深めていたローゼンツヴァイクを大いに刺激した。しかし、ローゼンツヴァイクはコーエンの所論に対して完全に同意したわけではなかった。とりわけ、罪の根源性や、人間の罪からの救済に関する考え方において、両者は大きく異なっていた。ローゼンツヴァイクは、ここで、コーエンからの距離を測るためにカントを参照する。前節まででみたカントへの幾分強引な接近は、まさにコーエンの立場を相対化するという文脈でおこなわれたものだった。

以上のような見通しをたずさえ、罪と人間の関係をめぐる議論の詳細にたちいってゆきたい。まずは、確認する意味も込めて、改宗をめぐる一連の出来事の直後、ローゼンツヴァイクが罪の問題について何をいっていたのか簡単に振り返りたい。そこでは罪の問題は、まさにコーエンの論文を批判する文脈で登場したのだった――ただし、当該の論文では、罪を自覚する個人という問題は、いまだ主題とはなっていなかったが(28)。

当時のローゼンツヴァイクのコーエン批判は、二つの水準に分けて考えることができる。まず、コーエンの人間理念一般に対する批判だ。ローゼンツヴァイクにいわせれば、コーエンは人間の罪の概念を軽視している。コーエンは――そして根源悪を主題化する以前のカントも――、人はみな生まれながらに人類の一員であり、道徳的に行為する能力をもっているとするが、これでは、あたかも人は生まれながらに目的の王国への通行手形をもっているようなものだ。ここには、罪やこの罪を規定する神的な法に向き合う個人といった契機は欠けている。ローゼンツヴァイクはこのことを啓示と創造を分けて考えていない、と表現していた。もう一つの水準は、ユダヤ人の選民性の理解に関してである。彼によれば、コーエンは、ユダヤ人の特殊性を度外視し、人間一般と混同している。つまりローゼンツヴァイクは、ユダヤ人は神の啓示や法との関係で、ほかの人間とは異なる独特の地位を占めるという立場から、コーエンを批判した。

さて、この一九一四年のコーエン批判で忘れてはならないのは、ローゼンツヴァイクが、自らの護教的な宗教論を用いてユダヤ教の特殊性を強調する立場をとる一方で、同時に、日記などでは、ユダヤ人も無条件に特権的な地位を保証されているわけではないとしていた点である。「理論的には」ユダヤ人は神と特別な関係にあるのだが、しかし現実的にはユダヤ人も一人の個人である以上、救済に至るために罪を自覚しそこから神を見出さなければならない。しかし、ユダヤ人は、ある途方もない代償を払うことによって、一つの民族として神との特別な関係に入った。すなわち始祖アブラハムが、神の命令によって生まれた土地を棄て、ひとり子イサクを——イサクは将来の繁栄の唯一の礎であった——神のために捧げたのだ。つまり、アブラハムは、神との契約に入るに先立って、それまでの生の基盤とこれからの希望の種子を、神の命に応じてすべて放棄した。彼には神のためにすべてを捧げる準備ができていた。これが、神との法外な契約の前提条件をなしたのだ。

コーエンの論述では、創造と啓示、そして恐らくは救済のすべてが、カントに由来するアプリオリズムのなかで癒合している。これに対し、アブラハムは、創造の自明性と将来の繁栄の約束を一度自ら放棄した。ユダヤ人の特殊性は、すべてこの神との契約に先立つ究極的な神への献身ないし自己放棄に淵源する。してみれば、ユダヤ人であることはこのような代償の重みを何らかの仕方で背負うことでなければならない。このように、一九一四年のローゼンツヴァイクは、ユダヤ人の特殊性を主張するだけでなく、このようなユダヤ人であることの困難さにも注意を促していたのだった。

以上のように一九一四年のコーエン批判は、道徳的アプリオリズムに対する批判として、カントに対する批判も内包するものであった。しかし、本節でみたように一九一六年ころの定式化では、カントは、啓示宗教の陣営に半ば無理矢理に引き入れられることで肯定的に評価されていた。このようなカントに対する態度の変化は、ローゼンツヴァイクがコーエンの『哲学体系における宗教概念』という著作を読んだことに関係している。

よく知られるようにコーエンの哲学体系は観念論である。その体系は原則的に理念とそこからの演繹によって構成され、一般に、個物や経験は重視されない。だからこそ、個人はそれまでのコーエンの哲学体系では問題とはならなかった。これが、コーエンの遺著『ユダヤ教の原典からみた理性の宗教』では、この個人の問題が重要性を増し、体系の全体をおおきく揺るがす。[29] 一九一五年の『哲学体系における宗教概念』は、体系を重視する時期から、個人の問題を重視する立場へと移りゆく過渡期に書かれた著作だ。ローゼンツヴァイクはここにいくつかの重要な思想を見出し、それを自らの関心にひきつけて理解しなおそうとした。[30] 彼がとりわけ注目したのが、神と人間との相関という概念であった。やや迂遠ではあるが、まずは、『哲学体系における宗教概念』でのコーエンの所論を本稿の趣旨に必要な範囲でみてゆきたい。その後、次節においてローゼンツヴァイクがこの著作にどのように応答したのかを検討する。

コーエンは、それまでの体系哲学のなかでも、神について論じてきた。神の理念は、道徳的世界の実現という人間の果てしない課題の有意味性を保証するために、彼の倫理学の枠内で要請されるのだ。とはいえ、そこでは理念としての神については論じられるものの、宗教は究極的には倫理学に還元されるとされ、重視されることはなかった。これに対し、『哲学体系における宗教概念』のなかでコーエンは、彼の哲学体系を構成してきた論理学でも倫理学でも美学でも論じることのできない、人間と神との相関という問題が存在するという。そして、そこから、彼の哲学体系の隅に宗教のための場所を与えようとするのだ。まずは、倫理学の限界を論じるコーエンのテクストを少し長く引用してみよう。宗教のための場所は、その限界の先に拓かれる。

世界の維持という理念のもとで、神は、世界の終わりのない現実性の管理者となる。神の理念は、道徳性の終わりなき進展を担う現存在が、ずっと存在し続けるという保証を意味するのだ。このような保証がなかったら、倫理学は、それが示唆する終わりなき実践が結論となってしまい、理論として本来備えるべき終極を欠くことになっただろう。したがって、神の理念を導入するからといって、倫理学は理論であることをやめてしまうわけではないのだ。むしろそれは、〔神の理念とともに〕理論上の終極を、その極点を獲得する。もしある者が、神はここで実践的な補助手段となった、実践のための補助概念となったと考えるなら、それは誤りである。確かに神は、基礎付けの出発点のための根本概念ではなく、ただその完成のための根本概念であるにすぎない。しかし、この完成は神なしにはありえない。こうして宗教の神は倫理のなかに豊かさを、それなしには倫理学は単なる未完の断片にとどまるような豊かさをもたらす。〔……〕倫理学はその基礎的な部分の終極として、神の理念を要求するのだが、倫理学においては、人間概念は神との関係の外部で展開される。このことのうちに倫理学における人間概念の欠陥が露呈される。(31)

倫理学の枠組みのなかですでに、神の理念は要請される。倫理学は、この神の理念によって完成される。しかもこの神は、実践理性が要請するような抽象的な神ではない。それは、自然を維持し、その永続を保証する神である。このような保証によって、普遍的な道徳性の実現に向けた人間の終わることのない行為が有意味なものとなる。一神教の神話において、神が万物を破壊しつくす洪水を引き起こしたのち、道徳的存在者のために現実的世界の永遠の存続を約束したのは決して偶然ではない。倫理学においてすでにこのような自然を維持する「宗教の神」が理論的に要請されるのである。しかしながら、倫理学は人間概念を神との関係で展開することはない。この点で、倫理学がもたらす人間概念には根本的な欠陥がある。

ここでいわれる倫理学の欠陥とは、それが人間を普遍的な人類の一員として扱うため、個人としての人間を問題化することができない点にある。われわれはただちに道徳的存在者であるわけではない。現実的な生においてわれわれは道徳的に不完全であり苦悩する。われわれは普遍的道徳性を実現すべき人類の一員である前に、個人として弱く、罪深い。しかし、倫理学はこのような一人ひとりの個人に、実際の道徳的行為へといたる道を指示することはない。それは人間理念を掲げ、本来的に個人は道徳的存在者なのだということしかできないのだ。これに対して、宗教の本領はまさにこの個人を個人として扱う点にある。宗教は、世界において苦悩する個人を、彼と神との相関という相においてとらえることで、彼がいかにして普遍的な道徳性の実現へと向かう優れた意味での「人間」たりうるのかを明らかにするのだ。

このように実際に道徳的行為をおこなう個人は、コーエンによれば宗教において、すなわち神と人間の相関という構図のなかでのみ主題化されうる。具体的には、人はこの世の生を苦難（Leiden）ととらえ、嘆き、そこからの救いを願う。この苦しみとは、一面では、他者もまたこの世で苦しみに喘いでいることに気づくことであり、ここから同情（Mitleid）と隣人に対する宗教的な愛が生じる。他方でこの苦難は、善く生きなければならないことを知りながら、実際には善をなさない自分に対して、罪の自覚を呼び起こし、またこのような自分に対しても同情を呼び起こす。人はそこからの救いを求め、人間を救済する者としての宗教の神を希求し、後者との人格的関係、すなわち相関に入る。罪を自覚する個人が、彼を救う神を求めるところに、コーエンは倫理学には回収されない宗教独自の内容をみた。このような神と人間との相関によって、一人ひとりの個人が、道徳的行為をなす理念としての人間へと導かれるのだ。

『哲学体系における宗教概念』のなかでの個人概念は、以上のように総括できる。それにしても、ここでコーエンは何を論じているのだろうか。宗教的、道徳的自我の成立を一般的に論じようとしているのだろうか。そうだとするなら、彼は、このような罪の自覚と神の希求を通した道徳的意識の形成が万人に、同じ経過をたどって生じるということを示さなくてはならなかっただろう。しかし、コーエンはそのような問いには踏み込まない。彼の議論はあくまで同書のタイトルが示す通り、哲学体系のなかでの宗教概念の位置づけに向けられている。つまり、彼はまず、それまでの彼の哲学体系を構成していた論理学、倫理学、美学では人間の意識現象の全体をくまなく説明することはできないということを認める。そして、これら三つの学問と密接に関係しながら、そこから微妙にはみ出すものとして宗教の場所を体系のなかに切り出してゆく。最終的には宗教は、これら三つの学問と齟齬をきたすことのない道徳的一神教として体系の端に自らの地歩を占めることが示される。個人が罪の自覚や同情心の発揮を通して宗教的、道徳的自我になってゆくという議論は、体系のなかに宗教に固有の領域が存在することを示すための事例のような扱いで、その普遍性や妥当性について踏み込んだ議論はなされない。

このように、同書での一人ひとりの人間と神との相関をめぐる議論は決して十分なものではなかった。罪の意識をめぐる議論は一般論になるほど深められてはいないし、コーエンはそもそも、ここで歴史的、文化的な宗教の多様性について論じることを放棄している。世界にはさまざまな宗教が存在するが、コーエンは宗教としてユダヤ教を基調とする道徳的一神教とキリスト教しか取り上げていないのだ。しかし、この割り切った方針のために、ここにはコーエン流の宗教に基づく人間観が率直に提示されているといえる。そのなかから本稿との関係で重要な特徴をいくつか指摘してみたい。

まず、コーエンは罪の自覚を、人間が神との相関関係に入るための主要な契機ととらえているが、人間の本性そのものを悪ととらえていたわけではなかった。罪の自覚は善をおこなうための第一歩であり、このような自覚をもちうるということはむしろ人間の善性を証示する。そして、この点においてコーエンは、人間存在に根源悪を想定したカントを批判した。すなわち、カントの根源悪の教説は「人間の行為のきっかけとして、復讐心か、たとえ同情のかたちをとっていたとしても利己心しか認めない悲観論」である[32]。人間は確かに、何のきっかけがなくとも無条件に自律的に善をおこなうということはないが、しかし、道徳性を実現するだけの資質を備えており、その意味で人間存在のうちには根本的には悪ではなく善が存する。つまり、罪に向き合う個人を概念化することで、コーエンは、人間は生まれながらに道徳的な存在者であるという主張をさらに補強したのだった。

このような思想は、必然的にキリスト教的な原罪説の否定をも含意する。人間には、神の恩寵によって救済されなければ拭い去ることのできないような根源的な罪など存在しない。人間は確かに道徳的行為の実現に際して神を必要とするが、この神は「人間の道徳的な自己努力の勝利を保証する」、つまり、道徳的行為の有意味性を担保し、現実的な行為に動機を与えるという意味をもつにすぎない[33]。

> 人間の道徳的行為こそが、〔救済の〕不可欠の、不断の前提である。神は人間のこの行為において決してともに働くことはない。〔……〕救済は決して神の恩寵による贈物ではありえず、同様にそれは決して神が人間の道徳的行為においてともに働くことの結果でもない[34]。

つまり、この神は、人間の道徳的行為の実現を手助けしたり、あるいは、その行為自体を免除したりすることはないのだ。この意味で、人間の救済のために仲保者を要請するキリスト教を、コーエンは純粋な一神教からの逸脱として批判したのだ。

神に呼び出される人間

『哲学体系における宗教概念』におけるコーエンの人間概念は以上のような特色をもつものであった。ローゼンツヴァイクはこの書から相関概念を含むいくつかのアイディアを受容したが、同時にコーエンと自らの間に一定の距離をおいた。ローゼンツヴァイクが現実の人間と理念としての人間との関係を記述しようとする際に、実定的な啓示宗教を前提としたのも、コーエンとの対比を通して、自らの思想の理論的構成がはっきりしたためと考えられる。

どういうことか。前節で確認した通り、一九一四年の時点ではローゼンツヴァイクは個人の罪の赦しという問題に関して、結論を出すことができないでいた。すなわち、ユダヤ人は原罪を逃れ、地上において救済を先取りするという宗教論と、原罪の普遍性を主張する人間理解の間で葛藤していたのだ。しかし、コーエンの著作を読み、また、そこからあらためてカントを読みなおすことで、自らの思考を明確化した。すなわち彼は、個人の罪は歴史のなかでは実定的宗教を通して自覚され、個人はそのなかで救済をえるということを理論的に確認するのだ。本節では、引き続きローゼンツヴァイクのコーエンとカントに対する態度をみていくことにより、この過程を確認していきたい。

まずは、コーエンの理論への接近について考えてみたい。コーエンがその最晩年に、彼の体系の一隅で主題化した罪を自覚する個人という問題は、ローゼンツヴァイクが啓示と人間の関係を考察する際に主題化しようとしていた問題であった。さらに、このような人間をコーエンが神との相関のなかで規定したということも、ローゼンツヴァイクの思想の方向性と合致した。しかし、コーエンが人間のなかに根源的な悪や罪をみることなく、人間には本来的に道徳的に振る舞う能力が備わっているとした点については、彼は受け入れることができなかった。

彼がカントの宗教論を「発見」するのは、このような地点においてである。根源悪を論じ、現実的な人間が必ずしも道徳的に振る舞うわけではないということを受け入れるカントの議論をコーエンは退けた。これをみてローゼンツヴァイクはむしろ、宗教論のカントを半ば強引に自らに引き寄せたのだ。つまり、コーエンの道徳的人間像を退け、根源悪を論じたカントの宗教論を評価するという振る舞いは、彼が、理念としての人間と現実の人間の隔たりに重大な意味を見出していたこと、現実の人間が直面する罪の問題を重視していたことに対応しているのだ。

　このようにローゼンツヴァイクのカントへの接近はコーエンとの距離を測るために半ば強引になされたものであった。このため、彼はカントを異教の伝統から引きはがし、啓示宗教の陣営に引き入れつつも、決して啓示とカント哲学とを同一視することはなかった。[35]一九一七年の末に書かれた書簡——『救済の星』の原初的着想を記した書簡として、「『救済の星』の原細胞」(Urzelle)の名で知られる——では、カントと啓示を次のように差異化している。

> 理念的なもの、命法的なもの、この類のすべての理念は人間に対して次のように話す。「わたしに献身せよ！　「感謝」しつつ「自由意志で」。あなたが、あなたが本来そうであるところの者になるために、〔つまり〕あなたの「使命」を果たすために——しかしともかく、わたしに献身せよ！」と。したがって、そこには人間が自らに固有なものを放棄するという前提がある。これに対し啓示なら次のようにいう。「わが意をなせ！　わが業をなし遂げよ！」ここでは、人間が神の意志をなすべく、神に固有なものが、神の意志が、神の業が人間に委ねられている。世界という視点からみるとき、これは何というパラドクスだろうか。もっとも高きものが、われわれの献身を求める代わりに、自らをわれわれに差し出すのだ。(Urzelle, S. 133)

つまり、カント的な理念や定言命法は、人間に対して一方的に人間的なものを放棄して献身するように要求する。しかもそれは、こうした献身や自己放棄を決して動機づけないし、いかにして人間が道徳律のために自らを放棄するにいたるのかも説明されない。これに対して啓示宗教の場合は、神が自ら人間のほうへと近づき、その意志を人間に代行するように求める。人間は、律法に対置させられるというよりは、話しかけられ命令へと呼び出される。このような人格的な対話の関係、呼びかけと応答の関係のなかに、啓示が人間をそこへと拘束する秘密の力が働いているのだ。神と人間とは単純な対立関係にあるわけではないのである。ローゼンツヴァイクはこのことを同じ書簡の中で「敬虔な者に対しては「律法」(Gesetz)は与えられない。なぜならこの者は「命令」(Befehl)のもとにあるのだから」とも表現している(Urzelle, S. 134)。

　ローゼンツヴァイクはこのように人間と啓示との関係について、コーエンとカントを参照項として考察するなかで、神との人格的関係によって規定される人間概念に到達した。それは、悪を犯す自由、根源的罪性、神による正義への呼び出し、人間の応答責任などを内容とする。哲学的探究の結果、人間概念があらためて超越者との人格的関係として具体的に規定されたことで、議論は再び実定的宗教の次元へと差し戻されることになる。というのも、神に呼び出されるとはいっても、人間はこのような超越者と直接出会うということはないからだ。人間にとって絶対的な他者であるような命令の聴取が、誰にでも起こりうるような仕方で、歴史のなかで生じなければならないのである。

　ローゼンツヴァイクは日記でコーエンの『哲学体系における宗教概念』をこのような歴史性の観点から批判している(一九一五年一二月一一日付日記、BT. 182)。すなわち、コーエンは非常に抽象的な道徳的一神教の枠内で、個人の罪の自覚から道徳的人間への移行を論じるが、その背後には、いまだ啓示も罪も知らない異教徒や、彼らに寄り添いながら啓示を宣べ伝えてきたキリスト教が存在する。宣教の過程で異教に接近するキリスト教は、コーエンの想定する道徳的一神教からみれば不純であるにもかかわらず、歴史のなかでまさにコーエンが宗教に割り当てた役割を果たしてきた。ユダヤ教とキリスト教こそが、歴史のなかで「世界の非異教化」、すなわちコーエンが描く理念を実現しつづけてきたのであり、とりわけコーエンが未来において諸宗教が道徳的一神教へと純化していくということを主張するときには、彼は自らの意図に反してこのようなキリスト教の活動を含む歴史性の全体を承認していることになるのだ。

このような批判の背景にはまぎれもなく次のような思想がある。すなわち、個人が、本当の意味で個人であるのは、歴史のなかに一度だけあらわれる存在者として理解されるときだけなのである。だからこそ、このような個人が神と相関の関係のなかに入るということは、概念の世界の事柄ではなく歴史的世界のなかの出来事として考察されなければならないのだ。ただしこのとき、ローゼンツヴァイクはユダヤ教とキリスト教以外の場合について考慮することはなかった。彼は、ほかの可能性——ほかの宗教であれ、宗教を介さない方法であれ——について考えるための手がかりをもたなかった。

本節の終わりに、ローゼンツヴァイクが哲学的考察の末に到達した、神からの呼びかけにおいて規定される人間概念について整理しつつ、それがもつ含意について付言したい。これまでの議論から明らかになったのは次のようなことである。まず、コーエンは、罪を自覚する個人を神との相関のなかで主題化したが、コーエンの罪概念はローゼンツヴァイクの罪概念とは合致しなかった。コーエンは性善説を取り、人間は自力で道徳的行為をおこなうことができ、このことを通して世界全体を道徳的なものにしてゆくという立場にこだわったが、ローゼンツヴァイクはすべての人間にこびりついて離れない罪や悪への性向に人間の本質をみたのであった。これに対しカントは、宗教論のなかで根源悪の存在を認め、理念としての人間と現実的な人間との間に乖離を認めたが、後者から前者への移行を十分に説明することがなかった。根源悪を認めることで、神に対する人間の根本的な自律性が示されたものの、どのようにして罪ある人間が道徳的格率を自らの行為の格率として採択するようになるのかという問題に十分な答えが与えられることはなかったのだ。つまり、コーエンの議論も（やや曲解された）カントの議論も、ローゼンツヴァイクが論じようとした人間と罪の関係を記述するには不十分だったのである。

これら二つの議論を発展的に乗り越える形で彼が到達したのが、神からの呼びかけ、という議論だ。単に、神的な法が人間から独立して存在するというだけでなく、それが、言葉によって呼びかけ、命じることで、人間はそこへと呼び出される。罪の自覚と神的な法の受容は、言葉による呼びかけをきっかけとする。このような言葉の力を通して、人間は「人間になる」。ローゼンツヴァイクが考える罪と人間の関係の核心はここにあり、これは、カントのいうような道徳律では論じることができない。このような言葉のもつ特別な力、呼びかけ、呼び出し、応答を迫るような力こそ、異教から区別されるような啓示宗教の啓示に特有のものであるとローゼンツヴァイクは考えるのである。

本節でみた言葉がもつ力、つまり人間を罪の法廷へと呼び出す呼びかけの力という着想が、前の章で論じた自らを閉ざした人間がほかの人間との対話を通して開かれるという着想と同一の思想に基づいていることをみるのはたやすい。『救済の星』では、神と人との対話は「啓示」として、神の愛を受けた人間から隣人への呼びかけは「救済」として別の章で論じられたが、その根元にある思想は共通しているのである。すなわち、他者への愛の言葉は、自らを閉ざした人間を他者との関係性へと呼び出し、開くのである。

他者の言葉を通して自らが開かれるという事態は、自己そのものを作り変えてしまうほど大きな影響をもつ。それが神からの呼び出しであれば、罪の自覚と新たな生への出発を意味し、それが他の人間からの呼びかけであれば、そこから愛や友情の関係がはじまるのだ。このような愛ないし友情の関係においては、他者は三人称ではなく二人称において立ちあらわれる。世界のあらわれ方や意味は、その時に一変するのだ。しかも、この神からの呼びかけと他者からの呼びかけは本質的に異なるものではない。というのも、ローゼンツヴァイクが罪を自覚したのは、まさにローゼンシュトックとの対話においてであったからだ。このように、神からの呼びかけと他者からの呼びかけは、重なり合うこともあるのだ。

神と人間の区別を度外視して、誰かに宛てた真摯な言葉がもつ、このような特別な力に着目するとき、そこからは証言の真理という真理論が浮かび上がってくる。すべての証言は、それが真摯になされるとき、何の証拠がなくとも、他の証言と食い違っていようとも、真理の証言でありうる。このような言葉は相手を捉えて離さず、語られたものはそれを無視できない。このような力をもった言葉に真理の一片が宿るのだ。このような真理の証言として、一つひとつの証言は、終末的な真理に関わる。

三　生を定めるものとしての啓示

以上、罪の概念を手掛かりに、彼の啓示に基づく人間概念の諸相を明らかにした。ここから、以下のことがわかった。ローゼンツヴァイクにとって、人間であることや自由であることは、神的な正義を受け入れることや、それにともない自らの罪を自覚することと表裏一体の事柄であった。彼はこのような人間理解に理論的考察と自らの経験の両面から到達しており、人間概念と啓示宗教の結びつきは不可分なほど強固であった。また、彼にとって罪とそこからの救済という問題は重要でありつづけた。彼は、人間存在に深く内属するようなものとして罪を理解していた。このような罪は、一人ひとりの人間にとってもっとも内密で、固有でありながら、すべての人間は逃れ難くこのような罪を抱えているという意味において普遍的であるとされた。それはキリスト教の原罪の教えにも比すことができるものだ。このような罪は、神的な正義をわが身に引き受けるとともに自覚される。

あらゆる相対的なものの彼岸にあるような絶対的な正義とは、まさに全体性の彼岸にあるような知であり、啓示の内容でありうる。しかし、ローゼンツヴァイクは罪と救済について思索を深めるなかで、問題はまさにこのような他なる知の受容の仕方にあると考えるにいたった。単に、そうした知が人間に対置されるだけでは、それは人間にとって疎遠なままである。人間はそれに何らかの仕方で結びつけられなければならないのだ。結局、ローゼンツヴァイクは、その具体的な可能性をユダヤ教とキリスト教という歴史的な啓示宗教に見定めていく。このような方針は、思想の普遍性を著しく損なうものであったが、ローゼンツヴァイクはあくまで、一回的な歴史のなかに生きる具体的な一人ひとりの人間を考察の対象とすることを優先した。そして、カントやコーエンらがおこなった啓示の思想を普遍化する試みを批判するなかで、ユダヤ教とキリスト教における歴史的啓示に引き戻されていったのだった。その結果、こうした罪の自覚——それ自体はおそらくは異教徒も含めたあらゆる近代人が抱える心の不安定さを意味しうるのだが――自体が啓示宗教への入り口とみなされ、それは実定的な啓示宗教を通して救済されるという構想が採用されるようになる。やはり、人間の罪は宗教を通して、それもキリスト教とユダヤ教を通して救済されるのだ。

罪がこのように歴史的啓示に基づく実定的な啓示宗教との関係で理解されるとき、罪からの救済という問題は新たな方向へ展開する。というのも、このような啓示宗教の啓示は、救済の約束の啓示をも含むからだ。啓示宗教の場合、人間に罪を定める神は人間を救済する神でもある。だからこそ、自らの罪を真剣に自覚することと、神の救済の約束を確信することは連続的なのだ。罪の問題を歴史的啓示宗教の枠内で考察していくことで、罪の救済という問題は啓示宗教の啓示をどのように真剣に受け入れるのかという問題へと横滑りしてゆく。

実際、ローゼンツヴァイクは『救済の星』のなかで罪の問題を論じながら、この横滑りに言及している。議論の内容については本章註（14）に詳しく記したが、そこでは罪の自覚が神の愛の確信へとつながり、罪が解消されるということが論じられていた。また、祈りに関する議論でも、神の前で何を祈るべきか真摯に考えるとき、祈ることと祈りがかなえられることが近づいていくということが述べられている（SE S. 295f.）。つまり、啓示宗教の「啓示は、〔……〕同時に創造と救済の啓示」であるから（SE S. 127）、それを真剣に受け取ることは、罪の自覚を際立たせるだけでなく、同時に救済の確信をも強めるのである。このような逆説、自分が罪深い者であるという自覚と、神に愛された者であるという自覚という、相反する自覚が同時にいや増すという逆説を、彼はさらに後年にはイェフダ・ハレヴィの詩のなかにも見出している(36)。

罪の問題は、切り離された普遍者と個人をどのようにして結びつけるかというところにはじまり、罪からの人間の救済はどのように起こるのか、とりわけユダヤ教にそれは可能なのかという問いを経由して、最終的には、歴史的啓示宗教が継承してきた啓示の内容をどのようにして真剣に自分のこととして受け止めるのかという問題に形を変えた。その過程には、ユダヤ教においても、儀礼への主体的な参加を通してこうした罪からの救済がありうるという発見があった。このとき、啓示宗教においては、啓示と救済は一体化している。だからこそ、創造されたままの見かけ上自足した状態で、時代遅れの遺物にも思われる実定宗教を真剣に受け取る方法こそが問題となるのだ。

本章の最後に、ローゼンツヴァイクがユダヤ教と西洋文化のあいだを往還しながら練り上げていった啓示概念が、彼自身の生にとって何を意味したのか、みてゆきたい。ここではとりわけ、人間を生と死の前におくものとしての啓示という規定に着目する。というのも、人間の生の側から眺めた場合、彼の啓示理解は内容的にこの点に収斂してくるからだ。ローゼンツヴァイクが自らの生と啓示の関係に言及しているテクストをみてみよう。彼は、一九一三年の対話の後、自殺未遂をおこなったという告白をしたのち――おそらくローゼンシュトックはこの告白に対してキリスト者であれば自殺を選ぶはずがないというようなことを答えたのであろう――ローゼンシュトックに次のように書いていた。

> 君が自殺についていったことに、僕ももちろん同意するよ。実際そこにはすべての人間の歴史が詰まっているのだから。動物は生きなければならない、人間は堕罪と啓示の間で死ぬことができる、啓示のなかの人間はしかし再び生きなければならない（たとえ自分が死ぬことができると知っていたとしても）。（一九一七年九月四日付オイゲン・ローゼンシュトック宛書簡、Gritli-Briefe S. 29）

このようにローゼンツヴァイクは、彼自身の生についても、自分が生き続けること、それがある種の自由でありかつ定めであることを、啓示との関係で理解していた。人間は悪をおこなう自由をもつ。彼には自殺することすら可能なのだ。しかし、啓示のなかに生きる人間は、このような絶対的な自由にもかかわらず、それをなすことができない。啓示によって生が定められ、あたかもその生へと強制されているかのようである。啓示はいまや、ローゼンツヴァイク自身の生をもこのような仕方で規定している。

ローゼンツヴァイクに対し、なぜキリスト教に改宗せずにユダヤ教にとどまったのかを厳しく問いかけることからはじまった一九一六年のローゼンシュトックとの往復書簡——この往復書簡を通してローゼンツヴァイクは救済史におけるユダヤ教とキリスト教のそれぞれの役割を明確化した——は、その年の終わりにいったん終結した。それによって、一九一三年の対話以来動揺していたローゼンツヴァイクの思想はようやく安定し、形をなしはじめた。彼は一九一六年一二月には、ルドルフ・エーレンベルクに対し、一九一三年のローゼンシュトックとの出会いと一九一六年の往復書簡を総括して、「修了試験に合格した」と書いている（一二月二四日付書簡、BT S. 322）。そして、自らの新たな境位について、一九一三年に美的な問題としてはじめられた論争が、いまや生の問題となったと説明したのだった（一九一七年二月二三日付ルドルフ・エーレンベルク宛書簡、BT. S. 352）。

何度でも強調しよう。ローゼンツヴァイクは自らの生の問題として、そして、人間一般の生の問題として啓示を論じるのである。彼が、啓示は人間に対し生と死の意味を決定するという着想を示した日記で参照していた「申命記」の箇所をもう一度引用してみたい。

> みよ、わたしは今日、命と幸い、死と災いをあなたの前におく。わたしが今日命じる通り、あなたの神、主を愛し、その道に従って歩み、その戒めと掟と法を守るならば、あなたは命をえ、かつ増える。〔……〕もあなたが心変わりして聞き従わず、惑わされて他の神々にひれ伏し仕えるならば、わたしは今日、あなたたちに宣言する。あなたたちは必ず滅びる。

これは、モアブの地で神の言葉を受けたモーセがイスラエルの民に語ったとされる言葉である。神の言葉を伝える者として、モーセは神の掟とともに民に臨み、民を生と死の分岐点へと連れ出す。いまや二つの道が与えられる。どちらの道を行くかを決するのは一人ひとりの人間である。人間に神の掟を守ることなどできないといい逃れることはできない。モーセを通して与えられた掟は、もはや「天にあるものではないから、「だれかが天に昇り、わたしたちのためにそれを取って来て聞かせてくれれば、それをおこなうことができるのだが」というには及ばない。〔……〕御言葉はあなたのごく近くにあり、あなたの口と心にあるのだから、それをおこなうことができる」のである（「申命記」第三〇章第一二節以下）。人間はこれをおこなうことができるし、二つの道のうちどちらをいくか選ぶ自由がある。このような分岐の前に連れ出されたとき、人間の生は根本から変容する。そこでは生と死が、他者によってまったく新たに定められるからだ。それ以降、彼のかつての生はもはや生と呼べるものではなくなる。新たに、ゆくべき道としての生が定められる。さらに、それればかりか、死もまた同様に彼の前におかれる。このように、神の啓示は人間に生と死を与えることで、人間の生を作り変え、人間がその後生きていく際の枠組みを与える。

以上のように敷衍してみるとき、ここにはローゼンツヴァイクが啓示と人間の関係として論じたいくつかの重要な点を読み取ることができる。第一に、ローゼンツヴァイクはローゼンシュトックの影響から、啓示を人間の生を方向づけるものとして理解した。啓示は、ともすれば人間が万物の尺度となってしまうようなこの世界のなかに、確固とした上下と、不可逆な時間の流れをもたらす。すなわち、そこで人間が生きるような時空を新たに設定するのだ。また、ローゼンツヴァイクが啓示というときに、神的な法、ないしは正義の他者が、何らかの仕方で人間の生きる領域へと引き下ろされ、人間へと委ねられるということが考えられている。つまり、啓示の内容自体は本来人間の理性の働きによっては知ることができないような事柄だが、それが何らかの仕方で人間に明らかにされる。そうすると、以後、人間はそれに無関心であることが許されず、それに対して態度を決するように迫られる。このようにして歴史のなかで人間の役割や責任が定められる。さらに、この過程のすべてが言葉のやり取りを通しておこなわれている点も指摘しておくべきである。このような、生の枠組み、生全体の秩序とでもいうべきものの授受は、すべて言葉を介しておこなわれるのだ。呼びかけられるからこそ、そこに呼び出されるのである。

第八章　『救済の星』

一　『救済の星』の概要

研究史の概略でも述べたが、『救済の星』にはさまざまな解釈が積み上げられてきた。しばしば矛盾するそれらの解釈は、必ずしもどれかが正しくほかが誤っているというわけではない。というのも書物を読み、考え、解釈するという営みはいうまでもなく創造的な行為であって、書物の内容の完全な再現——そのようなことが可能であるかは別として——を唯一の正解とし、それとの近さを競うような知的遊戯ではないからだ。読書や解釈は、現在の関心に引きつけて、未来へと向けておこなわれる。『救済の星』についても、そこから宗教間対話の可能性を探る議論、それは不可能だとする議論、ユダヤ教的文脈から外しより一般的な（宗教）哲学として読む試み、現代ユダヤ人にとってなお可能な宗教的生のあり方を模索する試み——とりわけいわゆる正統派的ではないような仕方で宗教的なものを生の中心に持ち込もうとする試み——などさまざまな解釈を見出すことができるが、これらは全体として『救済の星』という書物のもつ豊かさを証示するものだといえる。

本章は、こうした研究史に新たな解釈を加えることは目指さない。そうではなく『救済の星』の概要を提示することで、これまでに論じた彼の思想の展開と、この後に論じる後期思想の展開を結びつけることを目的とする。『救済の星』がローゼンツヴァイク自身にとっても特別な書物であったことは、序において述べた通りである。

再び引用するなら、彼はこの書物について「私は、ここに自分の精神的存在のすべてを移しこんだ、そして、後に書くであろうすべてのものはただそれの補遺となるだろう〔……〕という逃れ難い感情をもっている」（一九一九年八月末マルティン・ブーバー宛書簡、BT S.645）とまで述べたのだった。彼は本当に「すべて」を移しこんだのだろうか、本当にその後の彼の著作は『救済の星』の「補遺」なのだろうか。このように問うことで、本章はむしろ、『救済の星』を彼の思想の展開のなかに位置づけることを目指したい。

本章ではまず、『救済の星』全体の構成をその簡単な内容の紹介とともに記す。その上で、その前後の時期の思想との関係を明らかにする。『救済の星』は三部構成をとり、この各部がさらに三章から構成されるという単純で美しい構造をもつ。しかしながら、各部、各章の独立性が高く、それらがどう関係するのか、そして、全体として何をいわんとしているのかがきわめてわかりにくい。同書に多様な解釈が寄せられたのも、根本的にはこれら各部の関係が捉えにくいことに起因している。ある研究は、全体の中心をなす「啓示」の章こそがその本質であるといい、別の研究は第三部のユダヤ教論とキリスト教論が全体を理解する鍵になると考えた。本書は、前章で示したローゼンツヴァイクの真理についての考え方に基づき、『救済の星』全体が終末論的救済史の枠組みをとり、その内部は、預言とその成就、そして歴史のなかでの実定的宗教教団による真理の証言といった啓示の真理に特有の独特な論理によって関係づけられているという理解をとる。このような解釈は決して一般的ではないが、これまで示したことから、その妥当性は十分に示すことができると考える。以下、順を追って『救済の星』内容を確認する。

第一部——異教的、学問的世界像

「エレメントあるいは永続する前世界」と名づけられた第一部では、まず三つの基本的なエレメントについて論じられる。ここでエレメントとは、いわば論理的に探究されうるもののうちでもっとも基礎的なものを意味する。ローゼンツヴァイクは、このエレメントが「世界」「人間」「神」の三つであることを、西洋哲学史を概観しながら次のような手順で論じる。すなわち、彼によればこれまでの西洋哲学は、それぞれ「全」(das All) つまり森羅万象をもれなく説明すると標榜してきた。さまざまな哲学があったものの、それらは神、世界(宇宙)、人間のいずれか一つを原理として、万象を説明し尽くそうとする点において共通していた。いわば、三つのエレメントをどれか一つに還元することによって、万象を説明しようとしたのだ。たとえば、ギリシアの哲学はすべてを世界に還元し、キリスト教神学に代表される中世の哲学はすべてを神に還元し、観念論や人間学に代表される近代の哲学はすべてを人間に還元した。この還元に対してローゼンツヴァイクは強く異議を唱える。これらのエレメントは別のエレメントに還元しうるようなものではないのだ。

たとえば、具体的で特殊な個人、死への不安のうちにある、ほかの人間と代わることのできない一人の人間。このように捉えられた人間は、旧来の哲学が人間ということで考えてきた道徳的な人格、あるいは理性的な個人という概念を超え出ている。このような人間は、神の前で無に等しいものとなってしまうことはないし、また、世界の自然法則に還元されてしまうこともない。このような人間をローゼンツヴァイクは「超倫理学的なもの」(das Metaethische) と呼ぶ。

同様に、世界も、人間がそこに法則性や必然性、あるいはまた偶然性といった論理や意味を読み込む前の段階を考えるとき、それは神の摂理にも、人間が与える論理法則にも還元されない。このような世界をローゼンツヴァイクは、「超論理学的なもの」(das Metalogische) と名付ける。世界をこのようなものとして措定することは、世界のなかに法則性、あるいは真理が内在するという考え方を拒否することである。このとき普遍的な法則が世界に内在すると考える内在論は、いかにそれが唯物論を装ったとしても、裏返された汎神論にすぎない。神は世界をこのように内側から支えるということはなく、むしろ世界の外に実在する。つまり、物理学的な世界を超えているわけで、このような神は世界とかかわりをもたない。このように捉えられた神を、ローゼンツヴァイクは「超自然学的なもの」〔das Metaphysische 言葉としては、「形而上学的なもの」と同じ〕と呼ぶ。

第一部の主題は、これら三つのエレメントが、他の何ものにも還元されることができない、互いに完全に独立した実体だと示すことにある。それらは古今通じてさまざまな仕方で主題化されてきたが、それぞれのエレメントの実在性に迫っていけばいくほど、統一的な世界観を維持することが難しくなる。というのも、三つのエレメントは、ほかの何かによって説明することのできない、端的に実在的なものとしてあらわれてくるからだ。三者はそれぞれ、「本当は実在しないのではないか」、「実は「無」なのではないか」という懐疑に対して、それぞれ自らの概念の内部から「無」ではなく何ものか実在するものであることを示す——ただし、「無」からエレメントの実在性を導くローゼンツヴァイクの議論は非常に複雑であり、その成否については検討の余地があるが。

つまり、神も世界も人間も端的に自足したものとして実在し、そのようなものとして、それ自身がすべてであると主張することができるのだ。しかし、こうして取り出されたエレメント同士はどのように関係するのだろうか。三者はいわば自閉した実在として、それぞれ互いに対し無関心である。ヨーロッパ世界においても、三つのエレメントの関係性を確定し秩序づけるさまざまな可能性が試みられたが、結局、西洋哲学は一つのエレメントに他の二つを従属させる以外の方法で、それらの関係性を構想することができなかった。ローゼンツヴァイクはこのことのうちに、異教的な見方——つまり「啓示」を容れない見方——の限界をみている。

第二部——啓示がもたらす世界像

第一部は総じて知性による哲学的探究——異教的探究——だということができるのに対して、第二部は啓示宗教の領域へと入ってゆく。哲学的探求によって、三つのエレメントはそれぞれ独立したものであることが示された。これをローゼンツヴァイクは「事実性」(Tatsachlichkeit) の次元におけるエレメントの姿であるという。それぞれのエレメントは、自らの内部に無限性を抱えつつ外部に対して閉じており、他の存在者に対して関係や責任をもたない。それらはそれぞれに、全であり一なのだ。これらのエレメントは、現実にはさまざまな関係のなかにおかれているわけだが、それぞれはそういった関係性に対して無関心である。したがって、それらエレメントの間の秩序、配置というものはまったく不確定であり、さまざまな可能性があるなかでそれらが現実にどのような関係性におかれているのかはわからない。これが哲学的、ないし異教的な知の限界である。哲学はこのような分裂を正しく扱うことができず、不当にもある一者に、他の二者を還元してしまうのだ。

分裂と、決定不能性が支配する「事実性」の次元に対して、「現実性」(Wirklichkeit)はある種の統一であり、そこではあらゆるものは緊密に関係をもっている。「現実性」においては、自閉したエレメントが自らの外へと向き直ることによって互いに関係をもっているのだ。こうした様相を解明するためには、哲学の方法から離れなければならない。第二部では、三つのエレメントが別のエレメントに対して開かれ、互いに関係をもつさまが、「創造」、「啓示」、「救済」として論じられる。

創造は、神と世界との関係であるとされる。それは、神と世界にとってそれぞれ異なった意味を持つ。神は世界を創造する。しかし、神は恣意によって何かを無から作り出すわけではない。もし、そのように万物の原因を神とするなら、ほかのエレメントの存在を神に還元することになってしまうだろう。ローゼンツヴァイクによれば創造とは、神にとっては、自らのもつ力を外化すること、世界に対して力として自らをあらわしその創造主となることを意味する。このような神は、世界にとって力そのものとしてあらわれる。世界にとっては、外化された神の力そのものが神の実体であり、創造者であることとはまったき力、つまり全能者であるということを意味する。このとき、世界にとって創造は、被造物であるという意識が突如生じること、そしてその意識がつねに新たにされることだとされる。

啓示は神と人間との関係を指す。自らを啓示する神は、人間に対して無関心であることをやめる。神は、人間に世界のなかでなすべきことを示し、役割を与えるのだ。ローゼンツヴァイクはこのような関係を愛と呼ぶ。すなわち神は人間に対して愛をもって臨み、愛を命じる。他方、自らを閉ざした人間にとって、神とは自らとは疎遠な暴威であり、運命にほかならなかった。自閉した人間はこれに翻弄されつつも抗いながら、自己をつらぬく。しかし、自らを愛において啓示する神によって、人間は神の前に呼び出される。神はいまや疎遠な運命としてではなく、人間を愛しつつ彼に愛を命じるものとしてあらわれる。この愛は人間を神に対して向き直らせる。

救済は、人間と世界、具体的には人間と他の人間との関係を指す。啓示は、神と人間との排他的で親密な呼びかけと応答の関係として表現された。しかし、ここにおいて、人間は愛され、そして神を愛するように命じられてはいたものの、神を愛することはできなかった。というのも、人間は啓示のなかで自らを恥ずべきものと告白し、ただ神に対しては誠実であることしかできなかったからだ。このため、彼は神を愛することを、隣人を愛することで表明しようとする。なぜなら、隣人を愛することもまた神からの命令だったからだ。救済とは、この隣人愛が広がり、世界全体を覆いつくし、神の王国が到来することを意味する。すなわち、神の愛によって開かれた人間が、今度は世界に向き直り、自らを閉ざしたものとしてあらわれる隣人を愛していくのだ。愛された隣人は、やはりまた隣人を愛し、そしてそのことによって神への愛を表現する。

この救済は、基本的には神を介した人間と世界との関係、人間と他者との関係であるが、人間と世界だけでなく、同時に神自身にとっても大きな意味をもつ。というのもそれは、神にとっては、神自身でないものが神に対して並び立って存在するという事態から自らを解放することを意味するからだ。本来、比較を絶するものであるはずの神は、人間や世界と対置されてきた。人間の隣人愛の広がりによって、すべての人間が一つとなって神への愛を表現するとき、神もまたほかのすべてのものから解放され、救済される。

第三部——歴史を通して証言される真理

第三部では、ユダヤ教とキリスト教の儀礼や暦、そして「真理」について論じられる。すなわち、ここでは、ユダヤ人はユダヤ教の、その他の人々はキリスト教の儀礼を実践し、宗教的な祝日を含む暦に則って生きることで、啓示を（追）体験することができるとされる。これらの二つの実定的な啓示宗教は、歴史のなかで人々が啓示に与り、真理へといたるための通路となるのだ。その際、ユダヤ教とキリスト教は相互に補完的な役割を果たし、それぞれ別の仕方で真理へと向かう。そして、これら二つの道が、歴史のなかで互いに他を補いながらそれぞれの仕方で啓示の真理を証言していくことによって、地上において真理が予示されるという結論が導かれる。

それでは真理とは何か。それは、救済による隣人愛の拡大が完成した先に想定される、最終的な統一のことであるといわれる。世界は人間の隣人愛の充満によってすべて神の方を向き、祈りを唱える。人間と世界とが神へと向かう魂として融和し、神の似姿として主である神をたたえる。こうして神もまた、一かつ全な主として、多数の呼び名をもつことから、そして、自らの外に人間や世界が独立して存在するという事態から救済される。そのことによって一つの完全な秩序が成就する。真理とは、このような神の端的な、一かつ全なる存在と、そこに成立する秩序の現実性の呼び名なのだ。

とはいえ、救済が完成するまで、歴史において真理は完全な形であらわれることはない。このため、地上においては、真理はユダヤ民族とキリスト教という二つの啓示宗教によって証されるのみである。すなわち、ユダヤ民族は、その宗教的共同体の内部において救済の完成を擬似的に先取りすることで、救済の実在性を証する。また、キリスト教は、宣教と教会の拡大を通して異教徒を教化していくことにより、歴史が実際に救済へと向かう途上にあることを証する。つまり、これらのことが合わさって、真理の証となるのだ。

二　思想的発展のなかの『救済の星』

歴史哲学的救済史としての『救済の星』

『救済の星』の内容を概観したが、前章までに登場した議論が多くみられることがわかるだろう。以前の思想の展開と『救済の星』との関連を解明するにあたり、二つの点に着目したい。第一に、同書が、神や啓示の体験について論じた書物であるというよりは、歴史哲学の書物であること。第二に、それがある意味でユダヤ教の本であるということである。ローゼンツヴァイクは確かに晩年になってから、宗教的なものの「経験」について語るようになるし、また、同じく晩年には同書がユダヤ教の本ではなく一個の哲学の体系であるということを強調している。この意味で、宗教的人格に特有の神体験のようなものを主題とした書物として、それもユダヤ教の立場から論じた書物ではなく中立な立場から書かれた宗教哲学的著作として同書を解釈することも可能ではあるだろう。しかし、『救済の星』の成立に着目するのであれば、つまり後年の立場からの（自己）解釈に基づくのではなく、それが書かれた時のローゼンツヴァイクの意図を重視するのであれば、この書物はユダヤ教に関する歴史哲学的な書物であったというべきである。以下に詳しくみていきたい。

まずは、第一点から検討していきたい。『救済の星』が歴史哲学的な書物であるということについては、主に本書第六章――啓示と真理、啓示と証言、啓示と歴史の関係についての思想――を踏まえるときに理解できる。簡単に振り返るならば、彼は、啓示宗教の本質的特徴を通俗的な時間理解――彼はそれを異教的なものと呼ぶが――とは異なる、特殊な時間理解にみた。異教的な時間理解においては、時間ははじまりも終わりもなく一つ一つの瞬間の継起として永遠に流れ続ける。これに対し、啓示宗教の啓示はそのような時間の流れを切断し、時間の流れにはじまりと終わりを、始源と目的を設定する。こうして設定される目的、ないしは終末的な真理は通常の歴史的世界の外部にあるから、それを普通の仕方で知ることができない。それでは、このような始源や終末についてどのようにして知ることができるのだろうか。ローゼンツヴァイクの答えは、次のようなものであった。こうした真理は外部から何らかの形で与えられる――つまり、真理は人間に対して啓示される。このような真理は実証できるものではないから、たとえばそれは未来についての預言という形をとる。そして、人間は、その預言が成就するときに、それが本当に真理であったということを知るのだ。本来知られるはずのない事柄が啓示を通して与えられる。啓示を受けとり、それを信じる者は、それが成就するまでその真実性を証言する。そしてついには預言が成就する。成就したときにはじめて、当初の預言が真実であったことが客観的に、つまり、すべての人々の目に確証される。ローゼンツヴァイクは、通常の時間性とは異なる啓示の時間性と、そのなかでの認識や真理のあり方を、預言とその成就との関係から理解したのだった。

『救済の星』では、預言と成就の問題は第一部と第二部の関係を論じる第二部の序論「奇蹟について」において論じられている。すなわち、第一部全体と第二部全体がどのように関係するのか、そしてそれは第三部で論じられる真理とどのような関係にあるのかという、『救済の星』全体の構成にかかわるものとして取り上げられているのだ。前節でみたように、第一部で描かれるのは哲学的な探求を通した三つのエレメントの根源性であった。そしてこのことは、世俗的な論理で確認できる事実性であるとされた。しかし、人間と神と世界という三者がそれぞれ互いに他に還元することのできない根源性をもつということはわかっても、三者がどのような関係にあるかを知ることはできない。第二部では、創造と啓示と救済という啓示宗教に特有の概念をもちいてこの三者の関係が説明されるのだが、こうした関係はまさに啓示として与えられるのである。通常の論理的な認識によってこの関係を発見することはできないのだ。『救済の星』の「奇蹟について」では、「啓示とは、〔……〕同時に創造と救済の啓示なのである」といわれるが、それはまさにこのような事態を指しているのである（SE S. 127）。

それでは、いかにして啓示によって与えられた三者の関係性が真理でありえるのだろうか。ここで登場するのが預言とその成就という啓示に特有の論理だ。啓示の内容の真理性は、未来においてそれが実現されるときにはじめて真理であることがわかるような性質のものなのだ。いまだことが成就していない地上にあっては、その真理性は――ときに命をかけながら――証言し続ける啓示宗教の歴史的実在によって証立てられるしかないのである。このように、『救済の星』の全体の構成を支えるのは、預言とその成就という啓示の時間性に特有の構造なのだ。

加えて、ローゼンツヴァイクは、『救済の星』中のさまざまな個所で、啓示を現在に、救済を未来に、創造を過去に結びつけている[1]。また、純粋に哲学的な仕方でとらえられた世界像〔第一部〕が「前世界（Vorwelt）」とよばれ、啓示を通した世界像〔第二部〕とある種の前後関係のなかで対置されていることも示唆的であろう。ここには、啓示が異教的な時間性に切りこみを入れ、別種の時間性を創始するという着想が表現されている（SE S. 120f.）。だからこそ、『救済の星』の第一部と第二部の関係性を説明しようとするときに、預言とその成就という論法が有効となるのだ。

以上のことから『救済の星』が、独特な時間的＝論理的構想のもとに書かれた書物だということが理解される。このような時間性は通常の意味での時間の流れや歴史とは異なる。しかし、ユダヤ教とキリスト教という実定的な宗教の実在を通して歴史と啓示の時間性とは重なるのだ。このような意味で、『救済の星』はヘーゲルの歴史哲学に対する厳しい批判を含むにもかかわらず、なお一つの歴史哲学であると呼ぶことができるし、それが描く歴史は救済を終末におくものであるから、救済史と呼ぶことができるのだ。

ちなみに、このような『救済の星』理解は本書に独特のものではない。たとえば、ステファン・モーゼスは『歴史の天使』の「真に受けられたヘーゲル」という章で次のように指摘している。すなわち、「ヨーロッパのキリスト教文明は世界史の成就であり、言い換えるなら、この文明は世界史の真理を実現するというヘーゲル的な考え」の正しさをローゼンツヴァイクは承認している。[2] そして、ヘーゲルに対する厳しい批判にもかかわらず、「彼〔ローゼンツヴァイク〕の思想はあまりにもヘーゲル的なものにとどまった」ために、世界、ないし歴史の最終状態としてユートピア的に描かれた救済は、ユダヤ教とキリスト教という二つの存在を通して「歴史の外なる歴史」として、「もう一つの歴史」として描かれることとなった、と。[3]

『救済の星』を歴史哲学的な書としてみるとき、宗教体験を主題とした書物として同書を解釈することは難しくなる。このような解釈によれば、『救済の星』第二部の議論は、われわれを含む個人と神との直接対話の経験を論じたものとして理解されることになろう。実際、『救済の星』の中心には人間と神との対話の場面があり、この人間にわれわれ自身を読み込むことも確かに不可能ではない。しかし、局所に集中せずに全体の構成を眺めるなら、あくまでエレメントとは、万象の根源に想定されるような、抽象的理念であることがわかる。「超論理学的なもの」として固有名を背負う個人として規定されてはいても、それは日常を生きるわれわれ一人ひとりの人間とは異なる水準の概念である。実際、ローゼンツヴァイクは一人ひとりの人間が神を直接経験するような可能性を完全に排除してはいないものの、きわめて特異なケースであるとみなしていた。このことは、ローゼンツヴァイク自身が殉教者ステファノを例にとり説明している。[4] 通常、一人ひとりの人間は、単独で神と直接相対するということはない。むしろ『救済の星』の枠組みのなかでは、一人ひとりの人間はユダヤ教やキリスト教の儀礼や祝日を通して啓示の世界観を体感していくものとされている。実定的な宗教への主体的な参加を通して、すなわち宗教的共同体のなかで啓示の世界観を総合的に体得していくのだ。

このとき、『救済の星』のなかには、一人ひとりの人間がどのように、神や、あるいは啓示の世界観の全体に馴染んでいくのかという具体的なプロセスに関する記述がほとんどみられない。このことは、ローゼンツヴァイクの宗教教育への取り組みと比較するときにはっきりとする。第五章で論じたように、彼が宗教教育への取り組みのなかで熱心に考察した「ユダヤ人になる」「ユダヤ的人間になる」という主題は、一人ひとりの人間は、通常、直接神そのものを体験することはないという洞察と結びついていた。神に選ばれた民の一員として生まれたはずのユダヤ人ですら、近代以降、啓示の世界観から離れてしまっているのだ。彼らにはあらためて教育が必要なのである。しかも、ただ教育を受けるだけでなく、主体的に神の国の頸木を引き受けるようになる必要がある。これに対して『救済の星』ではこのような問題は論じられない。儀礼への主体的参加の効用は論じられても、いかにして近代という時代に宗教的世界観を真剣に受け入れ、儀礼に主体的に参加するのかという問題は取り上げられないのだ。かわりにそこでは、ユダヤ人の存在論的特殊性ともいうべき見解が採用される。ユダヤ民族は「すでにゴールに到達しており、また、そのことを知った。それは創造と啓示の相克をすでに止揚したのだ。この民はそれ自身の救済のなかで生きる。それは、永遠性を先取りしたのだ」(SE S. 364)とされており、ユダヤ人はほぼ自動的に啓示の世界観が獲得できるかのように描かれている。[5] かつて彼は、コーエンの所説を創造と啓示を分けていないとして批判していたが、ここでは自らそれに似た議論を採用しているのだ。教育論との議論の違いは明らかである。

つまり、ローゼンツヴァイクは『救済の星』のなかでは、一人ひとりの人間——たとえば、現実に近代ドイツ社会を生きるユダヤ人——については主題として取り上げなかったのだ。日記などの史料をもとに本書で解明したことから明らかなように、こうした現実的な個人にかかわる問題は彼にとって等しく重要であった。しかし、彼はこの問題を『救済の星』ではとり上げず、宗教教育や次章でみる伝統的律法をめぐる議論など、より実践的な場面で考察することを選んだのだった。

ただし、たしかにローゼンツヴァイクは近代ドイツを生きるユダヤ人を『救済の星』の主題には選ばなかったが、しかし、彼らを同書の読者としてはっきりと念頭においていた。[6] この意味で、一人ひとりの人間は、書物の内容としては登場しないものの、読書を通して何らかの影響を受ける存在としてつねに書物の傍らに想定されている。それこそ、次にみるように『救済の星』が一般の宗教哲学ではなく、ユダヤ教の書物であるという理由にほかならない。

なお、本書が採用する、実存的な宗教体験を『救済の星』の直接の主題とはみなさない読解は、近年、ベンジャミン・ポロックが提示した『救済の星』理解と共鳴するところがある。ポロックは、『救済の星』の一部分を重視して宗教実存主義的に解釈したり、宗教間対話の書として解釈したりする研究から距離をおき、同書を全体として一つの体系として理解しようとした。彼によるなら、『救済の星』は「体系という形式を用いて「全」を把握する」という「野心的な哲学的課題」に捧げられた書物だ。[7] このような理解は「イオニアからイエナまで」(SE S. 13) の西洋哲学の伝統を批判する『救済の星』の理解としては、一見大胆なようである。しかし、ポロックはローゼンツヴァイクのテクストを丁寧に読みときながら、このことを説得的に示した。実際に、ローゼンツヴァイクは『救済の星』執筆中も自らの著作を「体系」と呼んでいる。ポロックによれば、『救済の星』はとりわけその動機に関して、実存主義哲学としてではなく、包括性と完全性を目指したドイツ観念論の体系哲学の衣鉢を継ぐものとして理解されるべきなのだ。

「ユダヤ教の本」としての『救済の星』

次に、『救済の星』はユダヤ人に向けて書かれた、「ユダヤ教の本」であったという点を確認したい。[8]『救済の星』は「そもそも「ユダヤ教の本」ではなく」、「一つの哲学体系」なのだ、という後年のローゼンツヴァイク自身の言葉にもかかわらず、(9) そうなのである。このことについては彼自身の言葉が残っている。同書を書き終え出版社を探していたとき、キリスト教徒の友人たちはキリスト教系の出版社からそれを刊行するよう勧めてきた。それに対し彼は、次のように書いている。

それは結局のところキリスト教の出版社であって、それ以上のものではない。そして、そのような出版社には、ユダヤ教の本は——つまり、そのなかではキリスト教が上から眺められるような本、キリスト教が「迷妄」と呼ばれるような本は(10)——そぐわないのだ。あるいは、第二部だけならユダヤ教の基盤から〔キリスト教とユダヤ教に〕共通の事柄について論じた興味深い試みとして、抜き刷りの形で出すことも可能かもしれない。しかし第三部は無理だろう。というのも、ユダヤ教のなかでならそれは大胆な試み程度のものであるが、キリスト教徒にとっては冒瀆にほかならないからだ。(一九一九年六月二七日付オイゲン・ローゼンシュトック宛書簡、Gritli-Briefe S. 350)

彼はまた、『救済の星』は「同時にユダヤ教的でもありキリスト教的でもある」ような本でもないとも述べている(一九一九年七月六日付ハンス・エーレンベルク宛書簡、BT S. 637)。結局彼は、「僕の本に「洗礼を受けさせようとしている」」という懸念を表明して(一九一九年八月二五日付ルドルフ・エーレンベルク宛書簡、BT S. 641)、キリスト教徒の友人たちの誘いを断り、ユダヤ教系のカウフマン社から同書を出版したのだった。

あるいはまた、『救済の星』本文にも、ローゼンツヴァイクが同書をユダヤ人によるユダヤ人のための本として書いた明白な徴をみることができる。すなわち、第三部のユダヤ教とキリスト教について論じたくだりで、彼はいたるところでユダヤ人を指して「われわれ」という一人称複数の代名詞を用いている(SE S. 332)。このことから、ローゼンツヴァイクははっきりとユダヤ人として、主にユダヤ人のために同書を執筆したことがわかる。

次に注意しておかなければならないのは、ローゼンツヴァイクが、書物を書くということに見出していた意味である。『救済の星』を執筆し、出版社を探していたころ、ローゼンツヴァイクは次のように書いていた。すなわち、書物は読者の現在の生のために役立つものでなければならない。「生は二つの時の間に、すなわち生の瞬間は過去と未来の間に存する。この生き生きとした瞬間自体が、書物の製作の目的なのだ[11]」と。このとき、とりわけユダヤ教に関しては、「すべての文学は、なる者のために書かれる」。つまり彼は、ユダヤ教において本は、ある者がユダヤ的人間になるために書かれるというのだ。これらのことを踏まえるとき、『救済の星』のねらいを理解することができる。

『救済の星』の第一部では、哲学的、異教的世界像が考察されている。そこでは、神、人間、世界という三つの根源的存在者（エレメント）が独立自存していることが示される一方で、従来の西洋哲学はこれら三者の間の関係性を論じることができないと批判される。続く第二部では創造、啓示、救済という表題のもと、啓示の世界像が論じられる。異教的な世界像のもとでは統一的な像を描くことのなかった三つの根源的存在者の関係性が、啓示の世界像ではそれぞれの間の相関の相のもとに明らかになる。第三部では、儀礼論を通して読者に対しこのような世界像を獲得する方法が示される。このような世界像へと導かれ、そこへの道筋がつけられた後で、読者は最後に「生へ」と送り返されるのだ。いわば、『救済の星』は読んだ者が「ユダヤ的世界[12]」を獲得しユダヤ人としての新しい生を歩みだすための、まさに「ユダヤ人になる」ためのガイドブックのようなものとして構想されたと考えることができるだろう[13]。

このようなガイドブックが読者に対して実際にどれほどの現実的効用をもつと考えていたのかは、のこされた史料からはわからない。『救済の星』において、ローゼンツヴァイクは――主にユダヤ人の特殊な存在を通して彼の救済史の正しさを証拠づける必要から――、ユダヤ人は儀礼への参加を通して自然に「ユダヤ人になる」ことができるかのように論じている。そこでは、そもそもユダヤ人はユダヤ人であるのだから「ユダヤ人になる」必要はないとまでいわれており、『救済の星』の読書から儀礼への参加、そしてユダヤ人としての新しい生は、あたかも一続きの淀みない流れであるかのようだ。しかしながら、これまでにみたように、彼は多くの箇所で、ユダヤ人であっても、一人ひとりのユダヤ人があらためてユダヤ教と自分との関係を結び直さなければならないという内容のことを述べてきた。これら二つの見解は対立するが、『救済の星』以降になると、明確に後者の見解がとられるようになる。すなわち、たとえば一九二〇年の「教育、限りなし」で論じられているように、「ユダヤ人になる」という問題が明確に認識され、それを考えるにあたっては「あらゆる「計画」はそもそも初めから誤り」だという見解がとられるようになるのである。(14) 現代のユダヤ人は各人が各人なりの仕方で「ユダヤ人にならなければならない。このことは、伝統的律法の実践の意味について論じる次章において、さらにはっきりとするだろう。

『救済の星』と晩年の思想との関係

以上の考察から、『救済の星』は確かに彼のそれまでの思想の集大成ではあるのだが、一九一六年以降、新たに獲得した啓示や真理、人間にかかわる思想のすべてを注ぎ込んだものではなかったということがわかる。とりわけ、『救済の星』では救済史的な歴史哲学を用いて真理を論じるという方法を採用したために、真理を論じるもう一つの可能性、すなわち、ローゼンツヴァイク自身の生のただなかから一つの証言として思想を展開し表現するという方法がとられなかったことには注意する必要がある。その結果、内容的にも個人的、実存的な問題系を論じることが難しくなった。

こうした問題は『救済の星』執筆後の時期に、教育や律法の問題を扱うなかで論じられることになる。そして、論述の主題の変化に対応するように、一人ひとりの人間が証言するものとしての真理という考え方が、後年になるにつれ前景に出てくるようになるのだ。この傾向は、イェフダ・ハレヴィの翻訳詩集においてもっとも顕著にあらわれる。そこでは、ローゼンツヴァイク自身が臆することなく自らの生の経験から論じる。いわば独話を語るのだ。『救済の星』執筆後のローゼンツヴァイクは、啓示と人間の関係を、つまり宗教と現代に生きる人間との関係を自分の経験に即して、自分の経験のなかから論じるようになる、ということができるだろう。

このような方法の変化は、真理に対するローゼンツヴァイクの立ち位置の変化をも意味する。すなわち、救済史的な方法を採った『救済の星』では、聖書の記述をもとに最終的な真理を俯瞰するような立場から論じたのに対し、それ以降は、最終的な真理は見通すことができないという立場から論じるのだ。このような真理と論者の関係の変化をはっきりとみることができるテクストを取り上げてみたい。取り上げるテクストは『救済の星』の補遺として書かれた論文「新しい思考」で、そのなかでもユダヤ教、キリスト教、異教の関係を問題にしている部分だ。

『救済の星』ではこれらの実定的宗教は、その活動を通して『救済の星』の内容の真理性を歴史のなかで証言するという役割を担っていた。このとき、ユダヤ教とキリスト教は、救済史のなかでそれぞれ決まった役割をもつ。啓示を先取りするユダヤ人、異教徒に宣教するキリスト教徒、キリスト教を通して神の方を向くようになる異教徒という分担は固定的であり、動かすことができない。また、こうした関係を論じるローゼンツヴァイク自身はすべてを俯瞰する立場にある。

これに対し、論文「新しい思想」では次のようにいわれる。

啓示は真正な異教を、創造の異教を破壊することなど決してない。〔……〕苦痛に満ちた胸中から神々に向けてやっと唱えられたせわしない短い祈りや、自らの息子をモロクへの生贄へと送り出したカルタゴの父親が流した涙が、聞き取られず、またみられないままとどまるなどということはありえない。あるいは、神はシナイ山で、あるいはそれどころかゴルゴダで待っているべきだったのか？　否、神がその上に確実に到来するような道は、シナイ山やゴルゴダからは通じていないのであり、これと同様に、神はオリュンポスを巡る細い山道で神を求めた人と出会うことも断念できなかった。〔……〕神がそこから到来しえない方角もなければ、神が到来しなければならない方角もない。おそらく神が宿ることのないような木切れは存在しないし、つねに神の耳に届いているダビデの詩篇もない(15)。

ここではユダヤ人、キリスト教、異教徒に割り振られた役割分担が完全に撤廃されている。まず、『救済の星』では考察の埒外にあった、真理である神と異教徒の関係が論じられている。しかも、異教徒が啓示宗教を介さずに、その祈りの喫緊と誠実とによって、まさに一神教的な枠組みから証言されるような神、ないしは真理と直接の交流をもつことができるとされている。他方で、ユダヤ人とキリスト教徒に関しては、その特権性が剥奪されている。ここではユダヤ人が唱えるダビデの詩篇も必ずしもつねに神に聞き届けられるわけではないとされているのだ。

このように論考「新しい思考」のなかのこうした記述は、それが『救済の星』の「補足的なコメント」であると自称するにもかかわらず、『救済の星』の論理構成を掘り崩してしまうような内容をもつ。というのも、すでに述べたように、『救済の星』では、歴史のなかで、ユダヤ教とキリスト教と異教がそれぞれの役割を担うことを通して、啓示宗教の啓示の真理が示されるからだ。ユダヤ人といえども神との関係において異教徒と対等であるというならば、このような救済史の構成は破綻してしまう。興味深いことに、ローゼンツヴァイクは論考「新しい思考」でのこうした主張に、つまり、異教徒の祈りも神に届くはずだという主張にいかなる根拠も与えていない。しかしながら、これらの言明には、決然とした確固さがある。ここで彼は、自らの確信を一つの独話として語っているのだ。

これに先立つ一九二四年にはローゼンツヴァイクは次のように書いている。当時、自由ユダヤ学院での活動を通して交流を深めていたマルティン・ブーバーが、キリスト教とユダヤ教の宗教間対話の場たることをめざして新しい雑誌を創刊することを持ちかけたときに、彼が与えた答えである。

もはやユダヤ人とキリスト教徒の問題は、今日ではかつてわたしを燃え立たせたほどにわたしを燃え立たせることはありません。すでに、『救済の星』の第三部を書いたときにもはやそれはわたしにとってアクチュアルではなくなっていました。（一九二四年四月一六日付マルティン・ブーバー宛書簡、BT S. 956）

彼がこの言葉の通りに、執筆中から二つの啓示宗教の役割分担の問題に興味を失っていたのかどうかはわからないが、少なくとも一九二四年においては、ローゼンツヴァイクはユダヤ教、キリスト教、異教の意味をめぐる宗教論や救済史に興味を抱かなくなっていた。

また、さらに遡って、一九二二年には次のような出来事があった。この年の秋ごろにローゼンツヴァイクはルドルフ・ハロー（一八九六―一九三三）という青年と出会う。ハローは、ユダヤ教への不満からキリスト教に改宗したが、深く悩んでいた。彼から相談を受けたローゼンツヴァイクは親身に相談にのり、結局ユダヤ教に復帰させる。ローゼンツヴァイクはハローにかつての自分の姿を重ねたが、その際、自らのユダヤ教への決断のときとは異なった見方をしていたと後に述懐している。すなわち、ハローの相談にのる日々が「わたしに、魂の健康と病気にかかわる決断が存在すること、そして、そのような決断の前では、わたしがそれまで過剰に重視してきた宗派の問題は、色あせてしまうということを教えてくれました」と（一九二二年八月一九日付マルティン・ブーバー宛書簡、BT S. 810）。自らの決断のときには、友人との関係もあり、問題をユダヤ教とキリスト教の対立というかたちでしか捉えられなかったものを、いまは、信仰の問題を魂の健康という観点から眺めるようになったというのだ。

『救済の星』執筆以降のこうした発言からは、歴史哲学的な救済史に対するローゼンツヴァイクの関心が著しく低下していることがわかる。そしてそれに代わって、一人ひとりの人間の魂の問題、一人ひとりの人間にとっての神や啓示の意味をめぐる問題がより重要とみなされるようになる。一人ひとりの人間にかかわるこうした問題は、彼自身の問題であっただけでなく、宗教教育への取り組みやルドルフ・ハローら年少の友人の指導を通して、身近で具体的な他者の問題としても、彼に迫ってきていた。そして、一人ひとりの人間の生の現実について論じるために、彼は歴史哲学的方法を捨て去ったのである。

晩年のローゼンツヴァイクは、人間の生と宗教の関係を、自身や身近な他者の現実のなかで考察し、そして自身の経験のただなかから表明するようになる。こうした思索とその表現は、彼自身の生活上の実践――律法の遵守、ユダヤ教について学び、他者に教える活動――と並行しておこなわれた。彼の思想と実践の間には、当初隔たりがみられるが、この隔たりは時間がたつにつれて解消してゆく。行為が思想を促進し、思想が行為を確固たるものにしながら、両者が彼の生のなかで一致していくのだ。第Ⅲ部では、ローゼンツヴァイクの最晩年の思想と活動の分析を通して、彼が到達したこのような境地に迫りたい。

第Ⅲ部

日常的生の聖化と恩寵　一九二〇—一九二九

第九章　律法とユダヤ人としての生――能動性と受動性の溶化

一　ローゼンツヴァイクとユダヤの律法

律法とは何か

一九二四年二月、ローゼンツヴァイクは、オイゲン・ローゼンシュトック宛の書簡のなかで『救済の星』以降の自らの思索の歩みを振り返っている。そのなかで彼は、晩年の自らの思想を「『救済の星』以降」と「〔すぐに訪れるであろう〕死の直前期」という二つの段階に分けた。つまり彼は、『救済の星』を書きあげた後、『救済の星』とは区別される思想的段階があり、その後、病気を自覚して死を覚悟したとき、さらに新たな思想的段階に入ったとしている。彼は、同じ書簡で、「死の直前期」の思想を代表する著作としてイェフダ・ハレヴィの翻訳詩集を挙げている。しかし、「『救済の星』以降」の思想として、どのような内容を指しているのかについては詳しく述べていない（一九二四年二月二五日付オイゲン・ローゼンシュトック宛書簡、Gritli-Briefe S. 803）。

それでは、彼は『救済の星』を執筆した後、いったい何を考え、どのような活動をし、また、何を論じたのだろうか。ローゼンツヴァイクは、一九二二年のある書簡のなかで、回顧的に次のように述べている。

君は、律法を守るのは難しいことだと思うのかい？　人々をみてごらんよ。律法というのは生活によく馴染んだものなんだ。だから、もしそうしようと思えば、僕は明日の朝からだってはじめることができるだろうし、それに関してぎこちないところもまったくないだろう。そうすれば僕は、僕の人生の――『救済の星』の完成以降の――一つの中心問題、いやまさに中心問題そのものを僕の人生のなかから取り出してみせることもできるだろう。つまり、律法の問題を。（一九二二年三月一四日付ルドルフ・ハロー宛書簡、BT S. 761）

この書簡については、後に再び論じるが、ここでは、彼が律法の問題こそ『救済の星』完成以降の中心問題だとしている点に注目したい。実際に、この時期の彼の思索の中心には、つねに律法の問題があった。別のいい方をするなら、彼の後期思想の展開の中心には、律法について理解の深まりと伝統の意味の再発見があったのだ。こうした再発見を経て、彼はユダヤ教の「経験」について語ることができるようになる。本章では、ローゼンツヴァイクの律法についての見方の変化を追うことで、彼がユダヤ教について実践的な側面から理解を深めていった様子を跡づけてゆく。そして、彼の後期思想の解明を目指す。

そもそも律法とは何なのだろうか。すでにこれまでの論述においても、特に断ることなくこの言葉を用いてきたが、ここであらためてその内容を確認しておきたい。標準的なユダヤ教についての概説書には次のようにある。

さまざまの懸念にもかかわらず、神の命令への従順という考えは、いまでも、実質的に伝統派と、正統派のユダヤ人グループすべてに受け入れられているし、他の多くのユダヤ人からも、限られた同意をえている。〔……〕神の命令と理解されている、ユダヤ教の掟を表わす専門用語は、〔……〕ミツバーである。〔……〕ミツバーの全体系は、ひとまとめにハラハーとして知られている。〔……〕広く受け入れられている古代ラビ学の言葉によれば、ミツバーの数は六一三もあって、そのうち二八四は積極的命令〔「……せよ」という肯定文で定められる掟〕で、三六五は禁止事項〔「……するな」という否定文で定められる掟〕である。実際には、ミツバーという言葉は、前者の意味にのみ用いられる傾向がある。〔……〕ラビたちは、トーラーで具体的にのべられたものだろうと、ラビたち自身が推定してタルムードで言及したものであろうと、また、これらより後に起源をもつ、さらなる派生物であろうと、ハラハーの掟はすべて、もともとシナイの山で神からあたえられたものとして、守られるべきだという見解を、揺るぎなく保持している。(1)

律法（Gesetz）とはここでいわれているハラハーのことである。(2) 豚肉を食べてはいけないといった食物規定や、安息日の守り方、礼拝や祭日の規定など、ユダヤ人としての生活を規定する事細かなミツバー（Gebot 掟、戒律）の総体をいう。また、律法、つまりハラハーには肯定文で書かれた掟と否定文で書かれた掟が含まれており、掟といった場合、前者のみを指すこともある。

これらの掟は必ずしも聖書に根拠をもつわけではない。ラビ・ユダヤ教には、シナイ山において与えられ、書きとめられた律法であるトーラー（モーセ五書）のほかに、モーセに対して口頭でも律法が与えられ、師から弟子へやはり口頭で伝承されたという考え方がある。このラビが伝えた口伝の律法を成文化したものがミシュナであり、それに後代のラビの解釈や註解、論争の記録を添えて編集しなおしたものがタルムードだ。さらに、歴史を通じて、新たに生じるさまざまな出来事や事物、行為をめぐって夥しい量の法的議論が積み上げられてきた。律法を構成する一つひとつの掟は、このように歴史のなかで成立してきた。そして同時に——ここが大変興味深い点でもあるのだが——、こうした掟は明らかに人間によって編纂されてきたにもかかわらず、伝統的には神に直接由来するものとされてきたのだ。

本書の趣旨から外れるため立ち入って論じることはしないが、概して、近代に入るまで、律法が神に由来するものであるということが疑われることはなかった。また、ユダヤ人に対するその拘束力が疑われることもなかった。律法はユダヤ人を他の民から区別する徴でもあり、居留地の法に従いつつも、同時に古来の律法に服するということはユダヤ人たちにとっては自明なことであった。(3)

近代に入ると、この自明性が失われる。ある者は、古来の律法をこれまで通り実践することをやめ、選択的に実践するようになった。そうすることで、ユダヤ人解放が進んだ結果可能になった近代的な生活様式を受容しようとしたのである。また、ある者は生活の変化は受け入れつつも、引き続き旧い律法を厳格に遵守しようとした。しかしいずれの場合も、律法に対する意味づけを新たにおこなう必要に迫られたという点ではかわりがなかった。前者は、律法の権威を問い直すことで、伝統の墨守がもはや不要であると主張し、後者は、逆にユダヤ教の本質、イスラエルの民と神との関係の本質を律法の授与のなかにみることで、それを遵守し続ける必要性を主張したのだ。

つまり、律法を放棄する場合にも、保持し続ける場合にも理由づけや意味づけが必要となったのである。しかし、どちらの生き方も不自然さをともなうものであった。もともとは理由づけの必要のなかったところに、理由づけが必要となったということに、そもそもの無理があらわれている(4)。部分的にであれ律法を廃棄してよいのであれば、なぜすべてをとりやめてしまわないのか。なぜ、安息日はおざなりに済ませるのに、生まれた子供には割礼を施しつづけ、ヨム・キプールには毎年断食をするのか。いっそキリスト教の洗礼をうけてしまえばよいのではないか。他方で、律法の遵守を続ける場合にも、いまや、なぜ歴史のなかで人間が作り上げてきた慣習的な法になおも拘束される必要があるのかが問題とならざるをえない。かくして律法は、近代のユダヤ人にとって容易には抜けないとげのようなものとなった。それを抜いてしまえば、もはやユダヤ人ではなくなってしまうように思われる一方で、とげはとげとしてつねに痛みをともなってその生活を苛む。後にみるように、ローゼンツヴァイクはこのような状況を指して「各個人のユダヤ人としての存在はいまや「なぜ」という問いの針先の上で踊っている(5)」と称したのだった。

ローゼンツヴァイクにとっての律法の問題

それでは、ローゼンツヴァイクは律法の問題をどのように考えたのだろうか。また、彼の思想の展開のなかでそれはどのような位置を占めるのだろうか。『救済の星』以降のローゼンツヴァイクの律法理解の変遷をたどってみたい。これまでの研究では、そもそもローゼンツヴァイクの律法論が取り上げられること自体まれであった。また、取り上げられる場合にもその対象は一九二四年に刊行された論文「建てる者たち」(Die Bauleute) に集中してきた。(6) この論文は確かにローゼンツヴァイクの成熟した律法理解を示すものではあるが、ここではむしろ、律法に関する考察が『救済の星』の直後からはじめられ、深められていく点に注目する。ここから、ローゼンツヴァイクの後期思想を特徴づけることになるいくつかの着想を明らかにすることができる。

まずは、律法の問題が『救済の星』以降、ローゼンツヴァイクの思想的課題の中心となってくるということを、いくつかの回想をもとに確認していきたい。『救済の星』のなかでは律法の問題はほとんど論じられていない。ローゼンツヴァイク自身このことに自覚的であり、たとえば、執筆直後の一九一九年七月には友人ルドルフ・エーレンベルクに対して(一九一九年七月一四日付ルドルフ・エーレンベルク宛書簡、BT S. 639)、また、やや時間がたってからも同時代の正統派の論客イザーク・ブロイアーに対して(一九二四年三月二八日付イザーク・ブロイアー宛書簡、BT S. 951)、『救済の星』においては律法の取り扱いが不十分であることを認めている。

特に後者の書簡では、律法の取り扱いが小さくなった事情を次のように説明した。すなわち、『救済の星』では、方法論的な制約のためにキリスト教だけでなくユダヤ教についても「外側から」論じる必要があった。つまり、キリスト教とユダヤ教を包摂する救済史の観点から論じたために、ユダヤ人一人ひとりの実践としての律法については論じることができなかった、というのだ。加えて、個人的な事情として、『救済の星』執筆当時には律法についての学びが十分でなかったため、仮にそれに言及したとしても「ごくわずかのことしか」論じることができなかっただろうとも述べている。そして最後に、「『救済の星』を書き終えたとき、わたしはこれから数十年、学びながら生き、教えながら学ぶのだろうと思いました。そして、おそらくその最後に、わたしが年をとってまた本を書く機会が訪れたなら、そのときにこそ律法についての本を書こうと思ったのです」と述べた(同ブロイアー宛書簡）。

律法に通暁したブロイアーに対する謙遜や、幾分の脚色はあるにせよ、この回想はある程度事実を記しているとみてよいだろう(7)。さまざまな曲折はあったが、ローゼンツヴァイクは『救済の星』を執筆した後、学び、教える生活に従事している。一九二〇年にフランクフルトに転居してからは、ラビ、ノーベル――律法を伝統的な仕方で守る立場をとりながらシオニストでもあった(8)――のもとでタルムードを学び、また同年に結婚してからは家庭生活のなかでも戒律を守ることを心掛けた。いわば、生活の全体を通して戒律を学び、実践しはじめたのだ。本章の冒頭で引用した書簡は、その後、一九二二年の春に書かれたものだ(9)。この時期彼はいくつもの重大な出来事を経験した。ノーベルの死（一九二二年一月二二日）、妻エディトの懐妊、死に至る病の自覚（書簡での最初の言及は二月一〇日(10)）という、人生の転機となりうるような出来事が立て続けに起こったのだ。上記の書簡（三月一四日付）によれば、このころには、思索の上では律法が中心的問題となっており、また、実践の面では律法を守ることが難しいことではなくなっていた、ということになる。

それにしても、なぜ、そしてどのような経緯で律法の問題は、彼の関心を強くとらえるようになったのだろうか。そして、律法の問題はそれまでの思想とどのようにかかわるのか。以下、具体的に律法の問題がローゼンツヴァイクの思想のなかで成長していく様子をたどるが、その前に、これから検討していくテクストについてあらかじめ見通しておきたい。ローゼンツヴァイクは、『救済の星』執筆の直後から、地元カッセルなどでユダヤ人の聴衆に向けた講演会を何度かおこなっている。その際、律法の問題もごく短く言及された。次節ではまず『救済の星』とともにこれらのテクストを扱う。続いて、一九二一年二月ころオイゲン・ローゼンシュトック夫妻との間で交わされたいくつかの書簡を取り上げる。そこでは、「新しい律法」という概念が導入され、律法の問題が新たな枠組みのなかで考察されるようになる(11)。翌一九二二年、先に引用したハロー宛の書簡でローゼンツヴァイクの律法に関する考え方の骨子が定まる。この間の消息を知るために、ルドルフ・ハローに対する書簡とともに、ローゼンツヴァイクが家庭生活における律法の役割について論じたいくつかのテクストを参照したい。最後に、ローゼンツヴァイクの律法論の総決算ともいうべき論文「建てる者たち」の内容を検討する。そして、彼が律法について論じるとき、何がとりわけ問題となっていたのかを明らかにする。

二　律法に対する態度の変化

『救済の星』における律法の問題

まずは『救済の星』において律法がどのように論じられたか簡単に確認したい[12]。扱いは大きくないものの、律法がまったく論じられていないというわけではないからだ。ユダヤ教の律法について、同書では主に二つの観点から論じられている。第一に、ユダヤ人を他の民族から区別する指標の一つとしてである。すでにみたようにローゼンツヴァイクの描く救済史のなかで、ユダヤ人は他の諸民族とは異なる存在意義をもつとされた。ユダヤ人は神との特別な契約を通して、地上において救済を先取りし、来たるべき最終的な救済を予示するのだ。このとき、ローゼンツヴァイクはユダヤ人と他の諸民族を区別する「聖なる」指標を三つ挙げている。それが、国（土地）と言語と法だ。ユダヤ人は歴史の中ではつねに寄留民となるように定められている。彼らは、他者の土地で、他者の言語を用い、他者の法のもとで暮らす。しかし、ユダヤ人は神との関係で固有の土地（約束の地）と言語（ヘブライ語）、そして律法を持っている。これらは神との関係で定められているから聖なるものであり、ユダヤ人をあらゆる地上的なものから区別し、引き離す。このような観点から聖なる律法について次のようにいわれる。

> 聖なる律法の教え――というのもトーラーという名は、教えと律法の両方をひとまとめにして包摂している――は、民〔ユダヤ人〕を生のあらゆる時間性や歴史性のなかから引き上げ、民から時代に働きかける力を取り去る。（SE S. 337）

聖なる律法の内容としてローゼンツヴァイクが注目するのは、一年を通したユダヤ教の宗教的な暦である。律法に即して折々の祭日における儀礼をおこないながら生活することで、ユダヤ人は独自の聖なる時間性を生きるようになる。このような聖なる時間性こそ地上において実現される永遠性であり、それは地上における通常の意味での時間性と異なる。ここでは、律法そのものというよりは、律法に規定された祝祭日が問題となっていることを指摘しておきたい。

第二に、律法は啓示について論じた箇所でも言及されている。『救済の星』の啓示論の中心は、神からの愛の命令に関するものだった。ここで律法は神からの人間に対する命令という観点から論じられるのだ。ローゼンツヴァイクはここで律法の二つの側面を指摘する。第一に、律法は「啓示の内容、個人への要請として」みた場合には「命令、掟（Gebot）」である。これに対し、ユダヤ的世界を秩序づけ、この世界ときたるべき世界とを不可分のものとして結びつけるものとしてみた場合には「法（Gesetz）」なのだ、と（SE S. 451）。つまりそれは、人間に対しては神からの命令であり、世界に対しては神が定めた法なのだとしている。さらに、このうち前者についてローゼンツヴァイクは次のように述べている。

> 神の掟は、「〔十戒の〕第二の石板」[13]——それは隣人愛の内容を具体的に述べたものにほかならない——に属するものに限っていえば、すべて「……してはならない」という形をとる。これらの掟はただ禁止という形でのみ、つまり、隣人愛とは相容れない事柄の境界を定めるという仕方でのみ、律法の装いを纏うことができる。掟のなかで肯定文によるもの、つまり「……すべし」というものは、すべて、ただ一つの一般的な愛の命令の形をとる。（SE S.241）

彼はここで人間にとっての律法の意味を愛との関係でとらえなおしている。まず、否定文で書かれた掟が並ぶ十戒の第二の石板を取り上げ、その内容が「隣人愛」の具体化であるとする。そして、これらの掟が否定命令を通した消極的規定であることを踏まえ、隣人愛は禁止の掟を通して、ただその限界を画するという仕方でのみ具体化されるという。つまり、殺人や窃盗は隣人愛と相容れないから禁止される、というわけだ。彼は肯定文で書かれた掟にも言及する。たとえば、この箇所では祭儀の作法や手順を指示した掟が例として挙げられているが、それは神への愛を表現するものであるとされる。つまり、それらもまた本質的には愛の命令にほかならないのだ。

このように彼は、すべての律法の本質は神からの愛の命令であるという理解に立って、人間にとっての律法の意味を説明した。『救済の星』では、人間に対する神の愛と、人間に愛することを命じる愛の命令こそが、人間に対する神の啓示の本質とされたが、律法はまさに人間に対する掟＝命令として、このような愛の命令の具体的な表現なのである。ちなみに、このような見方に基づいて、彼は法への服従に終始する――彼は、十分な知識をもたず、やや軽率にも先入観からこのように判断した――イスラームを、ユダヤ教とキリスト教の啓示から区別し、除外した。

ユダヤ人は、このような神による愛の掟としての律法に集中すればするほど、彼らをとり囲む世界に背を向けることとなる。それは、外部社会がいう、ユダヤ人の頑迷さにほかならない。しかし、外部からみれば世界の現実からの逃避にみえる律法の実践も、ユダヤ人自身にとってはまったく違った意味をもつ。世界に背を向け、律法に集中するとき、ユダヤ人にはあたかも「創造された世界は、律法への秘密の関係に満たされている」ように思われる（SE S. 454）。彼らには、世界の全体が律法と緊密な関係をもったものにみえるというのだ。ユダヤ教神秘主義には、世界に散らばった神の聖なる臨在（シェヒナー）を拾い集めて神に返すという考え方があるが、ローゼンツヴァイクによれば、このような思想も律法が世界と緊密に結びついているという確信に由来する。いわば、ユダヤ教の個別的実践に埋没すればするほど、世界から目を背ければ背けるほど、ユダヤ人自身にとっては煩瑣な細則の実践があたかも世界全体の救済のための実践として感じられるのだ。「ユダヤ的人間とユダヤの律法。この間で、神、世界、人間のすべてを包摂するような救済のプロセスが繰り広げられる」のだ（SE S. 457）。

『救済の星』における律法への言及はおよそ以上のようなものであった。それはユダヤ人と神との特別な関係性の証であり、また、神と人間の間の愛がとる一つの具体的な表現である。そして、ユダヤ人の特殊な意識のなかでは、煩瑣な律法の細則の実践があたかも救済の業(わざ)への参加であるように感じられる。ここでは、律法はそれ自体としてその意味や効果が論じられるのではなく、救済史や啓示、そしてユダヤ人としての意識や感情について論じるなかで補足的に言及されたにすぎない。

彼は一九一九年にいくつか講演をおこなっているが、そこで示された律法理解も『救済の星』のそれを超え出るものではなかった。この時期のローゼンツヴァイクの活動の一端を紹介する意味も込めて「ユダヤ史の精神とエポック」、「ユダヤ教の本質」という二つの講演を取り上げてみよう。

前者の講演では、ユダヤ史の描き方を再検討することで、リベラル派と正統派そしてシオニストの間で分裂したユダヤ人共同体を再統合する可能性を論じた(14)。当時、各派閥は、将来ユダヤ人が世界のなかで、そして世界史のなかでどのように存在すべきかという点をめぐって対立していた。これに対し彼は、ユダヤ人はバビロン捕囚以降つねに寄留民だったのであり、離散はユダヤ民族の本質に属すると指摘する。現在、人びとは一九世紀的な国民国家の議論に深くとらわれているためこの対立を乗り越えがたいものとみているが、この本質に立ち帰れば現在の対立も前向きに乗り越えてゆけるとする。対立するドイツ・ユダヤ教諸派の調停という課題は、このころから、彼の思想的関心事となっていく。律法の問題はここでも、『救済の星』におけるのと同様、世界史からの疎外の徴の一つとして理解されている。

同じ年の冬におこなわれた講演「ユダヤ教の本質」においても、共同体の分裂の解消が主題とされている(15)。一九世紀以来、正統派とリベラル派とシオニストはユダヤ教の本質をそれぞれ伝承された律法、道徳的一神教、民族的統一性に見出した。しかし、ユダヤ教は古くからそれらすべての要素をそなえていたのであって、そのどれかに還元してしまうことはできない。このような還元主義的立場から、互いに排斥しあう限り、「正統派、リベラル派、シオニズムの三者が互いに補い合うということはない。誤りが三つ集まっても正しいものとはならない」[16]。ここで律法は、正統派を象徴するものとして取り上げられる。分裂した諸派の統合の可能性を示唆するのは、儀礼や祈りであるとされ、律法はそこには含まれない。つまりここでも、『救済の星』におけるのと同様、律法は祝祭日における儀礼や祈りに対して副次的なものとして位置づけられている。

以上のように『救済の星』執筆直後の時期、ローゼンツヴァイクは律法を特に重視していなかった。律法は確かにユダヤ教を構成する主要な要素の一つではあったが、彼の同時代的な状況のなかでは、正統派の専有物となっていた。このため律法を強調することは、正統派への回帰として理解される恐れが強かった。ローゼンツヴァイクは当時、ユダヤ人共同体の分裂状態を憂い、その再統合の可能性を模索していた。加えて、彼の見方からすれば、正統派による律法の絶対視は端的に「誤り」でもあった[17]。こうした事情から律法の問題は主要な位置を占めることはなかったのである。

「新しい律法」

一九二一年二月、ローゼンツヴァイクはオイゲン・ローゼンシュトック夫妻に対して、律法に関する興味深い書簡を書き送っている。

なにも君だけが僕を新しい律法へと駆り立てたわけじゃない。むしろ〔それへと僕を駆り立てたのは〕僕自身だ。ここ一年、僕はそのことについて隠し立てせずに語っている。君にとっての社会主義が、僕にとってはシオニズムなんだ。この一〇〇年の間に、世界は再び一つの形をとることだろうし、われわれはおそらく再び律法をもつ。僕自身、もう一冊、根本的書物を書くと思うが、新しい律法はそのなかから編纂されるだろう。新しい律法は、実際にまた、書かれたものとなるのだが、同時に実際に守られる律法でもあるはずなのだ（奇蹟だが、こうした奇蹟なしには世界は生きることができない）。シオニストたちは自分自身を、つまりヨーロッパともつれ合った彼らの魂を犠牲に捧げれば、この新しい律法の後にも生き続けることができる。そのことは彼ら自身よく知っている。僕はこれまで自分に次のように言い聞かせてきた。すなわち、僕は新しい偉業のための道具となるが、それでも自分の魂を地上において救い、保つことができるだろう、と。〔しかし〕今は、僕もシオニストとまったく同じだと思っている。僕は、現在活気があるシオニストの世代と同様、破滅するだろう（僕は実際のシオニストのことだけを問題にしている）。しかし、新しい律法はそこから生じてくる。『救済の星』は古い律法と新しい律法を何らかの仕方で結びつけるものとなるだろう。〔……〕『救済の星』の本当の影響は、五〇年か一〇〇年してようやくはじまるだろう。（一九二一年二月三日付オイゲン・ローゼンシュトック宛書簡、Gritli-Briefe, Internet Ausgabe）

ローゼンツヴァイクはここで「新しい律法」という新しい概念を導入している。この概念はその後、続けて用いられることはなかったが、ここには律法を新たな仕方で論じようという意欲をみてとることができる。それでは、「新しい律法」ということで、何を考えていたのだろうか。内容を整理しながらみてゆきたい。

新しい律法は既存の「古い」律法とは異なるが、書かれたものになるという。しかし、現在の形の律法とは異なり、単に書かれ存在しているだけでなく、実際に人々によって守られるような律法であるという――それは「奇蹟」ともいうべき状況といわれる。また、彼にこのような着想を与えたのはシオニズムの運動だったということが示唆されている。ちなみに、この書簡の相手であるオイゲン・ローゼンシュトックは、同時期に社会主義に傾倒し、法学者としてのキャリアを捨て、ダイムラー社で労働者新聞を刊行するなどしていた。ローゼンツヴァイクは自身にとってのシオニズムの意味を、ローゼンシュトックにとっての社会主義に比しているのだ。ローゼンシュトックは、社会主義思想に傾倒したものの、党派的な活動には参加しなかった。ローゼンツヴァイクもまた彼自身シオニストであったことはないが、マルティン・ブーバーを含め、シオニズムからは大きな影響を受けていた。そして彼はここで、「新しい律法」という観点からみたとき、自身とシオニストは似たような立場にあるということも認めているのである。

この書簡の記述によれば、「新しい律法」は彼自身の思想やシオニズム運動のただなかから生じてくるという。たとえば『救済の星』は、「古い律法」と「新しい律法」を結びつけるものであるし、また、彼は後に「新しい律法」を記した著作を書くだろうとも述べる。しかしそれだけでなく、ローゼンツヴァイクは彼自身やシオニストの破滅をも予見している。というのも、「新しい律法」には、「ヨーロッパともつれ合った魂」はふさわしくないというのだ。「新しい律法」は、現在の形の律法とは異なり、現実的に人々によって守られる。これを守る人々の魂にはもはやヨーロッパは食い込んでいない。彼はこのような「新しい律法」の成立を、後の世代、一〇〇年以上後の世代のことと考えている。

それでは、「新しい律法」とはどのようなものなのだろうか。残念ながら彼はその具体的内容については明かしていない。このため、同時期のテクストの中から、「古い律法」つまり現行の律法を論じる箇所を参照することで、彼のこの時期の律法理解の一端をうかがいたい。先の書簡を出してから一週間後、彼はマルグリット・ローゼンシュトックに、かなり苛立ち、失望した調子で次のように書き送った。

君は、何が問題になっているかまったくわかっていない。「十字架」が何事か君の助けになるとすれば、「律法」は僕にとってまさにそういった事柄に関して助けになりうるだろう。十字架は、いわば律法をもたない者にとっての律法の代替物だ。しかし、僕はこうした「助け」を放棄する。君が「十字架」をもち出すように、僕はそうした助けをお手軽にもち出すこともできただろうが。僕は本当の死のかわりに、想像上の自殺で自分をごまかそうとは思わない。〔……〕キリストの傷に思いを馳せて慰めをえるような修道女に、どうやって神について話してやることができるだろう。それは、律法に学んでいるユダヤ人に対しても同じことだ。こういうユダヤ人には、こうした人々は偶像崇拝をしていて、神を忘れているのだといってやることしかできない。君もどうか忘れないでほしい。唯一、生きているもののことを。われわれに「律法」を、君たちに「十字架」を与えたもののことを。神がそうしたものを与えたのは、その背後に隠れるためではない。そうではなく、人間が弱いために自分から神のもとへ集まることができず、さらには、生きた神の名を担わないような偶像のもとへ参集してしまう危険があるようなときにも、人間が神のもとに集まることができるよう目印を与えたのだ。つまり、神はわれわれに、少なくとも神の名は担っているような偶像を与えたというわけだ。

僕は生と死を神から受け取る。けれど、死を生に作り替えて自分をごまかすようなことはしない。実際、こうしたことはとても簡単で、代わりにただ、「本当の生とは、(「十字架」に、あるいは「律法」に関して)死ぬことだ」などというだけでよいだろう。しかしそうではないんだ。死は死であって、生は生である。その手が僕を鞭打ったり、殴りつけたりしようと、僕はその手を逃れたりはしない。(一九二一年二月一〇日付マルグリット・ローゼンシュトック宛書簡、Gritli-Briefe S. 727)

彼はここで、律法と神との関係について批判的に論じている。すなわち、正統派のように律法を遵守することも、律法自体も、神そのものとは関係ないときわめて強い筆致で述べている。彼はこのように、「新しい律法」という概念を打ち出した時期、律法と神の関係を間接的なものと考えていた。現在の律法は、もはや『救済の星』で述べられたような神と人間との愛の関係を媒介するような役割をはたしていない。また、このようにその本質を喪失した律法を形式的に遵守したところで、それは偶像崇拝と変わらない。『救済の星』によれば、ユダヤ教の――そしてキリスト教も含めた啓示宗教の――中心はその宗教生活を通した神と人間と世界の関係の実感であり、律法はその一つの要素ないし徴にすぎない。もし、律法が神や啓示との関係をもはやもたないのであれば、そのようなものはもはや必要ないのだ。だからこそローゼンツヴァイクは、現在の律法とは異なる、「新しい律法」ということを考えたのである。つまり、「新しい律法」ということで、神から人間への愛の命令を体現するような律法を、そしてそのような「新しい律法」の実践を通した神との生き生きとした関係の再興を求めたのだ。

ユダヤ的な家庭と律法

それでは、ローゼンツヴァイク自身は、律法——彼はこれを一種の偶像であるとまでいったのだが——と、どのようにかかわったのだろうか。彼自身の証言をみてみたい。この時期の書簡に、彼は次のように書いている。

僕とエディト〔妻〕は、うまくいっている瞬間もある。もちろん、そういう瞬間というのは、僕たちだけでいるときではなくて、安息日が第三者として僕たちと一緒にいるときだけれども。そういうとき僕は希望を抱いてしまうし、その後ではもちろん、すぐにまた希望から打ち捨てられてしまうのだが。それは本当に一瞬にすぎない。律法は僕の生命を、とはいわないまでも、僕の結婚生活を救ってくれている。（一九二一年二月一二日付マルグリット・ローゼンシュトック宛書簡、Gritli-Briefe S. 729)

この箇所を理解するためにはいくつかの事柄を確認しておく必要がある。まず、ローゼンツヴァイクの結婚生活についてである。彼は一九二〇年一月、古くから家族同士で付き合いのあったハーン家の嬢子エディトと婚約し、三月末に結婚した。しかし、それは愛に基づく結婚ではなかった。すでに述べたように、当時、ローゼンツヴァイクはオイゲン・ローゼンシュトック夫人であるマルグリット（愛称グリットリ）を愛していたのである。マルグリットを取り巻いた男性にとって、彼女はミューズのような存在だった[18]。彼女は、ローゼンツヴァイクの『救済の星』やルドルフ・エーレンベルクの『ヘブル書一〇・二五』などにも生産的な影響を与えた[19]。しかしながら、ある意味で当然のことではあるが、このような関係の内実は決して穏やかなものではなかった[20]。彼女を取り囲む男性たちは、ときに嫉妬や憎悪に苦しみながらも、この奇妙な人間関係のなかから何らかの肯定的な恩恵を受けていた。しかし、とりわけ女性たちに対しては、この関係は苦しみしかもたらさなかった。ローゼンツヴァイクの母は、息子の隠すことのない人妻への愛に苦悩し——彼女は息子に対する独占欲が非常に強い人物でもあり、息子の自立や結婚に際して精神的に不安定になることがあった[21]——、一九一九年四月には自殺を試みている。それだけでなく、ローゼンツヴァイクの妻エディトやルドルフ・エーレンベルクの妻ヘレネ、そしてローゼンツヴァイクの母や妻のことをよく知っていた人々もこの関係に非常に傷ついたのだった。

また、ローゼンツヴァイクの結婚生活についても指摘しておくべきことがある。第一に、夫婦の生活は、当初あまりうまくいっていなかった。とりわけ、内向的なエディトは結婚以前からローゼンツヴァイクを愛していたのに対し、ローゼンツヴァイク自身はエディトを愛することができなかった。エディトは、性格的にもマルグリットとは対極的であり、その消極性や内向性も彼をいらだたせたようである[22]。第二に、ローゼンツヴァイクは結婚を機に、家庭で律法を守るようになったのだ。エディト自身はローゼンツヴァイク同様、同化したユダヤ人家庭の出身であったが、幼少のころからユダヤ教に関心をもっていた。きっかけは公立小学校の宗教教育の時間に、ユダヤ人とキリスト教徒で部屋を分けられたことにあったと、彼女は後に回想している[23]。その後、ユダヤ教に強い関心をもつようになったエディトは、子供に宗教やヘブライ語を教える資格過程を修め、教師となった。当時は女性がラビになる可能性はなかったため、彼女がたどった経歴は女性がとりうるなかでもっともユダヤ的なものだったといえる。ローゼンツヴァイクは、このようなエディトを評して、反シオニスト的で、正統派へと向かう傾向をもつと述べた。

彼女はユダヤ教に重要性を見出し、彼女なりの仕方でユダヤ教との関係を築いていったといえる。この点でローゼンツヴァイクとよく似た精神的遍歴をたどったといえよう。二人は結婚すると、家庭内で伝統的な律法に即した生活を送るようになった。家庭内に限定したのは、キリスト教徒の友人など、ドイツ社会との交際を続ける必要があったためである。このことに関してローゼンツヴァイクは「僕たちのユダヤ性は食物や飲み物のなかにあるわけではない」と述べている（一九二〇年一月一三日付エディト・ローゼンツヴァイク宛書簡、BT S. 659）。先に引用した書簡に書かれた、律法が家庭生活を救っているという所見は、このような家庭内での律法の遵守を背景としている。遵守すべき律法の方法や程度、その意味や目的、効果についての議論が夫婦の間の会話を取り持ち、彼らによい時間をもたらしたというのだ。[24]

ローゼンツヴァイク自身は、こうした実践に積極的な意味を見出していた。あるいは、見出そうとしていた。というのも、当初から愛に基づく結婚ではなかったために、彼は結婚の意義をユダヤ的な「家庭」を作ることに求めたのだ。[25] このことは、彼にとって生活の変化を意味した。というのも、それまで彼が過ごした家庭では、律法が事細かに守られるということはなかったからだ。[26]

それではこの時期、彼は家庭内で律法を守ることをどのようにとらえていたのだろうか。まずはマルグリット宛のある書簡をみてみたい。そこにはかなり暗い調子で次のように書かれている。

> 僕はエディトを愛することなしに、彼女と結婚した。そのために、僕の中で愛の力はまったく消えてしまい、一二歳か一〇歳の子供に戻ってしまったかのようだ。しかし僕はある雰囲気のなかで（つまり、ユダヤ的な雰囲気のなかで）生きているのだが、そこでは本来、僕の存在は、僕のなかに愛が存在するということによってしか正当化できない。したがって、僕がなすすべてのことは、虚偽なのだ。僕は生の仮象を演じ、生について語るが、屍にほかならない。（一九二一年二月三日付マルグリット・ローゼンシュトック宛書簡、Gritli-Briefe S. 721）

ローゼンツヴァイクが律法の根幹を愛の命令にみていたことはすでにみた。だからこそ、愛がない状態で形式的にユダヤ的な「雰囲気」を生きたところで、それは虚偽となってしまう。彼は自らの律法の実践を、生命を欠いた欺瞞的なものとみなしていたのだ。彼の息子ラファエルは、この時代のローゼンツヴァイクについて、『救済の星』で描いたユダヤ的な「生へ」と導く思想をもはやもちこたえられなくなっているのではないかと書いている（Gritli-Briefe S.1）。

しかし、こうしたすべてのことにもかかわらず、彼の晩年の思想を注意深く精査したエフライム・メイールが指摘するように、「まさにこの困難な時期に、ローゼンツヴァイクは律法を愛しはじめる」[27]。そのとき、彼に何が起こったのだろうか。どうすれば、それ自体副次的なものと評価し、自分自身でも生産的な関係を結ぶことができないでいた律法というものを愛することができるようになるのだろうか。この点を明らかにするためには、同じ時期に起こった別の変化に注目する必要がある。

迷える若者の模範として――ルドルフ・ハローへの精神的指導

ローゼンツヴァイクが実際に家庭のなかで困難な時間を過ごしていたということは疑いえない。また、伝統的な生活のなかにつねに生産的な意義を見出すことができたわけではないということも事実であろう。前節でみたように、彼は当時もっとも親密な関係にあったローゼンシュトック夫妻に対して、そうした内実を率直に吐露しているからだ。気のおけない友人に宛てたこうした手紙のなかには、そのほかにも、自由ユダヤ学院での講義がうまくいかないことへの失望、与えられた仕事に対するやりがいのなさのようなことまで記されていた。そこには確かに、ローゼンツヴァイクの「本音」[28]がしたためられており、ツァンクがいうようにそれまでのローゼンツヴァイク像に修正を迫るものだといえる。しかしながら、本音だけがその人間の全体を構成するわけではない。対自存在、対他存在といった言葉を持ち出すまでもなく、「建前」や偶然置かれた社会的な立場、他者との関係もまた、その人物を構成する重要な要素である。ローゼンツヴァイクの場合、この時期に、自由ユダヤ学院の講師として、他者に教える立場に立ったことが大きな意味をもった。また、同じ時期にルドルフ・ハローという青年と出会い、個人的に指導したことはさらに決定的な意味をもった。ハローへの指導を通して、彼は自身と律法の関係を見直してゆくのである。

ハローは、ローゼンツヴァイクと同じカッセル出身のユダヤ人であった。ローゼンツヴァイクはブーバーに対し、ハローを次のように紹介している。

〔今〕、わたしの希望を担っているのは、十歳年少のある友人です。わたしは彼のユダヤ教に関する成長に、意図せず――いや、意志に反してというべきでしょう――決定的に介入しました（彼は一九歳の時に、現状への不満から洗礼を受けたのです）。そのときの日々は（一九一九年の終わりのことでしたが）わたしに次のことを教えてくれました。すなわち、魂が健康であるか病気になるかを決するような決断というものが存在し、その前では宗派をめぐる問題――この問題をわたしはそれまで過剰に重視していました――は色あせてしまう、ということを。（一九二二年八月一九日付マルティン・ブーバー宛書簡、BT S. 810）

ここに書かれているように、ハローはキリスト教に改宗した後、再びユダヤ教に復帰した。ローゼンツヴァイクはそのとき、ハローのユダヤ教への回帰を導いたのである。そして、彼自身が認めているように、このような指導を通してローゼンツヴァイクもまた、重要な気づきをえた。

ハローに対する指導や助言――その多くはユダヤ人として生きるということはどういうことかをめぐっている――は口頭でなされたものも多かったはずで、書簡から垣間みることができる部分はわずかだ。しかし、残された書簡はどれもローゼンツヴァイクのその時々のユダヤ人理解をわかりやすく伝えている。ハローへの指導を通して、彼は、自分の言動が一人の若者の人生に大きな影響を与えるということを自覚した。ハロー宛の書簡はこうした自覚を踏まえて書かれており、自身のユダヤ人としての生についての決意表明とも読める。これは同時に、『救済の星』やその直後の講演で示した律法に対する理解をどのように自らの生活のなかに落とし込んでいくかをめぐる試行錯誤でもあった。

ハローはローゼンツヴァイクのユダヤ教への回帰を、憧れを込めてみていたようだ。ミュンヘン大学でのハローの友人で、後にハローを介してローゼンツヴァイクと親交をもつことになるゲルショム・ショーレム（一八九七―一九八二）は、後に後者について次のように回想している。「ブーバーとわたしの中間の年齢の男性でこれほどおびただしく、これほど猛烈にユダヤ的なことに熱中している人に、わたしはまだ一度も出会ったためしがなかったし、二度と出会うこともなかった」[29]。ショーレムが早くからユダヤ的なものに心を惹かれ、さまざまなユダヤ人と出会っていたことを考えるとき、彼がローゼンツヴァイクのユダヤ的なものへの傾倒を、このように評価していることは特筆すべきであろう。教育活動や思想、そして対話のなかに現われるローゼンツヴァイクのユダヤ的なものへの情熱は、とりわけハローやショーレムの世代に対して印象深いものだったのだ。このようなハローに対しローゼンツヴァイクは、ハローが自分の思い描く理想のユダヤ人像をローゼンツヴァイクに投影しようとすることを繰り返し拒んでいる。そして、ユダヤ的なものをなりふり構わず獲得しようと模索するハローを諫めつつ、ユダヤ人として生きることとはどういうことか説いて聞かせる。

まずは、一九二〇年一月の書簡から見てゆきたい。ローゼンツヴァイクはここで自らの婚約についてハローに説明している。彼はここでもハローに対し、自分にユダヤ的なものを押しつけて「ゲットーのなかに閉じ込め」ようとするのはやめてくれという。また別の個所では、次のように書いている。

> 僕が家庭でコシェルな仕方で［koscher 律法の規定を守って］生きるということを理由に、僕のことを信用するというのはやめてくれ。むしろ、自分の家庭の外ではそうしたことに少しも拘束されていないとは感じないという点から、僕を信用してほしい。

さらに、ユダヤ人女性であるエディトと婚約することについても「彼女が完全にユダヤ人女性だから」そうするのではなく、むしろ、「彼女が完全にユダヤ人女性であるにもかかわらず」婚約するのだと理解してほしいとも書いている（一九二〇年一月一四日付ルドルフ・ハロー宛書簡、BT S. 660）。

すでに述べたように、彼はユダヤ的な、律法に即した家庭を築くことに肯定的な意味を見出そうとしていた。別の言い方をするなら、エディトを愛していないにもかかわらず結婚したことの理由は、家庭を作りユダヤ人として一人前になるためであったともいえる。事実、同じ時期にエディトに宛てた書簡では、上記のハロー宛の書簡にも言及しながら、「ゲットーを作るのではなく、家庭を作ろう」(一九二〇年一月一三日付エディト・ローゼンツヴァイク宛書簡、BT S. 659) と呼びかけているし、ハローの友人(後のハロー夫人)に対しても「家庭をもつ者は、家庭をもたない者に勝る」(一九一九年一二月三一日付ゲルトルト・ルーベンゾーン宛書簡、BT S. 658) ことを確認している。こうしたユダヤ的家庭の位置づけは、「[一人ひとりのユダヤ人は] 結婚を通してはじめて、完全な意味で民の一員となる。[……] トーラーこそ、すなわちトーラーを学び守ることこそ、いつの時代にも求められるユダヤ的生の根本なのだが、結婚とともにこうした生の完全な現実化がはじまるのだ」(SE S. 362) という『救済の星』の記述――それは伝統的なユダヤ教の家族観でもある――とも一致する。しかしそうであるなら、ローゼンツヴァイクがハローに対し、家庭で律法を守る点を過大に評価するなと要求したことの背景には、どのような意図があったのだろうか。

第一に、ここには盲目的に律法を守ることには意味がないという思想をみることができる。それは、伝統的生活を「ゲットー」[30]と表現していることからもうかがえるし、より直接的には同時代の正統派に対する批判としても表現されている。このとき、惰性ではなく自由意志によって律法を守ればよいと教えているのかといえば、そういうわけでもない。年少の別の知人に対して、ローゼンツヴァイクは、タルムードの一節を参照しながら次のように書いている。すなわち、その一節によれば、神はかつて、イスラエルの民の上にシナイ山をかぶせ、トーラーを受け入れるかどうか問い質したという。

[この律法の授受の場面の] どこに自由があるのでしょう? これは「強制」ではないでしょうか? そう、もちろんこれは強制なのです。むしろ、こうした強制があるからこそ、生は生きるに値するのです。実際、

それは生きるに値します。というのも、わたしたちは強いられているのですから。「われわれではなく、主こそがわれわれを造られた。〔「詩篇」第一〇〇章第三節〕のですから」（一九一九年一二月二二日付マヴリク・カーン宛書簡、BT S. 657）

つまり、律法を守るか守らないかという二者択一ではなく、神からの命令、強制とそれに対する人間の応答の仕方が問題になっている。

第二に、再びハロー宛の書簡の内容に戻るが、目指されているのはなにより「生き生きとした生」を生きることだとされている（一九二〇年一月一四日付ルドルフ・ハロー宛書簡、BT S. 661）。ローゼンツヴァイクによれば、大戦後のドイツにおいては、ユダヤ教の伝統の墨守もドイツ的な価値への固執も、ともに死の刻印が押されている。だから、伝統や文化にこだわるのではなく、今このときに、それぞれの人にそれぞれの仕方で生起していることを大切にしなければならない。それこそがなんらか「生き生きとしたもの」である。ハローに即していえば、律法などの伝統ではなく、彼がユダヤ教への回帰を必要と感じるようになったという事実こそ、この生き生きとしたものの生起にほかならない。だからこそそれは、死の刻印を帯びた正統派的なものにからめとられてしまってはいけないのだ。ローゼンツヴァイクはこの書簡でこのような生き生きとしたものの生起を啓示と呼び、これをありのままに受け止め「われわれは罪を犯しました」というヨム・キプールの儀礼で唱える言葉を発すればよいとしている（同書簡、BT S. 662）。

第三に、啓示の生起や、生きるべき生の形に関する独特な個人主義を指摘できる。どのような仕方で生きるべきかという問題は究極的には個人に委ねられている。教育論においても論じられていたように、「ユダヤ的人間」になるための決まったレシピのようなものはなく、一人ひとりの人間がそれぞれの仕方で生をまっとうする人間になるべきとされる。ローゼンツヴァイクが家庭のなかで律法を守るのも、それが正しい方法だからではない。むしろ、家庭のなかでは律法を守り、外ではそれにとらわれないという組み合わせこそが彼なりの生き方だというのである。ただし、この時、方法は人によって異なっても、啓示や生きることそのものが人間に対してもつ意味は等しい。このような興味深い事態を、ローゼンツヴァイクは「経験」という概念を用いて説明している。

君は、君自身の経験を否認し、ひどくけなそうとするが、いくらそんなことをしようと、それはなくなることはない。というのも、それは決してもはや君ひとりの経験ではなく、君の経験であると同時に僕の経験でもあるのだから。（同書簡、BT S. 662）

ハローの経験、つまり、宗教的なものへの再接近を目指す彼の道行きは彼に固有なものでありながら、ローゼンツヴァイクの経験でもあるという。ある特別な経験が、各人にもっとも固有なものとして、普遍性をもつという構図は、第七章の罪の議論でもみた。そこでは、一人ひとり異なる罪が、しかし誰もが固有な罪を抱えるという意味で同一であるということから、同一の救済、普遍的な救済の可能性が論じられていた。宗教への接近、「ユダヤ的人間」になることも、まさに、それが救済に直結しているという意味において、罪の問題と同じ構図でとらえられるのだ。最後の章に詳しく論じるが、ローゼンツヴァイクは最晩年、一人ひとりの人間の宗教的「経験」、つまり宗教的生の（再）獲得の個人的局面を主題化していく。『救済の星』にいたる過程で深められた啓示に関する思索が、具体的な人物に即して考察されるときに、「経験」という概念が導入されたということは注目に値する。

この後もハローに対する指導は続けられた。たとえばある書簡には、伝統は松葉づえのようにそれに寄りすがって生きるものではなく、ステッキのような、生きるための単なる補助具と考えるべきだという助言がみられる（一九二〇年七月頃ルドルフ・ハロー宛書簡、BT S. 676）。また、ハローがユダヤ人としての生き方に関してショーレムから批判され、動揺した際には、「自分がユダヤ人だという確信を、君が安易に獲得したなどということは決してない。そのことについては僕を信じてくれていいし、実際、僕は立ち会っていた」と励ましている。そして、ローゼンツヴァイク、ショーレム、ハローとそれぞれ方法は違うが、「あらゆる道はわれわれをわれわれへと導く」はずだとしている（一九二一年二月二五日付ルドルフ・ハロー宛書簡、BT S. 694）。

これらの書簡において、ローゼンツヴァイクは自負とともに自らのユダヤ人としての生き方を、ハローに示した。こうした書簡が、まさに夫婦生活の困難を吐露していた時期に書かれたことは興味深い。この時期の彼の生活は、必ずしもつねに苦しい――愛の不在や自己嫌悪のために――ばかりではなく、自己の生を肯定できる瞬間もあったのだ。実際、幼馴染であるゲルトルト・オッペンハイムに対して次のように語るとき、そこに重苦しさはない。

> ここでの祭日〔ヨム・キプールなど一連の新年の祭り〕はとても素晴らしかったよ。僕たちはみるみる「正統派化」している。というのも、きちんと〔家庭の内外を〕区別するためには「これとこれは禁止」というのを厳格に適用する必要があるからだ。たとえば、原則的に電話をまったく使わない日があるということを考えてごらんよ！　とりわけ、そうでなければ半日は電話線を離さない今の僕のような人物が。（一九二〇年九月二九日付ゲルトルト・オッペンハイム宛書簡、BT S. 688f.)

ここからは、律法を守る生活にローゼンツヴァイクが馴染んできただけでなく、それを楽しんでいる様子すら読み取れる。

ローゼンツヴァイクは、ハローを指導する際、自身の言動がユダヤ教への回帰をめざす若年のユダヤ人に大きな影響を与えるということを自覚した。当時、彼自身は、ユダヤ人として生きるということについて――とりわけ結婚生活と律法遵守の方法について――迷いがなかったわけではないが、ハローに対しては毅然とした態度で親身に接した。事実、ハローに対して自らの生き方を一例としつつ、「あらゆる道はわれわれをわれわれへと導く」と述べたとき、彼はもっとも身近な「われわれ」の一員として、つまりユダヤ的人間の一人としてハローに対峙したのだ。

このようにグリットリへの書簡で打ち明けられた内面的苦悩とはうらはらに、若者の教育的指導においては、旧来の律法の実践は、決して無意味なこととはされていない。確かに、律法の盲目的実践には一貫して価値や意義は認められない。しかし、各人が自分なりの仕方でおこなうならば、旧来の律法の実践もユダヤ的生の一部をなすのである。また、最後に確認したようにローゼンツヴァイクは、律法を守る日常的な生活に、単なる義務感ではなく喜びや楽しさを見出すこともあったようだ。ここに、ローゼンツヴァイクの律法に対する評価が好転していくいくつかの背景をみることができるだろう。

三　ユダヤ人として生きるということ
生を通してユダヤ人であることを実証する

ここで「新しい律法」についてもう一度考えてみたい。一九二〇年から翌年にかけて、彼は自身と律法の関係について、自分がユダヤ人としてどのように生きるべきかという観点から実践的に考えていた。律法をユダヤ教の啓示の本質と考え、盲目的に律法を遵守する同時代の正統派のやり方は、彼には欺瞞的に思われた。また、ユダヤ人として生きるのに決まった方法はなく、個人によってさまざまな方法が可能であるはずだとも考えていた。旧来の律法の遵守をある種の偶像崇拝ととらえ、「新しい律法」を求めたとき、彼は、一度は既存の律法の意義を完全に否定するところまで進みかけた。しかし、若者を指導するなかで、それに肯定的意義を認めるようになっていった。そして、このことと対応するように「新しい律法」という概念は用いられなくなる。一九二二年のいくつかの書簡からは、こうした内的葛藤をともなう律法への実践的取り組みがひと段落したことがうかがえる。

〔新年になって〕日付が新たになることについては、僕はもう何も感じない。なんというか、僕はキリスト教的な年代の数え方の外に出てしまっている。戦争中はみな、千九百何十何年には何が起こるのだろうかといつも考えていたから、僕もキリスト教的な年代の数え方にどっぷりと浸っていた。今年はもう、ユダヤ教の年のなかだけに浸っている。（一九二二年一月一日マルグリット・ローゼンシュトック宛書簡、Gritli-Briefe S. 790）

この書簡を書いた時期、彼はマルグリットとは距離を置くようになっていたが[31]、エディトとの関係は依然としてぎこちないものだった[32]。彼は、このような時期に、自身が完全にユダヤ教の時間性のなかで生きているということを表明している。

さらに、同年一月五日にエドゥアルト・シュトラウス（一八七六―一九五二）に宛てた書簡（BT S. 737f.）では、律法に定められた供犠の問題について論じながら、従来の律法の意義を肯定的に評価した。すなわち、ユダヤの律法は、神殿における祭儀や供犠の方法を事細かに定めている。しかし、これらの細則は、神殿が破壊されてからは履行することができなくなっていた。ユダヤ人たちは日々の祈りで、将来再び神殿で供犠をおこなうことができるよう祈ってきたが、一九世紀にはいると、リベラル派の一部はドイツ社会への同化を妨げるとして祈りの文言から供犠の再興の祈願を削除しようとした。同化を目指すリベラル派の目には、動物を生贄として捧げたり、供犠を通して神に働きかけたりすることは、いかにも古代の野蛮な風習であるように映ったし、エルサレムに神殿を再建し祭司を中心とする儀礼を復活させることは、彼らが思い描いた道徳的一神教としてのユダヤ教というイメージとはかけ離れていたからである。このように律法における供犠の規定は、イスラエルの民がエルサレムを追われて以来ずっと履行されておらず、その目的も現在となっては不明瞭となっていた。このため、神の命令だから、伝統だから保持するという正統派のやり方をとらずに、現在なおそうした掟を擁護することは困難であった。

ローゼンツヴァイクはこの書簡でこの困難に挑んでいる。彼はまず、一般に供犠は事物にかかわり、啓示は言葉にかかわるとしたうえで、供犠はいかに救済とかかわるのか——というのもユダヤ人はメシアの時代に供犠を再びおこなうことを祈る——という問いを立てる。一般的には、事物と言葉は端的に対立する。啓示宗教においては、神と人間は言葉を介して交流することができるため、人間を物体として捧げる「人身御供は啓示とともに終わりを迎えた」。それでは、ユダヤ人はなぜ供犠の再興を祈るのだろうか。ローゼンツヴァイクはヨム・キプールに唱える祈り「主は、すべての生きるものの眼前で、もう一度、「汝らの神である」という言葉をわたしたちに聞かせてくださるでしょう」に注意を促す。この一連の祈りのなかで会衆は、救済が訪れ「主が全世界の王となり、その日には主だけが唯一のものとなり、主の名が唯一となる[33]」ことを予見し、この日の到来を祈る。

ローゼンツヴァイクはこの箇所を次のように解釈する。すなわち、主こそが神であるということは啓示においてすでに告知された。ユダヤ人が祈るのは、将来、ありとあらゆる生きとし生けるものの眼前で、再びこのことが告知されることである。それは誰の目にも明らかでなくてはならないから、なんらかの仕方で「「社会的」に、つまり人間と人間の間で実現」される。それはおそらくは、リベラル派のいうように、理念としての「言葉」に基づいて実現される世界平和のようなものでもあるだろう。しかしこのとき、事物がすべて捨象されてしまうということはない。このときにもなお、事物は事物として残るのである。ローゼンツヴァイクはいう。

僕は自分の隣人を神のために愛さなくてはならない。それだけでなく事物もまた、僕は神のために用いなくてはならないのではないか？　律法は僕にまさにこのことを命じる。律法は確かに僕を事物の主とするのだが、あらゆる場面で僕の事物に対する支配権を制限することによって主としてのあり方を定める。供犠はこうした制限のうちでもっともはっきりと目に見えるものだ。なぜなら、第一にそれは肯定文による掟であって禁止ではないためであり（ただ肯定文の掟だけが可視性に関係する）、第二にそれは世俗的な目的から完全に外れているからである。（同書簡、BT S. 738）

供犠に関する律法は、事物に対する人間のかかわり方を神との関係で規定する。神の命令として、合理的な目的から完全に外れた仕方で事物を扱うことで、人間と世界との関係もまた神の管理下にあるということがはっきりと示される。それも、こうした掟が「……すべし」という肯定文の形で具体的に定められるがゆえに、神と世界と人間との関係がそれを履行することで可視的になるのだ。ローゼンツヴァイクは次のようにいう。今日ではただ家庭で、安息日のパンを焼く際に生地の一部を捧げるほかは供犠らしい供犠はおこなわれていない。しかし、「ユダヤ的に供犠がおこなわれうるところでは、神が望むような事物の秩序が打ち立てられているのだ。このような秩序は供犠を通して打ち立てられるわけではなく、供犠そのものが、こうした秩序が打ち立てられていることの、明示的な徴なのだ」（同書簡、BT S. 738）。つまり人間は、律法に書かれた命令（肯定文の掟）に従うことで、神の意志に適うような仕方で世界と関係する。また、律法が守られるとき、そのことは世界における事物が神の意志の通りに秩序づけられていることを示す徴となるのだ。

かつてローゼンツヴァイクは、祭儀に関する規定も含めて、あらゆる肯定文の掟の内容は神からの隣人愛の命令に還元されるとしていた。しかし、ここでは律法の遵守の意味がより内容豊かに理解されている。それは単に人間と神の関係に尽きるものではない。神と人間と世界の関係に深くかかわるものなのだ。だから、神殿を再建し再び祭儀をおこなえるよう祈ることは、決して時代遅れなことでも、狭隘な民族主義的欲望の表出でもない。そうではなく、全世界や事物を包摂する普遍的な救済を彼らなりの仕方で求めることにほかならないのだ。

このような言明は、ローゼンツヴァイクの律法についての理解が著しく深まったことを示している。[34] 完全にユダヤ的な暦のなかに生きているという感想も併せて考えるとき、ローゼンツヴァイクは一九二二年の初頭には、古い律法の意味やその実践について肯定的に捉えることができるようになっていたとみることができそうだ。

事実、この年の三月に書かれたハロー宛の書簡（一九二二年三月二七日付ルドルフ・ハロー宛書簡、BT S. 761f.）は、晩年のローゼンツヴァイクの律法理解を総括したものとみることができそうな内容をもつ。この書簡で彼はまず、律法を守ることの容易さを強調しつつ次のように書いている。「律法はとても人に馴染んだものであるから、その気になれば、僕も明日の朝からはじめることだってできる。そうしたとして、ぎこちないところはまったくないだろう」。だからこそ、反動的な正統派がおこなうように、ただ律法を守ること、盲目的にすべての律法を守ることには意味がない。「ユダヤ教は律法ではない。ユダヤ教は律法をもたらす。しかしユダヤ教は律法そのものというわけではない。それが「なにであるか」といえば、ユダヤ人であることである。僕は『救済の星』でそう書いたし、それが正しいとわかっている」。「しかし、」とローゼンツヴァイクは続ける。「君も今にわかるだろうが、この本の後に生がはじまる（『救済の星』の最後の言葉をみよ）。理論の後に生を通した〔理論の〕実証が。「生」という語を強調してほしい。生を通した実証なんだ」。

ここまでは、先に、ユダヤ人としてのあり方にかかわる個人主義として指摘した見解を踏襲している。正統派への批判もこれまでにみた議論と同型のものだ。しかし、ここからローゼンツヴァイクは律法の積極的な意義を論じてゆく。すなわち、この「生を通した実証」に際して、つまり、生きることそのものを通してユダヤ人であるということを証示しようとする際に、律法の実践の仕方が重要な問題となるというのだ。彼は、律法を墨守する正統派のやり方をこれまでとは異なる方向から批判することからはじめる。

> シュルハン・アルーフ〔ユダヤ教の細かな掟をまとめたもの〕を受け入れることは、むしろ生の放棄を通した実証というべきだろう。というのもそれは、（部分的な）修道院〔のような宗教的で外部から閉ざされた生活〕と、その外での、実証としては価値をもたない（やはり部分的な）〔世俗的〕生活との組み合わせなのだ。正統派は、律法の最終的な形態が崩れてしまってから、このような分割のなかを生きている。（同書簡、BT S. 762f.)

ドイツの正統派は、守るべき規則を書き出して（シュルハン・アルーフ）、それだけをおこなうことに集中する。

彼らは、書き出された諸規則が指示する事柄に関しては、修道院での生活にも比すべき厳密さをもって遂行する。しかし、生活のそれ以外の部分については、律法による指定がないため意のままに過ごしてよいと考える。これこそが、生き馬の目を抜くような資本主義的競争社会を生き抜いてゆくための、近代西ヨーロッパの正統派の処世術であった。このような生き方は、ユダヤ人の生の全体を、律法が定めるユダヤ的な領域と、その支配が及ばない非ユダヤ的な領域に分割してしまっている。「生を通した実証」は、生の全体によるものでなければならない。だからこそ、正統派のやり方は生を通した実証というよりは、ユダヤ的な生の放棄であるとローゼンツヴァイクはいうのである。

つまり、その人の生そのものを通してユダヤ人であることを確証していくという観点から考えるとき——ローゼンツヴァイクは現代のユダヤ人はこのような視点からユダヤ教を捉えなおしていかなくてはならないと考えている——、同時代のドイツの正統派はその伝統への忠誠のみかけにもかかわらず、意識における徹底性という点に関して、むしろ不十分なのだ。一つひとつの律法の細則に関しては、人によって守ることができたりできなかったりするだろう。そのこと自体は大きな問題ではない。そうではなく、生活のなかに律法が及ばない部分をつくらないことが重要なのである。彼は、新約聖書のパウロの議論を参照しつつ、「申命記」におけるイスラエルへの律法の授与の場面を取り上げながら、律法とユダヤ人の生との関係を次のように規定しなおす。

> かの古の原則「これこそが、人間がそれに従って生きるべき律法である」——つまり〔人間がそれに即して〕「死ぬのではなく生きる」べきとされている——、この原則こそが、今日原則なるものがなお存在すべきとすれば、われわれの律法の実践の上に掲げられなければならない。（同書簡、BT S. 763）

律法は、一人ひとりのユダヤ人が、自分の生を通してユダヤ人であることを実証してゆくという大原則のもとで理解され、実践されなければならない。ここで論じられているのは、生活を全面的にユダヤ的なものとするという壮大な理想である。有限で具体的な規則だけを守ればよい、というのではなく、なすことのすべてが、生きることの全体がユダヤ人であることの表現であるようにせよ、というのだ。このとき、旧来の律法を守ることもまた、ユダヤ人として生きるという積極的な意識とともにおこなわれるとき、一つの有力な表現の方法となる。(35)

日常の全体を聖なるものにする——論文「建てる者たち」

このような律法と生の関係に関する考え方には、自由主義的で個人主義的な考え方と、新たに芽生えつつあった律法を守ることへの愛着とが独特の仕方で同居している。ユダヤ人として生きる仕方は、人によりさまざまである。また、律法の遵守の程度も人によってさまざまでありうる。しかし、生そのものは全面的にユダヤ的なものでなくてはならない。彼は、自身の生における律法の実践についても、こうした肯定的な意識のもとに、「生を通した実証」の一環としておこなった。

このことを踏まえるとき、彼の律法論の集大成ともいえる論文「建てる者たち」が、マルティン・ブーバーへの公開書簡という形式で書かれたことは注目に値する。ブーバーは当時、既存のユダヤ教の厳しい批判者として、そして、伝統にはとらわれない新しいユダヤ教の唱道者としてユダヤ人社会の内外に知られていた。また、ブーバーが律法を軽視し、実際に生活のなかでそれを守っていないということもよく知られていた。(36)このようなブーバーに対してローゼンツヴァイクは旧来の律法の意義を再評価する者として対峙したのである。まずは、その内容を簡単に確認し、この論文の意義を評価したい。

「建てる者たち」(Die Bauleute) というタイトルはタルムードの一節に因む。(37)そこには、「あなたの子らは皆、主について教えを受け、あなたの子らには平和が豊かにある」(「イザヤ書」第五四章第一三節) という聖句の解釈をめぐるラビたちの議論が収められている。ラビ・ハニナの名において語るラビ・エリエゼルによれば、この「子ら (banayik)」という語は別の子音を当てて「建てる者たち (bonayik)」と読むべきであり、その意味は、賢者の弟子たちが地上に平和を広げるというものである。そして、「詩篇」に歌われる、「あなたの律法を愛する人には豊かな平和があり、つまずかせるものはありません」(「詩篇」第一一九章第一六五節)、平和は神の「城壁のうちにある」(「詩篇」第一二二章第七節)といった言葉がこの解釈を支持する証拠として引用される。ここで問題となっているのは、救済と律法の関係にほかならない。議論されているのは、救済をえるためには、ただ「子」であればよいのか、つまり、ただユダヤ人として生まれるだけでよいのか、それとも、律法に対するコミットメントが必要なのかという問題なのである。ラビ・ハニナは、ただ「子」であるだけでは、救済に与ることができないとしていた。賢者の弟子たち、つまり律法を愛し、学習し、実践する者こそが、地上に平和をもたらし、平和を享受するのだ。

ローゼンツヴァイクは、このようなタルムードの議論を踏まえ、現代社会においてユダヤ人として生きることと、律法の遵守がどのように関係するのかを論じてゆく。彼はまず、ブーバーを次のように批判する。かつてブーバーは、聖書の預言者の思想――信仰の形骸化に対する厳しい批判を含む――と伝統的ユダヤ教――律法の釈義と遵守を活動の中心としていた――とを対照的なものとして捉え、前者をユダヤ教の本来的部分、後者を非本来的部分として理解していた。しかし、およそ十年の間にブーバーの思想も発展し、後の講演では、伝統のなかにも本来の生き生きとしたユダヤ教が隠されているといった理解がなされるようになった。つまり、ブーバーの思想が発展し変化した結果、かつての表層的な本来性、非本来性の区分は実質的に解消した。しかし、それにもかかわらず、ブーバーの律法に対する評価は変わることがなかった。ローゼンツヴァイクによれば、ブーバーは当初から、近代西欧の正統派が矮小化した律法だけを律法とみている。しかし、数千年にわたってユダヤ人の生に随伴してきた律法は、本来より豊穣で、重層的なものなのではないか。ローゼンツヴァイクの批判は、こうして、近代の正統派の狭隘な律法理解と、それだけを律法とみなすブーバーの過誤の両方に向けられる。

ローゼンツヴァイクは、近代西欧の正統派の過誤を次のように断じる。彼らは、律法をなお保持し続ける理由を、神がそれをシナイ山でイスラエルの民に与えたからという一点に求めた。神が与えた律法なのだから、どんなことがあっても守らなくてはいけない、というようにである。しかし、ここには倒錯がある。そもそも、律法を守るのにどうして理由が必要なのだろうか。律法を守るために理由が必要となってしまったということは、律法に対する自然で、肯定的な関係が失われてしまったということである。これこそが、近代ヨーロッパにおいてユダヤ教が経験した最大の問題なのだ。ザムゾン・ラファエル・ヒルシュら、近代の正統派はこの新しい問題に直面して、あらたに、ユダヤ人としての生き方を打ち立てようとしたわけだが、彼らが律法の神的起源への信仰という小さな基盤の上に構想した生き方は非常にいびつで危ういものであった。

それでは、本来律法とはどのようなものだったのか。ローゼンツヴァイクは、律法は、「その起源に関する怪しげな歴史的理論や、拘束力に関する疑似法学的な理論を、受け入れるか拒絶するかの二者択一で片づけてしまえるようなものではない」という (Die Bauleute, S. 704)。つまり、律法とユダヤ人の関係は、その成立に関する神話を信じるかどうか、あるいは、そこから具体的な掟を有限個書き出してそれに従うかどうかといった水準に収まるものではない。むしろ、ユダヤ人の生と律法――そしてユダヤ人の生と聖なる教えの学び――は、そもそも不可分なのだ。

ローゼンツヴァイクはいう。われわれユダヤ人はすでに、律法と教えへとつづく「道のはじまりに立っており、一歩一歩、自ら歩みを進めてゆかなければならない」のだ、と (同箇所)。一九世紀を通してユダヤ人たちは、律法や教えを肯定するか否定するか任意に態度を決したり、あるいはまた、選択的に受容したりする自由をもつかのように誤認してきた。しかし、ユダヤ人と律法や教えとの結びつきはより根源的である。そして、まさにこの結びつきが根源的であるからこそ、いかに律法や教えから遠く隔たっても、ユダヤ人である限り、その足下からは律法や教えへと戻る道が通じている。

ここには一九二二年のハロー宛の書簡で示された律法に関する見解が、より明確な形をとって表現されたといえる。第一に、ローゼンツヴァイクはユダヤ人と律法との関係を必然的なものと捉えている。この論文では、律法と教えは「われわれは何をなすべきなのか？」という問いにかかわる「双子の問題」として扱われる (Die

Bauleute, S. 700)。「学ぶこと」すなわち教育の問題がローゼンツヴァイクにとってユダヤ人として生きるという課題に深くかかわるものであったことはすでにみた。彼はここで、学びの問題と同程度に重要な問題として、律法を取り上げているのだ。また、彼はこの論文で、ユダヤ人として生きることを主に意識や自覚の問題とみなしていたブーバーを名指しで批判する。ユダヤ人と律法との関係は単に不可避であるだけでなく、律法の遵守にはユダヤ人として生きる上で積極的な意味があるというのだ。

第二に、律法や教えに対するユダヤ人の関係は、ここで道を進んでゆくことと表現されている。ルドルフ・ハローに対する書簡などにおいてすでに示されていた見解が、あらためて公刊物のなかでも採用された形だ。『救済の星』においては、ユダヤ人はすでに神の下にありゴールに到達しているとされ（SE S. 364）、「道」はキリスト教徒のあり方だとされていた(38)。しかし、ここではユダヤ人もまた途上にあるとされている。この時代のユダヤ人は、単にユダヤ人として生まれ生活するだけでは本来の仕方でユダヤ人として生きることにはならない(39)。彼らは自己の本来のあり方から疎外されており、ユダヤ人として生きるということそのものが、一人ひとりにとっての課題となってしまっている。教えと律法へといたる道をゆくこと、つまり、ユダヤ教についてのさまざまなことを学び、そして、伝統的に守られてきたさまざまな律法を守ること――ユダヤ教の律法の総体を意味するハラハーという語は、まさに「道」や「歩み」を意味する――は、このような本来的な生き方を獲得してゆくための具体的な方法なのだ。

もちろん、こうした歩みそのものが自己目的化してしまってはいけない。伝統的な教えの解釈やユダヤ教のさまざまなあり方について知ること、律法を伝統的な仕方で守ることは、ここでは「苦労が多く、ゴールのない回り道」であるともいわれる。しかし、この論文では、こうした「回り道」も決して無駄なものではないとされるのだ（Die Bauleute, S. 704）。

それでは、ローゼンツヴァイクは、「道」を歩むことの先に何を見据えているのだろうか。ここでは、ルドルフ・ハロー宛の書簡にみられた、生活の全体をユダヤ的なものとするという理想がより詳細に論じられている。

生活をユダヤ的な部分と非ユダヤ的部分に切り分けてしまう正統派の方法は、ここでもあらためて批判される。すなわち、本来、これからおこなおうとする行為に関して「はじめから「許容されている」ことなど存在しない」のだ——ここには、行為における寄る辺なさを問題化した若きローゼンツヴァイクの思想の残響が聞こえる。むしろ「正統派が彼らの原則にしたがって明け渡してしまった領域こそ、ユダヤ的に形成されていかなくてはならない」。言い換えるならば、通常、律法の規定が及ぶとは考えられていない、日常の生活のありとあらゆる部分が、あらためて意識的にユダヤ的におこなわれなければならないのだ。「原則として、生のいかなる領域ももはや放棄されてはならない」のである。実際、ユダヤ的に生活がおこなわれている現実的な場面では——彼の言い方では「生きたユダヤ教」が実践されている場面では——、律法によっては規定されていないさまざまな慣習、たとえば「母から娘に口頭で伝えられる料理のレシピに含まれる無数の習慣」のようなものもまた、律法に明記された掟とおなじくらい注意深く守られている。そして何より、こうした遵守は、なんらかの強制や理由づけがあっておこなわれているわけではない。むしろ、習慣的ないし感覚的に、そうすべきであるということがあまりにも当然であるから、いわば自然におこなわれるのだ。

彼はこのように、「生きたユダヤ教」の特徴をユダヤ教の家庭生活を例に説明する。ここには彼自身が家庭生活を送るなかで学んだことも反映されているに違いない。そして、律法の規定がその他の慣習などともまじりあいながら、強制としてではなく、自然なこととして能動的におこなわれる状態こそ、ユダヤ人の生の本来の姿だというのだ。ここでは、「しなければならない」「してはいけない」といった強制性は影を潜め、「できる」「する」という能動性が支配的となる。すなわち各人のあらゆるおこないに関して、習慣や感覚にかかわるような仕方で関係してくる律法の諸規定を、各人が自分にも「できる」こととして積極的に引き受け、実践するということが起こる。

彼が理想とするのはまさにこの状態だ。しかしながら、律法を守るのに理由が必要となってしまった現代のユダヤ人は、こうした状態から遠いところにある。だからこそ、律法や教えと安定した関係に入り、ユダヤ人としてのあるべき生き方に到達しなければならない。道を歩むこととは、各人にできる仕方でユダヤ教の教えを学び、律法を実践することである。もちろん、繰り返しになるが、ユダヤ人としての本来の生は、こうした学びや実践の後に自動的にえられるわけではない。このような生は、知識としての学びや、強制としての実践とは水準を異にしているからだ。教えはイスラエルの民と神との関係の長い歴史を含む。一人ひとりのユダヤ人はこの歴史をただ知るだけでなく、それを貫く父祖からの「黄金の鎖」に自ら加わらなくてはならない（Die Bauleute, S. 705）。律法の実践についても同様である。先にみた家庭生活の例からもうかがえるように、何らかの強制に基づいて律法の諸規定を実践しているうちは、そのおこないが完全にユダヤ的になったとはいえない。そうではなく、おこないのすべてが自然で能動的な仕方で、ユダヤ的になされるようでなくてはならない。これをローゼンツヴァイクは「私はしなければならない」（Ich muss）から「私はできる」（Ich kann）への「跳躍」とよんでいる（Die Bauleute, S. 708）。

教えと律法は、生のなかに完全に溶け込まなくてはならない。ここで「跳躍」という言葉が用いられるのは、この二つの状態の間の移行が地続きではないからだ。つまり、学びを通してなすべきことを理解し、実際にそうしたことを実践しながらも、行為と心の状態が調和しないことがある。たとえば、面倒と感じながら律法を実践するような状態だ。こうした状態から、何ら違和感を覚えることなくユダヤ人として日常生活を生きる状態へと移行するには、何らかの変容が起こらなくてはならない。このとき、ローゼンツヴァイクの考えでは、学びや実践の直接の帰結として、こうした変容が生じるわけではない。学びや実践の道のりが「回り道」であるともいわれるのはこのためである。しかし、こうした「回り道」は決して無意味ではない。それを経由することで、この最後の跳躍を確固たる自信をもって踏み切ることができる。それは最後の「跳躍に確信を与える」のだ（Die Bauleute, S. 704）。

恩寵を待つこと——意志の能動性の限界

ローゼンツヴァイクは、このような跳躍は、単に意識上のものであるというよりは、身体的な慣れも含む総体的なものであって、意志や決断、あるいは努力を通していわば自力で獲得できるものではないと考えていた。彼はこのことを、論文「建てる者たち」を発表したころにオイゲン・ローゼンシュトックに宛てた書簡のなかで書いている。

〔この論文の要点は、〕人生において起こった危機の結果すぐに思いつくような、律法への決死の跳躍に対する警告にほかならない。むしろ、大きな危機が起こったとしてもなお、つねに、小さな、比較的小さな出来事を待たなければならない。このような出来事が、それが人生のなかにもたらすエネルギーを通して、新たな「私はできる」を実現するのだ。(一九二四年八月二五日付オイゲン・ローゼンシュトック宛書簡、BT S. 984)

あたかも決死の跳躍をおこなうかのように、思い切ってユダヤ教へと回帰し、律法を遵守しはじめることを、ローゼンツヴァイクは否定的に捉えている。そして、何もわからないまま決断するのではなく、自分が動き出すための力を与えるようななんらかの出来事を待つべきだとする。

このような警告の背景には、ハローへの指導の経験があった。彼はハローと接して、『救済の星』が、若者を誤った仕方でユダヤ教へと導いてしまったと考えるにいたったのだ(一九二四年六月九日付ゲルトルト・オッペンハイム宛書簡、BT S. 969)。彼のハローとのやり取りをもう少しみてみよう。一九二二年の書簡では次のように述べられていた。

君は、律法を守るのが難しいと思うのかい？　けれど、人々をみてごらんよ。それはとても生活になじんだ法で、もし私が望むなら明日の朝からでもはじめられるだろう。〔……〕想像してみたまえ。わたしがもし、君が求めていることをしたとしよう。つまり、〔ドイツの正統派〕ザムゾン・ラファエル・ヒルシュが、解放された西欧ユダヤ人にもなお遵守できるようにした形式において、律法を受け入れるとしよう。それが君にとって何になるというのだ？〔……〕君は、誤認された「全」に、君の立ち位置だとして主張している「無」を対置できることに満足するかもしれない。実際、今日そのようなことをおこなう者は多い。わたしはこうした全か無かの政治学を断固拒否する。われわれには、全でも無でもなく、ただ何かしらのはっきりしないものが属している。このような何かがわれわれには与えられており、このなかでわれわれは自らを整えてなんとかやっていかなければならないのだ。（一九二二年三月二七日付ルドルフ・ハロー宛書簡、BT S. 761f.）

ユダヤ教へと決断するきっかけを欲していたハローは、ローゼンツヴァイクのなかに精神的な指導者を見出した。ハローにとってローゼンツヴァイクは、現代における「バル・テシュヴァ」つまりユダヤ教へと回帰した者であり、自らの道行きの先達だったからだ。この書簡によれば、彼はローゼンツヴァイクが正統派のように律法を遵守することを望んだらしい。ユダヤ教へと回帰したローゼンツヴァイクを、律法の実践者としてさらに理想化することで、自身の回帰の動機づけにしようとしたのだ。

ローゼンツヴァイクは、ハローのこのような振る舞いをいさめた。律法を守ることとは、もっと簡単で日常的な生活に即したことがらである。何もない状態から、全実存をかけて飛び込むようなものではない。あいまいさのなかで、日常のごく普通の生活——それは力を込めて、意識されておこなうことではない——を送ることからはじめればよいし、そこからしかはじめることができないというのだ。先の書簡を合わせて考えるなら、そのような生活のなかで、ある小さな出来事が起こるのだ。この小さなきっかけが到来することで、一人のユダヤ人は、生におけるあらゆるおこないをユダヤ的なものとしておこなうことができるようになる。つまり、なすべきことをなしたいことが一致し、律法の細則も「私はできる」という形で能動的に引き受けることができるようになるのだ。

律法の遵守は、特別なことではなく、日常的なものでなければならない。このことについて、彼は母親に宛た書簡でも次のように書いている。

教えと律法だって？　難しいことじゃないよ。〔従兄の〕ルイ・ローゼンツヴァイクがウンターーン・ケーニッヒ通りの五八番にすんでいるだろう。これが教え。もし、母さんが彼を訪ねて、ひとかけらの石鹸を受けとるなら、これが律法だよ。難しいことが何もないところに、難しさをみつけようとしてはいけないんだ。（一九二四年八月二七日付母親宛書簡、BT S. 986f.）

ここでの、ローゼンツヴァイクの書きぶりによれば、律法の遵守とは日常そのものにほかならない。そこにはいかなる困難も、いかなる祝祭的な高揚もない。まさに淡々とした事実認定と行為があるだけである。近代的市民としての生活をすべて放棄する決死の跳躍によって伝統へと回帰するのではなく、だからといって、律法が神に与えられたという神話への信仰を根拠に、盲目的に律法を遵守するわけでもない。そうではなく、日常的な生活の全体が、律法と分かちがたい仕方で結びつくのだ。このような状態がユダヤ人としてのあるべき生であり、この状態への移行が目指される。そして、この移行には、なんらか主体の外部から到来するような、小さなきっかけを「待つこと」が必要となるのだ。

この「待つこと」について、彼はある青年に対して次のように書き送っている。

あなたは無理をして律法を守ろうとしているのではないかと思います。つまり、生涯のある地点で訪れる恩寵のようなときを待とうとはせず、すぐに、すっかりそれを食べつくそうとしてきたのではないでしょうか。あなたは律法〔ハラハー〕を学んできませんでした。つまり、きちんとは学んでこなかったのです。そしてそれなしには、行為はいとも簡単に腐敗してしまいます。（一九二四年一一月二日エルンスト・マルコヴィチ宛書簡、BT S. 997）

ここでも、ローゼンツヴァイクは「待つこと」の大切さを強調している。学ぶこと、粘り強く実践すること、そして「恩寵のようなときを待つ」こと。ローゼンツヴァイクは「ユダヤ人になる」ための方法として、このようなプロセスを思い描いたのである。

この瞬間とはどのようなものだろうか。どうしてそのような瞬間が到来するなどといえるのか。本当にこのような移行は可能なのか。どのような意味でそれはすべてのユダヤ人にとって本質的で同一の意味をもったプロセスだといえるのか。ローゼンツヴァイクはこうした問題には立ち入らない。彼の理解では、そもそもこうした移行は、一人ひとりのユダヤ人のなかで生起するごく個人的なプロセスであるから外から観察したり検証したり比較したりすることができないのだ。しかしそれでも彼は、晩年のいくつかのテクストにおいて、彼自身の経験を根拠として、このような移行や「待つこと」についてさらに論じようとしている。次章ではこの問題を扱いたい。

第一〇章　神的現実性の経験をめぐって――証言の哲学

一　自己の経験から語る

啓示と「待つこと」――他者からの呼びかけに備える

ローゼンツヴァイクは、「建てる者たち」を執筆した一九二二年ころには、旧来の律法の実践に意味を見出し、ユダヤ人としてのあるべき生き方を具体的にイメージすることができるようになっていた。すなわち、彼は全生活をユダヤ的なものとすることこそユダヤ人としての本来の生き方だという考えに到達したのだ。このような生へといたる道は無数に存在するが、前章でみたように、伝統的な教えを学び律法を実践していくという仕方を標準的な道と考えるようになった。というのも、そのほかの方法では、当人やユダヤ教そのものにとって致命的な過誤を招く危険があるからだ。ただし、標準的な道のりを歩んだとしても、自動的に本来的な生き方に到達できるわけではない。教育論でもいわれていたように「ユダヤ人になる」ための、誰にでも妥当する決まった方法というのはない。「建てる者たち」においても、こうした移行は、既存の道を踏破した後に、道なき道へとさらに進んでいくための「跳躍」と呼ばれていた。最終的な局面において、律法や教えとかかわる際の能動性は、各人が自分なりの仕方で獲得しなければならない。さらに付け加えるなら、このような究極的な瞬間は、なんらか受動的なものであるという。つまり、なんらかのきっかけが外部から与えられるのを、人は待たなければならないのだ。このことは、恩寵を待つこととともいわれた。

いつ、どのように到来するかわからない何かを、それでも待つこと。このような待機が可能になるためには、その何かが到来することへの期待や確信があるはずだ。われわれはこれと似たような待機を、愛する人や家族、友人との間に経験するのではないだろうか。このような「待つこと」は、他者との対話一般に特徴的な契機なのではないだろうか。

少なくとも、ローゼンツヴァイクにとっては、「待つこと」は真の対話とつねに結びついていた。彼はおびただしい数の手紙を書いたが、彼は、相手からの返事を待つ人でもあった。実際、グリットリとの書簡集のどのページをめくっても、彼女からの返事を待ちわびるローゼンツヴァイクを見出すことができる。また、彼は対話の相手に、自分が語るのを待っていてほしいとも考えていた。それは、本書の冒頭に掲げた病床のローゼンツヴァイクの悲痛な訴え――皆が自分を死人として扱うという訴え――に端的にあらわれている。

それでは、なぜ「待つこと」が対話と結びつくのか。それは、対話の相手が他者だからである。他者はいつ、何をいいだすかわからない、自分の想像を超えた存在である。だから、他者との対話においては――つまり自分が他者を本当に他者とみなして対話に臨むときには――、相手が話しかけてくるだろうということはわかっていても、いつ何をいい出すかは、わからないのである。だからこそ、相手が話しだすのを待たなければいけない。聞く準備をして、待たなければならないのである。すでにみたように、ローゼンツヴァイクは啓示と対話のあいだに本質的関係を見出していた。啓示の核心――真理が外部から告示されること、自閉した他者をひらくこと――には人格的な対話の関係がある。だからこそ、啓示にかかわるさまざまな局面で、主体だけでは進めることのできない場面に、自分だけでは打開できない場面にいき当たる。そのような場面において、人は準備し、期待し、「待つこと」しかできないのだ。

律法の実践において、「待つ」という局面が生じるのも、そこに神から人間に対する命令（掟）とその聴取という側面があるからだ。このことについては、『救済の星』の原初的着想を記した書簡においても「敬虔なものに対しては「律法」は与えられない。なぜならこの者は「命令」のもとにあるのだから[1]」といわれていた。規則を守ることと、律法への呼び出しを受けることは別の事柄である。いうなれば、共同体のなかで伝統として伝承され、場合によっては歴史的に成立した諸規則を守ることは、そのなかに神からの呼びかけを聞くための準備なのだ。そのなかに、ほかでもないこの自分が神によって正しいおこないへと呼び出されているということを聴取するとき、律法の実践も含めたあらゆるおこないを神からの掟の実践として前向きに受けとめ実行することができるようになるのだ。このことについて、次節でさらに詳しくみていきたい。

神との対話としての律法の実践

宗教教育への取り組みと律法の実践や考察を通してローゼンツヴァイクは「ユダヤ人になる」という事態を徐々に具体的に描きだすことができるようになっていった。そして、ついに問題はある一つの点へと、すなわち、一人ひとりのユダヤ人の生においてある種の変容が起こる瞬間へと狭められた。この点について一般的に記述することはもとより困難である。そのことはローゼンツヴァイク自身さまざまな仕方で示唆してきた。とはいえ彼はこの地点について語ろうとすることをやめなかった。本章では、ローゼンツヴァイクが晩年に用いはじめる「経験」という概念に着目することで、彼がこの瞬間をどのようにとらえていたか、より詳しく検討する。その際、まずは彼が律法の実践に関して、経験ということを論じている箇所に着目する。続いて次節において、彼の晩年のもっとも重要な仕事であるイェフダ・ハレヴィの詩の翻訳と註解を、経験概念および上記のような瞬間の記述という点に着目しつつ読み解いていくことにする。

前章でみたように、彼は現代のユダヤ人が律法をそれぞれの仕方で自らのこととして実践し、ユダヤ人としての本来の生を生きるようになるべきだと考えた。また、ハロー宛の書簡で「あらゆる道はわれわれをわれわれへと導く」(BT S.694)はずだと論じられていたように、こうした多様な実践が、なんらか統一的なユダヤ教へと通じると考えていた。このことは、論文「建てる者たち」での、ブーバーに対する態度からも読み取れる。ブーバーは、律法を軽視しながらも独自の仕方でユダヤ的な生き方を体現していた。このようなブーバーに対しローゼンツヴァイクは、律法についての一面的な評価をあらためるよう呼びかける一方で、「われわれ」という一人称複数の代名詞を用いつつ、両者が共通の課題の前に立っていることを確認しているのだ。彼は、各人が律法との関係を結びなおすことの先に、分裂したユダヤ教諸派の対立の克服、つまりユダヤ教内の統一という課題をも見越していた。

しかし、一人ひとりがそれぞれ違う道をゆくことを認めるとき、行き着く先が同じであるということはどのように保証されるのだろうか。かつてのローゼンツヴァイクであれば、歴史哲学的な救済史を描くことで、このことを客観的に示そうとしたことだろう。しかし、今やローゼンツヴァイクの関心は、より個人的な現実の生にあった。具体的な生に寄り添うことのないような、あるいは理論的整合性のために個別的なものを犠牲にしてしまうような大掛かりな理論は、もはや彼の関心を引くことはなかった。彼はこのような統一性を客観的に示そうとはしない。むしろ、一人ひとりの人間が、宗教的なもの——伝統や世界観、歴史意識、律法——をどのように経験するのか、一人ひとりの人間は彼らの生のなかでそうしたものとどのようにかかわるのか、ということを粘り強く解き明かしていこうとする。

ここで特徴的な用いられ方をするのが経験という概念だ。すなわち、一人ひとりのユダヤ人が一つの伝統とそれぞれの仕方で関係を結ぶこと、伝統とともに生きることという事態を考察するに及び、ローゼンツヴァイクは経験という語を用いるようになる。この概念は一見ありふれたものである。また、『救済の星』の補遺として書かれた論文「新しい思考」における印象的な使用のために、この概念はしばしばローゼンツヴァイクの思想全体を特徴づけるものとして理解されてきた。しかし、実際には彼がこの概念を多く用いるようになるのは、『救済の星』の後のことであり、むしろこの概念は彼の最晩年の思想を特徴づけるというにふさわしい(2)。

まずは、ローゼンツヴァイクが律法の実践におけるユダヤ人としての経験について論じている書簡を取り上げてみたい。この書簡は一九二四年一一月にナフム・グラッツァーら、自由ユダヤ学院の若い講師たちに宛てて書かれたもので、半ば公開書簡のような性格をもつ。彼はまず、グラッツァーらがイスラエルの民の選びは神的なものであるが、律法の細則は歴史的、人間的なものであるという見解を表明したことに対して、異議を唱える。

わたしも自分自身のことを思い返せば、ほとんど同じように定式化していたかもしれない。しかし、他人から自分の意見を聞くと、突如として問題がみえてくるものだ。神的なものと人間的なものとの間に、本当にそのように確固とした境界を引くことができるのだろうか？　実際、次のことは確かなのだ。神的な選びには律法が、つまり一つの全体としての律法が属しており、この律法を通して神の選択が人間の選択に変わる。つまり、召命されていること、そして他の民族から分け隔てられているという受動性が、積極的に分かち、決定していく行為という能動性へと変わるのだ。（一九二四年一一月頃マルティン・ゴルトナー、ナフム・グラッツァー、ハンス・エプシュタイン、フェルト女史宛書簡、BT S. 1002）

ローゼンツヴァイクはここで、全体としての律法が神的なものであることを、つまり、一つひとつの細則は人間的で歴史的な起源をもつにせよ、全体としての律法はユダヤ教において神と人間との関係を構成するものであることを力強く肯定し、その意義を実践の観点から評価している。すなわち、人間が律法を実践することで、イスラエルの民を選んだ神の意志が人間の側の行為として実現される。とりわけそれが能動的に全面的に引き受けられるとき、世界のなかで神の意志と人間の意志との境界はあいまいとなるとされる。「建てる者たち」で提示した律法の実践についての指針、つまり、伝統的な細則に規定されていようといまいと、あらゆる行為を律法の実践として引き受け、能動的に意欲的におこなうようにするという指針がここでも前提されている。

そのうえでローゼンツヴァイクは、人間的なものと神的なものという区分に代えて、「神について語りうること」、つまり客観的で定式化可能なことと、「神について経験しうること」という区分を提唱する（同箇所）。前者は神についてのごく一般的な伝達しうる知識を指すのに対し、後者は神に対する私的で直接的な関係の全体を意味する。彼は、律法に関しても、語りうることと経験されうることの区別が存在するという。たとえば律法の一つひとつの掟の歴史学的、社会学的説明や、律法が個人にもたらす効果の心理学的な説明は、律法について語ることである。律法が人間によって歴史のなかでつくられたというような説明もまた、これに含まれるだろう。

　これに対し、ユダヤ人が律法の全体を神の掟として主体的に引き受けておこなうことは、律法の経験に相当する。それは、個人的で直接的であり、他者が客観的に「「宗教的な要請」などとして理解することはできない」。ローゼンツヴァイクはいう。

> もちろん、歴史的＝社会学的説明がすべて間違っているということではない。しかしこうした説明は、〔……〕行為において経験される掟の現実性に比べれば、外的で補足的なものにすぎない。（同書簡、BT S. 1003）

つまり、個人が律法を実践するときに経験される現実性にとっては、それが神授のものなのか人間がつくって伝承してきたものなのかといった区別は重要ではないというのである。

ローゼンツヴァイクはこのように、客観的な説明と個人的経験とを区別し、後者を行為に引きつけて考察する。

> 人が神について経験することは、端的に伝達不能である。〔……〕しかし、こうしたいいあらわせないことが、自己欺瞞などではないということは誰もが知るところである。〔……〕そうではなく、いいあらわせないなかでなされる固有の経験こそが、言表可能な真理を実際に現実化するということなのだ。人は真理を「おこなう」よりほかないのである。（同書簡、BT S. 1002）

確かに、真理は一般的な仕方で言明されたり説明されたりすることができるかもしれない。しかし、人間にかかわるような真理が現実になるのは、一人ひとりの人間の行為においてであり、そのような行為の経験の内容を人間は説明したり伝達したりすることができない、というわけだ。

このことは律法についても当てはまる。個人がそれを実際に行為に移すときには、客観的な説明を拒むような事柄が経験されている。論文「建てる者たち」にも書かれていたように、律法が「わたしはできる」として能動的に引き受けられ、行為に移されるときには、「神学的な真理の客観性は、讃美の呼びかけの「汝」へと移行してゆく」。このような「正しい行為のなかで経験される現実性」は、客観的な知識の形でいいあらわすことができない、ある種の間人格的な関係性だというのだ（同書簡、BT S. 1003）。そして、ローゼンツヴァイクは、この関係性は神と人間との間の対話であるという。このあたりの消息をもう少し詳しくたどってみたい。

彼は律法を実践するときに生じる特殊な現実性の経験を問題にしている。彼によればそれは、地上で一人ひとりの人間が聖書や伝統にのっとって実践することでありながら、その個人や共同体のなかで、つまり人間的なもののなかだけで完結する経験ではない。このことについて彼は次のように説明している。律法の意味や拘束力に関する客観的な知識――なぜ律法を守らなくてはならないのかといった説明――は、「行為の瞬間においてはただ背景をなすにすぎないし、その瞬間に対して重要性の点で劣る。この瞬間には、われわれはまさにこの瞬間そのもの以外何も知らない。しかし、この瞬間は、掟の現実性、その神＝人間的な完全な現実性のなかにある。そして、このような現実性のただなかからわれわれは次のようにいうことができる。すなわち「汝讃えられよ」と」（同書簡、BT S. 1004）。

つまり、律法の掟を主体的にとらえ能動的に実践するとき、律法をおこなうためのあらゆる理由づけは背景に退き、単に人間的ではないような現実性が行為する者を捉える。律法に関する客観的な情報や神学的な意味づけは副次的なものとなり、律法を実践している瞬間にはこの現実性以外には何も意識されなくなる。そして、このような現実性のなかで、律法に定められた行為をおこなうとき、人間は神を讃美するのだと、ローゼンツヴァイクはいう。ここにおいて、律法の実践としての行為と神を讃美する祈りが一致する。

それではなぜ、「行為の瞬間に経験される現実性」は、単に人間的なものではなく、神的でもあるのか。それは、律法が能動的に引き受けられるとき、神からの命令（Gebot 掟）として受け止められるからである。人間は行為の瞬間、全面的かつ直接的に現実性のただなかにある。そして、「このような直接性のなかでのみ、一つひとつの掟の履行において〔……〕人は神に呼びかけることができる。〔……〕命じる者の声は、ただ掟〔命令〕のなかでのみ聞くことができる」（同書簡、BT S. 1004、および Die Bauleute, S. 707）。

このようにみるとき、律法の実践は、掟〔命令〕のなかに神の声を聴くことであり、同時にその声を聞き取り行為に移すことで神に応答することだとわかる。律法を実践するとき、人間は神の声を聴き、また神に対して呼びかけ讃美する。つまりここでは人間と神との対話が成立しているのだ。ローゼンツヴァイクがこうした経験の内実を指して「神＝人間的な現実性」と呼んでいることからもわかるように、彼はこのような対話を比喩としては理解していない。歴史批判に基づく学問が聖書の啓示の正当性に疑義を突き付け、律法の遵守に意味を見出すことが難しくなった二〇世紀初頭のドイツという状況下で、彼はそこに神と人との現実的な対話を見出したのだ。

神＝人間的な現実性の経験

一九二三年ころからローゼンツヴァイクは[3]、律法に限らず、日常生活のなかで体感される神＝人間的な現実性を、経験という語を用いて論じるようになる。このような経験をめぐる議論において、彼は一人ひとりのユダヤ人が実際にユダヤ人として生き、行為するときに体感されることを主題化したのだ。その際彼は、行為において主体が経験する現実は、その本性上客観的に説明することができないと認めた上で、あえて、こうした経験について論じようとする。彼がこのような経験に言及している箇所をいくつかみてみよう。一九二三年のルドルフ・

ハロー宛の書簡には次のようにある。

多くの可能性があることに安心して生きるのは臆病者だ。いつでもそこに逃げ込むことができるような可能性がつねに存在するのだから。まっとうな人間というのは、一〇〇に近い可能性があったとしても、それにすがって生きたりはしない。そうではなく、彼がそれまで経験してきたただ一つの現実性をもとに生きる。まさに彼がその現実性を生きてきたからこそ、彼はそれをもとに生きることができるし、その生は無益なものにはならない。(一九二三年二月四日付ルドルフ・ハロー宛書簡、BT S. 890)

非常に抽象的な表現ではあるが、依然として生き方やユダヤ教との付き合い方に迷いを見せるハローに対し、ただ一つの現実性と自ら向き合い、それを引き受け、経験し、生きることを勧めている。また、一九二四年のブーバーに対する書簡では次のようにいわれる。

わたしのなかのあらゆるものが、あなたが完全な現実と呼ぶところのものを信じることに抵抗します。わたしは、いくつかの瞬間だけしか信じません。誰かほかの人において、何かを〔信じる〕ということはないのです。そして、そうした瞬間の経験のなかでもっとも重要なものは、わたし自身の経験なのです――それがいかにみすぼらしいものであっても。もちろん、わたしが他の人々に接して経験してきたすべてのことも、わたしはこうした自分自身の固有の瞬間に含めて考えます。ただし、他の人々とはいっても死んだ人々や歴史上の人々ではなく、わたしの世界にいた人々、わたしが「汝」と呼びかけることのできた人々だけですが。わたしにとっては、歴史は信頼して依拠するような対象ではありますが、経験の対象ではありません。生は逆で〔依拠の対象ではなく、経験の対象なのです〕。(一九二四年一月一〇日付マルティン・ブーバー宛書簡、BT S. 940)

この書簡の背景となっているブーバーからローゼンツヴァイクへの書簡は残されていないため、前者が述べたという「完全な現実性」がどのようなものであるか、明確には知りえない。しかし、ブーバーがそうした術語を用いて現実性を一般的に説明したことに対して、ローゼンツヴァイクが異を唱えていることは明らかだ。ローゼンツヴァイクは、彼が瞬間と呼んでいるところのもの、とりわけ彼自身が経験した瞬間だけしか信じることができないという――ただし、自らが経験した「瞬間」以外にも、同質の特別な瞬間については信頼する可能性があることは示唆されているが。(4) つまり、彼が、個人の現実の経験について何かいうことができるとすれば、自分が経験した現実に基づいてである、というのだ。また、自分自身の経験ということについても、二人称で呼びかけるような他者との対話は経験の領分であるとされているのに対し、歴史的なもの、説明や学問の対象となったものはこうした経験の埒外にあるとされている。その際、生こそが経験の対象であるということが、死者を対象とする歴史や学問との対比において強調されている。(5) ここで論じられる「瞬間」は、かつて彼が独話(モノローク)を語る瞬間と呼んだものに非常に近い。

このような記述からは、彼が「現実性の経験」、「この瞬間の経験」といった言葉を用いて、一人ひとりの人間の体験の内実を問題としていたことがはっきりとわかる。それは、学問的な仕方で説明したり理論化したりすることができないため、「新しい思考」なり新しい方法論なりが必要とされるのだ。また、彼がこのような経験を論じるとき、それは純粋な意識の問題としてではなく、行為や日常性、ありのままの常識(健全な人間悟性)や世界理解といったものを含みこんだ総体として考えている点も強調しておかなければならない。次に検討する論文「新しい思考」からもわかるように、学問的、理論的な認識は、対象をありのままにみるということをしない。その背後に、あるがままのものとは別の「本質」を探る。これに対し、経験の内実に迫るためには、あるがまま、みえるがままの様相を重視すること、日常性を離れないこと、行為と思考を分離しないこと、概念化したり説明したりしないことが重要となる。というのも、そうした経験の現実性は、その本性上一般的な形で記述されることができないからだ（一九二五年六月五日付ルドルフ・ハロー宛書簡、BT S. 1041f.）。

先にみたように、ローゼンツヴァイクは、律法を実践する際に経験される神＝人間的な現実性について論じた。このような経験は、神と人との対話であり、現代に生きるユダヤ人に対して歴史的啓示がとる一つの可能な形なのであった。彼は、こうした経験を律法の実践の場面に限定していない。それはユダヤ人として生きることというより包括的な経験の一部をなす。たとえば、すでに引用したある書簡では、聖書の内容自体がこうした神＝人間的な現実性として経験されるということも示唆されている。彼は自身の経験として次のように語る。

一年のうちいずれの日においても、バラムの話すロバ（「民数記」第二二章第二二節）は、わたしにとっておとぎ話であるだろう。しかし、バラクの一節を読む安息日に取り出されたトーラーからあのロバが語るときには、決してそれはおとぎ話ではないのだ。（一九二四年一一月頃ナフム・グラッツァーら宛書簡、BT S. 1004）

ここで言及されている聖書の物語は次のようなものだ。異教の預言者バラムはモアブの王バラクのもとへ向かっていたが、ゆくてを阻む神の使いに気がついたロバは途中で立ち止まり動かなくなってしまう。神の使いに気づかないバラムはロバを打ち叱責するが、そのときロバは突然、「わたしがあなたに何をしたというのですか」と人語を語りだす。バラムはこれにより神の怒りが降りかかることから逃れる。これは確かに単なるおとぎ話にすぎない。ロバは人語を話さないし、こうした物語の背景には、神を畏れるものを尊重すべしといった教訓の伝達があることは明白だ。しかし、ローゼンツヴァイクは、シナゴグでの聖書朗読がこの箇所に差し掛かったときには、この物語は単なるおとぎ話ではなくなるというのだ。この物語の内容が、現実的なものとして経験されるというのである。

神との対話としての律法の実践、あるいは、聖書のおとぎ話を現実的なものとして経験する可能性。こうした主張は近代人の生活や知識と著しく乖離している。本当にそのようなことが生じるのか、あるいは可能なのかといった点について、多くの疑念を生じさせるだろう。彼はこうした主張をなすにあたり、自身の経験から語る。物事の真実性、客観性にかかわる疑義に対して、自身の特殊な経験を根拠として持ち出すことは、客観的論証という観点からみれば、まったく意味をなさない。しかし、彼はあえてこのような仕方で論じるのであり、興味深いことに、その書きぶりは確信に満ちている。すなわち、ユダヤ人としての生活のなかで——たとえば律法の実践やシナゴグでの聖書朗読において——人間的なものを超えた現実性を経験することが可能である。また、こうした経験の内容は説明的に書きだして比較して確認することができないにもかかわらず、ユダヤ人全員にとって同一である。さらに、ユダヤ人であれば誰もがこうした経験をもちうる、という確信に。

個人的で説明不能な経験の対象の実在ばかりか、その同一性や一般的な可能性までが確信とともに語られる。このことは、何を意味するのだろうか。同様の確信は、「建てる者たち」の後に書かれたブーバー宛のある書簡からもはっきりと読み取ることができる。この書簡は、「建てる者たち」（ブーバーへの公開書簡という体裁をとっていた）の後、両者の間で交わされた往復書簡の一部である。律法の再評価を提案した「建てる者たち」に対して、ブーバーは、啓示とは律法の授与のことではないから、律法のなかに神的なものを認めることはどうしてもできないと応答した。つまり、ブーバーは依然として、律法は神授のものかという起源の問題の水準でその価値を判断し、ローゼンツヴァイクの提案を退けたのだ。シナイ山での律法の授与こそがユダヤ教の啓示の本質であり、律法は神の啓示そのものであるとする正統派の見解は、ブーバーにとっては受け入れがたいものであった。律法や伝統は人間が歴史のなかでつくり出したものである。だからこそ律法を守ることは神や啓示とは無関係だ、というわけだ。(6)

このようなブーバーの返答に対し、ローゼンツヴァイクは、生は多様なものでありその差異は尊重されなければならないが、信仰に関しては究極的には差異はないと応じた。そして、ブーバーは律法を遵守する正統派の人々と信仰に関して距離をおくが、本当に両者の「信仰は異なったものなのか」と問いかけた。すなわち、正統派の人々は「今日ここで」律法をおこなうということを重視するわけだが、この、まさに今日この場で生起する経験にユダヤ教の核心をみる「経験の理論」に関していえば、正統派の人々とブーバーは変わるところがないのではないか、というわけである（一九二四年六月二九日付マルティン・ブーバー宛書簡、BT S. 975）。

ローゼンツヴァイクはここで、生が多様であるという事実と、ユダヤ人としての生き方は本質的に同一であるという彼の確信とを「経験」という概念で結びつけようとしている。このような同一性を論証することは困難だ。とりわけこの場合、ブーバーは形骸化したユダヤ教の外に本来の生き生きとしたユダヤ教をみつけようとして、伝統を厳しく批判し決別していた。そのようなブーバーが、彼が退けた正統派の人々と同じ経験をしているのだと主張する——しかも、正統派に対するローゼンツヴァイク自身の厳しい評価を一時的に留保してまで——ことは暴力的であるとすらいえるだろう。

このような独断的主張の意図を理解するためには、それまでの彼の論述との違いに目を向けてみるのがよいだろう。そもそも彼は、こうした独断的主張をおこなうことはなかった。『救済の星』が壮大な体系という形式を採用したのも、歴史哲学的な枠組みを用いることである種の客観性を担保しようとするためであった。キリスト教徒の友人に対してユダヤ教を擁護する必要があったという事情もあり、彼自身、こうした宗教や啓示といった問題に関して個人的な経験や直観に基づく独断が意味をもちうるとは考えていなかったのである[7]。しかしこの最晩年の時期には、彼は自分自身の経験と他者の個人的経験とを客観的な指標を媒介させずに結びつけることにためらいをみせていない。このことは、彼の思想の表現方法が変化したということを示すとともに、彼が抱いた経験に基づく確信が非常に深く確かなものであったということを示すだろう。

「建てる者たち」以降ローゼンツヴァイクは、このユダヤ人の信仰の同一性という観点から、ブーバーをユダヤ教の諸派閥との対話のなかに呼び戻そうとする。既述のように、ローゼンツヴァイクはブーバーを高く評価していた。ブーバーが、ユダヤ人共同体の外部からユダヤ教を代表する人物とみなされていることも当然だと考えていたし、ローゼンツヴァイクが想定した標準的な道ゆきからは大きく外れていたとはいえ、独自の仕方でユダヤ教と向き合い、ユダヤ人として生きているということも確かであった[8]。ローゼンツヴァイクが、ブーバーをフランクフルト大学に新設されたユダヤ神学講座の担当者として推挙したことも、こうした評価や期待をはっきり示している。[9] ローゼンツヴァイクはブーバーに、ユダヤ人共同体の全体的な統一性ということに目を向けるよう求めたのだった。[10]

論文「新しい思考」と経験する哲学

この時期にローゼンツヴァイクは、自らの経験と、新たな問題関心から『救済の星』を捉えなおしている。[11] その成果が、一九二五年に『救済の星』の補遺として書かれた論文「新しい思考」(Das neue Denken) だ。従来の研究史では、この論文は難解な『救済の星』にローゼンツヴァイク自身が与えた解説文として、『救済の星』理解のためにひろく利用されてきた。しかし実際には、それは新たに到達した晩年の境地に立ちつつ、『救済の星』――部分的には、執筆中からすでに彼を「燃え立たせることがなくなっていた」問題を論じた書物(一九二四年四月一六日付マルティン・ブーバー宛書簡、BT S. 956)――の論旨をたどりなおすものであり、その論述は反省、再検討、ないしは再構成を含む。この意味で論文「新しい思考」は、『救済の星』執筆時の一九一九年ではなく、一九二五年の思想を表現するものであることに注意する必要がある。このことを踏まえ、本節では、晩年の彼の思想が反映されている箇所を中心にこのテクストを検討したい。

まず注目すべきは、この論文では『救済の星』の第三部で提示した、救済史におけるユダヤ教とキリスト教の相補的な役割分担が解体されていることである。このことは、彼の関心が普遍的な救済史から、個人の経験の現実へと移行したことを示している。第八章の終わりで引用した箇所をもう一度引用したい。

啓示は真正な異教を、創造の異教を破壊することなど決してない。〔……〕神がその先に確実に到来するような道は、シナイ山やゴルゴダからは通じていないのであり、これと同様に、神はオリュンポスを巡る細い山道で神を求めた人と出会うことも断念できなかった。〔……〕神がそこから到来しえない方角もなければ、神が到来しなければならない方角もない。おそらく神が宿ることのないような木切れは存在しないし、つねに神の耳に届くダビデの詩篇もない。(Das neue Denken, S. 153f.)

既述のように、ここでは神と人間の関係について、異教の地位は回復され、逆に二つの啓示宗教からはその特権性が剝脱されている。『救済の星』を支えた救済史の構図が全面的に棄却されているのだ。

第二に、論文「新しい思考」が、経験概念を『救済の星』理解の鍵として提示している点にも注目すべきである。ローゼンツヴァイクは、思考に「完全な刷新」(Das neue Denken, S. 140) をもたらす彼の「新しい思考」を、「経験する哲学」(S. 144) と呼んでいる。そしてここで言われる経験概念について次のように説明する。

経験は、対象については関知しない。経験は、想起し、体験し、希望し、恐れる。確かに、想起の内容は対象として理解されうるかもしれない。とはいえそれは理解であって内容それ自体ではない。というのも内容は、自分にとっての対象として想起されるわけではないからである。〔……〕経験に関する思考においては、事物が究極的な事実性としてあらわれるのに対し、経験それ自体は事物を経験するわけではない。そうではなく、経験はこうした事実性において、それが経験するところのものを経験するのだ。(Das neue Denken, S. 147)

ローゼンツヴァイクはこのように学問的な対象認識と、彼がいう経験とを区別する。前者は事物の本質を求めて探求するような態度を指す。それは、対象に対して本来それは何なのかと問いかけ、「それはXである」という答えをえる。つまり、対象それ自体は、本当はそれではない何か別のものであるという前提のもとに対象に接近し、実際に、対象をまったく別なものと同定するのだ。これまでの西洋哲学は、学問的対象認識を極限まで進めたものだといえる。すなわちそれは、こうした同定を推し進め、あらゆるものを一者に（世界か神か人間のいずれかに）還元しようとしてきたのだ。

彼は、対象を暴力的に変じ説明するこうした学問的認識と対照させながら、経験を説明する。経験は対象をいいあらわしたり、説明したりするのとは異なる事態だというのだ（Das neue Denken, S. 155）。こうした特徴づけは、前節までにみた律法の経験に関する議論と重なる。さらにここでは、経験は彼の新しい思考の特徴としての「健全な人間悟性」つまり常識的日常的な見方に引きつけられる。[12] われわれが日常的に経験している現実は一つであり切れ目はない。われわれは、われわれが経験するところのものをそのまま経験する。学問的考察のように、それが本来別の何かであるかもしれないなどとは考えないのだ。

ローゼンツヴァイクは経験概念をこのように規定したうえで、これを『救済の星』に適用する。つまり、同書の第二部は、現実性の経験のあり方を明らかにしたものだというのだ。[13] しかしながら、そもそも『救済の星』は、個人的経験に定位するのではなく、歴史哲学的方法によって「真理」を解き明かした学問的書物であった。このため、論文「新しい思考」がもくろんだ経験概念の適用は、西洋哲学を還元主義として批判する箇所を除いて、必ずしもうまくいかない。とりわけ、第二部で描かれた現実性——現実性は神「と」世界「と」人間が相互に関係する統一性であるとされ、その経験は「と」の経験ともよばれる（Das neue Denken, S. 158）——の経験が、どのような意味においてわれわれ一人ひとりの人間の現実性と一致するのかは明らかではない。実際、『救済の星』第二部で論じられる、神と人間と世界の相互関係が織りなす物語、「新しい思考」での表現を用いれば「大いなる世界の詩」（Das neue Denken, S. 150）は、われわれにとって既知の事柄ではないし、現実の世界体験とは隔たりがある。この隔たりは、理論的に語られた真実とそれが行為において実現される際の経験との間の隔たりにほかならないのだ。

個人の経験に定位する視点を『救済の星』に持ち込むことの難しさは、すでにこの論文のなかでも示唆されている。というのもここでは、『救済の星』は、その結末に描かれる「経験を超えた真理の究極的明澄さ」（Das neue Denken, S. 159）の視点から構成されているということが認められているからだ。これまでに述べたように、ローゼンツヴァイクは『救済の星』で、経験を超えた真理を歴史哲学的な方法を用いて先取している。そして、こうした経験を超えた真理という超越的な視点から、「われわれのあらゆる現実性の前提」（Das neue Denken, S. 146）、「経験の前提」（Das neue Denken, S. 159）としての神、人間、世界の「存在の分離」について論じ、さらに現実性の経験の内容としての三者の相互関係について論じたのである。これに対し、現実を生きる一人ひとりの人間は、こうした超越的な視点をとることができない(14)。

以上のことからわかるように、論文「新しい思考」と『救済の星』の間には内容的に隔りがある。このような隔りが生じた原因は、この時期に彼が重視しはじめた経験概念や個人と啓示の関係という問題が、『救済の星』を導いた問題意識や方法論と異なるものだったからだ。他方で彼は、この論文のなかで、自らの「新しい思考」の「実際の適用の例」として、イェフダ・ハレヴィの詩の翻訳につけた註解を参照している（Das neue Denken, S. 152）。このテクストには、ローゼンツヴァイクの「新しい思考」が、そして晩年の問題関心がどのように反映されているのだろうか。次節で分析してみたい。

二　経験の転移――民の経験を継承する

他者の経験を経験できるか――翻訳詩集『イェフダ・ハレヴィの讃歌と詩』

ローゼンツヴァイクは晩年、ユダヤ人として生きるというあり方を彼自身の生のなかで見出し、そのなかで神＝人間的な現実性を経験した。もちろん、本当に彼がそのような経験をもったのか確認するすべはないが、少なくとも、彼が彼自身の経験を根拠に、ユダヤ人であるという経験の内実について論じるようになったということは確認できる。経験という語が学問的思考との対比で用いられるようになり、説明不能な個人の経験の内実が考察の主題となったのだ。

　たとえば、律法の経験に関していえば、掟のなかに神の声を聴き、その遵守と実践において神に讃美の呼びかけをおこなうという、生のなかでのおこないを通した神との対話であるとされた。そこでは、いわゆる聖俗の区分は消失し、あらゆる行為が神の命令の能動的引き受けを意味するようになる。つまり、生の全体がユダヤ的なものとなる。それは決して、たとえば人間と神との直接的な対峙における見神体験や合一体験のような特別な体験ではない。むしろ、日常的な生活そのものが全体的に宗教的になることにほかならない。

　このような生の変容は、神と契約を交わして以来、イスラエルの民が神との関係のなかでおこなってきたことを自分もまたおこなう、という人間の側の実践と関連している。いわば、一つひとつの行為を通して、一人ひとりの人間の生のなかで、民への帰属と神への帰属が同時に実現されるというような事態である。ユダヤ人になることという課題が目指すところも、このような境地だといえよう。しかしながら、そのような経験は本当に可能なのだろうか。あるいは、いかにして可能なのか。こうした疑問は依然として残されている。ローゼンツヴァイクは、イェフダ・ハレヴィの宗教詩の翻訳と註解において、論文や書簡とはまた別の仕方で、この問いに向き合っている。

まずは、このテクストの位置づけを簡単に確認したうえで、その独特の性格を明らかにしたい。すでにみたように、彼は一九二四年二月オイゲン・ローゼンシュトック宛の書簡のなかで、自らの晩年の思想を「『救済の星』以降」と「〔すぐに訪れるであろう〕死の直前期」にわけていた。そして、後者の主要著作としてこのイェフダ・ハレヴィの翻訳詩集を挙げていた（一九二四年二月二五日付オイゲン・ローゼンシュトック宛書簡、Gritli-Briefe S. 803）。同じ書簡では、この翻訳詩集は「僕のもっとも直接的で個人的な本」ともよばれている。加えて、前節では論文「新しい思考」における同書への言及も確認した。これらのことから、この書には最晩年の境位が強く反映されているとみてよい。

　しかしながら、この書は翻訳詩集である。自らの思想を開陳した論文や書物ではない。彼が翻訳するテクストはもちろん彼自身のものではない。註解の部分も、非常に自由な形式でなされているとはいえ、基本的には翻訳された詩の内容やその背景にある考え方について論じたものである。翻訳された詩や註解の内容をそのままローゼンツヴァイク自身の思想として取り扱うためには、彼が詩人と自己を同一視していたということを論証する必要があるだろうが、当然このような論証は容易ではないし、事実をゆがめることにもなろう[15]。彼が、この中世の詩人に特別な共感を抱いていたことは確かだが、詩集のあとがきにみられる「翻訳者」としての自己規定、すなわち「詩人」の詩を「読者」に伝える者としての自己規定は、彼が単純に自己を詩人と同一視しているわけではないということを示している[16]。このため本節では、詩や註解の内容からすぐにローゼンツヴァイクの思想を読み出すことをせず、まずは、彼がこれらの詩の形式的な側面について論じている箇所に注目する。そこから彼が、詩人と読者、そして彼自身の経験が、どのように関係すると考えたのか分析してゆく。

同詩集のあとがきでローゼンツヴァイクは、彼が訳出した詩に関して二つの形式的特徴を指摘している。すなわちそれは「離散におけるユダヤの詩作」(JH1924 S. 114 / JH1983 S. 10) であり、また「特定の目的のための芸術」

(JH1924 S. 117 / JH1983 S. 16) であるという。前者は、これらの詩が中世スペインのユダヤ人共同体を背景に、約束の地であるエルサレムへの望郷の思いのなかでつくられたことについての指摘であり、後者は、それらがシナゴグでの儀礼において特定の時節に朗読されてきた詩だということを指摘するものである。それぞれの特徴について、彼がどのように論じているか確認してみたい。

離散地においてつくられた詩であるということの意味をローゼンツヴァイクは次のように説明する。

〔……〕環境を離散地とみなすことは、つねに聖書の言葉を現在的なものとすることを通して達成される。聖書の言葉とともに、周囲を取り囲む現実の前にそれとは異なる現実があらわれ、前者を仮象へと、より正確には似姿へと引き下げる。(JH1924 S. 114f. / JH1983 S. 10)

離散地にあるという意識、つまり追放されているという意識は、生まれ故郷を離れたときに生じる郷愁とは異なる。この意識はむしろ、本来いるべき場所を意識するときにはじめて生じる。そこが生まれた土地であろうがなかろうが、今いる場所は本来いるべき場所ではないということを痛切に自覚するときにはじめて、この意識は生じるのだ。イェフダ・ハレヴィの詩もまた、彼が詩作する現実世界が本来の彼の居場所ではないという意識に貫かれており、このような意味で「離散地における詩作」である。ここには、かりそめの現実と本来の現実という二つの現実性がともに現在的なものとして同居している。しかもその際、眼前に広がる通常の意味での現実の方がかりそめのものとなっている。しかし、このような転倒はいかにして生じるのだろうか。眼前の現実よりもより現実的な現実とは、どのようなものなのだろうか。

ローゼンツヴァイクは、聖書の言葉がこのような転倒した意識を可能にするのだという。聖書の言葉は「ただ形式的に古典的なだけでなく、内容的にも古典的」である。その古典性のゆえに、この中世の詩人はその言葉を、自らが拠って立つ確固たる基盤として用いることができた。つまり、聖句の内容の方が詩人の存在に先立ち、詩人の現実性を構成する。詩人にとって、聖句の古典性はほとんど絶対的であり、それが眼前の現実と異なるのであれば、眼前の現実の方が間違っていると思われるほどだ。スペイン生まれのこの詩人が、その晩年に、命を懸けて約束の地へ向けて渡航したのも、聖句を絶対視したためである。詩人は、聖句を自在に引用するが、そのなかでは詩人がみる現実性と聖句が描く現実性とが溶け合っているのだ。これが離散地における詩作の重要な性質である（JH1924 S. 114f. / JH1983 S. 10f.）。

それでは、これらの詩が「特定の目的のための芸術」であることは何を意味するのか。ローゼンツヴァイクは、イェフダ・ハレヴィの詩が「先唱者によって朗読され、会衆によって唱和される」ように創作された、それも「シナゴグの一年の流れのなかで、それぞれ特定のときに」朗唱されるように創作されたことを強調する（JH1924 S. 117 / JH1983 S. 16）。これらの詩は、翻訳詩集のタイトル『イェフダ・ハレヴィの讃歌と詩』（初版原題：Sechzig Hymnen und Gedichte des Jehuda Halevi）にもあらわれているように、神に向けてうたわれる歌なのだ。定められたときに朗唱されることで、古くから知られた詩句は、にわかに日常の世界とは異なる現実を指し示す。ふさわしいときにふさわしい場で朗誦されることで、詩句や、それが基づく聖句は、流れ去ることなく、「日頃なじみのない対岸の景観」を会衆の眼前にもたらすのだ。前節で言及したバラムのロバの現実性に関するローゼンツヴァイクの体験談は、まさにこのような事態に相当するといえるだろう。こうした詩がシナゴグの一年のなかでかわるがわる唱えられ、また、そうした一年が繰り返されてゆくのだ。

ローゼンツヴァイクはここで反復という契機に着目する。試みに、あえてこれらの詩が作られた目的や状況を無視して、すべての詩を通読してみるとしよう。そうすると、一つひとつの詩が内容的に非常によく似ていることがわかる。「へりくだりや献身、困窮や救済の確信、世界の忌避や神の憧憬、罪の後悔や恩寵への信望」といったテーマが、何度も何度も登場するのだ。詩集という形で通読するとき、こうした繰り返しは、内容の同一性やテーマの単一性といった印象を読者に与える。詩人の心や、それを唱える者たちの心を満たす思想は、実は非常に単純なもので、そこには独創的な内容や秘密のようなものは含まれていない。ローゼンツヴァイクはこのような単純で反復される内容をイメージとも呼んでいる（JH1924 S. 117 / JH1983 S. 15）。

彼は、このようなよく知られた内容の繰り返し、イメージの反復的経験に大きな意味を見出す。まず、同一の内容が反復されるのは、まさにそれが真実であるからにほかならない。「嘘には、たくさんの〔いい方の〕可能性がある。真実には、ごくわずかの、根本的にはただ一つの可能性しかない」（JH1924 S. 118 / JH1983 S. 17）。つまり、その内容が真実であるからこそ、倦むことなく同じことが繰り返される。それは、別の仕方でいいあらわされることができないのだ。第二に、こうした内容は、ただ単に知識として知られればよいものではない。それは、一人ひとりの生のなかでリアリティをもったイメージとして立ちあらわれ、さらに一人ひとりの生のなかで現実性として経験されなくてはならないのだ。(17)

だからこそ、ローゼンツヴァイクが訳したハレヴィの詩も、その形式的側面が重要になる。それらは単に黙読されて知識として獲得されればよい類のものではなく、しかるべきときに朗唱され（あるいは自ら朗唱し）、繰り返し儀礼のなかで体感されることが重要なのだ。それぞれの詩がもつ内容的な同一性や等質性は、一年の流れのなかで機に応じて唱えられるとき、背景に退く。その内容は、その都度新鮮な仕方で経験されるのだ。つまり、真理が、一年の流れのなかで、そして、そうした一年の繰り返しのなかで、何度も何度も唱える者の心を新たに満たしてゆくのである。

それでは、こうした詩を歌い唱える者の心の内では、何がどのように経験されるのだろうか。歌われる詩句はイェフダ・ハレヴィのものである。彼が書いた詩は、彼自身の現実性の経験を反映している。しかしすでにみたように、その内容は古典的でもある。詩人は確かに自らの感興を歌にするのだが、まったく自由に詩作するわけではない。詩人が詩作する地平は、聖句の内容的古典性によってあらかじめ形作られているのだ[18]。詩人の経験は、単に個人的なものであるばかりでなく、彼のユダヤ人としての生のなかでなされたものでもある。それは詩人のユダヤ人としての生と不可分であり、その生は聖句を通して彼の父祖が生きた生とも結びついている。ここから、内容の古典性という概念について重要な特性が明らかになるだろう。ローゼンツヴァイクは、単にイェフダ・ハレヴィが伝統のなかで、聖書の語句を用いて詩作したという点を評して古典的と述べているわけではないのだ。そこには、単に語句の意味や内容だけではなく、反復的体験を通して経験そのものが、世代から世代へ、詩を朗唱する者から朗唱する者へと伝達されるという事態が見越されている。

このことを裏づけるように彼は、詩集の第二版で、イェフダ・ハレヴィのものとされてきたある詩を次のような仕方で偽作と判定している。彼はまず、「聖書の言語的素材に基づいた言葉の用法は、ほかのスペインの学派と共通であるため、一般的にいってそのような基準で特定の作者への帰属を判定することは困難であるか不可能であるだろう」と述べる。その上で彼は、言語的な特徴ではなく、詩句に表現された「思想の流れ」や、詩句のなかで「壮麗な聖句や聖書のイメージが窒息している」かどうかといった基準で判定をおこなうとする[19]。つまり、単に聖句が引用されているということではなく、その聖句のイメージが適切な広がりとともに用いられているか、聖書の思想やイメージが朗唱する者に対して適切に喚起されるか、ということを基準としてハレヴィの詩の真贋を判定しようというのだ。ローゼンツヴァイクの理解では、同一の文化的芸術的背景のもとで、同じような聖句を基に詩作しても、力量が劣る詩人が詩作する場合、思想やイメージは十分に呼び起こされず、ふさわしい場面で朗唱しても古典的な内容の経験は生じない、というのだ。

このように、イェフダ・ハレヴィの詩をふさわしい場面で朗唱するときに真実な内容が経験されるという事態、つまり、反復的体験を通して古典的な内容が一人ひとりの生のなかで経験されるという事態は、言語や聖句の理解を通して説明でき、伝達可能であるような内容が継承されることとは異なる。そうではなく、朗唱において特定のイメージが喚起されるという現実の経験それ自体が、詩を読み継ぐ者のなかで反復され、再現され、継承されるのだ。だからこそ、同様の内容を詠んだ詩でも、詩の巧拙に応じてイメージの喚起が生じたり、生じなかったりするのである。

このようにローゼンツヴァイクは、真実で同一な経験が、さまざまな世代のユダヤ人一人ひとりの生のなかで反復的に経験されると考えた。しかし、彼自身認めているように、事柄の本性からしてこうした経験について客観的に説明したり、その可能性を論証したりすることはできない。つまり、このような経験が本当に生じるのか、そのように反復される経験は本当に一人ひとりのユダヤ人にとって同一なのか、また、どのような意味で同一なのかといった問題は、客観的には論じえない。というのも、ここでは一人ひとりの人間にとっての主観的な経験の内実こそが問題となっているからだ。しかし、客観的に論証することができないことが分かっていながら、あえて詩の真贋鑑定をおこなうことからもわかるように、彼はこのような反復的経験の同一性や、その内容の真実性を自らの経験から確信している。彼が同書を「もっとも個人的」な本と呼んだのは、それがこのような個人的確信に依拠した書物であるからにほかならない。彼はもはや客観的な基礎づけにはまったくこだわっておらず、主観的な確信をもとに、あらゆる世代のユダヤ人にとって同質的で真実な内容の経験について論じるのだ。

世界をありのままにみる

このような見通しをえるとき、詩の註解部で展開される宗教哲学的考察はいくぶん近づきやすいものとなる。前節までにみたローゼンツヴァイクの経験概念を手掛かりにしつつ、彼がユダヤ人として生きるということについてどのように考えたのか『イェフダ・ハレヴィの讃歌と詩』から明らかにしたい。はじめに注目するのは、彼が中世の詩人と現代人の読者の違いに言及している箇所だ。彼は、詩人の経験を無条件に自分のものと考えたり、聖書の経験を即座に追体験できると考えたりしているわけではない。むしろ、中世人であり神秘家でもあったイェフダ・ハレヴィと翻訳をおこなうローゼンツヴァイク自身、そして読者として想定している世俗化した現在のユダヤ人の違いを明確に意識している。(20)

たとえば彼は、近代の人間は世界をありのままにみるということができなくなってしまっている、という。近代人は「自然のなかに神を見出してはいけないという、近代的教養の、したがって近代的宗教性の教義」(JH1924 S. 132 / JH1983 S. 65) に染まっている。現象の背後には、現象それ自体とは異なる法則や本質があるという思考になれてしまった近代人にとって、世界をありのままにみることは困難になってしまった。

さらに、世界と神との関係も彼らにはもはや不可視になっている。というのも、ヨーロッパの人々は、近代へと向かう過程で、自然のなかから人間に働きかけてくるさまざまな力を神的なものと表象して、世界を多神教的に理解することをやめた。そして彼らは、一神教を自明なものとして受け入れるようになった。その結果、世界のなかで働く自然の諸力と、超越的な神的存在との現実的関係は失われていった。最後にのこされた、世界の創造者としての神というつながりも、カントが被造物から創造者を推定することを理性の誤謬推理と断じたことで断たれてしまった。

しかし、詩人にとってはそうではなかった、とローゼンツヴァイクはいう。イェフダ・ハレヴィにとっては、

「神々のなかの神」という世界における複数の神的存在を想定するような「申命記」第一〇章第一七節の表現は現実的だった。というのも、彼にとっては自然の脅威、そこで働く驚くべき力、そうした力の神的性質は自明だったのである。だからこそ、自然のなかで働く神的な諸力を圧倒的に凌駕する存在としての神を、つまり万物の主である神を讃美することができたのだ。

また、近代の人間は分析的思考に馴染む一方で、しばしば人間が、激しく変化する矛盾した感情の動きにとらわれることを忘れてしまう。イェフダ・ハレヴィはいくつかの詩のなかで、神に対するきわめて激しい感情の変化を表現した。こうした詩においては、段階的な変化が叙述されることなしに、詩節は深い絶望の嘆きから、喜びや希望へと転調する。しかしながら、詩に表現された感情の変化における「中間段階のなさ」、また、「その根底において暴力的に基礎づけられたがゆえに、まったく無根拠であるような「気分の変化」」は、あらゆる変化に「漸次性を求める「近代人」を震撼させる」(JH1924 S. 139 / JH1983 S. 95)。近代人には、こうした気分の変化を一人の人間が経験することとしてイメージすることが難しくなっているのだ。近代の聖書学は、「詩篇」などにこうした気分の断絶を見出すと、しばしば、それぞれの部分が別の時期に制作されたものだと想定し、各部分に異なった作者を割り当てる。こうすることで「彼らを狼狽えさせるような経験から自身を守ろうとする」のだ。[21] しかし、近代人のこのような挙措は、彼らが神に対して自然な感情をもつことができなくなってしまっているということを示している。

加えて、中世の人間と近代の人間という一般的な違いを超えて、イェフダ・ハレヴィに特有の個性もある。とりわけ、彼が多くの詩に表現している見神体験は、平凡な人間には拒まれた特別な体験だといえよう。ローゼンツヴァイクはこのことについて、「偉大なカバラ運動の先駆けでもあったこの詩人にとっては、見神体験は、聖なる根拠に基づいてイスラエルにかわることなく受け継がれた相続財産であった。眠りと夢は彼にとっては見神体験へといたるための正式な方法なのだ」と書いている(JH1924 S. 125 / JH1983 S. 27)。詩人は、当たり前のように夢のなかで神に出会い、覚めては神に呼びかける。こうした体験は決して詩人と読者に共有されたものではない。

このように、ローゼンツヴァイクは、中世に生きた詩人と現代に生きる読者の間に、隔たりがあることを認めている。しかし、本章のこれまでの議論が示唆するように、このような差異の描写は決して中世の詩人と近代人との間の根本的な差異や、経験の通約不可能性を示すものではない。詩人に固有の頻繁な見神体験を別にすれば、こうした隔たりはむしろ近代ヨーロッパ的な世界観を相対化する可能性を示している。イェフダ・ハレヴィは中世の人間であったが、なお古代に書かれた聖書のテクストを現実的なものとして受け取ることができた。それは、詩人の知識や認識が古代人とかわらなかったためではなく、世界をありのままにみることができていたからだ。これに対し、近代の人間は科学や啓蒙主義に基づく世界理解を自明なものとみなしているが、それは必ずしも世界に対する自然な態度ではない。というのもそれは、世界をありのままにみようとはしないからだ。このことに気がつくとき、近代の読者は世界を別様に眺める可能性をもつ。つまり、世界を対象として分析し理解するのではなく、ありのままに経験する可能性を想像することができるのだ。これこそまさに、ローゼンツヴァイクが論文「新しい思考」の中で、イェフダ・ハレヴィの詩の註解を指して「新しい思考」の実践的適用と呼んだ所以である。

決心と恩寵——求めることと与えられることの一致

ここまで、中世の詩人と近代人との差異に関するローゼンツヴァイクの説明をみたが、この翻訳詩集全体を通した目的は、むしろ両者の間で等質な経験が可能であることを読者に体感させることにあった。「愛の奇蹟」と題された詩に彼が寄せた註解を取り上げてみよう。そこには民族としてのユダヤ人の経験を、ユダヤ人の誰もが自分のこととして経験することができるということが、力強く主張されている。

ローゼンツヴァイクは、この詩のなかで詩人が、「〔神に〕見捨てられたかのような苦難にありながら、なお神に選ばれている」という民族としてのユダヤ人の意識を、「どこまでも個人的に表現」していることに注目する。彼によれば、詩人はこのとき民族の仮面をかぶって詩作しているわけではなく、「自分もその一員であるところの民族のなかから語っている」。このとき、詩人が民族全体の歴史的経験をあたかも彼自身の事柄であるかのように語ることができるためには、ただ、民の一員でありさえすればよい。その事情をローゼンツヴァイクは次のように説明する。

詩人が知っていることというのは、根本的には、彼が民の一員として知っていることなのである。しかし、〔……〕彼が根本的に民の一員として経験したことを、今や詩人はまったく個人的に彼の魂の責任のもとで経験することができるのだ。というのも、真の経験には、それ自体を移植し転移させていく力がある。このとき、原初的経験が他の人々にとっての象徴になるといった意味において〔転移していくので〕はない。そうではなく、まさにその原初の経験が象徴ではないからこそ、その経験は〔他者へと〕転移していくことができるのだ。〔……〕ユダヤ人自身にとってユダヤの民は決して象徴にはならない。だからこそ、一人ひとりのユダヤ人が民のもとで経験してゆくことはすべて、個別の魂の生のなかにも移行してゆく。それはまさに、神への愛が〔他の〕人間への愛へと飛び移るのと同じ飛躍だ。(JH1924 S. 154f. / JH1983 S. 185f.)

詩人は民の一員として民が経験した意識を経験し、それを詩によむ。古来ユダヤ人は皆、同じようにイスラエル民の経験を自らの経験として経験してきた。そして、ローゼンツヴァイクや彼と同時代のユダヤ人もまた、同じ経験を自らの経験として経験することができる。彼はこれを経験の転移、ないし移植と呼ぶ。

彼は、こうした経験の転移が生じる根拠を、経験そのものがもつ力強さ、真正さに求めている。これは特異な思想だといわざるをえない。しかし、彼がこれまで経験について論じてきたことを踏まえるとき、彼がいわんとすることが分かってくる。すなわち、このような経験の移行は、個人の内面にかかわることであるがゆえに、客観的な仕方で説明することができない。しかし、そのような転移が自分自身に起こったことは確実であり――このような転移が起こったからこそ、彼には詩の真贋を判定することができるのである――、また、イェフダ・ハレヴィのような過去の人物に起こったことも確実である、だからこそほかのユダヤ人についてもそのようなことが確実に起こりうる、という論法だ。

つまり、自分がこのような経験をしたこと、そして、詩人がこのような経験をしたことは、彼にとってこの上なく明白なのである。この確信があまりにも強固であるために、自分自身の主観に定位して論じるローゼンツヴァイクにとっては、このユダヤ民族の経験そのものが自らの力によってすべてのユダヤ人に転移していくとしかいいようがないのだ。神に選ばれた民としてのユダヤの民族という表象が、一人ひとりのユダヤ人にとって単なる象徴的仮構ではなく、現実的実在なのだという主張も、同じように個人的確信に基づいている。つまり、彼は自分自身が経験した真理について、そしてそのきわめて個人的な真理が同時に普遍的な真理でもあるということを、ごく個人的な立場から証言しているのである。

かつてローゼンツヴァイク自身が論じていたように、客観的な証拠がなく、ただある人間が証言することでしか――場合によっては自らの血を流すことによってしか――あらわしえない真理が存在する。歴史哲学的な救済論を放棄したローゼンツヴァイクの論述も、まさにこのような種類の真理の証言に属する。このとき、『イェフダ・ハレヴィの讃歌と詩』におけるローゼンツヴァイクの論法がこのような個人的な真理の告白ないし証言を核とするものであるならば、このような証言の信憑性は、証言の具体性や迫真性、あるいは、証言する者自身の人格によって測られることになるだろう。

こうしたテクストにおいては、分析や論証、証明とは異なる種類の論理が支配している。人間が人間に対して訴えかけるということそのものに、説得力や信憑性の根源があるのだ。それでは、このようなテクストで、ローゼンツヴァイクはユダヤ人としての経験の内実をどのように描いたのだろうか。それぞれの詩の註解は独立しており内容もさまざまだが、全体を通じて主題化されている、ユダヤ人としての経験における人間と神との関係を明らかにしたい。

彼は、一人ひとりのユダヤ人が、神と契約を結んだ民の一員としての現実性を経験し、ユダヤ人として生きることは、人間だけにかかわる問題ではないと考えていた。このような経験は、本人のなかだけで完結するものではなく、加えて、その可能性の条件も人間の側だけにあるわけではない。それは、神の側からの働きかけとでもいうべき何かを待って、はじめて可能になるのだ。先に恩寵のようなときを待つことと表現された、啓示にかかわる受動性を、彼はイェフダ・ハレヴィの詩の註解を通して、具体的に描き出そうとしている。

まずは、ユダヤ人の神への回帰をうたった「帰還」という詩の註解を取り上げてみたい。帰還という言葉は、近代ヨーロッパのユダヤ人社会にあっては世俗的生活からのユダヤ教への回帰を意味した。彼自身もまた、ユダヤ教に帰還した者、すなわち「バル・テシュヴァ」とみなされ、ハローら若い世代のユダヤ人の理想となっていた。この註解でローゼンツヴァイクは、「はじめの一歩を踏み出すのは、神なのか、それとも人間なのか？」という問いを掲げる。この問いはまさに上述のような現実性の経験に入っていくためのきっかけにかかわる問いである。それは「人間の心の現実にかかわる現実の問い」であって、決して解決済みの問題ではない。

註解の対象となっているこの詩自体は、神に呼びかける人間と人間に答える神が、交互に相手に対して歩み寄りの第一歩を求めるという構成をとる。これについてローゼンツヴァイクは次のようにいう。

> 人間は神を前にして無力を感じるときに、必然的に最初の歩み寄りを神に期待し、嘆願しなければならなくなる。しかし同時に、人間はまさに神がそうした第一歩を人間に対して要求しているということをはっきりと聞き取る。（JH1926 S. 180 / JH1983 S. 49）

聖書には、悔いあらためて神に立ち帰ることを人間に要求する神の言葉が溢れている。実際、詩人が神の言葉として書く詩句もそうした聖句からとられたものだ。このように神と人間は無限の距離を隔てて、互いにまず相手が自分の方へと歩み寄るよう求めて呼びかける。このような交互の呼びかけは古くからみられる。「主よ、御もとに立ち帰らせてください、わたしたちは立ち帰ります。わたしたちの日々を新しくして、昔のようにしてください」（「哀歌」第五章第二一節）。「「あなたたちは先祖の時代からわたしの掟を離れ、それを守らなかった。立ち帰れ、わたしに。そうすれば、わたしもあなたたちに立ち帰る」と万軍の主はいわれる。しかし、あなたたちはいう、「どのように立ち帰ればよいのか」と」（「マラキ書」第三章第七節）。同じ呼びかけが、古くから人間と神の間で繰り返されてきたのだ。

つまり、神と人間のどちらが最初の一歩を踏み出すのか、という問いは、人間が神の前に立つときに、繰り返し新たに生じる古くて新しい問いなのだ。しかも、この問いは解決不能にみえる。というのも、人間が神の前で自らの無力を感じれば感じるほど、つまり、自分から神の方へ歩み寄ることなどできないと感じれば感じるほど、人間の側からの歩み寄りを求める聖句が人間に対して迫ってくるからだ。そして、こうした聖句が自分に対する改悛の呼びかけなのだと感じれば感じるほど、ますます自分の無力さが身につまされ、神の助けなしに悔悛をおこなうことなどできないように思われる。あたかも、聖句のなかから、神の声がますます大きくはっきりと聞こえてくるかのようだ。神は遠くにあり、手を差し伸べてくれないようですらある。

しかしこのとき、助けを求め神に向かって呼びかければ呼びかけるほど、神の遠さを実感すればするほど、聖句を通して神の言葉がよく聞こえてくるというのは、驚くべき逆説ではないだろうか。こうした瞬間に感得される神の言葉の明確さや、それがほかならぬ自分に向けられているという感じは、まさに神の近さを示すのではないだろうか。[22]

実際、この詩においては、神と人間との間のこうした離隔と緊張は、終結部において特別な仕方で解決される。すなわち、終結部において突如、神に対する二人称を用いた嘆願が姿を消す。唐突に、詩人は神を三人称で指示しつつ、二人称を人間に対して用いるようになる。詩人は「天使にも似た立場から」三人称を用いて神の正しさを証言しつつ、こんどは人間に向けて二人称を用いて本来神が語るはずの言葉を語るのだ（JH1926 S. 182 / JH1983

S.51)。届かぬ神への呼びかけの二人称から、神を見出し告白する三人称への移行。こうした移行は、神への呼びかけと神の言葉の聴取――それは、聖句の理解や民族の歴史の想起を通してなされる――の反復を通して、神が実は驚くほど近くにいたことが実感されることで可能になる。遠く離れていると思っていた神は、実は自分の近くにおり、それればかりか対話を交わしていたのだ。このことが突如実感され、詩人の不安は解消する。詩人はこの経験を詩に表現した。そのほかの者は、この詩を定められたときに――まさに三人称による神の告白「主、彼こそが神である」をクライマックスとするヨム・キプールの午後の祈りに際して――朗唱することで、この同じ経験を追体験するのだ。

してみれば、神を求めて祈りはじめるとき、実はすでに神が与えられているということになろう。なぜなら、呼びかけにおける神の遠さの経験のなかで感得されるのは、まさに神がはじめからそばにいて、自分に対して語りかけていたということだからだ。真摯に神に呼びかけ祈るとき、この祈りが、はじめから響いていた神の声を聴こえるようにしてくれるのである。

ローゼンツヴァイクは、「聖なるかな」という詩の註解のなかでこのことを論じている。この詩の註解は、奇蹟を主題とする。彼はここで、奇蹟とは神による世界への介入であるとする。神は、単にかつて存在し、人間や世界の根源となった何ものかではない。神は「われわれの現在の生の白昼に力強く作用し、介入する」。このような世俗的な日常への神の介入こそ「公然の奇蹟」なのだ。このとき、「なぜ、奇蹟は「かつて」生じたように〔つまり聖書に描かれるように〕、「今日」もはや生じないのか、という問いは愚かな問いだ。奇蹟とはそもそも「生じる」ものではない」、とローゼンツヴァイクはいう（JH1926 S. 193f. / JH1983 S. 82f.）。彼によれば、奇蹟と呼ばれた出来事は――紅海が割れるといった大規模なものから鉄の斧が泳ぐ（「列王記下」第六章第一節以下）といったばかばかしいものまで――、それ自体としていかに珍しいものであろうとも単なる出来事であり、条件が整えば生起する可能性がある。これらの出来事が奇蹟と呼ばれるのは別の理由による。すなわち、まさに瀕死の小さな民族集団がエジプトの軍勢を逃れんとしたときに海が割れ、また、大切な借り物の斧を水のなかに落とし預言者を通して神に助けを求めたときにそれが浮上してきたからこそ、そうした出来事が奇蹟と呼ばれるのだ。ローゼンツヴァイクは『救済の星』では、奇蹟を預言との関係でとらえていた。つまり、出来事それ自体ではなく、預言されたことが成就するという点に奇蹟の本質があるというようにである。他方この詩の註解では、奇蹟は人間の困窮と神への祈りとの関係から理解されている。すなわち、祈ったことが叶えられ、現実に起こるということこそ奇蹟なのだ。とはいえ、いつでもどんなことでも祈ることができ、それが叶えられるというわけではない。『救済の星』においても述べられていたことだが、祈りには然るべきタイミングがあるのだ。この註解ではローゼンツヴァイクは次のように述べている。

奇蹟が〔世界で〕生じるときの唯一の条件は、人間がそれを祈りによって獲得するということだ。それも、呪医がおこなう魔術のような、意図的な祈りによってではなく、意志を遠ざけた真の祈りによる場合だ。ここには、ある瞬間には、その他の瞬間には祈ることのできない事柄を祈ることができるという、時の差とでもいうべき何かが存在する。しかし、真の祈りが可能なときには、もっとも不可能なことすら可能になるし、真の祈りが不可能なときには、もっとも可能なことすら不可能になるのだ。(JH1926 S. 194 / JH1983 S. 83)

このようにローゼンツヴァイクは、奇蹟の可能性は祈りの可能性と一致すると述べる。正しく祈ることができるときには、どのようなことでも——もっとも不可能であるに思われることすら——起こりうるのだ。つまり、正しく祈ることができるとき、求めているものはすでに与えられたも同然なのである。無限に離れた神に呼びかけるときに、神を見出すことができるのもこのような奇蹟の一種であろう。その呼びかけが真摯なものであれば、もっとも遠いところにいる神が、もっとも近くに見出されるのだ。

しかし、正しいときに祈るといっても、どのように祈ればよいのだろうか。また、神を求めて呼びかけることが神の声を聴くことであるとして、この世界のどこに、どのように神を求めればよいのだろうか。神をみる人であった詩人には、あるいは、絶望に際しては神を糾弾することすら憚らなかったこの詩人には、このような問いは疎遠であったかもしれない。しかしローゼンツヴァイクは、彼の同時代の読者のためにこの問題を取り上げたのだった。

彼は、この問題を詩人が世俗的な幸福への誘惑を受けて書いた詩への註解のなかで論じた。イェフダ・ハレヴィは晩年、エルサレムへ向けて旅に出たことが知られている。そして、この旅立ちの前後、さまざまな場面で目的地であるシオンへの思いを詩に詠じた。これらの詩は、多くの人々に読み継がれ彼の名を高めた。当時、聖地への旅は文字通り命がけであった。しかも、旅立ちに際しては、弟子や友人、名声、家族、財産、故郷などあらゆる世俗的な幸福を断念しなければならなかった。彼は、そのすべてをなげうって旅立ったのである。

神をみる人であったこの詩人をもってしても、此岸的な生のすべてを放棄することは困難であった。「強いる力」と題された詩において、詩人は望郷の思いの強さと、聖地への出発の決断を簡潔にうたっている。この詩にローゼンツヴァイクは次のような註解をつけた。

〔具体的に〕何が起こったのか、彼は洩らしていない。どのような出来事のために、彼は故郷を離れようと思ったのか、あるいはそうすることが必然であると思うにいたったのか、われわれは知らない。とはいえ、彼がそうしたいきさつ〔何らかのきっかけをえて、望郷の思いを断ち切ったこと〕だけでも洩らしているということは驚くべきことだろう。というのも、誰であれこうしたことを一度は経験するのだが、多くの場合こうしたことについて人は沈黙する。それは自尊心を深いところで傷つけてしまうからだ。

人間は自らの行為のなかに自身の名誉を求める。しかし、そうした行為においては、まさに自らの力をすべて傾注するために、勇気が尽きてしまう瞬間がある。そうした瞬間に、行為が生じるのを助けるような強いる力が到来しないなら、行為はおそらく世界の光をみることがない。しかし、こうした強いる力は到来する。人間は神の承認をえる権利をもつ。あらゆる祈りは究極的にはこの強いる力を求める祈りであり、あらゆる感謝はこれについての感謝である。しかしだからこそ、祈りには恥じらいがともなうのだ。(JH1924 S. 165f. / JH1983 S. 227)

ローゼンツヴァイクはここで、イェフダ・ハレヴィが世俗の幸福を捨て聖地を目指した決断に事寄せ、人間が重大な行為をなす瞬間について一般的に論じている。そうした行為——多大な犠牲を払い、全精力を傾けておこなうような行為——は、ときに自分のなかから生じたのではないような、外部からの最後の一押しを、強制力を必要とする。行為をおこなわんとする意志と、おこなうことによって失われるものへの愛惜の情や損失についての合理的な考量が拮抗するとき、行為はおこなわれる寸前で膠着してしまう。そのときに、どこかからか力が到来するのだ。実際に、いくつかの重大な行為の決断において、なんらかの外的なひと押しを感じるということは一般的な経験であろう。ローゼンツヴァイクは詩人の経験を、誰でもが経験するようなこうした経験に引きつけている。そして、最後の一押しを与えて行為に向かわせるような、ごく小さな外からの働きかけ(「強いる力」)を求める祈りに、あらゆる祈りの本質をみる。

別の詩の註解においても同様の強いる力が論じられている。この詩は、パレスチナに到着する直前、エジプトに寄港した詩人が、当地での慰留を振り切るように書いた詩だ。聖地への焦がれるような思いと、エジプトでの歓待と幸福の間で引き裂かれた詩人が、最後に洩らしたか細い祈りの声が、どうかお願いだからいかせてくれ、というこの詩であったとローゼンツヴァイクはいう。引き裂かれ我を忘れた詩人は、このような祈りの声を漏らしたときに、我に返る。そして、エジプトを離れる決意を固め、聖地へ向けて出立するのだ。

我を忘れるなどということがありうるのか、と問う者は、究極の決定においては人間と彼の自由にどれほど僅かな余地しか与えられないか、ということを知らないに違いない。ある人の全人生が、一つの行為という果実を結ぶようなときというのは、まさにこうした状況なのだ。そのとき、行為が実際にはじめられるためには、そこに、かの強いる力が到来していなければならないのだ。しかも、あたかも行為がその土壇場で思い上がり、行為が〔実現へと向けた〕歩みを踏み出すことを許されたということへの感謝――こうした感謝はそのときには表明されるのだが――を忘れてしまうという危険を避けるかのように、行為の最終的な実現の直前、行為を実現しようとする力は再び萎えてしまうのである。〔……〕このとき、人は再び祈り方をおぼえなければならない。危急の祈りを、突発的で直接的で祈り手自身をも驚かせるような祈りを。〔……〕それは、ほとんど祈りの形をとっていない、祈りたいと願うこと〔であるだろう〕。(JH1926 S. 257 / JH1983 S. 248f.)

人間には自由がある。そして、その自由をもって重大な決断をすることができる。しかし、その決断を実際に行為にするという場合、とりわけその決断が人生を懸けたものであるような場合には、人間が揮う自由意志の力だけではどうにもならない。意志と行為の間には隔たりがあり、さまざまな要因が行為の実現を妨げてくる。一度は実行を決意しても、その決意もしばしば揺らいでしまう。そのようなときに、意志の苦境から必要に迫られて、最後の一押しを自らの外部に求める祈りが生じる。この喫緊の祈りこそ真の祈りなのだ。それは平時のあらゆる祈りと異なるから、その苦境のなかで祈り方を学ばなくてはならない。その苦境のなかから助けを求めつつ、助けを求める自分と助けを与える他者に気がつくことが求められている。

行為という水準で考えるとき、意志による自律という観念は崩れる。ローゼンツヴァイクは、行為における現実性の経験の分析を通して、このような理解に到達した。

〔人間の弱さは〕まさに次のことのうちに存する。すなわち、われわれは強いのだが、この強さは、まさにそれが最大限必要とされるときに役に立たない。〔……〕人間の強さと弱さはあまりに密接に併存しているため、〔行為の〕故意性に関する問いは、理論のなかでしか、つまり概念上の区分のためにしか立てることができない。〔……〕刑事裁判官は一つの行為のうちにどれだけの故意性があり、どれだけの責任不能力があるかを判別しようとする。しかし、行為が後から分析されるのではなく、現在においてその全体で作動するときには、この一見意味ありげな区分は意味をもたなくなる。(JH1926 S. 202 / JH1983 S. 103)

人間はあらゆることを決断する意志の力をもつ。しかし、その力が本当に必要とされる、行為の場面ではその力はしばしば働かなくなる。しかし、それでも人間はしばしば不可能とも思われる決断をなし、現実に行為をおこなう。こうした行為の現実性の局面においては、自分が自分の責任において決断し、おこなう行為であるにもかかわらず、どこまでが自分の意図によるもので、どこからが外的な強制力によるものなのかが判然としなくなるのだ。能動と受動、自律と他律の区別は消失するのである。

ローゼンツヴァイクはこのように、詩人の聖地への旅立ちの決断をめぐる葛藤を敷衍し、そこから人生を懸けるような重大な行為一般への決断の経験について論じた。こうした決断のなかには、ユダヤ人としてメシアの到来を心から望むこと——それは世界の完全な転換を求めることにほかならない——も含まれるし(JH1924 S. 160f. / JH1983 S. 206f.)、このようなメシアへの信仰もその一部であるようなユダヤ教への回帰、つまりユダヤ人として生きるということ——ただ意識において決断するだけではなく、実際に行為に移して生きること——も含まれているだろう。後者については、直接は言及されないが、経験の移行に関する理論やイェフダ・ハレヴィの詩を現代ドイツ語に翻訳し註をつけて出版するという形式のうちに、はっきりと示されている。

また、ここでローゼンツヴァイクは、ユダヤ人として生きるという経験に、かなり具体的な内容を与えている。このような生を生きるようになるためには、外部からの最後の一押し、神からの働きかけを待つことが必要である。そしてこのような待望が真実のものであるとき、そこから神の働きかけを求める真の祈りが生じる。行為へといたる寸前の、進むに進まれないような窮状から、神への通路が生じるのだ。このようにして生じる人間と神との関係は、イェフダ・ハレヴィ自身が経験したような見神体験のようなものではない。むしろ、神に選ばれ、神とともに歴史を歩んできた特別な民の一員として、民族が歴史的に経験してきた現実性――たとえば、神に救済された過去や現在なお神に選ばれているという意識――を、自分自身の現実性として経験し、生きていくことのなかに、神が見出されるのだ。日々の生活を神の掟の実践としておこない、自然のなかに神の創造を見出し、儀礼において救済の到来を確信する。生の全体がこの新たな現実性のなかで営まれ、聖なるものとなる。ローゼンツヴァイクは、同時代のユダヤ人をこのような生へと導こうとしていたのだ。ローゼンツヴァイク自身が、晩年にこのような生を見出し、実際にそれを生きた。本章でみた彼の経験概念を踏まえるとき、このように考えることは十分に妥当であるだろう。

結論

本書では、ローゼンツヴァイクと宗教の関係に着目しつつ、晩年までの彼の思想の展開を跡づけてきた。取り上げることのできなかったテクストや主題も少なくないが、彼の生にとって重要であった主題については十分に明らかにすることができたと思う。

彼の思想の展開は、ドイツ・ユダヤ人としての自己を見出し、自らの生のなかでドイツ・ユダヤ人であるということの意味を明らかにしていく道ゆきであった。彼は、ある意味で典型的なドイツ・ユダヤ人として教育を受けたといえる。すなわち、ドイツ的な教養を積み、大学へ入り、医者になることを目指したのだ。この時点で、彼の自己意識は、ドイツ性を中心とするものだったといえる。ユダヤ性はただ、交友関係の制限や職業選択の不自由、ちょっとした宗教儀礼に限られていた。医学から歴史学へと専攻を変えたのも、ドイツの精神文化への愛着からであったようにみえる。というのも、彼の関心はヨーロッパの文化史やドイツ近代史に向けられたからだ。激動の時代に、ドイツ人として生きるということの意味や、ドイツやヨーロッパの将来について考えようとしたのだ。

一九一三年ころには、現代文明を生きる人間の罪とその救済が彼や友人のあいだで大きなテーマとなった。ここからキリスト教への改宗を決意するが、結局、ユダヤ人として生きる決断をする。そして、彼は自らとユダヤ教の関係についてあらためて真剣に考えるようになるのだ。このときに書かれたユダヤ教に対する自身の立ち位置を表明した論文「無神論的神学」を読むとわかるように、彼はユダヤ・ナショナリストのブーバーとドイツ・

ナショナリストのコーエンの間に自らの位置を定めた。彼はどちらか一方のナショナリティに自己を同一化させるのではなく、ユダヤ性とドイツ性の両方を重視する道を選んだのだった。このような選択は、ドイツ文化への愛着や、キリスト教への改宗の決断に正直であった結果である。彼は、ユダヤ性だけにアイデンティティの基盤をおくことも、また、コーエンのようにドイツ性とユダヤ性を観念のなかで癒合させてしまうこともできなかった。

『救済の星』は部分的には、ローゼンツヴァイクのこのような立場を理論的、体系的に表現したものとみることができる。救済史のなかで、ユダヤ教とキリスト教はともに固有の意味をもつ。ユダヤ人の本質は離散地にあるということ、つまり、本来の法、言語、土地から疎外されていることにある。このような特徴づけは、ユダヤ性とドイツ性を両立させようとする彼の姿勢と一致している。彼が闘病生活の末に世を去ったとき、あるドイツの正統派のラビは「彼はどの陣営にも属していなかったし、しかしすべての陣営に属していた」と述べたが[1]、このような姿勢は同時代にあって独特なものであった。『救済の星』が同時代に大きな反響を呼ばなかったのも、その内容の難解さのためばかりでなく、シオニズムとも同化主義とも正統派とも異なる独自のドイツ・ユダヤ性理解のためでもあった。

『救済の星』以降、本書でいう後期思想においては、ドイツにおいてユダヤ人であるという事態が、個人的な経験という水準から論じられた。彼は、イェフダ・ハレヴィの詩を、離散地の芸術として解釈しドイツ語に翻訳した。こうすることで彼は詩人が経験したユダヤ人としての現実を、ドイツ・ユダヤ人の経験のなかにも呼び込もうとしたのだといえる。

以上のように、ドイツ性とユダヤ性の関係という側面からみることで、宗教をめぐる問題で彼が示した態度のいくつかを理解することができる。加えて、世俗的ドイツ人として育った彼が、どうして自らのアイデンティティの中心に宗教的な事柄を据えるようになったのかと問うとき、彼の思想の奥ゆきがみえてくる。

ローゼンツヴァイクは当初、罪の問題をきっかけとして宗教の重要性を認識するにいたった。この問題は、キリスト教への改宗を決意する以前から、彼や友人たちの間で議論されていたが、ユダヤ人として生きる決意をした後も、彼の心をとらえ続けた。彼は、あらゆる人間は罪を抱えているという、原罪にも似た罪理解を抱いていた。しかし、コーエンの宗教論やカントの根源悪の教説を参照しつつ、考察を深めていくなかで、罪の自覚と絶対的な正義の受容が表裏一体であるという着想に到達する。確かに、あらゆる人間は罪を抱えているのだが、罪の自覚は啓示の受容と一体であり、とりわけ、啓示宗教の場合、啓示の受容には救済の約束が結びついている。ここから、罪の救いの問題は、啓示をいかに自らのこととして受け入れるのかという問題へと横滑りしていった。世俗的な社会に生きる近代市民が、いかにして時代遅れにもみえる宗教を真剣に受け取ることができるのかという問いに、思想と実践の焦点が移っていったのである。真剣に受け取ることができれば、宗教には近代人が抱える問題——彼が罪と名指した問題——を解決する力がある。問題設定の変化のなかに、ローゼンツヴァイクがこのような確信をえたことを読み取ることができる。

罪の問題は『救済の星』執筆の前後までは重要であり続けたようだ。第七章の註（14）で書いたように、『救済の星』でもこの問題は神人関係の主要な一局面として論じられている。しかし、後期思想になると、罪の問題はほとんど登場しない。人間と啓示の関係、人間と罪の関係が啓示宗教の枠内で考えられるようになることで、罪の自覚と罪からの救済という問題は、啓示の受容という問題のうちに解消したのである。

確認したように、晩年のローゼンツヴァイクは、自らの経験のなかから人間と啓示の関係を論じるようになる。自らのユダヤ人としての生から、啓示を自分のこととして受け入れること、ユダヤ人になること、律法を守ること、そして、民の一員として民族の記憶を継承することについて記述しようとしたのだ。彼は、早くから啓示と対話の本質的関係を洞察していた。そして、一人ひとりのユダヤ教への帰属という局面にも、ある種の対話があることを見出した。一人ひとりの人間は、外部から到来する小さなきっかけを待ってはじめて啓示を受け入れることができる。それは、呼びかけられ、呼び出されることに似ている。このような呼びかけに応え、啓示のもとに自ら服するとき、この人物の生は啓示によって新たにされる。生は絶対的な方向付けを与えられ、生のすべてが神的な秩序に服することになる。ローゼンツヴァイクは、同時代のユダヤ人たちがこのような意味でユダヤ人となることを求めて教育活動に取り組み、また、彼自身、最晩年にこのような生を生きた。それは、生涯をかけた探究の末にたどり着いた、宗教的境地だといってもよいだろう。

ローゼンツヴァイクの生涯と思想をこのように振り返るとき、その全体はどのようなものにみえるだろうか。ステファン・モーゼスは、晩年のローゼンツヴァイクの日記を分析した論考のなかで、『救済の星』の思想を歴史的現実から遊離した「抽象的なメシアニズム」、あるいは「静寂主義（キエティスム）」と評価した。そして、実践を重視する晩年の思想は、抽象的理論を重視する思考を根本からくつがえすもので、そこには理論と実践、「思索と経験」「永遠性と歴史」「神秘主義と生」といった対立項が緊張をはらんだまま同居していると論じた。(2)

モーゼスが指摘する『救済の星』の思想と後期思想とのあいだの相違については、それが生じた背景もふくめ、本書を通して確かに明らかになった。しかし、モーゼスがこのように対照的なものとして示した前期と後期の思想の差異は——これを発見したモーゼスの炯眼は称えられるべきである——、しかし、観念世界や精神世界への退避という大きな共通点のまえでは小さな差異なのではないだろうか。結局のところ、ローゼンツヴァイクの思想の遍歴は、普遍的、哲学的問題や大変動する現実世界のさまざまな問題から逃避し、自らの生活世界や精神世界、そして自身が所属する宗教文化の観念世界に引きこもるという内向的な性質のものだったのではないだろうか。

ローゼンツヴァイクを実物以上に大きくみせることでその今日的意義を強調しようとはしない本書の記述からは、当然、このような印象も生じうる。事実、それは彼の生や思想の一つの実相であろう。したがって、思想というものが、その普遍性や対象の大きさによって評価されるべきであるなら、彼の思想はさほど大きな価値をもつものではないということにもなるかもしれない。とはいえ、人間を——生物としての人間ではなく、いわば人間としての人間を——考察の対象とする学問にあっては、こうした単純な基準を導入する効用はほとんどない。もとより、精神的な事柄は、思想の主題として決して些末な問題ではない。また、そもそも、一人の人間が真剣に自らの生を生き抜くということは、それだけで何ごとか価値のあることではないだろうか。そして、ある人物がその生を生き抜くなかで、その、おそらくは言語化不能な細部を何とか言葉にして他者に伝達しようとしたとなれば、そうしてのこされた言葉には何らかの実効的な力がやどるのではないだろうか。事実、彼の著作は現在にいたるまでさまざまな仕方で読まれ続けてきた。このことはまさに、そうした価値や力の存在を証示しているのではないだろうか。

ローゼンツヴァイクの死後、彼の著作は多くの読者をえることこそなかったが、一部に非常に熱心な読者をえた。一九三〇年代のドイツにおけるローゼンツヴァイクの思想の受容を詳細に研究したトマス・マイヤーが明らかにしたように、アレクサンダー・アルトマン（一九〇六―一九八七）やイグナッツ・マイバウム（一八九七―一九七六）、ヨゼフ・カルレバハ（一八八三―一九四二）など、リベラル派正統派を問わず、当時指導的立場にあった人々のなかにも、彼の思想を熱心に紹介する人々が存在したのだ。(3) これは、ローゼンツヴァイクの党派的独立性、あるいはその思想の独自性――ショーレムは一九三〇年に、『救済の星』の一部の記述は「正統派の目には誤りであるどころか、ほとんど瀆神的にすらみえる」だろうと述べていた(4)――をふまえるとき、驚くべき事態だといえる。こうした人々による言及と、闘病生活のなかで聖書を生き生きとしたドイツ語に翻訳したという偉業の記憶を通して、彼は同時代のユダヤ人に影響を与え続けた。すなわち、反ユダヤ主義が荒れ狂うなかで、自身がユダヤ人であることに直面させられた多くのユダヤ人たちにとって、ローゼンツヴァイクの思想と生き様は自らのユダヤ性に向き合うためのモデルとなったのである。

こうした受容は、ナチズムによりドイツ・ユダヤ人社会が破壊されたときに終わりを迎えた。序に述べたように、その後の受容は、ドイツ語がユダヤ文化のなかの中心的言語でなくなったという事情もあり、さらに限定的なものとなる。しかし現在、彼の思想がユダヤ人社会のなかで現代ユダヤ哲学の古典として確固たる地位をえたこと、さらには、ヨーロッパやユダヤ人社会を越えて、ここ日本でも一定の関心を呼んでいることは決して偶然ではない。というのも、彼が現代の課題として認識し、生涯をかけて取り組んだ問題は、普遍的な問題だったからだ。そして、彼が非常に個人的な仕方で到達した答えも、より普遍的な議論に接続するものだったのだ。

よく知られるように、レヴィナスは『全体性と無限』の序文で「フランツ・ローゼンツヴァイクの『救済の星』にみられる、全体性観念に対する抗議はわれわれを驚嘆させた。それはいちいち引用することができないほど頻繁にこの本に登場する」と書いた。(5) レヴィナスのこのような発言によって、ローゼンツヴァイクは全体性の思想に対する熱心な批判者として、また、レヴィナスの思想的先駆者として知られるようになった。このとき、本書を通して明らかになったように、このような理解はローゼンツヴァイクの思想の具体的な発展に即してみたときにも正しいものであった。すなわち、あらゆる自己完結的なもの、自閉的な体系や全体性に対する挑戦は、彼の思想の中心的内容だったのだ。

このことは、ある意味で新たな哲学体系を志向した『救済の星』よりも、彼が自身の経験から思考する場面でみやすい。ローゼンツヴァイクは、歴史学や哲学を志したときから、学問のための学問や書物のための書物の生産には興味を抱いていなかった。彼はむしろ、いかに学問が客観的に遂行されるにせよ、その背後には、研究者をそうした研究に向かわせる主観的な動機づけがあるはずであるし、なければならない、と考えたのだった。つまり、整然と自己完結した体系知の外部にあって、決してそれ自体としては体系のなかで主題化されることのない、研究者の主体性という問題を早くから認識していたのである。

彼は当初、激動の時代におけるドイツのゆく末とそのなかでの彼らの世代の役割を見定めることに、自身の研究の動機をもとめた。しかしすぐに、近代的自我の孤独と不安とでもいうべき問題にいきつく。合理主義的、科学的知見を通して人間は世界を正しく認識し、制御できるかのように思われる一方で、現実の世界は決して啓蒙主義が約束したような理想的世界には近づいていない。国家や民族、政党や階級といったさまざまな小集団がそれぞれの真理を標榜し、対立や争いを繰り返すなかで、世界はますます混迷をきわめた。そのような状況下で個人は、自分で自分に設定した行為の目標や指針に確信をもつことができなくなる。自分は自分だ――われ思うゆえにわれあり――、という自己言及的な自己同一性はこれ以上ないほど確かである。しかしそれは、それだけに依拠して生きようとするとき、これ以上ないほど頼りないものでもある。このような近代人の生における自我の肥大と無力を、ローゼンツヴァイクはまず友人との対話を通して、罪という概念で捉えたのだった。それは、普遍的絶対者――たとえば神――と個人の関係の切断という事態であり、彼らは新しい形の宗教を通して断たれた関係を回復するということをまずは構想した。

このローゼンツヴァイクは、第二章で論じたいわゆる「夜の対話」を通して、こうした問題を近代人一般の問題としてではなく、自らの問題としても捉えるようになる。このときに彼は、友人の生き方を通して宗教が近代人にとってなお有意味でありうるということを知った。さらに彼は、人間同士のこころを通わせた対話など、自閉した近代的自我を打ち破る出来事が人間の生のなかにも確かに存在するということに気がついたのだった。

自己言及的で、自己を絶対視する主体は、決して絶対的ではない。それは、他者から到来するきっかけによって破られるし、普遍者との関係のなかでまったく別様にも構成されうる。ここから、自閉した、自己言及的で全体的な近代的構築物とその外部との関係が、とりわけそうした全体性がその外部の他者によって破られるという事態が、ローゼンツヴァイクの思想的課題の中心となる。彼はコーエンの相関概念に刺激を受け、そもそも人間という理念が神や世界（ほかの人間たち）との関係性のなかで規定されるものであると考えるようになる。そして人間は、自閉した近代的自我を脱し、あらためてこのような意味での人間にならなければいけないと考えたのだった。さらに彼は、近代的自我だけでなく、単一の原理や原則で万象を説明しようとするあらゆる試み――たとえば近代的科学や実証主義的歴史学――もまた、それらが標榜する真理の普遍妥当性にもかかわらず、絶対的なものではないと考えた。そして、一人ひとりの人間の真摯な生がもつ真実性をすべて救い出すような、終末論的真理を想定することで、近代的真理観――実証主義的、科学主義的で還元主義的な真理観――を乗り越えようとした。

以上のようにまとめるとき、彼の思想と、たとえばレヴィナスのような後の時代の思想との連続性や親近性は明らかであろう。なにもローゼンツヴァイクに先駆者としての誉れを与えるべきだというのではない。そうではなく、このような普遍的な問題に対する一つの回答として、彼の生涯と思想を検討することができるのであり、また、そうする価値があるのだ。本書でみたように、彼が到達した答えは、確かに彼が属した宗教文化の精神世界へと内向していくものだった。彼は、「人間になる」ことを「ユダヤ的人間になる」こと、「ユダヤ人になること」として論じたし、近代的真理観の超克も、啓示という特定の実定的宗教に由来する観念を通してなされた。その意味でそれは一般的な理論ではない。

しかし、こうした個人的経験への定位は、意図的に採られた方法であったことも忘れてはならない。彼は、還元主義的、一元論的な体系知をとことんまで退けた結果、『救済の星』で展開した自身の歴史哲学的方法論すら放棄することになった。最晩年のローゼンツヴァイクは、自身が体験した「(ユダヤ的)人間になる」というプロセスを、同時代の他のユダヤ人にいかにして体験させるか、という課題に集中的に取り組んだ。彼自身、さまざまな箇所でこうしたプロセスを一般化することはできないと書いていることからもわかるように[6]、こうした課題に一般的な解答を与えることが不可能であるということを彼は自覚していた。しかしそれにもかかわらず、彼は彼の身近な人々について、こうした体験の共有の可能性を模索する。彼にとってこの課題はそれほどまでに喫緊のものであったし、また、実際に見知った人々を飛び越えて、人間一般について語ることも彼にはできなかったからだ。

すでに『救済の星』のなかでも、身近にいる見知った隣人を飛び越えて、普遍的に人間一般を愛そうとすることの誤りが説かれていた(SE S. 301ff.)。もっとも近くにいる具体的な隣人は、多くの場合凡庸であり、しばしば愛するに値しないような人物である。しかし、こうした本当の隣人を忘れてはならないのである。このような具体的な隣人や具体的な自分自身を捨象してえられるような一般論は、結局、人間の生から遠く離れた空理になってしまう。ローゼンツヴァイクにはこのような思想があったからこそ、とりわけ最晩年、一人ひとりの具体的な人間の生に固執したのだった。

このように普遍性を犠牲にしてまで彼が守ろうとしたのは、自らの語りの誠実さ、真摯さである。これだけが、彼の語りの真実性を、彼が証言する真理の真実性を保証するからだ。ユダヤ人の社会生活を定める法律でもあった聖書は、唯一の目撃者による証言を裁判のための十分な証拠として認定しない（「申命記」第一九章第一五節）。なぜなら、人間は嘘をつくことができるし、証言する者が一人であった場合、その証言の真偽を確認するすべはないからである。しかし、ユダヤ教の伝統はこの原則に複雑な例外規定をつけ加えていった。というのも、現実には、一人の人間しか証言しえない真理は無数に存在するからだ。それは、現代でもかわることがない。そして、そのような場合にはつねに、証言する者の真摯さ、誠実さが問題となるのである。

あらゆる個人的な証言は、それが真摯になされたものであっても、本人以外には理解することができない謎となる危険を秘めている。本書は、彼のそうした証言を聞き取る試みであり、それをさらに他の人々に伝える試みである。この試みが少しでも成功しているとすれば、それはおそらく次のような理由によるだろう。第一に、異教について彼の認識の変化が示すように、彼の思想は、彼が個人的に語ろうとすればするほど、他者のありかたに寛容になっていったのだ。つまり、彼が自らの内部から語ろうとするとき、彼の思想は外部に対してより開かれたものとなっていったのである。第二に、彼自身はっきりと認識していたように、ある人間が真摯に語る言葉には、何らかの力が宿るのだ。それは、他者のこころに響き、他者を動かすことができる。単なる内容の伝達を超えて、他者を対話へと呼び出す力をもつのだ。本書も、このような意味で、筆者とローゼンツヴァイクの対話の記録であるし、また、読者を新たな対話へと連れ出すものであればと願う。

年 表

1886年12月25日	ドイツ・カッセルに生まれる。
1905年夏	大学に入学する。医学を専攻する。
1908年春	哲学・歴史学へ専攻をかえ、ベルリンとフライブルクを行き来する。
1910年1月	バーデン・バーデンでの同世代の歴史家との会合。
1912年	『ヘーゲルと国家』(後に刊行されるものの一部)で博士号をえる。ライプツィヒで学ぶ。オイゲン・ローゼンシュトックに出会う。
1913年7月7日	「夜の対話」。オイゲン・ローゼンシュトックおよびルドルフ・エーレンベルクとの対話の結果、キリスト教への改宗を決意する。本人の回想によればこのとき自殺を考える。
1913年10月末	ルドルフ・エーレンベルク宛の書簡で、キリスト教への改宗を取りやめる旨を告げる。 この時期にベルリンでヘルマン・コーエンの知遇をえる。
1914年	論文「無神論的神学」を執筆(結局公刊されることはなかった)。
1914年9月	第一次世界大戦がはじまり、赤十字に志願する。西部戦線後方で負傷兵の救護などをおこない、過酷な戦争の現実を目の当たりにする。
1915年夏	カッセルで野戦砲兵隊に志願し、バルカン半島に配属される。前線から離れた守備部隊に配属(現在のスコピエ付近)されたため、多くの時間を読書に使うことができた。
1917年	ローゼンシュトック夫人と出会う。翌年ころから、彼女のことを強く愛するようになる。
1917年末	論文「時はいま」を執筆、翌年1月公刊。
1918年秋	ドイツに帰還。その途中、マラリアに罹患。
1918年8月〜1919年2月	『救済の星』を執筆する(出版は1921年)。
1920年1月	エディト・ハーンと婚約。同年3月に結婚。
1920年	『ヘーゲルと国家』出版。 フランクフルトに転居。
1920年7月	自由ユダヤ学院を設立。
1922年1月	病気の症状がではじめる。
1922年7月	病状は急速に悪化し、家を出ることができなくなる。
1922年12月	イェフダ・ハレヴィの詩の翻訳をはじめる。
1923年夏	律法を論じた論文「建てる者たち」を執筆(翌年出版)。このころには、完全に話すことができなくなる。妻のエディトが口唇の動きをよみ、彼の言葉を伝える。
1924年	イェフダ・ハレヴィの翻訳詩集を出版。マルティン・ブーバーと聖書の翻訳をはじめる。
1925年	論文「新しい思考」出版。
1929年12月10日	死去。

あとがき

本書は、筆者が東京大学大学院人文社会系研究科に提出した博士論文「生と啓示――フランツ・ローゼンツヴァイクの前期思想の展開」に大幅な加筆と修正を加えたものである。論文審査にあたっては、東京大学教授市川裕先生、中央大学教授村岡晋一先生、一橋大学教授深澤英隆先生、立教大学教授久保田浩先生、そして東京大学教授鶴岡賀雄先生に査読していただいた（肩書は当時のもの）。

筆者は大学院に進学して以来、継続的にフランツ・ローゼンツヴァイクに関する研究を進めてきた。本書はその成果である。研究と執筆の過程では、ほんとうに多くの方々のお世話になった。著書や論文、翻訳などの学術的成果を通して決定的な影響を受け、直接お話しする機会をもたないまま一方的に尊敬し感謝している方々も多い。これらの方々から受けた学恩やご厚意は甚大であり、こうして上梓することができた著作についても安易に謙遜することが憚られるほどである。ここではしかし、失礼を承知で、おもに制度的な枠組みのなかで直接の指導関係にあった先生方にかぎって、感謝の言葉を述べさせていただきたいと思う。

市川裕先生は、学部生時代からあたたかい目で筆者の研究を見守ってくださり、大学院では副指導教員としてご指導いただいた。宗教学研究室への進学当初は、ユダヤ教にかかわる事柄を研究することになるなどとは思ってもいなかった。西洋宗教哲学への関心が、ユダヤ系の思想家へと向いたとき、市川先生が研究室にいらっしゃったことのありがたさは計り知れない。ユダヤ教についてまったく無知であった筆者が、見当はずれな思いつきをしたときなども、先生は親切に正しい方向へと導いてくださった。

久保田浩先生には、とりわけドイツへの留学に際して、ときによき先輩として、ときに研究の優れた先達として、親身に相談にのっていただいた。海外の研究者とのつながりをほとんどもたず、また、留学に向けた実際的準備も不十分であった筆者に、奨学金への応募の仕方など基本的なことからお教えいただいた。また、ローゼンツヴァイクのテクストの読解にいき詰まり、同時代のドイツの知的状況に筆者が関心を向けたときには、関連書籍の読書会を主宰してくださった。読書会で、久保田先生や同世代の研究者とともにテクストを読む時間は大変幸福なものであったばかりでなく、ワイマール期の錯綜した知的・宗教的状況について多くのことを教えいただいた。

深澤英隆先生には、筆者を学術振興会特別研究員として受け入れていただいた。先生にお世話になったのは、筆者が知識社会学の方法や知見を自身の研究に採り入れはじめた時期であった。不十分なコンテクストの理解に基づいて研究を進めようとしていたとき、また、細部に耽溺し研究の全体像を見失いつつあったときには、軌道を正していただいた。また、先生が一橋大学で指導されている若き研究者と知り合うことができたことも大きな経験であった。研究活動においてひとりこもりがちな筆者が、つねに素晴らしい議論の場をもつことができたことは幸運であった。

ドイツへの留学に際しては、フォルクハルト・クレヒ教授（ルール大学ボーフム）に受け入れていただいた。専門を異にしているものの、教授は筆者の研究の進捗を熱心に聞いてくださり、また、さまざまな研究者を紹介してくださった。また、マンフレート・バウシュルテ氏は、ローゼンツヴァイクやその周辺の人物の思想、そして関連史料に関する該博な知識によって、多くの研究上のアドバイスをくださった。氏はまた、限りない歓待の精神と友情で筆者をもてなし、つねにあたたかく励ましてくれた。ライン川に面した氏の書斎の机をかりて原稿を書いたことは、いまも夢のような時間として憶えている。

そして、学部時代からの指導教員である鶴岡賀雄先生に感謝の気持ちを伝えたい。先生をとおして、筆者はテクストを読むことの楽しさ、あるいはこういってよければその快楽を知った。もしかしたら、それは禁断の果実だったのかもしれない。しかし、とりたてて才能に恵まれたわけではない筆者が、今日にいたるまで、研究というものの価値を疑うことなく、前向きに研究を進めることができたのは、先生のおかげであったと思う。先生が与えてくれた、研究上の無制限の自由や、ゼミでのテクスト購読の時間は、筆者の研究生活の原体験をなしている。

研究を進める過程では、以下に記すさまざまな機関からの支援を受けた。東京大学大学院、ドイツ学術交流会（DAAD）、日本学術振興会、大畠記念宗教史学研究助成基金。記して感謝したい。また、本書の内容の一部は、JSPS科学研究費〔課題番号17H06665〕の助成を受けたものである。刊行に際しては、平成三〇年度科学研究費補助金（研究成果公開促進費〈学術図書〉〔課題番号18HP5016〕）の助成を受けた。重ねて感謝する。

おわりに、いくつかの私的な謝辞を記したい。まず、慶應義塾大学出版会の片原良子さんと乗みどりさんへ。片原さんは、筆者の専門的研究に出版の価値をみいだし、よりよい本になるようさまざまな助言をくださった。また乗さんは、筆者の乱雑な原稿を丁寧に読んで誤りを指摘してくださった。お二人のおかげで本書は内容的にも洗練され、読みやすいものとなったと思う。次に、友人たちへ。彼ら／彼女らが与えてくれた刺激なしには、研究を続けることはできなかった。照れくささから名前を挙げることはしないが、こころから感謝している。最後に、家族へ。筆者の気ままな生き方が多大な迷惑や心配をかけたことを思うとき、一般的な感謝の言葉では家族に対する気持ちをいい尽くすことができない。贖罪とはなるまいが、愛する家族に本書を献げることをもって、今後のさらなる研究への誓いとしたい。

二〇一八年八月、酷暑の東京にて

丸山空大

索　引

【人名】

ア行

アウグスティヌス Augustinus（354–430）　228, 229
アダム Adam　114–117, 232
アハド・ハアム Ahad Ha'am（1856–1927）　20
アブラハム Abraham　102, 114, 116–120, 122, 124, 152, 158, 209, 215, 233, 271, 277, 298
アリストテレス Aristotélēs（384?-322 B.C.E.）　129, 250
イエス Jesus　68, 87, 90–93, 104, 105, 108, 111, 113, 119, 120, 123, 128, 133, 134, 139, 141–143, 156–159, 252, 259, 272
イェフダ・ハレヴィ Jehuda halevi（1075(?)-1141）　5, 309, 327, 355, 377, 391, 392, 394–400, 402, 403, 407, 408, 410, 414
イサク Isaak　233, 270, 271, 298
イザヤ Jesaja　114, 115, 117, 135–137, 194, 267, 365
ヴィンデルバント，ヴィルヘルム Windelband, Wilhelm（1848–1915）　47, 52
ヴェルハウゼン，ユリウス Wellhausen, Julius（1844–1918）　195
ヴェルフリン，ハインリヒ Wölfflin, Heinrich（1864–1945）　42, 44–46
エーレンベルク，ザムエル・マイアー Ehrenberg, Samuel Meyer（1773–1853）　29
エーレンベルク，ヴィクトル Ehrenberg, Viktor（1891–1976）　173
エーレンベルク，ハンス Ehrenberg, Hans（1893–1958）　29, 33, 46, 47, 50, 51, 56, 71, 74, 78, 81, 82, 110, 117, 129–131, 169, 215, 252, 325
エーレンベルク，ルドルフ Ehrenberg, Rudolf（1884–1969）　29, 60–63, 68, 71, 81, 82, 95, 97, 99, 100, 102–104, 106, 109, 111–114, 124, 152, 158, 163, 203, 217, 221, 223, 224, 233, 239, 254, 325, 339, 349, 350
エルボーゲン，イスマル Elbogen, Ismar（1874–1943）　98
エレミヤ Jeremia　157
オッペンハイム（旧姓フランク），ゲルトルト Oppenheim (Frank), Gertrud（1885–1976）　197, 199, 280, 358, 371

カ行

カント，イマヌエル Kant, Immanuel（1724–1804）　21, 50, 63–65, 77, 87, 88, 93, 95, 110, 130, 184, 198, 228, 287–289, 291–298, 302–308, 398, 415
グラッツァー，ナフム Glatzer, Nahum（1903–1990）　8, 9, 61, 281, 379, 385
クリース，ヨハネス・フォン Kries, Johannes von（1853–1928）　46
ケイ，エレン Key, Ellen（1849–1926）　68
ゲーテ，ヨハン・ヴォルフガング・フォン Goethe, Johann Wolfgang von（1749–1832）　25, 33, 43, 104, 141, 142, 222, 223, 280, 285–287
ケーラー，ジークフリート Kaehler, Siegfried (1885–1963)　47, 57

コーエン，ヘルマン Cohen, Hermann（1842–1918） 10, 15, 19, 21–24, 98, 115, 118–122, 141, 143, 179, 182–184, 189, 195, 198, 200, 201, 203, 204, 286, 291, 295–308, 323, 414, 415, 419

サ行

サッフォー Sappho（610?-580? B.C.E.） 285, 286
シェイクスピア，ウィリアム Shakespeare, William（1564–1616） 43, 218
シェリング，フリードリヒ Schelling, Friedrich（1775–1854） 10, 95, 130, 287, 291
シュトラウス，エドゥアルト Strauss, Eduard（1876–1952） 360
シュペングラー，オスヴァルト Spengler, Oswald（1880–1936） 45
シュライアマハー，フリードリヒ Schleiermacher, Friedrich（1768–1834） 74, 76, 77, 79, 80, 82
ショーペンハウアー，アルトゥール Schopenhauer, Arthur（1788–1860） 54, 174, 217, 254
ショーレム，ゲルショム Scholem, Gerschom（1897–1982） 354, 357, 358, 417
シラー，フリードリヒ Schiller, Friedrich（1759–1805） 43, 93
ジンメル，ゲオルク Simmel, Georg（1858–1918） 237, 238
スピノザ，バルフ Spinoza, Baruch（1632–1677） 43, 44, 130, 180
ゾーム，ヴァルター Sohm, Walter（1886–1914） 51, 57

タ行

ダーウィン，チャールズ Darwin, Charles Robert（1809–1882） 35, 37
ディルタイ，ヴィルヘルム Dilthey, Wilhelm（1833–1911） 85–93
デカルト，ルネ Descartes, René（1596–1650） 130, 228, 229
ドストエフスキー，フョードル・ミハイロヴィチ Dostojewski, Fjodor Michailowitsch（1821–1881） 280–282

ナ行

ニーチェ，フリードリヒ Nietzsche, Friedrich（1844–1900） 54, 63, 66, 217, 254
ニュートン，アイザック Newton, Isaac（1642–1727） 43, 222
ノーベル，ネヘミヤ・アントン Nobel, Nehemia Anton（1871–1922） 340

ハ行

ハイム，カール Heim, Karl（1874–1958） 85, 267, 268
パウロ Paulus 180, 364
ハルナック，アドルフ・フォン Harnack, Adolf von（1851–1930） 68, 69
ハロー，ルドルフ Hallo, Rudolf（1896–1933） 24, 330, 336, 340, 352–358, 362, 367, 368, 371, 372, 377, 383, 385, 403
ヒルシュ，ザムエル Hirsch, Samuel（1815–1889） 107
ヒルシュ，ザムゾン・ラファエル Hirsch, Samson Raphael（1808–1888） 367, 372
フィヒテ，ヨハン・ゴットリープ Fichte, Johann Gottlieb（1762–1814） 95, 130, 287

ブーバー，マルティン Buber, Martin（1878–1965） 8, 15, 19–24, 140, 145–150, 154, 180, 182–184, 202, 209, 219, 314, 329, 330, 346, 353, 354, 365, 366, 368, 378, 383, 384, 386–388, 413
フーフ，リカルダ Huch, Ricarda（1864–1947） 237, 238
プラーガー，ヨーゼフ Prager, Joseph（1885–1983） 31
ブライジヒ，クルト Breysig, Kurt（1866–1940） 44–46
プラトン Platon（429?-347 B.C.E.） 37, 69, 71, 145, 287, 290
フランク，エーリヒ Frank, Erich（1883–1949） 52
ブロイアー，イザーク Breuer, Isaac（1883–1946） 6, 339, 340
ヘーゲル，ゲオルク・ヴィルヘルム・フリードリヒ Hegel, Georg Wilhelm Friedrich（1770–1831） 4, 11, 40, 46, 47, 49, 50, 54–57, 59, 62–67, 74, 76–78, 83–95, 110, 111, 129–131, 174, 175, 217, 237, 249, 254–256, 258, 287, 322
ヘッケル，エルンスト Haeckel, Ernst（1834–1919） 35, 36, 39
ベルクソン，アンリ Bergson, Henri（1859–1941） 49
ベルクマン，フーゴ Bergmann, Hugo（1883–1975） 9
ヘルダー，ヨハン・ゴットフリート Herder, Johann Gottfried（1744–1803） 63, 65, 94, 95, 110, 188
ヘルダーリン，ヨハン・フリードリヒ Hölderlin, Johann Friedrich（1770–1843） 45, 94, 95, 110

マ行

マイネッケ，フリードリヒ Meinecke, Friedrich（1862–1954） 12, 13, 46, 47, 51, 85, 171
マルクス，カール Marx, Karl（1818–1883） 180
ミケランジェロ Michelangelo（1475–1564） 43
メンデルスゾーン，モーゼス Mendelssohn, Moses（1729–1786） 16, 107, 188
モーセ Mose 14, 72, 116, 145, 157, 158, 162, 233, 251, 260, 261, 273, 277, 288, 311, 337
モーゼス，ステファン Mosès, Stéphane（1931–2007） 7, 8, 10, 322, 416

ヤ行

ヤコブ Jakob 114–116, 119, 136

ラ行

ライプニッツ，ゴットフリート Leibniz, Gottfried（1646–1716） 130
ランケ，レオポルト・フォン Ranke, Leopold von（1795–1886） 46, 49
ランプレヒト，カール Lamprecht, Karl（1856–1915） 42, 45
リッケルト，ハインリヒ Rickert, Heinrich（1863–1936） 46
ルター，マルティン Luther, Martin（1483–1546） 88, 188
レヴィナス，エマニュエル Levinas, Emmanuel（1906–1995） 9, 10, 243, 418, 419
レッシング，ゴットホルト・エフライム Lessing, Gotthold Ephraim（1729–1781） 63, 77
レンブラント Rembrandt van Rijn（1606–1669） 43
ローゼンシュトック，オイゲン Rosenstock, Eugen（1888–1973） 8, 11, 25, 60, 61, 82, 111, 150, 152–155,

159, 161–163, 172, 202, 203, 210, 215, 218, 220, 222–229, 233, 234, 239–241, 244, 253, 255, 257, 278, 279, 283, 307, 310–312, 325, 335, 340, 345–347, 349, 352, 371, 392
ローゼンシュトック，マルグリット（グリットリ）Rosenstock-Huessy, Margrit（1893–1959） 5, 12, 203, 217, 220, 283, 348, 349, 351, 352, 359, 360, 374
ローゼンツヴァイク（旧姓アルスバーク），アーデレ Rosenzweig (Alsberg), Adele（1867–1933） 3, 30, 31
ローゼンツヴァイク，アダム Rosenzweig, Adam（1826–1908） 30, 31
ローゼンツヴァイク，イザーク Rosenzweig, Isaac（1778–1835） 29
ローゼンツヴァイク（旧姓ハーン），エディト Rosenzweig (Hahn), Edith（1895–1979） 4, 203, 340, 349–351, 354–356, 360
ローゼンツヴァイク，ゲオルク Rosenzweig, Georg（1857–1918） 29–31, 33, 182
ローゼンツヴァイク，ラファエル Rosenzweig, Rafael（1922–2001） 5, 351
ロッツェ，ヘルマン Lotze, Hermann（1817–1881） 54

【事項】

ア行

カ行

サ行

タ行

ナ行

ハ行

マ行

ヤ行

ラ行

主要参考文献一覧

ローゼンツヴァイクに関する研究文献については、Anckaert, Luk und Bernhard Casper（eds.), *Franz Rosenzweig. A Primary and Secondary Bibliography*（Leuven: Bibliotheek van de Faculteit der Godgeleerdheid K. U. Leuven, 1990）に詳しいほか、インターネット上でも容易に検索することができる。このため、掲載する文献は本書執筆に際してとりわけ重要だったものに限る。本書で使用される略号については凡例も参照。

史料館に所蔵される史料

Franz-Rosenzweig-Nachlass, 2o. Ms. Philos. 39, Universitäts-Bibliothek Kassel.

Franz Rosenzweig Collection, AR 3001, Leo Baeck Institute at the Center for Jewish History.

ローゼンツヴァイクの著作

Briefe, hrsg. v. Edith Rosenzweig, Berlin: Schocken, 1935.

„Briefe eines Nichtzionisten an einen Antizionisten", *Der Jude*, Sonderheft 1928, 81–86.

„Briefe von Franz Rosenzweig an Rudolf Hallo［von Dezember 1922］", in *Das Jüdische Lehrhaus als Modell lebensbegleitenden Lernens*, hrsg. v. Evelyn Adunka und Albert Brandstätter, Wien: Passagen Verlag, 1999, 87–121.

Das Büchlein vom gesunden und kranken Menschenverstand, Frankfurt am Main: Jüdischer Verlag, 1992.（『健康な悟性と病的な悟性』村岡晋一訳、作品社、2011。）

„Der Barock. Aus dem Tagebuch vom 9. bis 22. Juni 1908", in *Rosenzweig Yearbook 4*, Freiburg: Karl Alber, 2009, 247–259.

Der Mensch und sein Werk. Gesammelte Schriften I. Briefe und Tagebücher, 2 Bde., hrsg. v. R. Rosenzweig und E. Rosenzweig-Scheinmann unter Mitwirkung von B. Casper, Haag: Martinus NiJhoff, 1979.（=BT）

Der Mensch und sein Werk. Gesammelte Schriften II. Der Stern der Erlösung, Haag: Martinus NiJhoff, 1976.（=SE）（『救済の星』村岡晋一、細見和之、小須田健訳、みすず書房、2009。）

Der Mensch und sein Werk. Gesammelte Schriften III. Zweistromland. Kleinere Schriften zu Glauben und Denken, Dordrecht: Martinus Nijhoff, 1984.（=Zweistromland）

Der Mensch und sein Werk. Gesammelte Schriften IV. Sprachdenken, 2 Bde., Haag: Martius Nijhoff, 1983.（Bd. 1=JH1983）

Der Stern der Erlösung, Frankfurt am Main: Suhrkamp, 1988.

Der Stern der Erlösung, Frankfurt am Main: Kauffmann, 1921

Der Stern der Erlösung, 3 Bde., Berlin: Schocken, 1930.

Die „Gritli"-Briefe. Briefe an Margrit Rosenstock-Huessy, hrsg. v. Reinhold Mayer und Inken Rühle. Tübingen: Bilam Verlag, 2002.（=Gritli-Briefe）

„Die Leitsätze des Baden-Badener Kreises und das Referat von Franz Rosenzweig auf der Tagung vom 9. Januar 1910 mit dem Titel »Das 18. Jahrfundert in seinem Verhältnis zum 19ten und zum 20ten«“, in *Rosenzweig Yearbook 3*, Freiburg: Karl Alber, 2008, 240–253.

Feldpostbriefe. Die Korrespondenz mit den Eltern（1914–1917）. Freiburg: Karl Alber, 2013.（=FPB）

Hegel und der Staat, München und Berlin: Oldenbourg, 1920.（Reprint, Aalen: Scientia Verlag, 1962.）

Hegel und der Staat, hrsg. v. Frank Lachmann, Frankfurt am Main: Suhrkamp, 2010.（=HuS）（『ヘーゲルと国家』村岡晋一、橋本由美子訳、作品社、2015。）

„innerlich bleibt die Welt ein.“ Ausgewählte Schriften zum Islam, hrsg. v. Gesine Palmer und SchwartzYossef. Berlin: Philo, 2003.

Jehuda Halevi. Zweiundneunzig Hymnen und Gedichte, Berlin: Lambert Schneider, 1926.（=JH1926）

Kleinere Schriften, Berlin: Schocken, 1937.

Sechzig Hymnen und Gedichte des Jehuda Halevi, Konstanz: Oskar Wöhrle, 1924.（=JH1924）

The “Gritli” Letters（1914–1929）, ed. by Michael Gormann-Thelen and Büchsel Elfriede, http://www.erh-fund.org/the-gritli-letters-gritli-briefe/（accessed March 30th 2014）.（=Gritli-Briefe, Internetausgabe）

Rosenzweig, Franz, und Hans Ehrenberg, „Notizen zum Barock. 1908/1909. Mit einer detaillierten Inhaltsübersicht und mit den Anmerkungen von Hans Ehrenberg“, in *Rosenzweig Yearbook 4*, Freiburg: Karl Alber, 2009, 260–316.

Rosenzweig, Franz, Adele Rosenzweig, und Siegfried Kaehler, „Briefe, ediert vonWolfgang D. Herzfeld“, in *Rosenzweig Yearbook 3*, Freiburg: Karl Alber, 2008, 196–239.

「新しい思考――『救済の星』に対するいくつかの補足的な覚書」『思想』1014号、合田正人、佐藤貴史訳、2008、175–203。(„Das neue Denken. Einige nachträgliche Bemerkungen zum, Stern der Erlösung‘“（in: Zweistromland S. 139–161）の翻訳。)

「聖書＝文書（シュリフト）とルター」『言語文化』、同志社大学、三ツ木道夫訳、(上)：13巻（3)、2011年、305–321、(下)：14巻（2/3)、2012、235–263。(„Die Schrift und Luther“（in: Zweistromland S. 749–772）の翻訳。)

マケドニクス（＝フランツ・ローゼンツヴァイク）「北西と南東」『思想』佐藤貴史訳、1056号、2012、225–236。(マケドニクスはローゼンツヴァイクの筆名。„Nordwest und Südost“ の翻訳。)

その他の文献史料

欧文文献

Achad Haam, „Das Wesen des Judentums“, *Ost und West* 10, Heft 11–12, 1910.

Adunka, Evelyn und Albert Brandstätter（Hrsg.), *Das Jüdische Lehrhaus als Modell lebensbegleitenden Lernens*, Wien: Passagen Verlag, 1999.

Altmann, Alexander, “Franz Rosenzweig and Eugen Rosenstock: An Introduction to Their Letters on Judaism and Christianity”, *Journal of Religion* 24, No. 4, 1944, 258–270.

———, „Hermann Cohens Begriff der Korrelation“, in *In Zwei Welten. Siegfried Moses zum 75. Geburtstag*, hrsg. v. Hans Tramer, 377–399. Tel-Aviv: Verlag Bitaon, 1962.

———, “The German Rabbi: 1910–1939”, *Leo Baeck Institute Year Book* 19, 1974, 31–49.

Amir, Yehoyada, Yossi Turner und Martin Brasser, *Faith, Truth, and Reason. New Perspectives on Franz Rosenzweig's "Star of Redemption"*, Freiburg: Karl Alber, 2012.

Anckaert, Luk und Bernhard Casper (eds.), *Franz Rosenzweig. A Primary and Secondary Bibliography*, Leuven: Bibliotheek van de Faculteit der Godgeleerdheid K. U. Leuven, 1990.

Askani, Hans-Christoph, *Das Problem der Übersetzung - dargestellt an Franz Rosenzweig*, Tübingen: Mohr Siebeck, 1997.

Baeck, Leo. „Franz Rosenzweig“, *CV-Zeitung*, 13. Dez. 1929.

Barkai, Avraham, «*Wehr dich!*», München: Beck, 2002.

Batnitzky, Leora, *Idoratry and Representation. The Philosophy of Franz Rosenzweig Reconsidered*, Princeton: Princeton University Press, 2000.

Bauschulte, Manfred, *Religionsbahnhöfe der Weimarer Republik. Studien zur Religionsforschung 1918–1933*, Marburg: diagonal-Verlag, 2007.

Belke, Ingrid (Hrsg.), *In den Katakomben. Jüdische Verlage in Deutschland 1913 bis 1938. Marbacher Magazin 25*, Marbacher Magazin, 1983.

Benjamin, Mara, “Building a Zion in German(y): Franz Rosenzweig on Yehu-dah Halevi”, *Jewish Social Studies: History, Culture, Society* 13, No. 2, 2007, 127–154.

Bieberich, Ulrich, *Wenn die Geschichte göttlich wäre. Rosenzweigs Auseinandersetzung mit Hegel*, St. Ottilien: EOS Verlag, 1990.

Brasser, Martin (Hrsg.), *Rosenzweig als Leser. Kontextuelle Kommentare zum »Stern der Erlösung«*, Tübingen: Max Niemeyer Verlag, 2004.

Brenner, Michael, *The Renaissance of Jewish Culture in Weimar Germany*, New Haven: Yale University Press, 1996.

Breslauer, Daniel, “Franz Rosenzweig and the Development of Postmodern Jewish Ethics”, in *Rosenzweig Yearbook 3*, Freiburg: Karl Alber, 2008, 71–97.

Breuer, Isaac, *Concepts of Judaism*, ed. by Jacob B. Levinger, Jerusalem: Israel Universities Press, 1974.

———, *Ein Kampf um Gott*, Frankfurt am Main: Sänger & Friedberg, 1920.

———, *Falk Nefts Heimkehr*, Frankfurt am Main: J. Kauffmann Verlag, 1923.

———, *Judenproblem*, Halle: Hendel, [1917/1918?].

———, *Lehre, Gesetz und Nation*, Frankfurt am Main: Verlag des Israelit, [1910?].

Breuer, Mordechai, *Jüdische Orthodoxie im Deutschen Reich 1871–1918*, Frankfurt am Main: Jüdischer Verlag, 1986.

Buber, Martin, *Briefwechsel aus seiben Jahrzehnten*, 3 Bde., hrsg. v. Grete Schaeder, 3 Bde. Heidelberg: Lambert Schneider, 1972–1975.

———, *Die Legende des Baalschem*, Frankfurt am Main: Rütten & Loening, 1908.

———, *Martin Buber Werkausgabe*, Gütersloh: Gütersloher Verlagshaus, 2001–.

———, „Mythos der Juden", in *Vom Judentum. Ein Sammelbuch*, hrsg. v. Verein jüdischer Hochschüler Bar Kochba in Prag, Leipzig: Kurt Wolff, 1913, 21–31.

———, *Reden über das Judentum*, Frankfurt am Main: Rütten & Loening, 1923.

———, *Vom Geist des Judentums*, Frankfurt am Main: Kurt Wolff, 1916.

Bühler, Michael, „Erziehung zu Tradition und geistigem Widerstehen. Das Freie Jüdische Lehrhaus als Schule der Umkehr ins Judentum", in *Das Freie Jüdische Lehrhaus - eine andere Frankfurter Schule*, München: Verlag Schnell & Steiner, 1987, 12–33.

Carlebach, Joseph, „Franz Rosenzweig", *Israelit*, 14. Dez. 1929.

Casper, Bernhard, *Das Dialogische Denken*, 2. Auf., Freiburg: Karl Alber, 2002.

Ciglia, Francesco Paolo, „Auf der Spur Augustinus. Confessiones und De civitate Dei als Quellen des Stern der Erlösung", in *Rosenzweig als Leser*, Tübungen: Max Niemeyer Verlag, 2004, 223–245.

———, „Zwischen homerischem und biblischem Weltbild. Rosenzweigs Europa-Gedanke", in *Rosenzweig Yearbook 3*, Freiburg: Karl Alber, 2008, 127–141.

Cohen, Hermann, *Der Begriff der Religion im System der Philosophie*, Giessen: Töpelmann, 1915.

———, *Deutschtum und Judentum*, Giessen: Töpelmann, 1915.

———, *Hermann Cohens Jüdische Schriften*, 3 Bde., hrsg. v. Bruno Strauß, Berlin: C. A. Schwetschke & Sohn, 1924.（=JS）

———, *Religion der Vernunft aus den Quellen des Judentums*, nach dem Manuskript des Verfassers neu durchgearbeitet und mit einem Nachwort versehen von Bruno Strauß, Frankfurt am Main: Kauffmann, 1929.

Cohen, Richard, "Rosenzweig's Rebbe Halevi: From the Academy to the Yeshiva", *A Quarterly Journal of Jewish Life and Thought* 44, No. 4, 1955, 448–466.

———, *Elevation The Height of the Good in Rosenzweig and Levinas*, Chicago: The University of Chicago Press, 1994.

Cristaudo, Wayne, "Rosenzweig's Stance Toward Islam: The »Troubling« Matter", in *Rosenzweig Yearbook 2*, Freiburg: Karl Alber, 2007, 43–86.

Cristaudo, Wayne und Frances Huessy, *The Cross and the Star: The Post-Nietzschean Christian and Jewish Thought of Eugen Rosenstock-Huessy and Franz Rosenzweig*, Cambridge: Cambridge Scholars Publishing, 2009.

Del Prete, Michele, *Erlösung als Werk. Zur offenbarten Ontologie Franz Rosenzweigs*, Freiburg: Karl Alber, 2009.

Di Cesare, Donatella, „Messianität der Sprache", in *Franz Rosenzweigs „neues Denken"*, hrsg v. Wolfdietrich Schmied-Kowarzik, Freiburg: Karl Alber, 2006, 862–870.

Dilthey, Wilhelm, *Die Jugendgeschichte Hegels*. Berlin, 1905.（*Wilhelm Diltheys Gesammelte Schriften*, Bd. 4,

Teubner: Leipzig, 1921, 5–190.)（=DJH）（『ヘーゲルの青年時代』久野昭、水野建雄訳、以文社、1976。）

Disse, Jörg, „Die Philosophie Immanuel Kants im Stern der Erlösung", in *Rosenzweig als Leser*, Tübingen: Max Niemeyer Verlag, 2004, 245–272.

Dober, Hans Martin, *Die Zeit ernst nehmen*, Würzburg: Königshausen & Neumann, 1990.

Donin, Hayim Halevy, *To Pray as a Jew. A Guide to the Prayer Book and the Synagogue Service*, New York: Basic Books, 1980.

Ehrenberg, Hans, *Autobiographie eines deutschen Pfarrers*, hrsg v. Günter Brakelmann, Waltrop: Spenner, 1999.

Ehrenberg, Rudolf, *Ebr. 10,25. Ein Schicksal in Predigten*, Würzburg: Patmos Verlag, 1920.

Eisen, Arnold, *Rethinking Modern Judaism. Ritual, Commandments, Community*, Chicago: Chicago University Press, 1998.

Eloni, Yehuda, *Zionismus in Deutschland. Von den Anfängen bis 1914*, Gerlingen: Bleicher, 1987.

Emmet, Dorothy, "The Letters of Franz Rosenzweig and Eugen Rosenstock-Huessy", *Journal of Religion* 25, No. 4, 1945, 261–273.

Fricke, Martin, *Franz Rosenzweigs Philosophie der Offenbarung*, Würzburg: Königshausen & Neumann, 2003.

Fuchs, Gotthard, und Hans Hermann Hemrox, *Zeitgewinn. Messianisches Denken nach Franz Rosenzweig*, Frankfurt am Main: Verlag Josef Knecht, 1987.

Galli, Barbara, *Franz Rosenzweig and Jehuda Halevi*, London: McGill-Queen's University Press, 1995.

Garcia-Baró, Miguel, „Das ‚neue Denken' und das Böse. Eine Grenzfrage", in *Franz Rosenzweigs „neues Denken"*, hrsg. v. Wolfdietrich Schmied-Kowarzik, Freiburg: Karl Alber, 2006, 776–792.

Gay, Peter, „Begegnung mit der Moderne. Deutsche Juden in der deutschuen Kultur", in *Juden im Wilhelminischen Deutschland 1890–1914*, Tübingen: Mohr Siebeck, 1976, 241–311.

Glatzer, Nahum, *Franz Rosenzweig: His Life and Thought*, 3. edition, New York: Cambridge University Press, 1998.

———, *Franz Rosenzweig: His Life and Thought*, New York: Farrar, 1953.

Gordon, Peter Eli, *Rosenzweig and Heidegger*, Berkeley: University of California Press, 2003.

Gormann-Thelen, Michael, „Franz Rosenzweigs Briefe an Margrit（Gritli）Rosenstock. Ein Zwischenbericht mit drei Dokumenten", in *The Legacy of Franz Rosenzweig: Collected Essays*, ed. by Luc Anckaert, Leuven: Leuven University Press, 2004, 61–77.

Görtz, Heinz-Jürgen, „Der Stern der Erlösung als Kommentar: Rudolf Ehrenberg und Franz Rosenzweig", in *Rosenzweig als Leser*, hrsg. v. Martin Brassar, Tübingen: Max Niemeyer Verlag, 2004, 119–172.

———, *Tod und Erfahrung, Rosenzweigs »erfahrende Philosophie« und Hegels »Wissenschaft der Erfahrung des Bewußtseins«*, Düsseldorf: Patmos Verlag, 1984.

———, „Tod und Leben. Kontingenzbewältigung in Rosenzweigs Konzept der Geschöplichkeit", in *Franz Rosenzweigs „neues Denken"*, Freiburg: Karl Alber, 2006, 754–775.

———, „Wir und die Anderen - in Rosenzweigs philosophisch-theologischem Konzept des »Welttags des Herrn«“, in *Rosenzweig Yearbook 5*, Freiburg: Karl Alber, 2010, 49–67.

———, *In der Spur des »neuen Denkens«. Theologie und Philosophie bei Franz Rosenzweig*, Freiburg: Karl Alber, 2008.

Habermas, Jürgen, *Philosophisch-politische Profile*, Frankfurt am Main: Suhrkamp, 1991.

Hahn, Frank, *Der Sprache vertrauen - der Toralität entsagen*, Freiburg: Karl Alber, 2010.

Haumann, Heiko, „Zionismus und die Krise jüdischen Selbstverständnisses“, in *Der Traum von Israel. Die Ursprünge des modernen Zionismus*, Weinheim: Belz Athenäum Verlag, 1998.

Hegel, Georg W. F., *Georg Wilhelm Friedrich Hegel Werke*, 20 Bde., Frankfurt am Main: Suhrkamp, 1970. (=HW)

Hermeier, Rudolf（Hrsg.）, *Jenseits all unsres Wissens wohnt Gott. Hans Ehrenberg und Rudolf Ehrenberg zur Erinnerung*, Moers: Brendow Verlag, 1987.

Herzfeld, Wolfgang, „Franz Rosenzweig und Siegfried A. Kaehler. Stationen einer deutsch-jüdischen Beziehung“, in *Rosenzweig Yearbook 3*, Freiburg: Karl Alber, 2008, 240–252.

———, „Franz Rosenzweigs Abhandlungen zum Barock auf dem Hintergrund seiner kunst- und kulturgeschichtlichen Studien bei Wölfflin, Breysig und Simmel in den Jahren 1907/1908 in Berlin“, in *Rosenzweig Yearbook 4*, Freiburg: Karl Alber, 2010, 193–246.

———, *Franz Rosenzweig, »Mitteleuropa« und der Erste Weltkrieg*, Freiburg: Karl Alber, 2013.

Hirsch, Samson Raphael, *Neunzehn Briefe über Judenthum*, Altona: J. F. Hammerich, 1836.

Hirsch, Samuel, *Die Religionsphilosophie der Juden*, Leipzig, 1842.

Hočevar, Rolf K., *Hegel und der preussische Staat*, München: Wilhelm Goldmann, 1973.

Holzhey, Helmut（Hrsg.）, *„Religion der Vernunft aus den Quellen des Judentums“. Tradition und Ursprungsdenken in Hermann Cohens Spätwerk*, Hildesheim: Olms, 2000.

Horch, Hans Otto und Charlotte Wardi, *Jüdische Selbstwahrnehmung*, Tübingen: Max Niemeyer Verlag, 1997.

Horwitz, Rivka, „Adele Rosenzweigs Jugenderinnerungen“, *Bulletin des Leo Baeck Instituts* 53/54, 1977–1978, 133–146.

———, “Exile and Redemption in the Thought of Isaac Breuer”, *Tradition: A Journal of Orthodox Thought* 26, No. 2, 1992, 77–98.

———, “Franz Rosenzweig. On Jewish Education”, *The Journal of Jewish Thought and Philosophy* 2, No. 2, 1993, 201–218.

———, “From Hegelianism to a Revolutionary Understanding of Judaism: Franz Rosenzweig’s Attitude toward Kabbala and Myth”, *Modern Judaism* 26, No. 1, 2006, 31–54.

———, “The Shaping of Rosenzweig’s Identity According to the Gritli Letters”, in *Rosenzweig als Leser*, Tübingen: Max Niemeyer Verlag, 2004, 11–42.

———, “Voices of Opposition to the First World War among Jewish Thinkers”, *Leo Baeck Institute Year*

Book 33, 1988, 233–259.

————, „Warum ließ Rosenzweig nicht taufen?", in *Der Philosoph Franz Rosenzweig*（*1886–1929*）, Bd. II, hrsg. v. Wolfdietrich Schmied-Kowarzik, Freiburg: Karl Alber, 1988, 79–96.

Idel, Moshe, "Rosenzweig and the Kabbalah", in *The Philosophy of Franz Rosenzweig*, ed. by Paul Mendes-Flohr, Hanover: Brandeis Universty Press, 1988, 162–171.

Jamme, Christoph und Helmut Schneider（Hrsg.）, *Mythologie der Vernunft. Hegels »ältestes Systemprogramm des deutschen Idealismus«*, Frankfurt am Main: Suhrkamp, 1984.

Jason, Aaron（ed.）, *The Condition of Jewish Belief*, New York: Macmillan, 1966.

Jewish Srudy BibleI, New York: Oxford University Press, 1999.

Jospe, Alfred, "A Profession in Transition. The German Rabbinate 1910–1939", *Leo Baeck Institute Year Book* 19, 1974, 51–61.

Kaehler, Siegfried, *Siegfried A. Kaehler. Briefe 1900–1963*, hrsg. v. Günther Grünthal, Harald Boldt und Walter Bußmann, Boppard am Rhein: Boldt, 1993.

Kamper, Dietmar, „Das Nachtgespräch vom 7. Juli 1913. Eugen Rosenstock-Huessy und Franz Rosenzweig", in *Der Philosoph Franz Rosenzweig*（*1886–1929*）, hrsg. v. Wolfdietrich Schmied-Kowarzik, Freiburg: Karl Alber, 1988, 97–104.

Kant, Immanuel, *Gesammelte Schriften*, hrsg. v. Königlich-Preussischen Akademie der Wissenschaften, Berlin（Akademie-Ausgabe）, 1902–.（=AA）

Kohr, Jörg, *»Gott selbst muss das letzte Wort Sprechen…« Religion und Politik im Denken Franz Rosenzweigs*, Freiburg: Karl Alber, 2008.

Kräling, Ingrid（Hrsg.）, *Juden in Kassel 1808–1933*, Kassel: Thiele & Schwarz, 1987.

Leconte, Mariana, „Unterwegs zum Menschen. Liebe des Nächsten und Mit-Leid in der Sprachphilosophie Cohens und im Stern der Erlösung", in *Rosenzweig Yearbook* 5, Freiburg: Karl Alber, 2010, 114–128.

Levinas, Emmanuel, «Entre deux mondes（La voie de Franz Rosenzweig）», in Emmanuel Levinas, *Difficile liberté*, Paris: Le Livre de Poche, 1984, 272–302.（『困難な自由』合田正人監訳、法政大学出版局、2008。）

————, «Franz Rosenzweig. Une pensée juive moderne», in Emmanuel Levinas, *Hors sujet*, Montpellier: Fata Morgana, 1987, 71–96.（『外の主体』合田正人訳、みすず書房、1997。）

————, *Totalité et infini*, Paris: Le Livre de Poche, 1991,［1961］.（『全体性と無限——外部性についての試論』合田正人訳、国文社、1989。）

Lichartz, Werner（Hrsg.）, *Lernen mit Franz Rosenzweig*, 2. Auf., Frankfurt am Main: Haag und Herchen, 1987.

Liebeschütz, Hans, "Hermann Cohen and his Historical Background", *Leo Baeck Institute Year Book* 13, 1968, 3–33.

Löwy, Michael, *Redemption & Utopia. Jewish Libertarian Thought in Central Europe*, translated by Hope Heaney, Stanford: Stanford University Press, 1992.

Maruyama, Takao, "Prayer and the Paganism: A new approach to Rosenzweig's late philosophy", *Proceedings of the Internationale Rosenzweig Gesellschaft*（*Internationale Rosenzweig Gesellschaft*）1, 2014, 59–67.

Mayer, Eugen（Hrsg.）, *Franz Rosezweig. Eine Gedenkschrift*, Frankfurt am Main: Gebrüder Braun, 1930.

Meir, Ephraim, *Letters of Love. Franz Rosenzweig's Spiritual Biography and Oeuvre in Ligt of the Gritli Letters*, New York: Peter Lang, 2006.

Mendelssohn, Moses, *Jerusalem oder über religiöse Macht und Judentum*, Frankfurt am Main: Felix Meiner, 2005.

Mendes-Flohr, Paul, *German Jews. A Dual Identity*, New Haven: Yale University Press, 1999.

――――（ed.）, *The Philosophy of Franz Rosenzweig*, Hanover: Brandeis University Press, 1988.

Mendes-flohr, Paul, und Jehuda Reinharz, "From Relativism to Religious Faith. The Testimony of Franz Rosenzweig's Unpublished Diaries", *Leo Baeck Institute Year Book* 22, 1977, 161–174.

Meyer, Michael, Mordechai Breuer und Michael Brenner, *Deutsch-jüdische Geschichte in der Neuzeit*, 4 Bde., München: Beck, 1996–1997.

Meyer, Thomas, *Zwischen Philosophie Und Gesetz: Jüdische Philosophie Und Theologie Von 1933 Bis 1938*, Leiden: Brill, 2009.

Miething, Christoph, „Hermann Cohen - Kantische Vernunft und Jüdisches Selbstbewußtsein", in *Jüdische Selbstwahrnehmung*, hrsg. v. Hans Otto Horch und Charlotte Wardi, Tübingen: Max Niemeyer Verlag, 1997, 217–230.

Moren, Lise van der（ed.）, *A Guide to the Works of Eugen Rosenstock-Huessy. A Chronological Bibliography with a Key to to the Collected Works on Microfilm*, Essex: Argo Books, 1997.

Morgenstern, Matthias, *Von Frankfurt nach Jerusalem. Isaac Breuer und die Geschichte des „Austrittsstreits" in der deutsch-jüdischen Orthodoxie*, Tübingen: Mohr Siebeck, 1995.

Mosès, Stéphane, "Franz Rosenzweig in Perspective: Reflections on His Last Diaries", in *The Philosophy of Franz Rosenzweig*, ed. by Paul Mendes-Flohr, Hanover: Brandeis University Press, 1988, 185–201.

――――, „Franz Rosenzweigs letztes Tagebuch", in *Lernen mit Franz Rosenzweig*, hrsg. v. Werner Lichartz, Frankfurt am Main: Haag und Herchen, 1987, 136–154.

――――, „Hegel beim Wort genommen. Geschichtskritik bei Franz Rosenzweig", in *Zeitgewinn. Messianisches Denken nach Franz Rosenzweig*, hrsg. v. Gotthard Fuchs und Hermann Henrix, Frankfurt am Main: Verlag Josef Knecht, 1987, 67–89.

――――, *L'ange de L'histoire*, Paris: Seuil, 1992.（『歴史の天使――ローゼンツヴァイク、ベンヤミン、ショーレム』合田正人訳、法政大学出版局、2003。）

――――, *Systèm et Rrévélation*, Paris: Seuil, 1982. （*System and Revelation: The Philosophy of Franz Rosenzweig*, Detroit: Wayne State University Press, 1992.）

Mosès, Stéphane, und Hartwig Wiedebach, *Hermann Cohen's Philosophy of Religion. International Conference in Jerusalem 1996*, Hildesheim: Olms, 1997.

Mosse, Werner（Hrsg.）, *Deutsches Judenrum in Krieg und Revolution 1916–1923*, Tübingen: Mohr Siebeck,

1971.

———— (Hrsg.), *Juden im Wilhelminischen Deutschland 1890–1914*, Tübingen: Mohr Siebeck, 1976.

Myers, David, "Hermann Cohen and the Quest for Protestant Judaism", *Leo Baeck Institute Year Book* 46, 2001, 195–214.

————, *The Problem of History in German-Jewish Thought. Observations on a Neglected Tradition* (*Cohen, Rosenzweig and Breuer*), Ramat-Gan: Bar-Iran University, 2002.

————, *Resisting History. Historicism and its Discontents in German-Jewish Thought*, Princeton: Princeon University Press, 2003.

Nohl, Herman (Hrsg.), *Hegels theologische Jugendschriften nach den Handschriften der Kgl. Bibliothek in Berlin*, Tübingen, 1907. (『ヘーゲル初期神学論集』久野昭、中埜肇訳、以文社、1973–1974年。)

Palmer, Gesine, „Produktives Scheitern? Versuch einer Antwort auf Wayne Cristaudo“, in *Rosenzweig Yearbook 2*, Freiburg: Karl Alber, 2007, 87–110.

Picht, Werner, und Rosenstock-Eugen, *Im Kampf um die Erwachsenenbildung 1912 - 1926*, Leipzig: Quelle & Meyer, 1926.

Pollock, Benjamin, "'Within Earshot of the Young Hegel': Rosenzweig's letter to Rudolf Ehrenberg of September 1910", in *German-Jewish Thought Between Religion and Politics*, ed. by Christian Wiese und Martin Urban, Berlin: De Gruyter, 2012, 185–208.

————, *Franz Rosenzweig and the Systematic Task of Philosophy*, New York: Cambridge University Press, 2009.

————, "On the Road to Marcionism: Franz Rosenzweig's Early Theology", *The Jewish Quarterly Review* 102, No. 2, 2012, 224–255.

————, *Franz Rosenzweig's Conversions. World Denial and World Redemption*, Bloomington: Indiana University Press, 2014.

Poma, Andrea, „Einleitung [zu Hermann Cohen Werke Bd. 10] “, in *Hermann Cohen Werke*, Bd. 10, *Der Begriff der Religion im System der Philosophie*, Hildesheim: Olms, 2002, 7–49.

Reichmann, Eva G., „Der Bewußtseinswandel der deutschen Juden“, in *Deutsches Judentum in Krieg und Revolution*, hrsg v. Werner Mosse, Tübingen: Mohr Siebeck, 1971, 511–612.

Ricoeur, Paul, "The 'Figure' in Rosenzweig's 'The Star of Redemption'", in Paul Ricoeur, *Figuring the Sacred. Religion, Narrative, Imagination*, tlanslated by David Pellauer, Minneapolis: Augsburg Fortress Publishers, 1995, 93–107.

Rilke, Rainer Maria, *Geschichten vom lieben Gott*, Frankfurt am Main: Insel, 1904. (『神さまの話』谷友幸訳、新潮社、1953。)

Rohrbach, Wilfrid, *Das Sprachdenken Eugen Rosenstock-Huessys*, Stuttgart: Kohlhammer, 1973.

Root, Jos op't, „Franz Rosenzweig und das Freie Jüdische Lehrhaus“, in *Lernen mi Franz Rosenzweig*, hrsg. v. Werner Lichartz, Frankfurt am Main: Haag und Hercher, 1987, 187–265.

Rosenblüth, Pinchas, „Die geistigen und religiösen Strömungen in der deutschen Judenheit“, in *Juden im Wilhelminischen Deutschland 1890–1914*, hrsg v. Werner Mosse, Tübingen: Mohr Siebeck, 1976, 549–598.

Rosenstock-Huessy, Eugen, „*Angewandte Seelenkunde*“, in Eugen Rosenstock-Huessy, *Die Sprache des Menschengeschlechts*, Bd. 1, Heidelberg: Lambert Schneider, 1963, 739–810.

————, *Die Hochzeit des Krieges und der Revolution*, Würzburg: Patmos-Verlag, 1920.

————, *Europa und die Christenheit*, München: Rösel, 1919.

————, *Die Sprache des Menschengeschlechts*, 2 Bde., Heidelberg: Lambert Schneider, 1963.

————, *Eugen Rosenstock-Huessy Collected Works on DVD*, Essex: Argo Books, 1999.

Rosenzweig Yearbook 1. Rosenzweig heute, Freiburg: Karl Alber, 2006.

Rosenzweig Yearbook 2. Kritik am Islam, Freiburg: Karl Alber, 2007.

Rosenzweig Yearbook 3. Die Idee Europa, Freiburg: Karl Alber, 2008.

Rosenzweig Yearbook 4. Paulus und die Politik, Freiburg: Karl Alber, 2009.

Rosenzweig Yearbook 5. Wir und die Anderen, Freiburg: Karl Alber, 2010.

Rosenzweig Yearbook 6. Frieden und Krieg, Freiburg: Karl Alber, 2011.

Rosenzweig Yearbook 7. Dialogphilosophie, Freiburg: Karl Alber, 2013.

Rosenzweig Yearbook 8/9. Gebot, Gesetz, Gebet, Freiburg: Karl Alber, 2014.

Rosenzweig, Ursula Hava, „Herkunft und Verwurzellung der Familie Rosenzweig in Kassel“, in *Franz Rosenzweig. Religionsphilosoph aus Kassel*, hrsg. v. Wolfdietrich Schmied-Kowarzik und Eva Schulz-Jande, Kassel: euregioverlag, 2011, 11–23.

Rühle, Inken, *Gott spricht die Sprache der Menschen*, Tübingen: Bilam Verlag, 2004.

Sacks, Jonathan（ed.）, *The Koren Rosh Hashana Maḥzor*, Jerusalem: Koren Publishers, 2011.

Sacks, Jonathan（ed.）, *The Koren Siddur*, Jerusalem: Koren Publishers, 2009.

Sacks, Jonathan（ed.）, *The Koren Yom Kippur Maḥzor*, Jerusalem: Koren Publishers, 2012.

Samuelson, Norbert, “Rosenzweig’s Epistemology. A Critique of the Way of Drawing Lines between Philosophy, Theology and Liturgy”, in *Franz Rosenzweigs „neues Denken“*, hrsg. v. Wolfdietrich Schmied-Kowarzik, Freiburg: Karl Alber, 2006, 90–110.

Schelling, Friedrich W. J., *Philosophie der Offenbarung 1841/42*, Frankfurt am Main: Suhrkamp, 1977.

Schievelbusch, Wolfgang, *Intellektuellen Dämmerung. Zur Lage der Frankfurter Intelligenz in den Zwanziger Jahren*, Frankfurt am Main: Suhrkamp, 1985.（『知識人の黄昏』初見基訳、法政大学出版局、1990。）

Schindler, Renate, *Zeit Geschichte Ewigkeit in Franz Rosenzweigs »Stern der Erlösung«*, Berlin: Parerga, 2007.

Schleiermacher, Friedrich, *Über die Religion*, in Friedrich Schleiermacher, *Kritische Gesamtausgabe*, Bd. I/2, Berlin: De Gruyter, 1984.

Schmied-Kowarzik, Wolfdietrich（Hrsg.）, *Der Philosoph Franz Rosenzweig*（*1886–1929*）, 2 Bde., Freiburg: Karl Alber, 1988.

————, *Franz Rosenzweig*, Freiburg: Karl Alber, 1991.

————（Hrsg.）, *Franz Rosenzweigs „neues Denken"*, 2 Bde., Freiburg: Karl Alber, 2006.

————, „Franz Rosenzweigs Stern der Erlösung", 1999. https://kobra.bibliothek.uni-kassel.de/html/urn:nbn:de:hebis:34–2008092224023/RosenzweigsStern.html（Zugriff am 30. Mär. 2018）.

————, *Rosenzweig im Gespräch mit Ehrenberg, Cohen und Buber*, Freiburg: Karl Alber, 2006.

Schnädelbach, Herbert, *Geschichtsphilosophie nach Hegel. Die Probleme des Historismus*, Freiburg: Karl Alber, 1974.（『ヘーゲル以後の歴史哲学——歴史主義と歴史的理性批判』古東哲明訳、法政大学出版局、1994 年。）

————, *Philosophy in Germany. 1831–1933*, Cambridge: Cambridge University Press, 1984.（『ドイツ哲学史 1831–1933』舟山俊明他訳、法政大学出版局、2009。）

Scholem, Gerschom, "Franz Rosenzweig and His Book", in *The Philosophy of Franz Rosenzweig*, ed. by Paul Mendes-Flohr, Hanover: Brandeis University Press, 1988, 20–41.

————, *Judaica I*, Frankfurt am Main: Suhrkamp, 1963.

————, "On the Social Psychology of the Jews in Germany: 1900–1933", in *Jews and Germans from 1860 to 1933*, ed. by David Bronsen, Heidelberg: Winter, 1979, 9–32.

————, *Von Berlin nach Jerusalem: Jugenderinnerungen*, Frankfurt am Main: Suhrkamp, 1977.（『ベルリンからエルサレムへ——青春の思い出』岡部仁訳、法政大学出版局、1991。）

Schulz-Grave, Isabell, *Lernen im Freien Jüdischen Lehrhaus*, Oldenburg: Bibliotheks- und Informationssystem der Universität Oldenburg, 1998.

Schulz-Jander, Eva, und Wolfdietrich Schmied-Kowarzik（Hrsg.）, *Franz Rosenzweig. Religionsphilosoph aus Kassel*, Kassel: euregioverlag, 2011.

Seligmann, Erwin, „Franz Rosenzweig（1886–1929）", in *Juden in Kassel. 1808–1933*, hrsg. v. Ingrid Kräling, Kassel: Thiele und Schwarz, 1987, 75–85.

Sesterhenn, Raimund（Hrsg.）, *Das Freie Jüdische Lehrhaus - eine andere Frankfurter Schule*, München: Verlag Schnell & Steiner, 1987.

Shevitz, Amy Hill, "Silence and Translation: Franz Rosenzweig's Paralysis and Edith Rosenzweig's Life", in *Modern Judaism* 35, No. 3, 2015, 281–301.

Sieg, Ulrich, *Jüdische Intellektuelle im Ersten Weltkrieg*, Berlin: Akademie Verlag, 2008.

Stahmer, Harold M., "The Letters of Franz Rosenzweig to Margrit Rosenstock-Huessy: 'Franz', 'Gritli', 'Eugen' and 'The Star of Redemption'", in *Der Philosoph Franz Rosenzweig（1886–1929）*, hrsg. v. Wolfdietrich Schmied-Kowarzik, Freiburg: Karl Alber, 1888, 109–137.

Steinsaltz, Adin, *A Guide to Jewish Prayer*, New York: Schocken, 2000.

Susman, Margarete, „Franz Rosenzweig", *Der Morgen*, Nr. 1, 1929.

Tal, Uriel, *Christians and Jews in Germany*, Ithaca: Cornel University Press, 1975.

Thoma, Clemens, „Franz Rosenzweig: Deuter von Krieg, Politik und philosophisch theologischer Entwicklung. Haupttendenzen im Zweistromland", in *Rosenzweig als Leser*, hrsg. v. Martin Brasser, Tübingen: Max

Niemeyer Verlag, 2004, 43–52.
Trabant, Jürgen, *Traditionen Humboldts*, Frankfurt am Main: Suhrkamp, 1990.
Udoff, Alan, und Galli Barbara, *Franz Rosenzweig's "New Thinking"*, Syracuse: Syracuse University Press, 1999.
Verhandlungen und Beschlüsse der Generalversammlung des Rabbinerverbandes in Deutschland zu Berlin am 9. und 10. Mai 1916, Frankfurt am Main: Kauffmann, 1916.
Wagner, Yigal, *Martin Bubers Kampf um Israel*, Potsdam: Verlag für Berlin-Brandenburg, 1999.
Weizsäcker, Viktor von, *Gesammelte Schriften*, Bd. 1, hrsg. v. Peter Achilles, Dieter Janz und Martin Schrenk, Frankfurt am Main: Suhrkamp, 1986.
Welz, Claudia, „Selbstwerdung im Angesicht desAnderen. Vertrauen und Selbstverwandlung bei Kierkegaard und Rosenzweig", in *Rosenzweig Yearbook* 5, Freiburg: Karl Alber, 2010, 68–83.
Wiedebach, Hartwig (Hrsg.), *„Kreuz der Wirklichkeit" und „Stern der Erlösung". Die Glaubens-Metaphysik von Eugen Rosenstock-Huessy und Franz Rosenzweig*, Freiburg: Karl Alber, 2010.
Wiehl, Reiner, "Experience in Rosenzweig's New Thinking", in *The Philosophy of Franz Rosenzweig*, ed. by Paul Mendes-Flohr, Hanover: Brandeis University Press, 1988, 42–68.
Wiese, Christian, *Wissenscahft des Judentums und protestantische Theologie im wilhelminischen Deutschland*, Tübingen: Mohr Siebeck, 1999.
Wildmann, Daniel, *„Körper im Körper". In Jüdische Identität und Nation. Fallbeispiele aus Mitteleuropa*, hrsg. v. Peter Haber, Köln: Böhlau, 2006.
Wölfflin, Heinrich, *Die Klassische Kunst*, München: F. Bruckmann, 1899.（『古典美術――イタリア・ルネサンス序説』守屋謙二訳、美術出版社、1962。）
――――, *Kunstgeschichtliche Grundbegriffe: das Problem der Stilentwicklung in der neueren Kunst*, München: Bruckmann, 1915.（『美術史の基礎概念――近世美術における様式発展の問題』海津忠雄訳、慶應義塾大学出版会、2000。）
――――, *Renaissance und Barock*, München: Bruckmann, 1908.（『ルネサンスとバロック――イタリアにおけるバロック様式の成立と本質に関する研究』上松佑二訳、中央公論美術出版、1993。）
Yerushalmi, Yosef Hayim, *Zakhor - Jewish History and Jewish Memory*, Washington: The University of Washington Press, 1982.（『ユダヤ人の記憶　ユダヤ人の歴史』木村光二訳、晶文社、1996。）
Żak, Adam, *Vom reinen Denken zur Sprachvernunft. Über die Grundmotive der Offenbarungsphilosophie Fran Rosenzweigs*, Stuttgart: Kohlhammer, 1987.
Zank, Michael (ed.), *New Perspectives on Martin Buber*, Tübingen: Mohr Siebeck, 2006.
――――, "The Rosenzweig-Rosenstock Triangle, or What Can We Learn from Letters to Gritli?", in *Modern Judaism* 23, No. 1, 2003, 74–98.
――――, „Vom Innersten, Äußersten und Anderen: Annäherungen an Baeck, Harnack und die Frage nach dem Wesen", in *Religious Apologetics*, ed. by Yossef Schwarz und Volkhard Krech, Tübingen: Mohr Siebeck,

2004, 25–45.

邦文文献

ヴェーラー，ハンス‐ウルリヒ〔編〕『ドイツの歴史家』ドイツ現代史研究会訳、全 5 巻、未來社、1982–1985。

上山安敏『神話と科学――ヨーロッパ知識社会 世紀末〜20 世紀』岩波書店、1984。

――――『宗教と科学――ユダヤ教とキリスト教の間』岩波書店、2005。

――――『ブーバーとショーレム――ユダヤの思想とその運命』岩波書店、2009。

鵜沼秀夫「ユダヤ教の再定義について――フランツ・ローゼンツヴァイク再考」『ユダヤ・イスラエル研究』19 号、2003、62–28。

大竹弘二「現実政治から帝国主義へ――前期のフランツ・ローゼンツヴァイクにおける世俗化論と世界史観」『UTCP 研究論集』3 巻、2005、5–16。

――――「実存哲学から政治へ――フランツ・ローゼンツヴァイクにおけるユダヤ性の実践的意味」『哲学・科学史論叢』8 号、2006 年、23–46。

加藤尚武「スピノザの実体とヘーゲルの国家」『ヘーゲルの国家論』加藤尚武、滝口清栄〔編〕、理想社、2006。

加藤尚武、滝口清栄〔編〕『ヘーゲルの国家論』理想社、2006。

グットマン，ユリウス『ユダヤ哲学』合田正人訳、みすず書房、2000。

久保田浩「「ユダヤ人イエス」の実践性――シオニズムとドイツ民族主義宗教における」『キリスト教学』53 巻、2011、1–25。

――――「近代ドイツ宗教史における「ナザレのイエス」――「アーリア人イエス」を巡って」『キリスト教学』51 巻、2009、149–169。

グロックナー，ヘルマン『ヘーゲル復興と新ヘーゲル主義』大江精志郎訳、理想社出版部、1931。

ゲイ，ピーター『ワイマール文化』到津十三男訳、みすず書房、1970。

合田正人「ローゼンツヴァイク『救済の星』と現代思想」『明治大学人文科学研究所紀要』66 巻、2010、172–186。

コーエン，アブラハム『タルムード入門』村岡崇光、市川裕、藤井悦子訳、全 3 巻、教文館、1998。

後藤正英「シュトラウスとローゼンツヴァイク――20 世紀ユダヤ哲学の系譜」『思想』1014 号、2008、204–219。

佐藤貴史「内なる衝動と外から到来する声――フランツ・ローゼンツヴァイクにおける二つの超越」『理想』678 号、2007、91–100。

――――「政治からの撤退、歴史からの跳躍？――フランツ・ローゼンツヴァイクにおけるシオニズム批判と反歴史主義」『聖学院大学総合研究所紀要』39 号、2007、368–389。

――――「現実性と真理――フランツ・ローゼンツヴァイクの経験論」『宗教研究』82 巻、

2008、687–709。

――――「瞬間と解体――H・コーエンとF・ローゼンツヴァイクにおける啓示と倫理」『聖学院大学総合研究所紀要』42号、2008、223–242。

――――『フランツ・ローゼンツヴァイク――〈新しい思考〉の誕生』知泉書館、2009。

――――「ユダヤ・ルネサンスの行方、ローゼンツヴァイクの挫折――20世紀ユダヤ思想史における近代批判の諸相」『思想』1045号、2011、151–174。

――――「カオスからの創造――ブーバー、ショーレム、ユダヤ青年運動」『年報新人文学』北海学園大学、2011–12、98–136。

田中直美「F・ローゼンツヴァイクにおけるユダヤ性（Judentum）の〈復元〉と翻訳の課題について――『イェフタ・ハレヴィ』のあとがきの検討を中心に」『京都ユダヤ思想』7号、2016、36–57。

――――「F. ローゼンツヴァイクの対話的な思想――「愛」と「固有名」に着目して」『人間文化創成科学論叢』18巻、2016、137–146。

デイヴィス，スティーヴン〔編〕『神は悪の問題に答えられるか――神義論をめぐる五つの答え』本多峰子訳、教文館、2002。

徳永恂「ヘルマン・コーエンとゲオルク・ジンメルをめぐる「同化」の問題（上）ドイツ・ユダヤ精神史の断層」『思想』1049号、2011、6–32。

――――「ヘルマン・コーエンとゲオルク・ジンメルをめぐる「同化」の問題（下）ドイツ・ユダヤ精神史の断層」『思想』1050号、2011、75–90。

――――「コーヘン・ジンメル・ショーレム――その三角関係をめぐって」『京都ユダヤ思想』2号、2012、78–84。

中井章子「ヨーロッパ近代の自然神秘思想」『キリスト教神秘主義著作集16　近代の自然神秘思想』教文館、1993、587–614。

長田浩彰『われらユダヤ系ドイツ人』広島大学出版会、2011。

バーンスタイン，リチャード『根源悪の系譜――カントからアーレントまで』菅原潤訳、法政大学出版局、2013。

ブーレッツ，ピエール『20世紀ユダヤ思想家』合田正人他訳、第1巻、みすず書房、2011。

深井智朗『ヴァイマールの聖なる政治的精神』岩波書店、2012。

深澤英隆『啓蒙と霊性』岩波書店、2006。

藤岡俊博『レヴィナスと「場所」の倫理』東京大学出版会、2014。

マイネッケ，フリードリッヒ『世界市民主義と国民国家』矢田俊隆訳、第1巻、岩波書店、1968。

丸山空大「フランツ・ローゼンツヴァイクのユダヤ人論とキリスト教論――ローゼンツヴァイクのメシア的終末論の観点から」『東京大学宗教学年報』24巻、2007、127–144巻。

――――「F・ローゼンツヴァイクの“異教”概念からみる宗教論の変遷――ローゼンツヴァイク“後期思想”研究へむけた導入的試論」『京都ユダヤ思想』創刊号、2011、5–29。

――――「血、民族、神――初期マルティン・ブーバーの思想の展開とそのユダヤ教（Judentum）理解の変遷」『宗教研究』85巻、1号、2011、25–49。

――――「後期ヘルマン・コーエンの宗教哲学とメシアニズム」『宗教哲学研究』30巻、2013、82–94。

――――「「ユダヤ教の本質」をめぐる論争と世紀転換期のドイツ・ユダヤ教」『一橋社会科学』6巻、2014、33–55。

――――「ローゼンツヴァイクの回心譚を再考する」『京都ユダヤ思想』5号、2015、24–42。

村岡晋一「歴史から宗教へ――ローゼンツヴァイクの場合」『現代思想』23巻、10号、1995、181–193。

――――『対話の哲学――ドイツ・ユダヤ思想の隠れた系譜』講談社、2008。

――――「フランツ・ローゼンツヴァイクの対話的言語論」『ツェラーン研究』14巻、2012、1–11。

森山徹「フランツ・ローゼンツヴァイクによるユダヤ教とキリスト教の再認識」『基督教研究』68巻、2006、20–48。

ラーンジュ，ニコラス・デ『ユダヤ教入門』柄谷凛訳、岩波書店、2002。

リュッベ，ヘルマン『ドイツ政治哲学史　ヘーゲルの死より第一次世界大戦まで』今井道夫訳、法政大学出版局、1998。

リンゼ，ウルリヒ『ワイマル共和国の予言者たち』奥田隆男他訳、ミネルヴァ書房、1989。

註

（序）

(1) このような評価の例として、ピエール・ブーレッツの「フランツ・ローゼンツヴァイクの哲学的経験は、その時代の歴史的な骨組みとそれを生きた人間の肉体のうちにあまりにも嵌り込んでいるように思われるがゆえに、それらを切り離すことは一見するとほとんど不可能である」という言葉を挙げることができる（ピエール・ブーレッツ『20世紀ユダヤ思想家——来るべきものの証人たち』第I巻、合田正人他訳、みすず書房、2011、137頁）。

(2) ローゼンツヴァイクの思想に時期区分を認める数少ない研究の一つに、大竹弘二の「現実政治から帝国主義へ——前期のフランツ・ローゼンツヴァイクにおける世俗化論と世界史観」（『UTCP研究論集』3、2005、5–16頁）がある。ここで大竹は「前期」を「『救済の星』に先立つ」時期としている。とはいえ、このような時期区分はローゼンツヴァイクの生涯における思想的展開を見渡したうえで設定されたというよりは、大竹の問題関心から設定されている。大竹論文の関心はローゼンツヴァイクの政治哲学にあるが、ローゼンツヴァイクが現実政治や歴史哲学を論じるのは『救済の星』に先立つ時期に限られるからである。本書はこれに対し、彼の「後期思想」との思想的内実の差異から彼の「前期」を定義する。なお、大竹論文は、取り上げられることの少ないローゼンツヴァイクの政治哲学を丁寧に分析した佳論である。彼の政治哲学的諸論考は、当時構想していた歴史哲学的な救済史がどの程度戦争の現実に適用できるのかを測るために書かれたものであるため、彼の宗教理解を中心に論じる本書では取り上げない。

(3) 1922年5月18日付の幼馴染に宛てた手紙に彼は次のように書いている。「いまや次のことは真理だ、少なくとも僕にとっては真理だ。死は生よりも美しい」（BT S. 786. Vgl. BT S. 793）。

(4) たとえば1919年2月16日付のローゼンシュトック夫人宛の手紙には、とりわけ『救済の星』第三部に対する不満や、出版社を探して駆け回るうちに『救済の星』が自分から縁遠く感じられた旨が書かれている（Gritli-Briefe S. 239）。このような感想は翌日には一度撤回されるものの、出版社や友人からのさまざまな講評を通して、自ら批判的にこの著作に向き合っていることがわかる。

(5) BT S. 645. 日付不詳。BTの編集者は1919年8月末と推定。

(6) ローゼンツヴァイクは『救済の星』執筆の直前、「僕のユダヤ教はいつも〔両親や家庭に対する〕反抗として作用してきた。〔……しかし、父が亡くなり家庭というものがなくなった今、〕僕がこれからなすことは、もはや自らの家庭に対する反抗とはならない。つまり、まさに〔家庭が不可欠の意味をもつ〕ユダヤ教的な意味で、無意味なものではなくなり、端的に肯定的なものとなる。〔……〕僕は**最初から**はじめなくてはいけないし、僕にはその権利がある」（1918年5月1日付マルグリット・ローゼンシュトック宛書簡、Gritli-Briefe S. 88. 強調は引用者）と述べている。家庭はユダヤ教の儀礼を行う重要な単位

である。ローゼンツヴァイクはここで、家庭からの反発として規定されていた自らのユダヤ教はある意味で無意味であったと述べているのだ。彼は父の死後、自分とユダヤ教との関係を新たに建て直さなければならないとし、その課題を自ら積極的に引き受けている。このとき、家庭をもつということは、とりわけ自らの宗教との関係で彼にとって重要な意味をもった。彼が、ローゼンシュトック夫人に対する愛情をもちながら、ユダヤ人女性エディトと婚約するのは 1920 年の 1 月のことである。当時の書簡を読むとこの婚約に際して「ユダヤ的な家庭」を築くことが問題となっていたことがわかる（1920 年 1 月 15 日付オイゲン・ローゼンシュトック宛書簡、Gritli-Briefe S. 528）。ここからも、ローゼンツヴァイクのユダヤ人としての生が本格的に始まるのは、『救済の星』執筆後からであったということができるだろう。

(7)　彼は夥しい数の書簡のほか、日記や講演の草稿などものこしており、史料に関しては比較的恵まれている。しかし、書きのこされたテクストは、どれほど量があろうとも、人間の生の一部分を伝えるにすぎない。

(8)　本書は、ローゼンツヴァイクの思想に時期区分を設ける点、『救済の星』を中心としてその他のテクストを理解していく従来の方法論を見直す点において、先行研究とは大きく異なる着想に基づいている。このため、研究史の概観は必要最低限の範囲にとどめ、特に重要なものは本論のなかで適宜示していくこととする。

(9)　モーゼスのほかにもたとえば Hans Martin Dober, *Die Zeit ernst nehmen*（Würzburg: Königshausen & Neumann, 1990), S. 9 にも同様の表現がみられる。「近年、長く忘れられていたフランツ・ローゼンツヴァイクの仕事が新たに発見されています」。

(10)　Stéphane Mosès, *Systèm et Révélation*, Paris: Seuil, 1982. 本書は英訳を参照。Stéphane Mosès, *System and Revelation: The Philosophy of Franz Rosenzweig*, Detroit: Wayne State University Press, 1992, pp. 23, 24, 27.

(11)　Alan Udoff, Barbara Galli, *Franz Rosenzweig's "New Thinking"*, Syracuse: Syracuse University Press, 1999, p. 2.

(12)　彼が死んだときには、シオニスト系の有力紙 *Jüdische Rundschau*（Heft 98, 1929. Dez.13.）、リベラル派系の有力紙 *Central-Verein-Zeitung*（Heft 50, 1929. Dez.13.）、正統派系の有力紙 *Der Israelit*（Heft 51, 1929. Dez.19.）を含めたほとんどすべてのユダヤ系の新聞で取り上げられ、さまざまな人物による追悼文が掲載された。

(13)　もちろん、ショーレムの次のような冷静で厳しい指摘を忘れてはならないが。すなわちこの翻訳は、ユダヤ人からドイツ人社会への「手土産」という「ユートピア的性格」をもつ企てとしてはじめられた。しかし、それが完成したのは、ユダヤ人がまさにそのドイツ人によって殲滅せられるという最悪の結末をむかえた後であり、結局はドイツ・ユダヤ人の「墓碑」になってしまった。Gershom Scholem, *Judaica I*, Frankfurt am Main: Suhrkamp, 1963, S. 214–215.

(14)　*Franz Rosenzweig. A Primary and Secondary Bibliography*, ed. L. Anckaert und B. Casper, Leuven:

Bibliotheek van de Faculteit der Godgeleerdheid K. U. Leuven, 1990.

(15) Martin Fricke, *Franz Rosenzweigs Philosophie der Offenbarung*（Würzburg: Königshausen & Neumann, 2003）は、ドイツの動向を中心とした比較的充実した先行研究案内を含む（S. 21–34)。なお、実際には1950年以前にもいくつかの研究が存在した。なかでも、1944年のアレクサンダー・アルトマンの論文と翌年のドロシー・エメットによるローゼンツヴァイクとローゼンシュトックの往復書簡の翻訳は、ユダヤ教とキリスト教の宗教間対話という問題関心からの最初期のローゼンツヴァイク研究として重要である。Alexander Altmann, "Franz Rosenzweig and Eugen Rosenstock: An Introduction to Their Letters on Judaism and Christianity", in: *Journal of Religion*, Vol. 24, NO. 4, pp. 258–270, Dorothy Emmet, "The Letters of Franz Rosenzweig and Eugen Rosenstock-Huessy", in *Journal of Religion*, Vol. 25, No. 4, 1944, pp. 261–273. また、1930年ころのドイツにおけるローゼンツヴァイク受容については、Thomas Meyer, *Zwischen Philosophie und Gesetz: Jüdische Philosophie und Theologie von 1933 bis 1938*（Leiden: Brill, 2009）の第3章を参照。

(16) Nahum Glatzer, *Franz Rosenzweig His life and thought*, 3rd edition, New York: Cambridge University Press, 1998, p. XXXV.

(17) エルヴィン・ゼーリヒマンは1966年にアメリカの雑誌が行ったアンケートの結果として、27人の非正統派のラビのなかで15人が、ローゼンツヴァイクの直接ないし間接的な弟子であったと回答したことに言及している。Erwin Seligmann, "Franz Rosenzweig（1886–1929）", in: *Juden in Kassel. 1808–1933*, Kassel: Thiele und Schwarz, 1987, S. 75. なお、このアンケートは *The Condition of Jewish Belief*（ed. Aaron Jason, New York: Macmillan, 1966）に掲載されたものである。

(18) モーゼス前掲部。あるいは Richard Cohen, *Elevation The Height of the Good in Rosenzweig and Levinas*（Chicago: The University of Chicago Press, 1994）など。

(19) このことは、その設立に彼らの多くが関わったローゼンツヴァイク国際学会の議題などをみるときによくわかる。この学会は1979年に発足し、翌年に初めての学術大会をエルサレムで開催すると、1986年にはローゼンツヴァイクの生誕100年を記念する大規模な学術大会をカッセルで開催した。学会発足当初からの学術大会のテーマを少し並べてみよう。1980年「フランツ・ローゼンツヴァイクの哲学」、1986年「哲学者フランツ・ローゼンツヴァイク」、2001年「読者としてのローゼンツヴァイク」〔過去の哲学者をローゼンツヴァイクがどう読んだか〕、2002年「ローゼンツヴァイクの遺産」、2004年「ローゼンツヴァイクの「新しい思考」」。当初から一貫して、ローゼンツヴァイクにおける哲学的側面を強調し、ローゼンツヴァイクを西洋哲学史との関係において描き出そうとしていることがわかる。国際ローゼンツヴァイク学会 Internationale Rosenzweig-Gesellschaft のウェブページを参照。http://www.rosenzweig-gesellschaft.org/（2018年7月20日アクセス確認。）

(20) Franz Rosenzweig, „Das neue Denken", in: Zweistromland S. 140.

(21)　実際に、ローゼンツヴァイク自身、執筆直後にはそれが「ユダヤ教の本である」こと（1919年8月末付マルティン・ブーバー宛書簡、BT S. 644）、さらにはそれが「哲学ではない」ことを言明している（「✡〔『救済の星』のこと〕は哲学ではない」1919年2月7日付マルグリット・ローゼンシュトック宛書簡、Gritli-Briefe S. 232）。

(22)　Vgl. Inken Rühle, *Gott spricht die Sprache der Menschen*, Tübingen: Bilam Verlag, 2004.

(23)　ローゼンツヴァイクのヘーゲル論を彼の『救済の星』と関連させて理解しようとする研究のうち先駆的なものとしては、註（30）で言及するビーベリヒの研究に加え Stéphane Mosès, „Hegel beim Wort genommen. Geschichtskritik bei Franz Rosenzweig"（in: *Zeitgewinn. Messianisches Denken nach Franz Rosenzweig*, Frankfurt am Main: Verlag Josef Knecht, 1987）を挙げることができる。しかしより包括的な研究が現れるのは2000年以降である。たとえば、Heinz-Jürgen Görtz, *In der Spur des »neuen Denkens«. Theologie und Philosophie bei Franz Rosenzweig*（Freiburg: Karl Alber, 2008）、Peter Eli Gordon, *Rosenzweig and Heidegger*（Berkeley: University of California Press, 2003）などを参照。

(24)　Franz Rosenzweig, *Die „Gritli"-Briefe. Briefe an Margrit Rosenstock-Huessy*, hrsg. v. Inken Rühle und Reinhold Mayer, Tübingen: Bilam Verlag, 2002（本書では Gritli-Briefe と略記する）. これに加え、より包括的な版がインターネットで公開されている。これについては本書の略号一覧を参照。

(25)　とりわけ、ローゼンツヴァイクが戦場から両親に宛てた書簡集が重要。Franz Rosenzweig, *Feldpostbriefe. Die Korrespondenz mit den Eltern*（*1914–1917*）, Freiburg: Alber, 2013.

(26)　Wolfdietrich Schmied-Kowarzik, *Rosenzweig im Gespräch mit Ehrenberg, Cohen und Buber*, Freiburg: Alber, 2006.

(27)　Ephraim Meir, *Letters of Love. Franz Rosenzweig's Spiritual Biography and Oeuvre in Ligt of the Gritli Letters*, New York: Peter Lang, 2006.

(28)　Wolfgang Herzfeld, *Franz Rosenzweig, »Mitteleuropa« und der Erste Weltkrieg*, Freiburg: Alber, 2013.

(29)　Benjamin Pollock, *Franz Rosenzweig's Conversions. World Denial and World Redemption*, Bloomington: Indiana University Press, 2014.

(30)　加えて、本書と同様、ローゼンツヴァイクの生涯における思想の発展に注目する研究のうち、優れたものとしてピエール・ブーレッツとウルリヒ・ビーベリヒの研究に言及しておきたい。ブーレッツはローゼンツヴァイクを含めたこの時代のユダヤ人思想家について浩瀚な研究書を著した（ピエール・ブーレッツ『20世紀ユダヤ思想家』、全Ⅲ巻、合田正人他訳、みすず書房、2011–2013）。ローゼンツヴァイクが論じられるのはこの著作のうち第二章においてであるが、その内容は非凡である。彼はきわめて緻密な書簡の分析と引用を交えながらローゼンツヴァイクの思想の発展を再構成しつつ、それが『救済の星』へと流れ込んでいく様子を描き出した。ただしブーレッツはその他の多くの先行研究同様、ローゼンツヴァイクの思想の精髄を『救済の星』に見定めており、その読解

を論の中心においている。この点で、本書はブーレッツの論文と異なる。

ビーベリヒは、ローゼンツヴァイクの著作集の刊行直後に発表したその研究 Ulrich Bieberich, *Wenn die Geschichte göttlich wäre*（St. Ottilien: EOS Verlag, 1990）の中で、彼以前の研究における『ヘーゲルと国家』の不当な軽視を厳しく批判した。そして、とりわけローゼンツヴァイクの思想の各段階におけるヘーゲル像に着目しながら、最初期のヘーゲルの歴史哲学への傾倒から晩年の実践的な活動にいたるまでのローゼンツヴァイクの思想の展開を跡づけた。同書は、『ヘーゲルと国家』を通して初めて、『救済の星』を理解することができるという立場から、前者の分析を踏まえたうえで後者を読解する。ビーベリヒの研究は、当時の先行研究における史料の偏った使用を厳しく批判する点、そして、ヘーゲル論をローゼンツヴァイクの思想の発展のなかに位置づけようとする点においてなお重要である。

(31) 詳細については、Rivka Horwitz, "On Jewish Education"（in: *The Journal of Jewish Thought and Philosophy*, Vol. 2, 1993, pp. 201–218）を参照。佐藤貴史は、ローゼンツヴァイクがマイネッケに宛てた釈明の手紙を重要視し、これについて詳しく考察している。佐藤貴史『フランツ・ローゼンツヴァイク――〈新しい思考〉の誕生』、知泉書館、2010、66 頁以下。

(32) このことについては、本書でローゼンツヴァイクの護教的宗教論の成立を論じる第三章を参照。

(33) 本節は、筆者が過去に書いた三つの論文を要約的にまとめたものである。本節に関する詳しい内容については、各論文を参照されたい。丸山空大「血、民族、神――初期マルティン・ブーバーの思想の展開とそのユダヤ教（Judentum）理解の変遷」『宗教研究』、368 号、2011、25–49 頁、丸山空大「後期ヘルマン・コーエンの宗教哲学とメシアニズム」『宗教哲学研究』、30 号、2013、82–94 頁、丸山空大「『ユダヤ教の本質』をめぐる論争と世紀転換期のドイツ・ユダヤ教」『一橋社会科学』、6 巻、2014、33–55 頁。

(34) 本節が略述する近代ドイツのユダヤ人の歴史に関しては *Deutsch-jüdische Geschichte in der Neuzeit*（Hrsg. v. Mordechai Breuer, Michael Brenner, Michael Meyer, Steven M. Lowenstein u.a.,4 Bde., München: Beck, 1996–1997）がすぐれた見取り図を提供している。

(35) このことは、正統派のなかでも特に改革運動に敵対的で、最終的にフランクフルトで分離派を形成したザムゾン・ラファエル・ヒルシュが、ユダヤ人の生の目標と生の内容を全面的にトーラー（ユダヤ教の教えと律法）に従属させることを要求する「トーラーユダヤ教（Torajudentum）」をスローガンとして採用したことからもわかる。このような理念は伝統に憧憬を抱く一部のユダヤ人を惹きつけたが、他方で現実的にそれを実現することは正統派を自称するユダヤ人にとってもきわめて困難であった。Vgl. Mordechai Breuer, *Jüdische Orthodoxie im Deutschen Reich 1871–1918*, Frankfurt am Main: Jüdischer Verlag, 1986, S. 34f.

(36) 正統派と改革派双方にみられた、名目と実態の齟齬については、Mordechai Breuer, *Jüdische Orthodoxie*, S. 15ff. および、Uriel Tal, *Christians and Jews in Germany*（Ithaca: Cornel University

Press, 1975), pp. 164ff. を参照。

(37) Vgl. Alexander Altmann, "The German Rabbi: 1910–1939", in: *Leo Baeck Institute Year Book*, Vol. 19, 1974, pp. 31–49.

(38) ただし、地域によっては共同体の運営にかかわることもあった。近代のラビの非政治性については上記のアルトマンの論文、ならびに Alfred Jospe, "A Profession in Transition. The German Rabbinate 1910–1939" (in: *Leo Baeck Institute Year Book*, Vol. 19, 1974), pp. 51–61 を参照。

(39) *Deutsch-jüdische Geschichte in der Neuzeit*, Bd. 3, S. 278f.

(40) ドイツの代表的自由主義政党で、有産市民層や工場主などの利害を代表した。

(41) 前述のように改革運動はヨーロッパ社会への統合を目指したため、ユダヤ民族だけの救済を想起させるいくつかの教義を否定し、祈禱書などからは該当する文言を削除した。その中には、約束の土地への帰還や失われた神殿や国家の再興への信仰など、伝統的なユダヤ教の核となる教義も含まれていた。これに対し、19 世紀中葉から散発的にユダヤ人の民族としての側面を強調し、民族の再生とパレスチナへの帰還を説く人々が登場する。彼らの多くはロシア・ポーランド地域の出身であったが、国際語としてドイツ語を用い、ドイツのユダヤ系の雑誌にも論文を投稿した。このような陣営は当初 Nationaljude、nationaljüdisch、jüdisch-national などと呼びならわされたが、1890 年ころシオニズムという概念が登場してからはシオニスト、シオニズムと呼ばれるようになった。シオニズムという概念が普及すると、今度は nationaljüdisch という概念はパレスチナへの現実的帰還という具体的内容から解放され、さまざまなニュアンスをともなって用いられるようになる。本稿ではこのような jüdisch-national と呼ばれる一群の人々のうち、特にマルティン・ブーバーや彼の著作の影響を受けた若い世代の人々を指してユダヤ民族主義、ないしはユダヤ民族主義者と呼称することとする。Vgl. Daniel Wildmann, „Körper im Körper", in: Peter Haber, Erik Petry, Daniel Wildmann, *Jüdische Identität und Nation. Fallbeispiele aus Mitteleuropa*, Köln: Böhlau, 2006, S. 52, Heiko Haumann, „Zionismus und die Krise jüdischen Selbstverständnisses", in: *Der Traum von Israel. Die Ursprünge des modernen Zionismus*, hrsg. v. Heiko Haumann, Weinheim: Belz Athenäum Verlag, 1998, S. 32–35 u. S. 41–43, 長田浩彰『われらユダヤ系ドイツ人――マイノリティーから見たドイツ現代史 1893–1951』広島大学出版会、2011、第 1 章、特に 46 頁以下。

(42) Yehuda Eloni, *Zionismus in Deutschland. Von den Anfängen bis 1914*, Gerlingen: Bleicher, 1987, S. 13. シオニズムが当初問題としたのは東ヨーロッパで迫害を受けるユダヤ人の避難地の設立であり、西ヨーロッパのユダヤ人の移住については必ずしも問題とされてはいなかった。シオニスト機関が、西ヨーロッパも含めすべてのシオニストはパレスチナへの移住を人生計画のなかに入れるべきであるとしたのは、少し時代が下って 1912 年のことであった。長田浩彰『われらユダヤ系ドイツ人』83 頁以下を参照。

(43) 19 世紀に改革運動のなかで生じた、ユダヤ教を歴史批判的、科学的に研究しようと

する運動。これまで「ユダヤ学」「ユダヤ教（の）科学」などいくつかの訳語があてられてきたが本書では「ユダヤ教学」で統一する。

(44)　Achad Haam, „Das Wesen des Judentums“, in: *Ost und West*, Heft 11 und 12, 1910.

(45)　「ドイツは、世界の平和を基礎づけ、そのなかに文化世界の真の礎を築いてゆくであろう国家同盟の中心とならなくてはならない。正義の戦争は永遠平和の準備である」(JS II S. 287)。

(46)　1916年コーエンとブーバーはシオニズム運動の意義をめぐって誌上で論争している。Vgl. *Der Jude*, Heft 5, August 1916, JS II. S. 328–340.

(47)　Franz Rosenzweig, „Deutschtum und Judentum“, in: Zweistromland S. 172f.

(48)　心臓がここで何を意味しているのかについても解釈の余地がある。ちなみに、彼は死の直前に、母に宛てて「僕のドイツ性は、もしドイツ帝国がなかったとしても、何も変わることはないだろう。言語は、「血」より多くを意味する」と告白している（BT S. 1230)。

（第一章）

(1)　Ursula Hava Rosenzweig, „Herkunft und Verwurzellung der Familie Rosenzweig in Kassel“, in: *Franz Rosenzweig. Religionsphilosoph aus Kassel*, hrsg. v. Eva Schulz-Jander und Wolfdietrich Schmied-Kowarzik, 2011, S. 11–23.

(2)　フランツの母、アーデレの手記による。彼女はフランツに請われて1922年に彼の幼少期や、自身の思い出を短い手記につづった。8月7日の日付をもつ手記において、彼女はフランツの父ゲオルクと結婚するまでの人生を語っている。また、12月22日の日付をもつ手記では、彼女はフランツの幼少期について語っている。本節の記述は、特に言及がない場合、これらの史料に基づいている。このうち、8月7日付のものは、リヴカ・ホルヴィッツが編集して公刊している。12月22日付のものは、タイプに起こされたものがカッセルの資料館にのこされている。Rivka Horwitz, „Adele Rosenzweigs Jugenderinnerungen“, in: *Bulletin des Leo Baeck Instituts*, Bd. 53–54, 1977–1978, S. 133–146, カッセル大学図書館手稿部記号 2o. Ms. Philos. 39. A25,2.

(3)　Rivka Horwitz, „Adele Rosenzweigs Jugenderinnerungen“, S. 135. プラーガーによれば、当時すでにヴェストファーレンのユダヤ人共同体は、キリスト教への改宗を通して解体の危機に瀕していた。

(4)　フランツを古くから知るいとこのゲルトルト・オッペンハイムや大学からの友人ヴィクトル・フォン・ヴァイツゼッカーがそれぞれ別の箇所で同様に証言している。BT S. 8, 35.

(5)　BT S. 17. 1905年12月14日付の日記。ローゼンツヴァイクの日記は一部しか公刊されていないが、現存するものすべてをレオ・ベック研究所のホームページでみることができる。以下、BTとして言及する日記は、このうち書簡集のなかで公刊されたものを指す。

Tagebuch. として参照する日記は未公刊の部分で、このレオ・ベック研究所の原本を意味する。日記は、黒い小さな手帳に書かれており、本書では日付の若い順番から便宜的に巻号を付す。詳しい書誌については本書「凡例」を参照のこと。

(6)　音楽の愛好についてはすでにふれたが、ローゼンツヴァイクのゲーテに対する愛着も相当のものであったようだ。ハンス・エーレンベルクは「少年のころからローゼンツヴァイクは彼のゲーテを端から端まで知悉していた」と回想している。Hans Ehrenberg, *Autobiographie eines deutschen Pfarrers*, hrsg. v. Günter Brakelmann, Waltrop: Hartmut Spenner, 1999, S. 107.

(7)　Hans Ehrenberg, *Autobiographie eines deutschen Pfarrers*, S.156. この時期は、ハンス・エーレンベルクにとっても人生の転機にあり、人生と宗教について思い悩んでいた。実際、ハンスは 1909 年に洗礼を受け、1912 年にはキリスト教徒の女性と結婚している。後にハンスはこの時期（1905〜1911 年ころ）の二人の友情を、双子座のカストールとポリュデウケースのようであったと回想している。Vgl. Hans Ehrenberg, *Autobiographie eines deutschen Pfarrers*, S. 106f.

(8)　ローゼンツヴァイクはこの時期ヘッケルについて日記でしばしば言及しており（たとえば BT S. 18, 34, 65f.)、文化史のプロジェクトとの関係では「文化史家にとっては、1906 年のモニスト同盟〔一元論者同盟〕のほうが 1899 年の『世界の謎』〔ヘッケルが一元論とは何かを論じた著作で当時ベストセラーとなった〕よりも重要である」(Tagebuch I S. 55）とも書いている。よく知られているように、ヘッケルは高名な生物学者でありダーウィンの進化論をいち早くドイツに紹介した人物である。彼は、1880 年頃から哲学的、精神的な事柄に関心を示すようになり、これまでのあらゆる二元論的、あるいは多元論的世界観を発展的に克服することをめざしモニスムス（一元論）運動を創始した。ヘッケルによれば、これまでの世界観は、たとえば神と世界、精神と物質といった二元論的な原則を用いて世界を解釈したが、これらは世界についての不十分で誤った認識に到達してしまった。しかし、自然科学的認識の進展、たとえば質量やエネルギーの保存則、分子や原子の発見によって、いまや人間は世界全体を統一的に一つの全体として認識することができるようになった。もはや人間と動植物、有機物と無機物は区別されず一つの全体としての自然に属する。ヘッケルはこのような世界観から、倫理や社会道徳をも導くことができると主張し、モニスムスを自然科学と精神科学の統合として提唱したのだった。進化論と適者生存の原則は、このような世界観のなかで、人間や動植物、微生物といったすべての生命が遺伝的連関をもつことを示す理論として、また、人間の認識が歴史を通してつねに改善され進化し続けていることを保証する理論として、さらには来るべき未来を実現するための方法論として――ヘッケルは自然淘汰と並んで、品種改良などの人為淘汰も世界の適者生存の原則に適うと考えており、優生思想を肯定的にとらえていた――非常に重要な位置を占めた。ヘッケルの著作は、古い教義学を墨守する教会にも、精神的な事柄にかかわろうとしない科学主義にも嫌気がさしていた人々の間で広く読まれた。

また、ローゼンツヴァイクが文化史を進化論との関係で捉えようとしているのは、名前こそほとんど日記に登場しないものの文化史家カール・ランプレヒトの方法に反発を感じていたためだと推測される。ランプレヒトは、1890年代、ドイツの歴史学に方法論論争という大きな論争を巻き起こした人物である。彼は、歴史学を自然科学と同等の科学たらしめるべく、歴史に因果律をあてはめ、そのなかに法則性を見出そうとした。その際、偉大な個人の所業の叙述を中心とするそれまでの国家史、政治史中心の史学を批判し、個人を規定する社会的気分を分析する文化史を提唱した。ランプレヒトのこのような主張は早くから、多くの歴史学者（そのなかにはローゼンツヴァイクが師事したマイネッケやリッケルトを含む）から徹底的な批判を受けていた。本節で引用する日記にも、ランプレヒトや方法論論争へのほのめかしと思われる箇所が多数みられるが、ローゼンツヴァイクが名指しでランプレヒトに総括的な批判を加えるのは、彼が歴史学の方法論についての見通しをえた後、1907年11月30日の日記の書き込みにおいてである（Tagebuch III S. 78ff.）。ランプレヒトなどドイツの歴史家については『ドイツの歴史家』（ハンス＝ウルリヒ・ヴェーラー編、ドイツ現代史研究会訳、全5巻、未來社、1982–1985）を参照。また、ヘッケルについてはたとえば、ヘッケル「宇宙のなぞ」（『世界大思想全集：社会・宗教・科学思想篇34　ヘルムホルツ、ベルナール、ヘッケル、マッハ』河出書房新社、1961収録）を参照。

（9） BT S. 34. ちなみに、ヘッケルは自らゲーテの形態学的な自然観を踏襲し進化論と綜合したと考えていたが、ここではローゼンツヴァイクはヘッケルを単なる進化論者とみなしている。

（10） Tagebuch I S. 74ff. 1906年3月20日の「目的論的な問い」と題された書き込みから。ローゼンツヴァイクは同じ箇所で「機械論的な進化論者も、進化の産物として、目的論的進化論者が前提するゴールに近いものを、すなわち差異化を承認する。というのもゴールとは、完全に固有な、自らの本質の全体にしたがって他から「差異化」された存在、つまりイデアへと近づくことにほかならないのだから」とも述べている。このような指摘が当を得ているかはおくとして、ローゼンツヴァイクは、自然の外部に目的や原因を認めない機械論的な進化論者も、淘汰を通した種の固定を論じるときには、種において実現される真の固有性といった――目的論的といえなくもない――理念を前提していると理解していた。

（11） 「精神科学は、“ダーウィニスト”のことで不平をこぼすべきではない。というのは、彼らは、進化という彼らの偶像に従わせようと、「われわれは自然科学者である」という合言葉で精神科学の国へ押し入ってくるが、彼ら自身、偶像に仕える者であり、彼らが広めようと欲する偶像はすでに長い間隣国で礼讃されてきた神である。〔……〕むしろ自然科学は、再び本来の姿、つまり純粋で、神人同形論的でなく、非目的論的で、無前提的で、自立的な自然科学へと戻るために、異国による支配に対して立ち上がるべきだ」（1906年12月11日付日記、BT S. 67）。あるいは、歴史学へと転じた後には「機械論的な

自然理解は生き生きとした有機体を説明しないが、それをできないからではなく、そもそもこのようなものは自然科学にとってまったく異質だからである」（1907年11月8日付日記、Tagebuch IV S. 68）とも述べられる。また、自然科学的な方法で生命現象にアプローチする生理学については、「生理学は自らの課題として生の探査を、方法として生の無視を、目的として生の無化をもつ」（1907年11月22日付日記、Tagebuch IV S. 77）としている。

（12）「僕はハイゼの短編のなかで「各人は、生を楽しもうとするのか、認識しようと欲するのか（君の言葉では、生きることか見ることかとなるだろう）決断しなければならない」という言葉を読んだ。今僕は、はっきりとこのような決断に同意しない」（1906年6月24日付日記、BT S. 50）。ここに登場する二人称「君」はローゼンツヴァイクの仮想の対話者である。ごく早い時期の日記においてローゼンツヴァイクは「ヘロストラト」という仮想の対話者を登場させている。ヘロストラト（ヘロストラトス）は紀元前イオニアの人で、他の方法で歴史に名を残すことが叶わないと自覚するやアルテミス神殿に火を放ち、その破壊的行為をもって歴史に名を残そうとした。ローゼンツヴァイクは自らのうちにある「一人の人間に能うことは、これをすべて為したい」（1906年2月16日付日記、BT S. 28）という欲望を自覚して、この名をもって呼んだのである。人文学への愛着にもかかわらず医学部を専攻したこと、得意であったヴァイオリンをやめたこと、医学部を離れるとき苦手の数学にあらためて熱心に取り組んだことなど、青年期のいくつかの決断はローゼンツヴァイクのこのような一面に根ざしていたといえる（Vgl. BT S. 17）。彼はこの1906年6月24日の対話のなかでヘラストラトとともに、美学的方法は、対象から絶妙な距離をとることで、対象から影響を受けることなく観察しようとする卑怯な態度ではないか、むしろ対象に体験的に没入するか、冷静に科学的に認識するか二つに一つを選ぶべきではないかと自問する。そして、これに対する答えとして、見ることと生きることは不可分であるという仕方でこの美学的方法を擁護した。ローゼンツヴァイクはこの対話をもってこの自己のなかの対話者と決別している。

（13） 1907年11月30日付日記、Tagebuch III S. 78f. カール・ランプレヒトについては前掲註（8）を参照のこと。

（14） ヴェルフリンはその初期の著作『ルネサンスとバロック』（初版1888年、第二版1907年）において、研究の対象が「芸術家の歴史ではなく様式の歴史」であることを強調した。様式の変遷を理解しようとするとき、しばしば古い様式は陳腐化して刺激を失ったため新しい様式が生まれたとする「〔刺激の〕磨滅の理論」が唱えられる。しかしこの理論では、たとえばなぜルネサンスの様式が陳腐化したときに、バロックとは別の何かが試みられることがなかったのか、多くの人が同一の試みをおこないバロックという次の様式が登場したのかを説明することができない。「磨滅の理論」は様式と時代精神を独立に扱うため、新しい様式が古い様式から必然的、機械的に登場したかのような説明をおこなうことになる。これに対してヴェルフリンは、「様式は時代の表現である」とい

う。とはいえ、時代精神が様式を形作るといっても、たとえば、スコラ哲学や封建主義が直接ゴシック様式の建築を生み出したというわけではない。実際に建設をおこなった人々や芸術家と、後の世代がその時代に与えた概念の間には大きな隔たりがあるからだ。
それでは、時代精神と芸術作品はどのように関係するのか。ヴェルフリンはこの問題を人間が外界を認識し、解釈する仕方から理解する。彼によれば、たとえば非人格的な対象にも頭部や脚、正面や背面を認めることからもわかるように、人間は自らの身体の比喩で外界の対象を理解する。さらに人間は、自らの身体との類比から、対象の形姿に快、不快を見出す。このとき、時代精神は肉体の理想を人々に与えることを通して、人間による外界の解釈の方向性、その時代の人々が快いと感じる対象の形姿を規定する。このような理論に基づき、ヴェルフリンは、地域的時期的に限定されたいくつかの著名な事例を分析するだけで——彼は幾人かの巨匠の作品を取り上げるだけでルネサンスからバロックへの展開を論じるのだが——、一見すると連続的な末期ルネサンスから、バロックという新しい文化的時代を切り分けた。つまり、ヴェルフリンは、あらかじめ特定の年代によって画された、あるいは政治史や思想史といった別の歴史記述によって画された時代区分を前提とすることなしに、天才的個人の作品の分析だけを通して、ある特定の時代精神（それはもちろん個人的なものではない）を映し出すエポックを切り出してみせたのだ。Heinrich Wölfflin, *Renaissance und Barock*, München: Bruckmann, 3. Auflage, 1908, Vorwort zur ersten Auflage. S. 52ff.（邦訳：ハインリヒ・ヴェルフリン『ルネサンスとバロック——イタリアにおけるバロック様式の成立と本質に関する研究』上松佑二訳、中央公論美術出版、1993）
ヴェルフリンはここから、様式を規定する純粋な「視」、「特殊な心境や美の理想に基づかない芸術的視覚」（Heinrich Wölfflin, *Die Klassische Kunst*, München, 1899, S. 275.（邦訳：『古典美術——イタリア・ルネサンス序説』守屋謙二訳、美術出版社、1962、344頁））という概念を発展させてゆく。ローゼンツヴァイクがヴェルフリンの議論をもとに文化史を構想した1907年頃には、ヴェルフリンはいまだこのような「視」を時代と結びついたものと捉えていた。しかし、『美術史の根本概念』（初版1915年）ではこの概念をさらに形式化し、個人的、民族的、時代的影響に先立って様式を規定する、純粋に形式的な「視」という着想に到達した。ローゼンツヴァイクは1907/8年の冬学期と続く夏学期、そして1910/11年の冬学期にベルリンでヴェルフリンの講義を聴講している。ローゼンツヴァイクは1910年にベルリンでヴェルフリンの講義を聴講した際、この純粋な「視」に関する新しい着想を知ると、驚きとともに「僕は、実は彼を見くびっていたのかもしれない、あるいは彼が進化したんだと思う」とハンス・エーレンベルクに書き送っている（BT S. 114）。

（15） この「バロック」という書き込みは、著作集（BT）には冒頭の一部しか収録されていなかった。しかし2009年に、ヴォルフガング・ヘルツフェルトが日記帳からこのテクストとそれに関連するいくつかのメモを抜き出して校訂し、解説をつけて出版した。な

お、ヘルツフェルトによる解説は、このテクストと1910年に開かれたバーデン・バーデンにおける若手歴史家の会合の関係に関するいくつかの重要な指摘を含むにもかかわらず、全体としては、ローゼンツヴァイクが参照した歴史理論（ヘーゲルやヴェルフリン、ブライジッヒ、マイネッケ）の特徴づけに精確さを欠いているために、結局このテクストの意義を捉えることに失敗している。なお、引用に際しては、ヘルツフェルトの校訂版にもオリジナルの日記帳（Tagebuch IV）のページ数が記されていることからオリジナルのページ数を記すことにする。Vgl. Franz Rosenzweig, „Der Barock", hrsg. v. Wolfgang Herzfeld, in: *Rosenzweig Yearbook 4*, Freiburg: Karl Alber, 2009, S. 193–316.

(16)　本章註（14）を参照。

(17)　この発表原稿は、2008年にヴォルフガング・ヘルツフェルトによってニューヨークのレオ・ベック・インスティテュート所蔵の史料のなかから発見され、関連するメモ書きやバーデン・バーデンでの会議の指導原理とともに出版された。„Die Leitsätze des Baden-Baden Kreises und das Referat von Franz Rosenzweig auf der Tagung vom 9. Januar 1910 mit dem Titel »Das 18. Jahrhundert in seinem Verhältnis zum 19ten und zum 20ten. «", Editiert von Wolfgang D. Herzfeld, in: *Rosenzweig Yearbook 3*, Freiburg: Karl Alber, 2008, S. 240–252.（以下 „Die Leitsätze des Baden-Baden Kreises und das Referat" と略記する。）

(18)　Bernhard Casper, *Das Dialogische Denken*, 2. Auflage, Karl Alber: Freiburg, 2002, S. 64.

(19)　それぞれのグループやメンバーについてはヘルツフェルトの論文に詳しい。Vgl. Wolfgang D. Herzfeld, „Franz Rosenzweig und Siegfried A. Kaehler. Stationen einer deutsch-jüdischen Beziehung", in: *Rosenzweig Yearbook 3*, S. 167–195.

(20)　„Die Leitsätze des Baden-Baden Kreises und das Referat", S. 246.

(21)　„Die Leitsätze des Baden-Baden Kreises und das Referat", S. 246, 248.

(22)　これについてはローゼンツヴァイクが原稿を作らずに口頭で説明したとも考えられる。

(23)　„Die Leitsätze des Baden-Baden Kreises und das Referat", S. 249.

(24)　„Die Leitsätze des Baden-Baden Kreises und das Referat", S. 250.

(25)　„Die Leitsätze des Baden-Baden Kreises und das Referat", S. 251.

(26)　„Die Leitsätze des Baden-Baden Kreises und das Referat", S. 252.

(27)　BT S. 98ff. 日付なし。このゾーム宛の書簡は次に引用するエーリヒ・フランク宛の書簡とともに、遺稿のなかから草稿の形で発見されたもので、実際に投函されたかどうかは不明である。ゾームもローゼンツヴァイクと同じ1886年生まれであったが、マイネッケの下で学び始めたのは後者よりも早い。両者を知るヴィクトル・フォン・ヴァイツゼッカーの回想によればゾームは当時マイネッケの周りに集まった若い学生のなかで最も才気煥発であったという。彼はヴィルヘルム・フォン・フンボルトについて研究したが第一次世界大戦で命を落とした。Vgl. Viktor von Weizsäcker, „Begegnungen und Entscheidungen", in: Viktor von Weizsäcker, *Gesammelte Schriften*, hrsg. v. Peter Achilles, Dieter Janz, Martin Schrenk und

Carl Friedrich von Weizsäcker, Bd.1, Frankfurt am Main: Suhrkamp Verlag, 1986, S. 53.

（28） BT. S. 100f. 著作集版では、この書簡が「フランツ・フランク」宛てに書かれたことになっているがエーリヒの誤植である。Vgl. Wolfgang D. Herzfeld, „Franz Rosenzweig und Siegfried A. Kaehler. Stationen einer deutsch-jüdischen Beziehung", S. 167–195.

（29） „Die Leitsätze des Baden-Baden Kreises und das Referat", S. 245.

（30） „Die Leitsätze des Baden-Baden Kreises und das Referat", S. 245.

（31） HW XII S. 105. ゲオルク・フリードリヒ・ヘーゲル『歴史哲学講義（上）』長谷川宏訳、岩波書店、1994、137 頁。

（32） ローゼンツヴァイクがヘーゲルを読み始めたのは 1907 年ころからであったらしい。このバーデン・バーデンの会合が行われるすこし前、1909 年ころから本格的にヘーゲル研究に取り組み、1914 年には『ヘーゲルと国家』という論文で最優等の評価とともに博士号を授与された。ローゼンツヴァイクに限らず、この時代ヘーゲルに対する関心の高まりは広くみることができた。哲学者ヘルマン・グロックナーは後に「新ヘーゲル主義」について次のように述べている。ヘーゲルは当時講壇の新カント主義者たちから最悪の独断論者として断罪されていたが、新カント主義の硬直を前にしたとき当時の若者に対してヘーゲルはむしろ「生命哲学者」として現れた。ヘーゲルに対する硬直した偏見が取り除かれるとき、もろもろの精神生活や意識現象の現実に即した解明に向けて、ヘーゲルが再び注目されるのは不思議なことではない、と（ヘルマン・グロックナー『ヘーゲル復興と新ヘーゲル主義』大江精志郎訳、理想社出版部、1931、27 頁以下。ちなみに本冊子はグロックナーがヘーゲルの百年忌に『理想』誌のヘーゲル特集号のために寄稿した論文の翻訳である）。この当時のローゼンツヴァイクと新ヘーゲル主義の関係については、ビーベリヒの研究に詳しい。ビーベリヒは、リッケルトやヴィンデルバントら、当時ヘーゲル的な体系への志向をもっていた新カント派の一群の哲学者がいたことを指摘し、彼らを「新カント派的ヘーゲル主義」と呼ぶ。そして、ローゼンツヴァイクも友人ハンス・エーレンベルクを介してこの運動に接近していたとする。Vgl. Ulrich Bieberich, *Wenn die Geschichte göttlich wäre*, St. Ottilien: EOS Verlag, 1990, S. 25ff.

（33） „Die Leitsätze des Baden-Baden Kreises und das Referat", S. 244.

（34） „Die Leitsätze des Baden-Baden Kreises und das Referat", S. 248.

（35） *Siegfried A. Kaehler. Briefe 1900–1963*, hrsg. v. Walter Bußmann u. Günther Grünthal, Harald Boldt: Boppard am Rhein, 1993, S. 42.

（36） このあたりの事情は Wolfgang Herzfeld, „Franz Rosenzweig und Siegfried A. Kaehler. Stationen einer deutsch-jüdischen Beziehung" に詳しい。

（第二章）

（1） Nahum Glatzer, *Franz Rosenzweig. His Life and Thought*, p. 23.

（2） Vgl. Joseph Carlebach, „Franz Rosenzweig", in: *Israelit*, Nr.51, 12.14.1929, Margarete Susman, „Franz

Rosenzweig“, in: *Der Morgen*, Nr.1, 1929, Leo Baeck, „Franz Rosenzweig“, in, *CV-Zeitung*, Heft.50, 12.13.1929.

(3) 序の研究史を参照。

(4) ローゼンツヴァイクの改宗をめぐる聖人伝的な叙述がローゼンツヴァイク研究史において強い影響力をもったのは、それらが晩年のローゼンツヴァイクを直接知る人物によって書かれたためである。その後の研究者はこの叙述を踏襲するか、あるいは事実関係は不明とするかのどちらかであった。これに対し、たとえばリヴカ・ホルヴィッツは回心の動機を問い直すことなどを通して、継続的にこのような理解に疑義を唱え続けてきた。Vgl. Rivka Horwitz, "From Hegelianism to a Revolutionary Understanding of Judaism: Franz Rosenzweig's Attitude toward Kabbala and Myth", in: *Modern Judaism*, Vol. 26, No. 1 (Feb., 2006), pp. 31–54, „Warum ließ Rosenzweig sich nicht taufen?“, in: *Der Philosoph Franz Rosenzweig* (*1886–1929*), Bd.2, Freiburg: Karl Alber, 1986, S.79–96.

(5) Benjamin Pollock, "On the Road to Marcionism: Franz Rosenzweig's Early Theology", in: *The Jewish Quarterly Review*, Vol. 102, No. 2, 2012, pp. 224–255.

(6) ポロックはこの論文で三つの未公刊の史料をもとにローゼンツヴァイク(および、当時の彼が意見を交換していたルドルフ・エーレンベルク)の「マルキオン主義」を再構成している。ルドルフ・エーレンベルクの Halbhunderttag という戯曲作品(エーレンベルクの遺族が所有)、ローゼンツヴァイクの Schechina と題された詩(ヴァンダービルト大学の Nachum Glatzer Collection に所蔵)、そして、後に詳しく内容を検討するエンペドクレスとヘーゲルを論じたルドルフ・エーレンベルク宛のローゼンツヴァイクの書簡(カッセル大学図書館に所蔵)がそれである。しかし、ローゼンツヴァイクがこうした思想に心から同意していたのかは、これらの史料からは必ずしも明らかではない。他のテクストにこの思想があらわれない理由も含め、検討する必要があるだろう。

(7) 当該の書簡はカッセル大学図書館手稿部の記号 2o. Ms. Philos. 39. B45. というファイルに収められている。12 葉の紙片からなり、各紙片は二つ折りにされ表面、中側見開き左右面、裏面の 4 頁をもつ。各紙片の表面にはローマ数字が I から X II まで振られている。ポロックは、先に引用した論文のほかに、論文 Benjamin Pollock, "'Within Earshot of the Young Hegel': Rosenzweig's Letter to Rudolf Ehrenberg of September 1910" (in: *German-Jewish Thought Between Religion and Politics*, ed. Christian Wiese, Martina Urban, DE GRUYTER: Berlin, 2012, pp. 185–208) において、比較的詳しい要約を交えつつこのテクストを紹介し、これが書かれた年代を推定している。本書ではポロックに倣って表面、見開き左右、裏面をそれぞれ a、b、c、d と呼び、ローマ数字とあわせて参照箇所を指示することとする。ここは、Kassel, 2o. Ms. Philos. 39. B45, I:a。

(8) Kassel, 2o. Ms. Philos. 39. B45, I:a.

(9) Kassel, 2o. Ms. Philos. 39. B45, I:b-c.

(10) Kassel, 2o. Ms. Philos. 39. B45, I:c-d.

（11） Kassel, 2o. Ms. Philos. 39. B45, IV:b. ここにはカントの名は出されていないが、内容的にカントを指すことはすでにポロックが指摘している。ここで登場する意志に宿る神とは、カントが『実践理性批判』において、人間が実際に最高善の促進に努めることの根拠として、神の実在を要請したことを踏まえている。

（12） Kassel, 2o. Ms. Philos. 39. B45, V:a.

（13） Kassel, 2o. Ms. Philos. 39. B45, V:a.

（14） Kassel, 2o. Ms. Philos. 39. B45, VI:a.

（15） Kassel, 2o. Ms. Philos. 39. B45, VI:b-d.

（16） Kassel, 2o. Ms. Philos. 39. B45, VIII:d.

（17） Kassel, 2o. Ms. Philos. 39. B45, X:a-b.

（18） Kassel, 2o. Ms. Philos. 39. B45, X:c. ポロックは実際にローゼンツヴァイクがこの時期にリルケを読んでいたことから、この詩人をリルケであると同定している。1910年夏ころ、ローゼンツヴァイクは確かに日記のなかでリルケに好意的に言及しており、ヘーゲル研究に集中していた時期にもたとえば次のような一節を『神さまのおはなし』（Rainer Maria Rilke, *Geschichten vom lieben Gott*, Leipzig: Insel, 1904）のなかから引用したりしている。「すべての春をあわせても、神さまの一秒を満たすのにも足りません。神さまが気づくような春は、木々のなかや芝生の上にとどまっていてはならず、人間のなかでどうにかして強められなければなりません。そうすれば春は時のなかですぎゆかず、永遠のなかで自らの前に、そして神さまの現在のうちにあるのです。」（1910年9月20日付日記、Tagebuch V S. 115f.; Vgl. BT S. 104.）

（19） Kassel, 2o. Ms. Philos. 39. B45., XI:b.

（20） Kassel, 2o. Ms. Philos. 39. B45., XI:d.

（21） Kassel, 2o. Ms. Philos. 39. B45., XII:a-c.

（22） ユダヤ教の伝統に、ラビは改宗志願者を三度（形式的に）追い返すというものがある。

（23） Friedrich Schleiermacher, *Über die Religion*, 1799, in: Friedrich Schleiermacher, *Kritische Gesamtausgabe*, Bd. I/2., Berlin: De Gruyter, 1984 S. 217.

（24） 当該の日記帳は現存しない。現存する5冊目の日記帳は1910年9月21日まで用いられている。

（25） Friedrich Schleiermacher, *Über die Religion*, S. 219.

（26） カッセルの史料館には1911年から1913年までにローゼンツヴァイクがルドルフ・エーレンベルクに宛てた書簡がのこされている（Kassel, 2o. Ms. Philos. 39. G3.）。ここでローゼンツヴァイクは、ルドルフの宗教をテーマとした戯曲への講評を行っている。ブーバーのハシディズムの著作『バール・シェムの伝説』への言及もこのなかにみられる。

（27） 二つのモットーは、本文の結語において引用されているのと同じヘルダーリンの詩„An die Deutschen"（1800）から採られており、それぞれ1909、1919という年号とともにお

かれている。モットーの全文は以下の通り。「1909:/ Aber kömmt, wie der Strahl aus dem Gewölke kömmt,/ Aus Gedanken vielleicht geistig und reif die Tat?/ Folgt der Schrift, wie des Haines/ Dunkelm Blatte, die goldne Frucht?; 1919:/ Wohl ist enge begrenzt unsere Lebenszeit,/ Unserer Jahre Zahl sehen und zählen wir,/ Doch die Jahre der Völker,/ Sah ein sterbliches Auge sie?」なお、本書が参照したズーアカンプ社の新版および邦訳書では、これらのモットーは省かれている。

(28) Wilhelm Dilthey, *Die Jugendgeschichte Hegels*, Berlin, 1905（= DJH), *Hegels theologische Jugendschriften nach den Handschriften der Kgl. Bibliothek in Berlin*, hrsg. v. Herman Nohl, Tübingen, 1907.

(29) Karl Rosenkranz, *Georg Wilhelm Friedrich Hegels Leben*, 1844, Rudolf Haym, *Hegel und seine Zeit. Vorlesungen über Entstehung und Entwicklung, Wesen und Werth der Hegel'schen Philosophie*, Berlin, 1857.

(30) Vgl. Vorbemerkungen und Schlußbemerkungen in HuS.

(31) フリードリッヒ・マイネッケ『世界市民主義と国民国家 I ――ドイツ国民国家発生の研究』矢田俊隆訳、岩波書店、1968、19 頁。マイネッケ自身、この著作の中で「国家の必要、偉大さおよび倫理的威厳についての確信をいきわたらせた」（同 299 頁）人物としてヘーゲルのために一章をあてており、ローゼンツヴァイクもこの章が『ヘーゲルと国家』執筆の最初のきっかけを与えたと述べている（HuS S.18)。マイネッケはここで、ヘーゲルが民族と国家を不可分のものと考えた点に国民国家思想の萌芽を、また、壮大な歴史哲学のもとに個々の民族には相対的な意義しか与えなかった点に普遍主義的の残滓をみている。マイネッケは、ヘーゲルがドイツの精神史のなかで「近代的精神の成立、特に構成的思考から経験的思考への、すなわち、観念論的＝思弁的思考から現実主義的思考への推移」（同 298 頁）における結節点に立つ重要な思想家であることを認めはするものの、同書の観念史的な枠組みのなかでヘーゲルは、一つの完結した思想体系として取り扱われ、この推移の一コマとして描かれるにすぎない。

(32) 『ヘーゲルの国家論』加藤尚武・滝口清栄編、理想社、2006、250 頁。

(33) Vgl. HuS S. 351, 438.

(34) 『ヘーゲルと国家』を執筆中の日記には次のような言葉がみえる。「ほかの考察は（イェリネックもまた)、倫理的ではなく、文化＝国民的であるというヘーゲルの国家理念の特徴を見過ごしている。このことは、歴史哲学の序文ではなく、法哲学を重視することに起因する」(BT S. 109)。

(35) 加藤尚武「スピノザの実体とヘーゲルの国家」『ヘーゲルの国家論』11 頁。

(36) ローゼンツヴァイクは、第一部を書き終えるころ幼馴染のゲルトルト・オッペンハイムに対して、フランクフルト期を扱った章が全体の内容的中心となっていること、そして、この章を当初自分が考えていたよりもうまく書くことができたことを伝えている（1911 年 9 月 28 日付書簡、BT S. 120)。

(37) ディルタイ自身は、ヘーゲルの思想の「転換と、それによってヘーゲルが神学的哲学的諸問題に対してわがものとした新しい立場」は、ただ「年代の上から規定できるだけで、ヘーゲルの滞在地はこのためにはほとんど利用できない」と注釈している。本書

では、ローゼンツヴァイクが滞在地によってヘーゲルの思想を区分しているのでそれに倣うこととする。Vgl. DJH S. 42/59.

(38) DJH S. 77/107. なお、引用文中の「　」は、ディルタイによるヘーゲルの手稿からの引用である。

(39) DJH S. 93f./127. Vgl. HW I S. 354.

(40) HuS S. 102f. ローゼンツヴァイクは、ヘーゲルは当初シラーのカント批判ではなく、ギリシアと近代の宥和という点にひきつけられたようだと述べている。

(第三章)

(1) 後にローゼンツヴァイクが――オイゲン・ローゼンシュトック夫人であったマルグリット（グリットリ）のことを愛していたにもかかわらず――、ユダヤ人女性エディト・ハーンと結婚したものユダヤ的な家庭を築くためであった。当初ローゼンツヴァイクは16歳のウィニーを別のユダヤ人男性と引き合わせようとしていたらしい。しかし、実際に彼女に会うと恋に落ち、唐突に婚約の手紙を送ったという。このことは、「ゲニザ」と題されたローゼンツヴァイクの交際関係をメモしたテクストに書かれている。但し、このメモの作成者やその作成時期は不明であり、どの程度真実であるのかはわからない。また、このウィニーとの婚約騒動についてローゼンツヴァイクは1916年8月に書かれたゲルトルト・オッペンハイム宛の手紙において「1914年4月の出来事〔恐らく、ウィニーの住むロンドンに手紙を送ったことを指す〕は、僕の小さなナショナリティの蜂起ないしは独立戦争として起こった」と回想している。Vgl. „Gnisa“, in: Kassel, 2o. Ms. Philos. 39. A35, BT S. 208f.

(2) ローゼンツヴァイクはこの間も件の黒い小さな手帳に日記を書きつけていたようだが、1910年9月21日以降、1914年5月10日までの日記は残念ながらのこされていない。

(3) 後年ローゼンツヴァイクは、「宗教」という語を避けるようになるが、この時期にはまだユダヤ教とキリスト教の総称として「一神教的な宗教」といった表現も用いている(BT. S. 164)。ただし、この時期のテクストでは、主にユダヤ教とキリスト教と異教のあり方の差異が問題となっており、宗教一般のようなことはほとんど問題となっていない(BT. S. 162)。

(4) 「ヨハネによる福音書」第14章第6節、および、1913年11月1日付ルドルフ・エーレンベルク宛書簡（BT S. 134f.）。

(5) Moses Mendelssohn, *Jerusalem oder über religiöse Macht und Judentum*, Felix Meiner: Hamburg, 2005, S.119. 19世紀のユダヤ教に広く見られた「イスラエルの使命」と連続する議論である。

(6) Samuel Hirsch, *Die Religionsphilosophie der Juden*, Leipzig, 1842, S. VII.

(7) ヒルシュの著作はローゼンツヴァイクの蔵書目録のなかにもみえる。彼がヒルシュを読んでいたことは間違いないが、いつの時点ではじめて読んだのかはわからない。彼自身は、1924年に当時を回想して、自身が宗教論を着想した直後にヒルシュの著作に出会

ったと書いている（1924年5月21日付マルティン・ブーバー宛書簡、BT S. 963）。しかし、本文中に記したように、ローゼンツヴァイクは1913年秋からユダヤ教学アカデミーの講義を聴講しており、また、ギムナジウムに上がる前からユダヤ教に関する宗教教育を受けそこでユダヤ人の哲学者についての手ほどきをうけていた（Vgl. BT S. 69）ため、この時点ですでにヒルシュを読んでいたとしても不思議ではない。なお、管見ではローゼンツヴァイクのヒルシュに対する最も古い言及は1916年である（BT S. 256）。

(8)　先にも引用したルドルフ・エーレンベルク宛の書簡で彼は「僕はいま、ユダヤ教の教えの体系のすべてを自分のユダヤ的な基盤の上において明らかにしようとしているところだ」と書いている。Vgl. BT. S.137.

(9)　BT. S.135. 1913年11月1日。

(10)　たとえば、*Jewish Study Bible*, Oxford University Press: New York, 1999。

(11)　そのほかの項目はそれぞれ次のようなものをさす。虹はノアにあらわれた契約の虹、マナは荒れ野で民の飢えを癒した食べ物、杖はモーセがそれによって多くの奇蹟を起こした杖、シャミルは第一神殿を築く際に石などの建材を切り出したとされる虫、板は契約の板、アブラハムの羊はイサク奉献の際にあらわれた羊である。ヤットコは、それを鍛造するためにヤットコを必要とすることから、最初のヤットコは神によって作られたに違いないとされる。このミドラシュは、タルムードの「ペサヒーム篇」などいくつかの箇所に登場し、項目の内容にはそれぞれ微妙な差異がある。

(12)　たとえばバビロニア・タルムードの「サンヘドリン篇」38bには次のように書かれている。「ラビ・ヨハナン・ベン・ハニナは言った。昼間は12時間からなる。最初の時間、アダムの塵は集められた。第2の時間、こねて成形された。第3の時間、彼の手足が形作られた。第4の時間、彼に魂が吹き込まれた。第5の時間、彼は起き上がり立った。第6の時間、彼は〔動物に〕名を与えた。第7の時間、エバが彼の伴侶となった。第8の時間、彼らは二人で寝台へ上がり四人で降りてきた〔カインとその妹の誕生。アベルの誕生は伝承によっては堕罪の後とされる〕。第9の時間、木から食べてはならないと命じられた。第10の時間、彼は罪を犯した。第11の時間、彼は試みられた。第12の時間、彼は放逐された。というのも、「ひとは夜を越えてとどまることはない」〔「詩篇」第49章第13節――但し、聖書テクストは「人は栄華のうちにとどまることはできない」となっている〕といわれているのだから。」

(13)　Hermann Cohen, „Die religiösen Bewegungen der Gegenwart", in: JS II S. 36–65.

(14)　先の「ピルケ・アヴォト」第5章第6節の章句を踏まえていると思われる。ただし、トーラー、神殿、メシアに関しては、タルムードの「ペサヒーム篇」54aでは、創造の第1日目の前に創造されたといわれている。

(15)　コーエンが一人の人間に焦点を当てて宗教の問題を論じるようになるのは、ここでローゼンツヴァイクが批評している論文より後の時代のことである。丸山空大「後期ヘルマン・コーエンの宗教哲学とメシアニズム」（『宗教哲学研究』、第30号、2013）を参

照。

(16) 「われわれ〔ユダヤ人種〕においてのみ、民族性と血が（啓示を通して）解くことのできない歴史的連関のなかにおかれている。——ほかのすべての民族においては、血ではなくただ民族性のみが歴史的に生き生きとしている。血は、単に暗い前史であるにすぎない」(1914年6月14日付日記、BT S. 156)。つまり世界史のなかで、民族文化と血縁性が現在にいたるまで緊密に結び合っている民族を探すとき——そしてそのような結合をもつ民族を人種と呼ぶならば——、それはユダヤ人だけであると、ローゼンツヴァイクはいう。彼は、ほかの諸民族の場合は、血縁的な統一はすでに重要性を失い、文化国民となってしまったが、ユダヤ人の場合だけは、血縁的な要素がなお不可欠な契機として民族の統一を構成しているとみている。

(第四章)

(1) この点についてはキリスト教の救済史も変わるところがなかった。イエスはもはや神の子ではなく、理想的な人間として理解されるようになっていたのである。

(2) 1920年代の終わりに、司祭にして天文学者であったジョルジュ・ルメートルが、相対性理論に基づいてビッグバン理論の原型となるような理論を提唱したときには、その理論的精確さにもかかわらず、科学界のなかに宗教への回帰であるというアレルギー的な反発が生じた。

(3) ローゼンツヴァイクはその過程で哲学研究上重要な発見をした。ベルリンの王立図書館にそれまで知られていなかったヘーゲルの手稿を発見したのだ。ローゼンツヴァイクはこのテクストの作者をイエナ時代のシェリングであるとし、発見された手稿はヘーゲルがこれを筆写したものであると推定した。ローゼンツヴァイクは、1917年にこれを「ドイツ観念論の最古の体系プログラム」と題して校訂し出版した。ヘーゲル文献学の枠内では、この論文の評価——とりわけ、このテクストの真の著者が誰かという問題——をめぐってさまざまな見解が出されたが、本書の主旨からはそれるのでここでは扱わない。この論争についてはたとえば *Mythologie der Vernunft. Hegels »ältestes Systemprogramm des deutschen Idealismus«* (Hrsg. v. Christoph Jamme u. Helmut Schneider, Frankfurt am Main: Suhrkamp, 1984) を参照。ここには、新たに校訂された当該の手稿とともに、ローゼンツヴァイクの論文も資料として収められている。

(4) 「異教は、啓示によって打ち負かされる前に、一般に「宗教」として完成をみる。だから、異教はあとになって、「お前〔啓示〕はわたしに自分の力で真理へといたるための時間をくれなかった」ということはできない。ギリシア的異教の土壌からは、4、5世紀に到達されたより先に進むことはできなかったのだ。だからこそ哲学は、キリスト教を受け容れる前に、まずヘーゲルにおいて自覚的に完成されたと感じる必要があった」(1914年6月24日付日記、BT S. 164)。

(5) 反ユダヤ主義者たちの一部は当時、イエスがユダヤ人であることを否定し、アーリア

人であったなどと主張していた。「アーリア人イエス」については、たとえば、久保田浩「近代ドイツ宗教史における「ナザレのイエス」――「アーリア人イエス」を巡って」(『キリスト教学』、51号、2009、149–169頁)を参照。

(6) Martin Buber, *Die Legende des Baalschem*, Frankfurt am Main: Rütten & Loening, 1908, S. III.

(7) 実際、ブーバーの思想と、1910年前後のローゼンツヴァイクの宗教理解との間にはよく似た部分を見つけることもできる。ブーバーは、東欧のハシディズムの賢者についての伝承を編集し翻訳することを通して、ハシディズムを、さらにはユダヤ教の本来的な姿を描き出そうとした。その際、ブーバーはこの賢者を「神と人との間の仲保者」(Martin Buber, *Die Legende des Baalschem*, S. IIf.)と規定している。彼ら賢者は、不定期に襲ってくる恍惚的な忘我状態のなかで神を見出す。神、ないし地上に落ちた神の栄光のかけらであるシェヒナーは、通常は隠されているのだが、この恍惚状態にある賢者によって地上の事物のなかに見出されるのだ。恍惚状態にある賢者は、他の人々と同じ事物に相対しつつ、その実、そこに他の人々とはまったく異なるものをみている。このとき彼は、世界のなかにありながら世界から隔てられており、孤独である。しかし、この同じ賢者は恍惚状態にないとき、敬虔な心的態度や隣人愛を通して救済を待ち望む。彼らは「人々の間に座しながら、神とともに歩み、被造物の間にまぎれつつ、世界からは切り離されている」(Martin Buber, *Die Legende des Baalschem*, S.2f.)。世界のなかと外とのこうした往還を通して、ハシディズムの賢者は神と人々のくらす世界との間を仲保するとされる。このように、神と人間との隔たりと仲保者の必要性を想定した点は、ローゼンツヴァイクの1910年ころの思想と共通している。

(8) Franz Rosenzweig, „Atheistische Theologie", in: Zweistromland S. 687–697.

(9) Vgl. BT S. 422.

(10) 本書序章を参照。

(11) Franz Rosenzweig, „Atheistische Theologie", S. 691. これはドイツのナショナリスト、エマヌエル・ガイベル(1815–1884)による詩「ドイツの召命(Deutschlands Beruf)」(1961)からとられている。詩の原文はUnd es mag am deutschen Wesen/ Einmal noch die Welt genesen。ここから、Am deutschen Wesen soll die Welt genesen!(ドイツの存在によって、世界は〔病的な混乱状態から〕回復するだろう!)という標語が生まれ、国家社会主義の時代に至るまで広く用いられた。

(12) Martin Buber, „Mythos der Juden", in: *Vom Judentum. Ein Sammelbuch*, hrsg. v. Verein jüdischer Hochschüler Bar Kochba in Prag, Leipzig: Kurt Wolff, 1913, S. 21–31. 後にMartin Buber, *Vom Geist des Judentums*(Leipzig: Kurt Wolff, 1916)、Martin Buber, *Reden über das Judentum*(Frankfurt am Main: Rütten & Loening, 1923)に再掲される。以下、引用は1913年のテクストによる。

(13) Martin Buber, „Mythos der Juden", S. 21.

(14) Martin Buber, „Drei Reden über das Judentum", in: *Martin Buber Werkausgabe,* Bd. 3, Gütersloh: Gütersloher Verlagshaus, 2006, S.229ff.

(15) Martin Buber, „Drei Reden über das Judentum“, S. 231.

(16) Martin Buber, *Reden über das Judentum*, 1923, S. XI.

(17) 「無神論的神学」の冒頭に示される通り、啓蒙主義の時代にプロテスタント神学に起こったことこそ、神的なものを合理的に解釈しようとする試みであった。ユダヤ教においてもまた、近代の合理主義や改革運動はこのような試みとして展開し、宗教を道徳と同一視しようとしたのである。ブーバーら民族主義的な無神論的神学は、合理主義がユダヤ教から民族という要素を——普遍的理想になじまないとして——排除したことに対する反発として生じたともいえる。他方で、近代の合理主義的ユダヤ教もまた、無神論的であった。中世の合理主義は、人間的なものを神的なるものから分離させるようなことはなかったが、啓蒙主義のヒューマニズムに導かれた近代的合理主義は、人間的＝道徳的なるものを啓示から切り離し、これを尺度に神的なものを測るようになったからだ。近代合理主義的ユダヤ教理解に対する批判はこの後もしばしばローゼンツヴァイクのテクストのなかにあらわれる。

(18) たとえば、ローゼンツヴァイクと同世代の正統派の論客ブロイアーは、同時代のドイツ・ユダヤ人の学生生活を描写した小説のなかで、シオニズムという語をほとんど用いずにユダヤ・ナショナリストと呼んでいる。Vgl. Isaac Breuer, *Ein Kampf um Gott*, Frankfurt am Main: Sänger & Friedberg, 1920.

(19) BT S. 33, 30, 70.

(20) この書簡は『救済の星』の原初的な着想をはじめて記したものとしてローゼンツヴァイクにとっても重要な意味をもった。彼やその友人はこの書簡を「救済の星の「原細胞」(Urzelle)」と呼びならわして回覧した。著作集においては日記・書簡の部ではなく小論集におさめられている。Franz Rosenzweig, „‚Urzelle‘ des Stern der Erlösung. Brief an Rudolf Ehrenberg am 18. 11. 1917“, in: Zweistromland S.125–138. ただし、この著作集におさめられた版には幾つかの省略箇所がある。原本はカッセルの資料館に収蔵されている。Kassel, 2o. Ms. Philos. 39, B42.

(21) Fritz Kern (1884–1950) ドイツの歴史家、法学者。このケルンに言及する一節は著作集版では省略されている。

(22) 「たとえ僕が儀礼的に生きるとしても、そのことは核心的な意味において「正統派」であることを示すわけではない。僕は、今僕がユダヤ人であるということを成り立たせている心持ち以外のものからそうすることはないだろう」(1914年6月22日付日記、BT S. 161)。

(23) 「そのとき、イエスは聖霊によって喜びにあふれていわれた。「天地の主である父よ、あなたをほめたたえます。〔……〕そうです、父よ、これは御心に適うことでした。すべてのことは、父からわたしに任せられています。父のほかに、子がどういう者であるかを知る者はなく、父がどういう方であるかを知る者は、子と、子が示そうと思う者のほかには、だれもいません。」(「ルカによる福音書」第10章第21節以下)

(24)　もう一点、この時期に着想され、2年後に啓示についての考察の深まりを経て修正された見解を紹介しておく。「ヨム・キプールの終わりに唱えられる、一なるもの〔としての神〕は、キリスト教徒にとって、この世の終わりの後ではじめて存在することができるもの——「すべてにおいてすべてになる神」——を包摂する。あるいは〔別様にいうなら〕、キリスト教徒にとっては、「終わりの日（最後の審判の日）の前日」（vorjüngster Tag）は（メシアの到来とともに）すでにはじまっているが、「終わりの日」（jüngster Tag）は絶対的な未来に存する。われわれにとってはその逆があてはまる。イスラームにとっては、終末の日とその前日とは同じ日である。イスラームは自然的な未来をただ宗教化するのだ」（1914年6月27日付日記、BT S. 165）。ローゼンツヴァイクはこの時期の日記で、ユダヤ人が救済史の終わりを先取りしていること、すでに「目的地に到達していること（schon am Ziel sein）」を強調する。このようなユダヤ人のあり方に対し、キリスト教徒は、かつて一度到来したメシア、イエスの再臨を待ちわびる。ローゼンツヴァイクは、このようなキリスト教徒のあり方を、すでに予告された最後の日を今か今かと待つものとして、最後の審判の前日という概念を用いてあらわしたのだった。しかし、啓示が一人ひとりの人間に対してもつ意味に関する考察が充実してくると、ユダヤ人のあり方にも、メシアの訪れを今か今かと待つという契機が見出されるようになる。その結果1916年の夏には、最後の審判の日とその前日といった区分をユダヤ人とキリスト教徒に割り当てるこの議論は、無意味であったと反省されるにいたる（Vgl. Franz Rosenzweig, „Paralipomena“, in: Zweistromland S. 91）。

(25)　ここでローゼンツヴァイクは、自分がキリスト教へ改宗したのは、キリスト教の教義そのもののためであるというよりは、ローゼンシュトックの人格に感化されたためだと述べている。

(26)　リヴカ・ホルヴィッツが指摘するように、そこにはキリスト教への改宗が学者としてのキャリアを歩むうえで有利に働くといった、社会的な動機もあっただろう。Vgl. Rivka Horwitz, „Warum ließ Rosenzweig sich nicht taufen?“, in: *Der Philosoph Franz Rosenzweig（1886–1929)*, Freiburg: Alber, 1988, S. 79–96、丸山空大「ローゼンツヴァイクの回心譚を再考する」『京都ユダヤ思想』、第5号、2015年。

(27)　たとえば、Ursula Hava Rosenzweig, „Herkunft und Verwurzellung der Familie Rosenzweig in Kassel“, S. 16をみよ。

(28)　同時代の正統派は、実践が確信に先立つと主張することができた。Vgl. Isaac Breuer, *Lehre, Gesetz und Nation*, Frankfurt am Main: Verl. d. Israelit, ［1910］.

(29)　この理論と実践の分化は、1916年に行われた往復書簡のなかで、オイゲン・ローゼンシュトックから、図式的な宗教論に登場するユダヤ人と現実の一人ひとりのユダヤ人はどのような関係にあるのかと問われたことをきっかけとする。この問いかけに対し、ローゼンツヴァイクは次のように答えることで、実践の問題を理論の枠組みで答えることを拒否している。すなわち、「行為の世界」においては理論の場合のようにすべてが明

確に画定されることはない。実践の世界は「妥協の世界」であり、ここでは生はユダヤ的であるかそうでないかの二分法に従うのではなく、どれだけユダヤ的であるかという度合いをもつ、と。Vgl. BT S. 253（1916年10月付）, S. 287（1916年11月8日付）.

（第五章）

(1)　Franz Rosenzweig, „Zeit Ists", in: Zweistromland S. 461–481. 1917年の終わりにヘルマン・コーエンが編集を務めた『新ユダヤ月報』にその冒頭部分が発表され、翌年に別刷の形で全文が公刊された。Vgl. *Neue jüdische Monatshefte*, 2. Jahrgang, Heft 6, 25. Dez. 1917, S.133–135.

(2)　Rivka Horwitz, "Franz Rosenzweig. On Jewish Education", in: *The Journal of Jewish Thought and Philosophy*, Vol. 2, 1993, pp. 201–218, here p. 202.

(3)　ユダヤ自由学院の設立過程に関しては、ローゼンツヴァイク自身が自らの職務をルドルフ・ハローに引き継いだ際に書き送った手紙に詳しい。Vgl. „Briefe von Franz Rosenzweig an Rudolf Hallo［von Dezember 1922］", in: *Das Jüdische Lehrhaus als Modell lebensbegleitenden Lernens*, hrsg. v. Evelyn Adunka und Albert Brandstätter, Wien: Passagen Verlag, 1999, S. 87–121. なお、BTにも同じ手紙が収められているが、省略が多く、また容認しがたいテクストの改変がおこなわれているため、書簡の原本かこちらのウィリアム・ハローによって新たに校訂されたテクストを参照する必要がある。

(4)　詳細については、上記のホルヴィッツの論文を参照。

(5)　Franz Rosenzweig, „Volksschule und Reichsschule", in: Zweistromland. S. 371–411.

(6)　これまでにも登場したハンス・エーレンベルクの弟。ローゼンツヴァイクとははとこ、ルドルフ・エーレンベルクとはいとこの関係になる。

(7)　このテクストは1916年10月初頭に書かれた。Vgl. FPB S. 263, S. 267.

(8)　1922年、重篤な病に冒されたことを知ったローゼンツヴァイクは死を覚悟し、遺言のようなことを日記に書き付けた。BT S. 793.

(9)　Franz Rosenzweig, „Paralipomena", in: Zweistromland S. 61–124. このテクストは1916年1月から1917年11月までの間にローゼンツヴァイクがつけていた読書ノートである。ノートは小さな紙片や手紙に書き付けられてカッセルの実家に郵送された。このテクストと、2013年に刊行された1914年から1917年にかけての戦地から両親へ送られた書簡（FPB）とをあわせてみることで、戦地でのローゼンツヴァイクの読書遍歴と思考の深まりを知ることができる。

(10)　こうした議論は、すでにドイツの公教育改革運動の文脈で議論されていた統一学校に関する論争を踏まえている。

(11)　1916年12月10日付両親宛書簡、FPB S. 351 / BT S. 308、1917年9月13日付両親宛書簡、BT S. 437。

(12)　ローゼンツヴァイクは1917年9月、「時はいま」（Zeit Ists）の出版のめどが立ったころに「民衆学校と帝国学校」を振り返って次のように述べている。すなわち、その主要

な主張は「ずたずたになった（宗派的に、社会的に、とりわけ特殊化への熱狂を通してずたずたになった）国民の文化的統一を、学校を通して再びうちたてること」にあった。しかし、国民文化を引き裂く原因の一端が宗教にあることを自覚していたために、そのなかでは「宗教授業については必然的に省略」せざるをえなかった、と。また全体を総括して、不完全な出来栄えではあるがなおよいところもあり、出版できないのは残念であるとしている（1917年9月13年両親宛書簡、BT S. 437f.)。

(13) ローゼンツヴァイクのシオニズム運動一般に対する肯定的評価については第四章を参照。

(14) *Verhandlungen und Beschlüsse der Generalversammlung des Rabbinerverbandes in Deutschland zu Berlin am 9. und 10. Mai 1916*, Frankfurt am Main: Kauffmann, 1916. このラビ同盟は、多数派を占めた穏健なリベラル派だけでなく、ラディカルな改革派や正統派などさまざまな思想的傾向をもつラビが参集することができるような場として創設された組織である。

(15) ここで「ユダヤ教のあり方」と訳した箇所の原語は“…tum”となっている。この意味は本書でユダヤ教と訳している語 Judentum の tum の部分、つまりユダヤ教、ユダヤ文化のありようのことである。

(16) 実際には宗教教育の問題は、1893年に多数派の受け皿組織である中央協会が設立された時点で、すでに指導部の間では重要なテーマとして認識されていた。Vgl. Avraham Barkai, «*Wehr dich!*», München: Beck, 2002, S. 49f.

(17) ブーバーに比してコーエンの思想が晩年にもった影響力は小さかった。それでも、最晩年ドイツで孤立していたコーエンがロシアに講演旅行をした際には、大きな反響をもって迎えられたと、コーエンの略伝のなかでローゼンツヴァイクは記している。Vgl. Franz Rosenzweig, „Einleitung in die Akademieausgabe der jüdischen Schriften Hermann Cohens“, in: Zweistromland S. 203（=JS I S. XL).

(18) *Verhandlungen und Beschlüsse der Generalversammlung des Rabbinerverbandes in Deutschland zu Berlin am 9. und 10. Mai 1916*, S.115.

(19) Franz Rosenzweig, „Deutschtum und Judentum“, in: Zweistromland S. 169–175. この書評が書かれた正確な時期は不明だが、コーエンが当該の論文を発表したのが1915年7月であるから、この年の夏から冬にかけての間だったと推定できる。ちなみにこの書評はローゼンツヴァイクの生前には公刊されることはなかった。Vgl. Hermann Cohen, *Deutschtum und Judentum, Giessen*: Töpelmann, 1915.

(20) Franz Rosenzweig, „Deutschtum und Judentum“, S. 170.

(21) Franz Rosenzweig, „Deutschtum und Judentum“, S. 175.

(22) 「ヘブライ語は、教えられるべき対象として促進されてはならない。それは、〔宗教教育に関する基調発表を行ったラビ・〕ローゼンベルクが起草した（委員会）草案の全内容がそれを通してはじめて生徒にもたらされる、媒体でなければならない。」（1916年10月18日付両親宛書簡、FPB S. 279 / BT S. 257）

(23) *Verhandlungen und Beschlüsse der Generalversammlung des Rabbinerverbandes in Deutschland zu Berlin am 9. und 10. Mai 1916*, S.114, 120, 132.

(24) *Verhandlungen und Beschlüsse der Generalversammlung des Rabbinerverbandes in Deutschland zu Berlin am 9. und 10. Mai 1916*, S.141f.

(25) 彼らが議論する場として、そして彼らがその他のユダヤ人に影響力を行使する場としての良質な雑誌の存在も不可欠である。この「時はいま」では、「キリスト教世界（Die Christliche Welt）」誌をこのような雑誌の好例としてあげている。Vgl. Franz Rosenzweig, „Zeit Ists", S. 473.

(26) ローゼンツヴァイクがユダヤ教の教育問題を論じようと思い立った1916年9月ころには戦局はまだ悪化していなかった。このため、早期の講和の後に、ユダヤ人社会の戦争協力に対するみかえりとして、フランクフルト大学にユダヤ神学部を設置することができるかもしれないという期待は、必ずしも非現実的なものではなかった。彼は同年10月には、国家権力を介在させないアカデミーはいつでもつくることができるが、学部はいましか可能性がないと述べている。しかし、「時はいま」が書かれた1917年には戦局はすでに悪化しており、ドイツ社会における反ユダヤ主義も高まっていたため、もはやこのような期待は現実的なものではなくなっていた。Vgl. FPB S. 243 / BT S. 227f., FPB S. 259 / BT S. 237f., FPB S. 268.

(27) ローゼンツヴァイクの母方のいとこにあたる。ローゼンツヴァイクと年齢が近かったこともあり、彼の重要な友人にして文通相手であった。もっぱら、Trudchenという愛称で呼ばれている。

(28) ローゼンツヴァイクの思い違い。正しい典拠は「詩篇」第95章7節。

(29) 正統派のラビは多くの場合、シオニズムを、本来神がおこなうはずの救済を、人間が自力で実現しようとする瀆神的な運動として厳しく批判した。

(30) 同時代のユダヤ教の諸潮流の対立を超克しようとするローゼンツヴァイクの構想は、たとえば1919年にカッセルでおこなった一般ユダヤ人向けの講演「ユダヤ教の本質」などにおいて引き続き主題化されている。彼が設立した「自由ユダヤ学院」に、さまざまな背景をもった講師を招いたのもこのような構想に基づいている。Vgl. Franz Rosenzweig, „Das Wesen des Judentums", in: Zweistromland S. 521–526.

(31) Franz Rosenzweig, „Bildung und Kein Ende", in: Zweistromland S. 491–503. タイトルは聖句「書物はいくら記してもきりがない」（「コヘレトの言葉」第12章第12節）からとられている。

(32) Michael Zank, "The Rosenzweig-Rosenstock Triangle, or What Can We Learn from Letters to Gritli ?", in: *Modern Judaism*, Vol. 23, No. 1, 2003, pp. 74–98, here p. 76.

(33) ローゼンツヴァイクは1917年からAdam BundあるいはMacedonicusという偽名を用いて、政治哲学的な考察を含む戦局の分析を雑誌や新聞紙上に発表している。

(34) 論文「時はいま」のこと。同論文はヘルマン・コーエンへの公開書簡という体裁を

とっていた。

(35)　バビロニア・タルムード「シュヴオート篇」39a を参照。

(36)　原語は das Juden-„tum“。ユダヤ教のなかの実定的、教条的な部分という程度の意味で用いられている。

（第六章）

(1)　彼は、『救済の星』を執筆した後、結婚し、家庭内で律法を守って生活するようになる。彼の律法論については、第九章で論じる。

(2)　BT に収録されたテクストには一部省略があるが、完全な書簡は Gritli-Briefe, Internet Ausgabe でみることができる。

(3)　Adam Żak, *Vom reinen Denken zur Sprachvernunft. Über die Grundmotive der Offenbarungsphilosophie Fran Rosenzweigs*（Stuttgart: Kohlhammer, 1987）がこの主題での標準的研究。同様の主題を扱ったものとして、新しいものではたとえば、Frank Hahn, *Der Sprache vertrauen - der Totalität entsagen*（Freiburg: Alber, 2010）がある。

(4)　Vgl. Bernhard Casper, *Das Dialogische Denken. Franz Rosenzweig, Ferdinand Ebner und Martin Buber*, Freiburg: Alber, 2002（Erste Auflage, 1968）.

(5)　Franz Rosenzweig, „Das Neue Denken“, in: Zweistromland S. 151f.

(6)　ローゼンツヴァイクは 1914 年の日記で、啓示の神と話すことの結びつきに言及しているが、このときにはこの着想がさらに展開されることはなかった。「スピノザの命題『もし三角形が話すことができたなら、「神は三角だ」といっただろう』は、異教的な擬人神観については当てはまるが、啓示宗教における神の擬人化には当てはまらない。後者には、次のような命題が比べられよう。もしそれ〔三角形〕が話す（考える）ことができたなら、『神は話すものだ（考えるものだ）』というだろう――つまり、三角形もわれわれと同じようにいうだろう、ということだ」(1914 年 5 月 29 日付日記、BT S. 154)。つまり、異教も啓示宗教もともに、神を人のようなものとして表象する。このとき、異教においては神々の姿かたちや振る舞いが人間と相同であることが重要なのに対し、啓示宗教においては、話すことができるという一点に重要性が見出される、とローゼンツヴァイクはいう。

(7)　この書簡の存在自体は 1986 年頃から一部の研究者に知られていたが、公刊されるまではほとんど研究に利用されることはなかった。現在この書簡は、書籍とインターネットという二つの異なった版で刊行されている。依拠しているテクストは同一だが、編集の方針が大きく異なっている。このうち、より包括的なインターネット版の公開が大きなインパクトをもった。書籍版がマルグリットに対する書簡を中心に編集され、オイゲンに対する書簡の一部が掲載を見送られたのに対して、インターネット版は原則として編集者が内容を取捨選択することなく、公刊できる部分はすべて公刊された。この結果、マルグリットとの恋愛関係（この恋愛関係が始まるのは 1918 年の春のことである）にも

かかわらず、オイゲンとも書簡のやり取りが行われていたことも明らかになった。書籍版の編集の問題点などについては、インターネット版の編集者 Gormann-Thelen とともにより包括的な版の刊行を目指していた Manfred Bauschulte 氏より多くの教示を得た。Vgl. Michael Gormann-Thelen, „Franz Rosenzweigs Briefe an Margrit（Gritli）Rosenstock. Ein Zwischenbericht mit drei Dokumenten", in: *The Legacy of Franz Rosenzweig: Collected Essays*, ed. Luc Anckaert, Leuven: Leuven University Press, 2004, pp. 61–77.

（8） たとえば Ephraim Meir, *Letters of Love: Franz Rosenzweig's Spiritual Biography and Oeuvre in Light of the Gritli Letters*, New York: Peter Lang, 2006 はこの書簡集を用いてローゼンツヴァイクの『救済の星』を包括的に解釈しなおす最初の試みである。

（9） ローゼンツヴァイクにキリスト教への改宗を決意させるきっかけとなった、オイゲン・ローゼンシュトック、ルドルフ・エーレンベルクとの 1913 年の対話のこと。

（10） 原文には閉じかっこが欠けているので補完した。

（11） ローゼンツヴァイクはこの書簡が書かれるおよそ半年前 1916 年（秋から冬）に、同じ「詩篇」の章句「主はわたしに告げられた「お前はわたしの子、今日、わたしはお前を生んだ」」〔「詩篇」第 2 章第 7 節〕に次のようなコメントをつけている。「〔この「詩篇」の章句は〕今日、わたしはお前を自分の子供として認めたとのべている。神が（今日！！！！）最後の人間〔メシア〕を認知したのだ」。ローゼンツヴァイクはこの「今日」に、ユダヤ教における神と人間（一人ひとりのユダヤ人）との特別な関係性が表現されているとみる。このことについては第七章であらためて論じたい。ここでは、ローゼンツヴァイクにとって「詩篇」第 2 章が、神との関係性のなかにあるユダヤ人のあり方を示している、ということを指摘しておきたい。ここで参照される第 11 節「畏れ敬って、主に仕え、おののきつつ、喜び躍れ」も、まさにこのようなユダヤ人のあり方をさす。つまり、ローゼンツヴァイクはここで、ユダヤ人としての生を送る今となっては、当時拳銃を手に取り、それを取り下げたときの気持ちはわからない、といっているのだ。Vgl. Franz Rosenzweig, „Paralipomena", in Zweistromland. S.95.

（12） 原文には閉じかっこが欠けているので補完した。

（13） 「たわごと」とは、ここでは引用していないこの書簡の冒頭部分を指す。この前年にあたる 1916 年の夏から冬にかけて、ローゼンツヴァイクはオイゲン・ローゼンシュトックと往復書簡を交わした。そのときに論じられた事柄に関して、この書簡を書いたころに事後的に何か知らされたローゼンツヴァイクが、1916 年当時のオイゲンの態度が不誠実だったのではないかと、この書簡の冒頭で非難したのだ。

ところで、1916 年の往復書簡は当事者たちも生前から重要なものと考えていた。ローゼンツヴァイクの死後に刊行されたローゼンツヴァイクの書簡集では、それはローゼンシュトックの編集により Franz Rosenzweig und Eugen Rosenstock, „Judentum und Christentum" のタイトルで巻末にまとめられている。また、この往復書簡は早くからアメリカでも紹介され、宗教間対話の好例と評価された。Vgl. Franz Rosenzweig, *Briefe*, hrsg. v. Edith Rosenzweig,

Berlin: Schocken, 1935, Alexander Altmann, “Franz Rosenzweig and Eugen Rosenstock: An Introduction to their letters on Judaism and Christianity”, Dorothy Emmet, “The letters of Rosenzweig and Eugen Rosenstock=Huessy”.

(14) 「君」と訳すこともできるが、対話の哲学の文脈では慣例的に一人称は「我」二人称は「汝」と訳される伝統があるのでここではそれに従い、適宜原語を付す。

(15) 前掲註（12）参照。

(16) Gritli-Briefe S. 6. 当該の書簡が書かれた日付ははっきりしていないが、前後の書簡から1917年の3月から4月の間と推定できる。インターネット版も参照のこと。

(17) ローゼンツヴァイクがここで家というとき、何を指示しているのかを具体的に知ることは難しい。ローゼンシュトックとの対話と相互理解の深まりは、このような人間関係の変化の実例と思われるが、それぞれキリスト教の立場とユダヤ教の立場を代表する者同士の対話という側面があった。この意味では、家はそれぞれの宗教の立場を示しているともいえるだろう。しかし、実際の家族という意味で理解することも間違いではあるまい。というのも、ローゼンツヴァイクが家族のなかで経験した人間関係、すなわち承認をめぐる父親との関係や、共依存ともいえる母親との関係は、遊星同士の接近と離別という冷淡な関係の対極ともいうべきものだからだ。

(18) これは、直接的には、この書簡の直前に書かれた別の書簡（この書簡は後に言及することになる）における「後の祭り、祝祭の後（post festum）」という表現を受けた表現だが、恐らくはこれらの書簡にさらに先立つまた別の書簡を参照している（その書簡は残されていない）。シュミート＝コヴァルツィクは、この「祝祭の前」（ante festum）という語を、『救済の星』において信仰の共同体を現出させる宗教儀礼との関連において理解している。また、ジャークは、「伝記的なもの〔訳注：現実の生における出会いなど〕以前に、そして、それと独立に」と解釈している。Vgl. Wolfdietrich Schmied-Kowarzik, „Franz Rosenzweigs Stern der Erlösung“, https://kobra.bibliothek.uni-kassel.de/html/urn:nbn:de:hebis:34-2008092224023/RosenzweigsStern.html（2014年11月16日アクセス確認), Adam Żak, *Vom reinen Denken zur Sprachvernunft*, S. 62.

(19) Gritli-Briefe, Internetausgabe（=BT S. 471).

(20) 書簡とはいえ、小論とも呼ぶべき分量と内容を備えていたようである。オイゲン・ローゼンシュトックが後年記したところによれば、この書簡は1916年に書かれた。ローゼンツヴァイクはこれを少なくとも1917年の春までには受領していたようだが、その時期にこれについての明示的な言及はない。ローゼンシュトックの回想によると、彼はこの書簡を基に1924年「応用心理学」という小論を公表した。実際、この小論が「言語についての書簡」に基づいたものであることは、生前にローゼンツヴァイクも確認している。しかし、それがどの程度もとの書簡の原型をとどめているのかについては、全く不明である。この点に関して、ローアバッハは、テクスト自体は全く新たに書き直された可能性が高いとしつつも、ローゼンシュトック自身の後年の証言とその後の彼の言語に

関する思想の展開を踏まえるとき、両者の間の内容的な差異はわずかであろうとしている。ジャークも基本的にはこのローアバッハの見解に従っている。Vgl. Eugen Rosenstock, „Angewandte Seelenkunde“, in: Eugen Rosenstock-Huessy, *Die Sprache des Menschengeschlechts*, 1. Bd., Heidelberg: Lambert Schneider, 1963, S. 739–810（Hier S. 739, Anm. 1), Franz Rosenzweig, „Das neue Denken“, S. 152, Wilfrid Rohrbach, *Das Sprachdenken Eugen Rosenstock-Huessys*, Stuttgart: Kohlhammer, 1973, S. 77, 85, Adam Żak, *Vom reinen Denken zur Sprachvernunft*, S. 41.

(21) Immanuel Kant, *Kritik der reinen Vernunft*, AA III S.262f.

(22) 一般にアウグスティヌスは、内面性の探究を通して、非感覚的で知性的なものとしての自我や、神的な真理の認識に到達することができると考えた思想家として知られている。そして、彼の有名な告白録では、このような神的な真理の認識において、むしろ神と真理の存在を確信するあまり、自らの存在のほうがむしろ疑わしくなるという反転が起こるということが述べられていた（アウグスティヌス『告白』第7巻第10章第17節)。またアウグスティヌスは、母や友人、あるいは良心といったさまざまな他者の声を聴くことで、キリスト教の信仰と真理の認識へと到達した。してみれば、ローゼンシュトックは、この書簡で自我というものが所与の実体ではないこと、また、反省によってその真相に到達しようとするとむしろその実在性は解体し、むしろ被造性を自覚するにいたること、さらにそのような自己認識へといたるために対話が重要な役割を果たすことなどを論じたと推測することも可能かもしれない。

(23) BT S. 292. 日付不詳。BT. 編集者は1916年11月11日としている。

(24) Franz Rosenzweig, „Das neue Denken“, in: Zweistromland S.159.

(25) Wolfgang D. Herzfeld, *Franz Rosenzweig, »Mitteleuropa« und der Erste Weltkrieg. Rosenzweigs politische Ideen im zeitgeschichtlichen Kontext*, Freiburg: Karl Alber, 2013.

(26) 「バヴァ・メツィア篇」59b。

(27) Franz Rosenzweig, „Paralipomena“, in: Zweistromland S.63. 1916年1月29日の書き込み。このような神の自己縮減という概念が、カバラに特徴的なものであることはよく知られている。また、すでにさまざまな研究者がローゼンツヴァイクの思想とカバラのいくつかの概念の類似について論じている。実際にローゼンツヴァイクは、さまざまな経路で（たとえばブーバーやシェリングの著作を介して）ユダヤ教神秘主義の概念や文献に逢着している。しかしながら、これをもってローゼンツヴァイクの思想を神秘主義的であると理解する必要はない（その際、もちろん神秘主義の語の理解も大いに問題となろうが)。ここでいわれている絶対的な神の自己縮減という概念も、絶対的で万能の神による世界の創造、あるいは神と人間との関係の可能性を問題にするとき、可能な論理的解答の一つであるといえる。なお、ローゼンツヴァイクとカバラの関係については、Moshe Idel, “Rosenzweig and the Kabbalah”（in: *The Philosophy of Franz Rosenzweig*, hrsg. v. Paul Mendes-Flohr, Hanover and London: Brandeis University Press, 1992, pp. 162–171)、Rivka Horwitz, “From Hegelianism to a Revolutionary Understanding of Judaism: Franz Rosenzweig’s Attitude toward Kabbala and Myth”

(in: *Modern Judaism*, Vol. 26, No. 1, 2006, pp. 31–54）を参照のこと。また、このような啓示理解がドストエフスキーを連想させるものであることも付け加えておきたい。ドストエフスキーは『カラマーゾフの兄弟』の大審問官のエピソードのなかで、作中人物にカトリックの特徴について次のように述べさせている。「おまえ〔神〕はすべてを法王に委ねた。すべてはいまや法王のもとにあるのだから、おまえはもうまったく来てくれなくていい、少なくとも、しかるべきときが来るまでわれわれの邪魔はするな」（ドストエフスキー『カラマーゾフの兄弟 2』亀山郁夫訳、2006 年、光文社文庫、262 頁）。

(28) たとえば「ルカによる福音書」第 16 章第 19 節以下を参照。

(29) ここでは、時間だけでなく空間の方向付けにも言及しているが、空間の設定は時間に比して副次的なようで、これ以上の考察はみられない。

(30) Vgl. HW VII S. 24.

(31) 19 世紀以来改革派のユダヤ人を中心にユダヤ教の本質を預言者の思想に求めた人々がいた。たとえば、ヘルマン・コーエンもエゼキエル書にみられる道徳哲学をユダヤ教の本質とみなしていた。

（第七章）

(1) ドイツのプロテスタント神学者。ここでローゼンツヴァイクが参照しているのは Friede mit Gott というタイトルの講演録。Vgl. Karl Heim, *Friede mit Gott*, Berlin: Furche Verlag, 1916.

(2) ラビ・ユダヤ教はメシアがいつ来るのか、メシアは何をするのかといった問題についてさまざまな解釈を提出してきた。タルムードにおいて、ラビたちはしばしば、この世とメシアが統治する世と来るべき世の三つの時代を区別している。たとえば、メシアが到来してこの世が終わりを迎える。そして、メシアの統治下において神の正義が実現され、ユダヤ人はこの世における不当な苦境から解放される。この時代の後、まだ誰も見たことがない来るべき世が訪れるというようにである。アブラハム・コーエン『タルムード入門』、第 III 巻、166 頁以下を参照。

(3) 第四章註（24）を参照。Vgl. BT. S. 165. 1914 年 6 月 27 日。

(4) Franz Rosenzweig, „Paralipomena“, S. 91. 1916 年 9 月．ローゼンツヴァイクが、戦争に続く講和は、平和ではなく、次の戦争までの束の間の中断にすぎないと考えていたことはすでにみた。

(5) 冗長になるので再び引用する煩は避けるが、ローゼンツヴァイクは 1917 年 2 月、幼馴染のユダヤ人女性ゲルトルト・オッペンハイムに対して、タルムードの説話やコーエンとのエピソードなどを交えながら、まさにこの「永遠への跳躍板であるような今日」について詳しく論じていた。本書第五章を参照。

(6) ステファノについては「使徒言行録」第 6 章および第 7 章を参照。

(7) ヨム・キプールの祈りについては、*The Koren Yom Kippur Mahzor*（trans. and commentary by Rabbi Jonathan Sacks, Jerusalm: Koren Publishers, 2012）を参照した。

(8) 宗教的な暦に即して生きることが宗教教育的意義をもつという着想は、1916年にローゼンシュトックがローゼンツヴァイクへの書簡のなかで示している。ローゼンツヴァイクは恐らくこの着想を受け入れたと思われる。とはいえ、1917年の時点では、儀礼と「ユダヤ人になること」の関係に関する詳細は論じられていなかった。このような、宗教的暦の意義を包括的に解釈するきっかけを与えたのは、1918年に出版されたイザーク・ブロイアーの『ユダヤ人問題』（Isaac Breuer, *Judenproblem*, Halle: Otto Hendel Verlag, 1917/8）というパンフレットであった。このパンフレットに描かれた、ユダヤ人の儀礼的生活の描写と解釈に、ローゼンツヴァイクは大いに刺激を受ける。Vgl. BT S. 602, Gritli-Briefe S. 144, 215.

(9) SE S. 347.「天国の頸木を担う」は古くからラビ・ユダヤ教で用いられる表現である。たとえば、タルムードの「ベラホート篇」14b などを参照。

(10) すでにみたように、ローゼンツヴァイクはイスラームをユダヤ教やキリスト教と同列には扱っておらず、優れた意味での啓示宗教として認めていない。

(11) Vgl. Adin Steinsaltz, *A guide to Jewish Prayer*, New York: Schocken, 1994, S. 38f.

(12) たとえば、ローゼンツヴァイクと同時代の正統派の論客イザーク・ブロイアーは、自身が所属する正統派の共同体に属する人々の多くが、戒律は守るものの、神や伝統に対する内面的な敬虔をほとんど失っていたことを問題視し厳しく批判した。このような批判は、正統派でも多くの者が、戒律を形だけ守っていればよいと考えていたことを示している。Vgl. Isaac Breuer, *Ein Kampf um Gott*, Frankfurt am Main: Sänger und Friedberg, 1920; *Falk Nefts Heimkehr*, Frankfurt: Kauffmann, 1923.

(13) ローゼンツヴァイクにとってのヨム・キプールの重要性については、Rivka Horwitz, “The Shaping of Rosenzweig's Identity According to the Gritli Letters”（in: *Rosenzweig als Leser*, Tübingen: Max Niemeyer, 2004, S. 17f）を参照。

(14) 罪の問題は『救済の星』の中心部で論じられている（SE S. 193f. とりわけ 200f.）。同書で罪の問題が論じられるのは、第二部においてだ。そこでは、エレメントとしての人間が神を前に罪を告白することで、罪が解消するという一連の過程が論じられている。人間はまず、恥を克服し自らが過去に犯してしまった罪を神に対して告白する。ここで罪は、神と隣人を「愛せ」という神からの命令を果たすことができないところから生じるとされる。愛はそもそも命じられて生じるようなものではないから、このような命令は簡単に果たすことのできるものではない。このとき、人間は自らの罪を自覚し告白するが、神からの返答、赦しが直ちに与えられないことで不安になる。その告白が神によって聞き届けられるのかどうか不安に思うのだ。このような不安のなかで、自らの悔悛と愛への決意がなお不十分であったことに気づくとき——というのも彼は自らの愛が神からの返答によって報われるのかどうかが気にかかって不安に陥り、愛へと踏み出していけないのだから——、彼は現在もなお神の愛の前に罪ある存在であることを自覚する。このように、過去の自分ではなく、現在時の自分の罪を自覚し、告白するとき、このよ

うな自覚と告白は神の愛の無限性についての告白となる。というのも、自らの愛がなお不十分であることを知るとき、神の愛が人間からの応答を前提しない、無条件のものであることに気づくからだ。このような神からの無限の愛を証言することにおいて、人間の罪はおのずから解消するとされる。

この、人間と神との間のほとんど神話のような記述において、どれほど現実の人間が抱える罪や救済への憧憬が表現されているのかといえば微妙なところである。本書の解釈によれば、『救済の星』におけるこうした神話のような記述は、啓示宗教の啓示が明かす世界像の一部である。一人ひとりの人間はこのような神話を儀礼や暦に従った生活を通して体感してゆく。しかし、このように一人ひとりの人間の罪の救済を儀礼に委ねることは、問題の位置をずらしはするが決定的な解決を与えることはない。今度は、そのような儀礼への主体的な参加は——この世俗化と実定的宗教への不信が極点まで高まった現代において——どのようにして可能になるのかということが問題となるからだ。ローゼンツヴァイクの晩年の思想と実践は、このような水準の問題への取り組みであったとみることができる。とりわけ、第一〇章の終わりにみる「現実性の経験の転移」という思想は、まさにこうした神話と個人の関係を論じたものにほかならない。

(15) 1917年9月4日付オイゲン・ローゼンシュトック宛書簡、Gritli-Briefe S. 29。本書第六章「証言されるものとしての真理」を参照。

(16) 本書第六章で引用した1917年8月13日付オイゲン・ローゼンシュトック宛書簡を参照のこと。Vgl. Gritli-Briefe S. 21f.

(17) これは「ローマの信徒への手紙」にみられるパウロの考え方である。

(18) サッフォーのものと伝えられる。「月は入り、すばるも落ちて、夜はいま丑満の、時は過ぎうつろひ行くを、我のみはひとりし眠る」(『ギリシア・ローマ抒情詩選——花冠』呉茂一訳、岩波書店、1991、202頁)。

(19) ゲーテの詩「月によせて」。

(20) 『パイドロス』末部におけるソクラテスの祈りのことば。「親愛なるパンよ、ならびに、この土地にすみたもうかぎりのほかの神々よ、この私を、内なるこころにおいて美しい者にしてくださいますように。そして、私が持っているすべての外面的なものが、この内なるものと調和いたしますように。私が、知恵ある人をこそ富める者と考える人間になりますように。また、私の持つお金の高は、ただ思慮ある者のみが、にない運びうるほどのものでありますように——まだ何かほかに、ぼくたちがお願いすることがあるかね、パイドロス。ぼくのほうは、これだけのことをお祈りしてしまえば気がすむのだが」(プラトン『パイドロス』藤沢令夫訳、岩波書店、1967、146頁)。ローゼンツヴァイクは、このうちの「内なるこころにおいて」となっている部分 τἄνδοθεν を、特に「内側からの」というニュアンスを強調して解釈している。

(21) この書き込みの少し前の記事に、「突然さ、突飛さが啓示された倫理の特徴である(みよ、わたしは今日あなたの前に〔生と幸福、死と不幸を〕おく)。漸次的なもの、黄

金の中庸は異教の倫理の特徴である」という書き込みがみられる（1916年1月28日付メモ、Paralipomena, S.63）。

（22） Immanuel Kant, *Die Religion innerhalb der Grenzen der bloßen Vernunft*, 1793. ローゼンツヴァイクは出征先でレクラム文庫版を読んでいる。

（23） たとえば、『道徳の形而上学的基礎づけ』序論などを参照（Immanuel Kant, *Grundlegung zur Metaphysik der Sitten*, AA IV S. 389ff.）。

（24） Immanuel Kant, *Kritik der praktischen Vernunft*, 1788, AA V S.124ff.

（25） カント的な道徳意識と人間の罪の関係について、ローゼンツヴァイクはすでに、若きヘーゲルから伝言という形式をとった1910年の書簡において言及していた。ただし、このときはまだ、罪は啓示や救済との関係においてはとらえられていなかった。このことは、改宗をめぐる一連の出来事以前から、罪概念の捉え方は連続していること、そして、いまやこの問題が啓示と救済との関係において理解されているということを示すだろう。

（26） Vgl. AA VI S. 44.「善も悪も自由な選択意志〔Willkür 恣意〕の結果でなければならない。」

（27） Vgl. Immanuel Kant, *Die Religion innerhalb der Grenzen der bloßen Vernunft*, AA VI S. 31f.

（28） 1914年6月20日付日記、BT S. 158を参照。

（29） 丸山空大「後期ヘルマン・コーエンの宗教哲学とメシアニズム」（『宗教哲学研究』、第30号、2013、82～94頁）を参照。

（30） このことは、当時のローゼンツヴァイクの読書遍歴からもうかがえる。彼がコーエンの『哲学体系における宗教概念』を批評した日記は1915年12月11日に書かれていた。そしてローゼンツヴァイクは、翌年2月にカントの宗教論を再読している。ローゼンツヴァイクは、1915年4月24日に出生地カッセルの野戦砲兵隊に配属されると、1916年の1月20日まで当地で訓練を受けた。カッセルを離れたローゼンツヴァイクがまずメモを取って読んだのがアウグスティヌスの『告白』であり、次がこのカントの宗教論であった。Vgl. FPB S. 85.

（31） Hermann Cohen, *Der Begriff der Religion im System der Philosophie*, S. 51.

（32） Hermann Cohen, *Der Begriff der Religion im System der Philosophie*, S. 59.

（33） Hermann Cohen, *Der Begriff der Religion im System der Philosophie*, S. 66.

（34） Hermann Cohen, *Der Begriff der Religion im System der Philosophie*, S. 63.

（35） Franz Rosenzweig, „‚Urzelle' des Stern der Erlösung", in: Zweistromland S.125–138.

（36） 本書第一〇章を参照。

（第八章）

（1） たとえばSE. S. 261.

（2） ステファヌ・モーゼス『歴史の天使——ローゼンツヴァイク、ベンヤミン、ショーレ

ム』合田正人訳、法政大学出版局、2003年、62頁。

(3) ステファヌ・モーゼス『歴史の天使』、63頁以下。

(4) 本書第七章を参照。

(5) 確かに、儀礼への参加やユダヤ教の祝祭日の暦に従って生きるということが条件とされてはいるが、そのことの困難さについては論じられていない。また、「確かにユダヤ人はユダヤ人として生まれるのだが、「ユダヤ性」は、生のなかで獲得しなければならない」(SE S. 454) ともいわれている。しかし、こうした獲得のためになんらかの行為や決断が求められるわけではなく、年齢を重ねることで解決されると論じられる。

(6) この書物の末尾にある「生へ」(SE. S. 472) という言葉は読者への呼びかけにほかならない。

(7) Benjamin Pollock, *Franz Rosenzweig and the Systematic Task of Philosphy*, Cambridge: Cambridge University Press, 2009, p. 1.

(8) Rivka Horwitz, "The Shaping of Rosenzweig's Identity According to the Gritli Letters" (in: *Rosenzweig als Leser*, hrsg. v. Martin Brasser, 2004, S. 28f) も参照。

(9) Franz Rosenzweig, „Das neue Denken", in: Zweistromland S. 140.

(10) Vgl. SE S. 422.

(11) Franz Rosenzweig, „Bildung und kein Ende", in: Zweistromland S. 494f.

(12) また、読書経験を通して読者を生き方の変容へと導くという、『救済の星』と同じ構成をとったテクストとして、ローゼンツヴァイクには『健康な悟性と病的な悟性』という小著がある (Franz Rosenzweig, *Das Büchlein vom gesunden und kranken Menschenverstand*, Düsseldorf: Joseph Melzer, 1964, フランツ・ローゼンツヴァイク『健康な悟性と病的な悟性』村岡晋一訳、作品社、2011年)。すなわちこの小著は、世界の物事をあるがままにみることができなくなってしまった現代人を読者として想定し、こうした読者が病んだものの見方を捨て、健全な常識的見方、つまり世界をあるがままに捉えることができるようになるよう構成されているのだ。しかし、ローゼンツヴァイクはこの小著の出版を差し止めてしまう。彼がこの本を出版しなかった理由はもはや明確には知りえないが、こうした読書体験による読者の変容の可能性に確信をもっていなかったのではないかとも考えられる。なお、このテクストは『救済の星』の思想を平易な形で表現してほしいという出版社の求めに応じて書かれたもので、1921年7月に執筆された。成立の事情についてはこのテクストをローゼンツヴァイクの死後編集して刊行したグラッツァーによる序文を参照。

(13) ローゼンツヴァイクは1925年の論文「新しい思考」の中で、『救済の星』の執筆に際して、シェリングの『世界年代』(Weltalter) の冒頭における「過去のものは知られ、現在のものは認識され、未来のものは予感される。知られたことは物語られ、認識されたことは叙述され、予感されたものは予言される」という言葉に影響を受けたと述べている。実際、シェリングへの言及は「救済の星の「原細胞」」にも確認できるが、シェリ

ングからの影響は真理を哲学的に記述するための新しい方法についてであり、そうして記述された真理が実際に読者にどのように伝達されるのかという点については特に考察されていない。Vgl. Franz Rosenzweig, „„Urzelle' des Stern der Erlösung", in: Zweistromland S.128.

(14) Franz Rosenzweig, „Bildung und kein Ende", S. 499.

(15) Franz Rosenzweig, „Das neue Denken", in: Zweistromland S. 153f.

(第九章)

(1) ニコラス・デ・ラーンジュ『ユダヤ教入門』柄谷凜訳、岩波書店、2002、270頁以下。

(2) ギリシア語訳聖書は、トーラーをノモス、すなわち律法と訳し、新約聖書もそれに倣った。トーラーという語には、たしかにモーセ五書や狭義の宗教法という意味もあるが、ユダヤ教の教えの全体というようなより広い意味ももつ。これに対し、ハラハーは、ユダヤ教の宗教文化のなかの宗教法ともいうべき部分を指す。キリスト教社会では、トーラーも律法と翻訳されてきた経緯があるので、西欧語で律法(Gesetz 英語でいうところの Law)というときに、具体的にどちらが念頭におかれているのか、明確に判断できない場合もある。

(3) 近代ヨーロッパのユダヤ人社会における儀礼の意味や実践のあり方については Arnold M. Eisen, *Rethinking Modern Judaism. Ritual, Commandment, Community* (The University of Chicago Press: Chicago, 1998) を参照。一般には啓蒙主義のイデオロギーが信仰の世俗化を引き起こし、儀礼の実践を変化させたという説明がなされるが、本書でエイゼンはイデオロギー的な影響は副次的であったと論じている。彼によれば、むしろ、ユダヤ人解放が進み、生活のさまざまな側面が変化したことで、旧来の宗教生活を維持することができなくなったことが近代における実践の変化の核心にある。社会的、経済的状況が変化したために、儀礼の実践のあり方もまた変化せざるをえず、それに応じて儀礼に対してさまざまな意味づけがなされるようになった。この意味で、律法が神的権威をもつのかどうかといった議論も、近代に入ってそれまでと同様の生活を送ることが困難になったために登場したといえる。

(4) ローゼンツヴァイクは1920年の講演「ユダヤ的人間」のなかでこの点を鋭く分析している。19世紀に反動的な仕方で正統派の運動を興し、共同体の分裂を招いたザムゾン・ラファエル・ヒルシュ(1808–1888)も、同じ時期に改革運動において指導的役割を果たしたアブラハム・ガイガー(1810–1874)も、ともにユダヤ教の価値を「証明」したり、その存在を「正当化」したりしなければならないと考えた。その際、彼らはユダヤ教に誠実にあろうとしながら、実はそれ自体の真実性をもはや信じず、カントやヘーゲル、あるいは他の人間的諸学問の真実性の方に依拠しているのである。ローゼンツヴァイクは、19世紀にドイツ・ユダヤ教のなかで広がった、このような誠実さの仮面の下の不実を鋭く認識していた。Franz Rosenzweig, „Der Jüdische Mensch", in: Zweistromland, S. 559–575, hier S. 567.

(5) Franz Rosenzweig, „Die Bauleute“, in: Zweistromland S. 699–712, hier S. 703.

(6) 前註（3）で言及したアーノルド・エイゼンの研究も「建てる者たち」を中心に分析を進めるが、『救済の星』からの思想的発展や伝統に対する見方の変化についてもはっきりと言及している。Arnold M. Eisen, *Rethinking Modern Judaism. Ritual, Commandment, Community*, Chapter 7.

(7) 律法に関する本を書くつもりがあったことについては、のちに引用する1921年2月3日付のオイゲン・ローゼンシュトック宛の書簡でも確認できる。Gritli-Briefe, Internet Ausgabe.

(8) 伝統的、保守的なラビの多くは、救済を人間の手で呼び寄せようとする運動としてシオニズムを強く批判した。

(9) ローゼンツヴァイクはノーベルの死の翌週に妊娠の事実を知った（BT S. 757）。このときの子であるラファエル・ネヘミア・ゲオルク・ローゼンツヴァイクの名は、ノーベルの名ネヘミアとローゼンツヴァイクの父の名ゲオルクからとられている。

(10) BT S. 750. また、同年3月14日付のゲルトルト・オッペンハイム宛の書簡では、病状がすでに非常に悪くなっていることを告げている（BT S. 757）。

(11) 「新しい律法」という概念の重要性に着目したのはエフライム・メイールである。メイールはその著書 *Letters of Love*（New York: Peter Lang, 2004）および、論文 “Rosenzweig's New Law” において、「グリットリ書簡」の精緻な読解を試みる過程で、この概念の重要性に気づいた。前者の *Letters of Love* は、「グリットリ書簡」の読解を中心におく。そのなかでも『救済の星』以降の時期を扱う第六章は、「新しい律法」をめぐる議論を参照しながら、この時期のローゼンツヴァイクの思想に生じた新しい着想を明らかにしている。同書の第六章は取り扱う資料や論旨において本章の論述と非常に近く、本章を執筆するにあたっても大いに参考にした。ただし、思想の変化におけるルドルフ・ハローの役割を強調する点、この時点で生じたローゼンツヴァイクの思想の変化をローゼンツヴァイクの「経験」概念に接続する点は、筆者独自の着想である。また、メイールは、ローゼンツヴァイクが「新しい律法」概念を重視し、最晩年まで保持し続けたと理解する。これに対し、筆者は「新しい律法」という概念は1921年にはじめて用いられたのちすぐに放棄され、その後、ローゼンツヴァイクは「古い」律法を再評価するようになったと捉える。なお、メイールは後者の論文において、ローゼンツヴァイクが『救済の星』で展開した愛の思想をもとに、彼の律法論を解釈する。そして、正統派とは異なった視座から現代社会における律法の意味や役割を見通そうとしており、大変興味深い。Ephraim Israel Meir, “Rosenzweig's New Law”（in: *Proceedings of the Internationale Rosenzweig Gesellschaft*, Vol.1, 2014, http://jps.library.utoronto.ca/index.php/rosenzweig/article/view/19929）を参照（2016年9月2日アクセス確認）。

(12) 本書でみてきたように、それ以前にも律法の問題は何度か言及されていた（第四章でみた、1914年の「無神論的神学」、そして、法と啓示の関係を考察した1916年の書簡

やメモ）が、踏み込んだ考察の対象とはなっていない。律法の全体ではなく、具体的な法規や、現実における実践までも視野に入れて考察するようになるのは、『救済の星』以降の時期である。

(13) 十戒を記した石板のうち、二枚目には「汝殺すなかれ」などの禁則が並ぶ。

(14) Franz Rosenzweig, „Geist und Epochen der Jüdischen Geschichte“, in: Zweistromland S.527–538.

(15) Franz Rosenzweig, „Das Wesen des Judentums“, in: Zweistromland S.521–526.

(16) Franz Rosenzweig, „Das Wesen des Judentums“, S. 524.

(17) 19世紀以来の西ヨーロッパの正統派における欺瞞については、本章註（3）を参照。講演「ユダヤ的人間」では、「単なる正統派」は、律法への回帰を通して民族精神を新たにしようというその意図に反して「民族精神の殺害者となるだろう」と述べられている。Franz Rosenzweig, „Der Jüdische Mensch“, in: *Zweistromland*, S.573f.

(18) Rudolf Ehrenberg, *Ebr. 10, 25. Ein Schicksal in Predigten*, Würzburg: Patmos, 1920.

(19) ローゼンツヴァイクはマルグリットに対し『救済の星』の進捗を逐一書簡で報告している。書簡はほぼ毎日送られ、日によっては2通の書簡を送った。

(20) オイゲン・ローゼンシュトックは、妻とローゼンツヴァイクの関係を容認していた。ローゼンツヴァイクもまた、この複雑な関係性のなかでマルグリットだけでなくオイゲンをも愛することができると考えていた。また、ローゼンツヴァイクはエディトと婚約するにあたり、マルグリットとの関係を告げていた。エディトはすでに何年もローゼンツヴァイクを愛しており、この状況を受け入れて婚約した。ローゼンツヴァイクの病状が悪化し、介護が必要になるとエディトはマルグリットと和解し介護を分担するようになる。しかし、エディトのマルグリットに対するわだかまりが消えたわけではなかったということは、マルグリットからローゼンツヴァイクに宛てた書簡をエディトがすべて処分してしまったこと、エディトが編集したローゼンツヴァイクの書簡集（Franz Rosenzweig, *Briefe*, Berlin: Schocken, 1935）からマルグリットに関する記述がほとんど削除されていること、エディトが生前「グリットリ書簡」の存在を認めなかったことなどからも推し量ることができる。「グリットリ書簡」の出版を契機に、三者の関係については多くの文章が書かれているが、書籍版のグリットリ書簡の序文やエフライム・メイールの前掲書（とりわけ第六章）、Michael Zank, “The Rosenzweig-Rosenstock Triangle, or What Can We Learn from Letters to Gritli ?”（in: *Modern Judaism*, Vol. 23, No. 1, 2003, pp. 74–98）、そして Reinhold Mayer, „Die Gritli-Briefe“（in: *Franz Rosenzweig. Religionsphilosoph aus Kassel*, hrsg. v. Eva Schulz-Jander und Wolddietrich Schmied-Kowarzik, *Kassel*: Euregloverlag, 2011, S. 60–67）などを参照。

(21) ローゼンツヴァイクはこのような母の気質を「ヒステリー」と呼んでいる。1919年11月24日付マルグリット・ローゼンシュトック宛書簡、Gritli-Briefe S. 482。

(22) エディトとの結婚生活の不満や家庭内での沈黙について、ローゼンツヴァイクがマルグリットに漏らしている箇所は枚挙にいとまがない。たとえば、ローゼンツヴァイクはマルグリットに対し、エディトには「自分の気持ちを打ち明けることのできる人間は

地上に二人しかいない。僕をのぞいたら〔……〕君たち〔ローゼンシュトック夫妻〕だけだろう」と書いている。彼は同じ手紙に、結婚して一年、ずっとエディトを傷つけてきたとも書いており、互いに愛し合い信頼し合うような関係性を築けていないこと、双方の間での対等なコミュニケーションが取れていないことに苛立ちを感じていたことが読み取れる（1921年1月24日、マルグリット・ローゼンシュトック宛書簡、Gritli-Briefe S. 718）。

(23) Amy Hill Shevitz, "Silence and Translation: Franz Rosenzweig's Paralysis and Edith Rosenzweig's Life", in: *Modern Judaism*, Vol. 35, No. 3, 2015, pp. 281–301. Vgl. BT S. 670.

(24) ローゼンツヴァイクは結婚してすぐに、家庭での儀礼で用いるヘブライ語の祈りをエディトとともにドイツ語に翻訳している。この後もローゼンツヴァイクはいくつかの祈りや詩を彼女とともに翻訳した。また、安息日が第三者として同席するというくだりは、古くからユダヤ教の儀礼においては安息日が擬人化して表象される習慣があることを踏まえた表現だ。Vgl. BT S. 697, Amy Hill Shevitz, "Silence and Translation", p. 288, Hans-Christoph Askani, *Das Problem der Übersetzung - dargestellt an Franz Rosenzweig*, Tübingen: Mohr Siebeck, 1997, S. 46f.

(25) Amy Hill Shevitz, "Silence and Translation", S. 282, BT S. 659.

(26) ちなみに、ローゼンツヴァイクの母は、息子の新婚家庭が律法をきちんと守っていることについてしばしば激しく文句をいった。ドイツ社会への同化を是として育った彼女にとって、それはドイツの知的文化的世界からの退避にほかならなかったし、また、息子の生活が自分からより離れていくように思われたからだ。Ephraim Meir, *Letters of Love*, S. 159, Michael Zank, "The Rosenzweig-Rosenstock Triangle, or What Can We Learn from Letters to Gritli?", p. 91（note. 3）.

(27) Ephraim Meir, *Letters of Love*, p. 158.

(28) Michael Zank, "The Rosenzweig-Rosenstock Triangle, or What Can We Learn from Letters to Gritli?", p. 75.

(29) ゲルショム・ショーレム『ベルリンからエルサレムへ』岡部仁訳、法政大学出版局、1991、155頁。

(30) 同時期におこなわれた講義で19世紀以来の正統派が批判されたことはすでにみたが、ここで引用した書簡にも同様の批判がみられる。Vgl. BT S. 658, 661, 665.

(31) ローゼンツヴァイクとマルグリット・ローゼンシュトックとの関係がいつ終わったのかははっきりとわからない。ツァンクは、1922年ころから徐々に疎遠になったとしている。また、メイールは1921年8月にマルグリットが息子ハンスを出産したことが一つのきっかけとなり、ローゼンシュトック夫妻とローゼンツヴァイク、そしてルドルフ・エーレンベルクが距離をおくようになったとしている。Vgl. Michael Zank, "The Rosenzweig-Rosenstock Triangle, or What Can We Learn from Letters to Gritli?", p. 95, Ephraim Meir, *Letters of Love*, p. 161.

(32)　Michael Zank, “The Rosenzweig-Rosenstock Triangle, or What Can We Learn from Letters to Gritli?”, p. 77. ツァンクは結婚当初から少なくとも 1922 年の 1 月中旬までは夫婦仲は冷めたものだったとしている。また、1922 年 3 月 14 日付のゲルトルト・オッペンハイム宛の書簡の未公刊の部分（BT では削除された）には、ローゼンツヴァイクが自身の病状の深刻さについて、ローゼンシュトック夫妻ら友人たちには知らせたのに、エディトにはまだ知らせていないということが書かれており、この時点でも夫婦の間には微妙な距離があったことが窺われる（Kassel, 2o. Ms. Philos. 39. C11）。

(33)　当該の祈りについては *The Koren Yom Kippur Mahzor*（here p. 662）の英訳および解説を参照。

(34)　ローゼンツヴァイクの律法論の集大成ともいえる論文「建てる者たち」においては、例として次のような戒律の理解が挙げられている。すなわち、共同体儀礼から女性を排除する規定は、排除という否定的な側面からではなく、むしろ家庭の慣習のなかでの女性の優位と組み合わされたものとして肯定的に理解され実践されるべきである。また、偶像崇拝の禁止は、偶像を排除するという否定的な側面からではなく、神が絶対無比であるという感情からなされるべきである（Die Bauleute, S. 707）。

(35)　旧来の律法の再評価は、1924 年に発表された論文「建てる者たち」で決定的な仕方で公表された。その内容については次節で詳しく検討するが、ここでローゼンツヴァイクが、旧来の律法の遵守がなお有意味であると判断するにいたった一つの外的な理由を指摘しておきたい。それは、意識や心がけを変えるだけでユダヤ教へと回帰するという方法が危ういものであるという認識だ（Die Bauleute, S. 708f.）。これはもちろん、ブーバー流のユダヤ教への回帰に対する批判である。いにしえの忘れられた精神性を救い出して現代に復活させることは、生き生きとした精神を呼び起こすこともあれば、逆に精神に死をもたらすこともある――ローゼンツヴァイクは一つの失敗例として、同時代のドイツ民族主義宗教運動の一派がおこなっていたヴォータン信仰の復興を挙げている。ユダヤ人にとっては民族の過去をどのように理解するか、過去とどのようにかかわるかという問題は、他の諸民族にもまして重要である。というのも、この民族自体が神による選びという太古の出来事によって誕生したからだ。過去の精神や信仰が、直観に任せて復興されるとき、もしそれが誤った仕方でなされるなら、ユダヤ人やユダヤ教の存続そのものが危うくなる。だからこそユダヤ人の場合、「〔こうした危機に対する〕防御としての〔生死をかぎ分ける〕本能は、さらに強力で確実なものによって補強されなくてはならない」(Die Bauleute S. 711)。こうした本能を補強するものこそ、次節でみるように、「私はできる」という仕方で伝統を自然な仕方で引き受けることなのだとローゼンツヴァイクはいう。

なお、彼はけっしてブーバーを否定的にとらえていたわけではない。むしろ、彼はこの論文の中で、若い世代がトーラーへと向かう新しい道をブーバーが拓いたことを評価している（Die Bauleute, S. 712）。この時期ローゼンツヴァイクは、意識の変革を通したユ

ダヤ教への回帰という方法が、若い世代に対してなお大きな影響力をもっているということを、ますます自覚するようになっていた（1922年5月10日付フーゴ・ゾンネンフェルト宛書簡、BT S. 780）。だからこそ、若い世代のユダヤ人たちが、伝統を参照することなくユダヤ教へと回帰しようとすることについて、危機感をおぼえたのだ。というのも、そうしたやり方はうまくいく場合もあれば、うまくいかない場合もあるからだ。彼はハローに対する指導や自由ユダヤ学院での経験を通してこのことをはっきりと知るようになった。

ローゼンツヴァイクが聖なる教えの学びや律法の実践に意義を見出すのはこの地点においてである。失敗することなくユダヤ教へと近づくために——すなわち「彼ら自身や、ユダヤ教自体を危機に陥れることなく、再びユダヤ人になる」ために（1924年8月25日付、オイゲン・ローゼンシュトック宛、BT. S. 984）——、旧来の律法は役立つというのだ。それはあくまでも、補助である。次節以降詳しくみるように、こうした「回り道」を経由しないようなさまざまな道がなお可能であるということは示唆されている。つまり、ハローに示した多様な道の可能性は引き続き承認されている。しかし、「建てる者たち」では、律法を実践していくことが標準的な道ゆきであるとされ、また、習慣や感覚に馴染んだ仕方で律法が実践される状態が理想的な生として描かれる。一人ひとりのユダヤ人が取り組むべき課題として、各人の心に、そしておこなう手に「律法が生じること」が求められるのだ（Die Bauleute, S. 708）。

(36)　1925年6月1日付マルティン・ブーバー宛書簡、BT S. 1038を参照。ブーバーは1910年代におこなったさまざまな講演のなかで、律法はユダヤ教の精神とは関係のないものであると主張していた。このため、彼が律法を軽視し、守っていないということはユダヤ人社会で広く認められていた。とはいえ、ブーバーがユダヤ的なものの復興を熱心に望んだことも多くの人の知るところであった。ローゼンツヴァイクによれば、こうした事情があったため、少なくない人々はブーバーもひょっとしたら律法を守っているのではないかとも考えていたらしい。

(37)　バビロニア・タルムード「ベラホート篇」64a。Franz Rosenzweig, „Die Bauleute", in: Zweistromland S. 699–712.

(38)　『救済の星』第三部第二章を参照。

(39)　ローゼンツヴァイクはオイゲン・ローゼンシュトックに対し、「建てる者たち」は、彼の世代のユダヤ人たちが「いかに彼ら自身や、ユダヤ教自体を危機に陥れることなく、再びユダヤ人になることができるか」という、この「世代特有の問題」を扱っていると説明している（1924年8月25日付オイゲン・ローゼンシュトック宛書簡、BT S. 984f.）。

（第一〇章）

(1)　Franz Rosenzweig, „‚Urzelle' des Stern der Erlösung", S. 134.

(2)　これまで、「経験」ないし「経験する哲学（erfahrende Philosophie）」は、しばしばロー

ゼンツヴァイクの思想全体を特徴づける概念だと捉えられてきた。たとえば、佐藤貴史は、1925年、つまり最晩年に書かれた論文「新しい思考」をもとに、既存の西洋哲学の伝統を大胆に批判するローゼンツヴァイクの思想の特徴を「経験する哲学」と特徴づける。しかし、佐藤自身「絶対的経験主義あるいは経験する哲学は、ローゼンツヴァイクの根本思想に関わる問題である」が、「『救済の星』のなかでは経験についてほとんど論じられていない」と述べている。これは、経験概念がローゼンツヴァイクのなかで重要な位置を占めるようになるのは、『救済の星』執筆後（1919年2月に初稿を書き上げた）の時期であるからだろう。論文「新しい思考」は、この後期の立場から『救済の星』を捉え直した論文ということができる。Vgl. 佐藤貴史『フランツ・ローゼンツヴァイク――〈新しい思考〉の誕生』83頁。

(3)　限られた史料のなかで、経験概念が重視されるようになるのがいつかをはっきりと確定させることは難しい。書簡を通覧すると、1923年以前にも、いくつかの孤立した用例をみることができる。1920年のマルグリット・ローゼンシュトック宛のある書簡では、ローゼンツヴァイクやローゼンシュトック夫妻が懐疑の立場ではなく、信仰の立場に立つ（その意味で正統派やカトリックに近い立場にあること）と述べ、その根拠として彼らが「『神が現に存在すること』を経験している」ということが述べられている（1920年10月20日付マルグリット・ローゼンシュトック宛書簡、Gritli-Briefe S. 674）。ここでは、正統派が単に神の存在を前提するだけであるのに対し、彼らはより強く神の存在を肯定しているという内容が述べられている。ただし、同じ時期の史料には同様の表現はみられない。

また、1919年8月17日付のオイゲン・ローゼンシュトック宛書簡には、次のような文章がみられる。「僕たちが経験した、あるいは経験する事実は単なる偶然ではない。それは、学問がその経験概念を用いて理解するようなものではなく、神が創造した事実である」（Gritli-Briefe S. 388）。この時期のローゼンシュトックとの往復書簡では、ローゼンツヴァイク自身のユダヤ人としての「感じ」について論じられており、その際に上記のように経験という語も用いられた。このことから、神が創造した事実を「経験する」という着想が、1919年から認められることは指摘しておかなければならないだろう。ただし、ここで議論された、ローゼンツヴァイクがユダヤ人として抱いた「感じ」というのは、たとえば「キリストに対するいいようのない不快感」「ユダヤ人であるから、虚偽や回り道を経て真理を求める必要がないという、いいようのない幸福」（同27日）といったものであり、日常生活のなかに神との対話を認めるようになる晩年のユダヤ人としての経験とはその内実に関して大きく異なっている。

(4)　たとえばローゼンツヴァイクは、イェフダ・ハレヴィの詩を翻訳し註解する際、聖書に描かれたイスラエルの民の経験を、詩人や詩人の詩を註解するローゼンツヴァイク、そして彼の翻訳を読む現代の読者が、自らの経験として経験する（追体験する）ことができるということを想定していた。そして、このような想定は、詩人を含めた過去のユ

ダヤ人は実際にそのような経験（追体験）をもっていたという強い確信に基づいていた。

(5)　同様の記述が、1925年3月25日のブーバー宛の書簡にもみられる。ここでも、「瞬間の経験」が自然科学と対比されている。「瞬間というものは必ず、自然においてではなく、超自然のなかで経験されます。したがって、「一つひとつの瞬間」としてではなく、つねに「この瞬間」として経験されるのです。〔……〕「一つひとつの瞬間」は、宗教における信仰であり、学問における理論です。これに対し、ただ「この瞬間」だけが現実性のなかで経験されるのです」（1925年3月5日付マルティン・ブーバー宛書簡、BT S. 1025）。現実性の経験は、まさに経験する者自身の現実の全体である「この瞬間」の経験とよばれ、学問的、理論的認識との差異が示されている。

(6)　1924年6月24日付ブーバーによるローゼンツヴァイク宛書簡、BT S. 974.

(7)　第四章で引用した1917年11月18日に友人ルドルフ・エーレンベルクに宛てた書簡（「救済の星の「原細胞」」）も参照。

(8)　1923年1月23日付オイゲン・マイアー宛書簡、BT S. 882f.

(9)　1923年1月12日付マルティン・ブーバー宛書簡、BT S. 878. もともとラビ・ノーベルが担当するはずだったが、ノーベルが急逝した。その後、ローゼンツヴァイクに白羽の矢が立ったが、彼も病気のために引き受けることができなかった。そこでローゼンツヴァイクは、自分の代理としてブーバーを選んだのである。

(10)　後に、ローゼンツヴァイクがキリスト教徒の友人らとともに宗教間対話の場の創設を目指して『被造物』という雑誌を創刊した際には、ブーバーに『イスラエル』というユダヤ教内の問題を扱う雑誌も同時に刊行しないかと呼びかけている。Vgl. BT S. 1028, 1090.

(11)　Franz Rosenzweig, „Das neue Denken“, in: Zweistromland S. 139–161.

(12)　Vgl. „Das neue Denken“,. S. 149.「健全な人間悟性」〔＝常識〕という着想は、『健康な悟性と病的な悟性』において展開されている。「新しい思考」には医者の譬えも用いられており、結局出版されることのなかった同書の内容も積極的に継承されていることがわかる。

(13)　「われわれが唯一経験する現実性は、存在の分離を架橋する。さらにいえば、われわれが経験するところのものとはすべて、こうした架橋にほかならない。われわれが、〔経験しようとするのではなく〕概念的に把握しようとするなら、神自体は隠れ、人間自体、つまりわれわれの自己は自らを閉ざし、世界は不可視な謎になる」（Das neue Denken, S. 150）。「存在の分離」とは、神と人間と世界という根本要素がそれぞれ互いに還元されることのない独立した存在だということを指す。これは、『救済の星』第一部の内容の中心である。

(14)　リチャード・A・コーエンも、『救済の星』の特徴を「外から、非ユダヤ教から、周縁からユダヤ教の核へと向かう動き」と捉え、晩年のローゼンツヴァイクはこうした仕方でユダヤ教を理解することに限界を感じていたと論じている。Richard A. Cohen, “Rosenz-

weig's Rebbe Halevi", in: *Judaism*, Vol. 44, No. 4, 1995, 448–466.

(15)　この詩人に対するローゼンツヴァイクの思い入れはもちろん非常に大きいものであった。マラ・ベンジャミンは「ローゼンツヴァイクはハレヴィのうちに、自身の精神的およびテクスト的な探究の反照をみていた」としている。Mara Benjamin, "Building a Zion in German(y): Franz Rosenzweig on Yehudah Halevi", in: *Jewish Social Studies New Series*, Vol. 13, No. 2, 2007, pp. 127–154, here p. 128.

(16)　著作集版では、あとがきは巻頭に移されまえがきとなっている。第二版（『イェフダ・ハレヴィ　92篇の讃歌と詩』＝JH1926）のあとがきには、初版（『60篇のイェフダ・ハレヴィの讃歌と詩』＝JH1924）と比べわずかな加筆が認められる。著作集版は第二版のあとがきを収録している。版と略号については凡例を参照。

(17)　本章のはじめに論じた、人間の行為における心理の現実化をめぐる議論も参照。

(18)　ここで取り上げられている詩は、韻律やアクロスティックといった形式性によっても強く規定されている。つまり、詩人が自らの感興を即興的に表明したものではなく、一定の時間をかけて技巧を凝らし制作した作品なのである。

(19)　JH1926 S. 175f. / JH1983 S. 32f. ローゼンツヴァイクはこのような判定が客観的根拠を欠くものであり、イェフダ・ハレヴィのような個性の強い詩人にあってはこのような判定は間違いでありうるとしながらも、当該の詩の主題である啓示の内容——啓示は歴史的客観的出来事でありつつ、同時に人間的主観的体験である——を明確にするために、あえてこのような判定をおこなう。

(20)　1924年8月22日付マルガレーテ・ズスマン宛書簡（BT S. 982）を参照。

(21)　JH1924 S. 139 / JH1983 S. 95. 近代聖書学が聖書を分析的に理解するばかりで、統一的なものとして見ていないという批判は、Franz Rosenzweig, „Die Einheit der Bibel"（in: Zweistromland S. 831–836）などにより詳しく展開されている。

(22)　第七章註（14）に記した『救済の星』における罪の問題の考察においても、これとほとんど同型の議論がみられる。しかし、そこでも述べたように、『救済の星』では経験の転移に関する説明がみられなかったため、範型となるような民族の古典的な経験の内容をいかにして一人ひとりのユダヤ人が獲得するのかという問題は論じられなかった。

(結論)

(1)　Joseph Carlebach, „Franz Rosenzweig", in: Der Israelit, 19. Dez. 1929, S. 3.

(2)　Stéphane Mosès, "Franz Rosenzweig in Perspective: Reflections on His Last Diaries", in: *The Philosophy of Franz Rosenzweig*, ed. by Paul Mendes-Flohr, Hanover: Brandeis University Press, 1988, pp.193–201.

(3)　Thomas Meyer, *Zwischen Philosophie und Gesetz: Jüdische Philosophie und Theologie von 1933 bis 1938*, Leiden: Brill, 2009, III. Kapitel.

(4)　Gerschom Scholem, „Zur Neuauflage des »Stern der Erlösung«", in: Gerschom Scholem, *Judaica I*,

Frankfurt am Main: Suhrkamp, 1963, S. 226–235, hier S. 231.

(5) Emmanuel Levinas, *Totalité et infini. Essai sur l'extériorité*, Paris: Le Livre de Poche, p. 14.

(6) たとえば、本書第五章の教育論を参照。

丸山 空大（まるやま たかお）
1982年生まれ。東京外国語大学世界言語社会教育センター特任講師。
東京大学文学部卒業、東京大学大学院人文社会系研究科博士課程修了、
博士（文学）。専門：宗教学、特に近現代ユダヤ思想研究。
主要業績：「『ユダヤ教の本質』をめぐる論争と世紀転換期のドイツ・ユダヤ教」（『一橋社会科学』6巻、2014年）、「血、民族、神――初期マルティン・ブーバーの思想の展開とそのユダヤ教（Judentum）理解の変遷」（『宗教研究』85巻、1号、2011年）、フリードリヒ・ハイラー『祈り』（共訳、国書刊行会、2018年）など。

フランツ・ローゼンツヴァイク
――生と啓示の哲学

2018年10月25日　初版第1刷発行

著　者――――丸山空大
発行者――――古屋正博
発行所――――慶應義塾大学出版会株式会社
〒108-8346　東京都港区三田2-19-30
TEL〔編集部〕03-3451-0931
〔営業部〕03-3451-3584〈ご注文〉
〔　〃　〕03-3451-6926
FAX〔営業部〕03-3451-3122
振替　00190-8-155497
http://www.keio-up.co.jp/
装　丁――――鈴木　衛
印刷・製本――株式会社理想社
カバー印刷――株式会社太平印刷社

Printed in Japan　ISBN 978-4-7664-2568-0